国家社科基金项目"北宋弹劾制度及历史经验研究"结项成果

湖南科技大学学术著作出版基金资助

湖南科技大学中国古代文学与社会文化研究基地成果

# 弹劾与北宋政治研究

徐红 著

TANHE
YU
BEISONG
ZHENGZHI YANJIU

人民出版社

# 目 录

导　言 ································································· 1

**第一章　北宋前期弹劾制度由粗疏到规范的变化** ··············· 16
　第一节　制度的粗疏与皇权的加强：宋太祖、宋太宗时期的弹劾 ······ 16
　　一、弹劾主体身份的多元 ················································ 17
　　二、皇帝对弹劾结果的影响 ············································· 22
　　三、弹劾个案分析——赵普、赵元僖 ································· 31
　第二节　制度的规范与士大夫阶层的崛起：宋真宗时期的弹劾 ······· 40
　　一、士大夫在天禧元年诏令形成过程中的作用 ···················· 41
　　二、弹劾主体以专职监察官为主 ······································ 49
　　三、弹劾个案分析——王钦若 ········································· 59

**第二章　宋仁宗时期弹劾的良性运行：权力制衡** ················· 69
　第一节　皇帝与士大夫阶层的意见分歧：对宦官的弹劾 ············· 69
　　一、士大夫弹劾谨愿慎密的王守忠 ··································· 70
　　二、士大夫弹劾恣横贪贿的阎士良 ··································· 75
　第二节　皇帝与士大夫阶层的意见趋同：对外戚的弹劾 ············· 83
　　一、皇帝的适度恩宠与士大夫的弹劾 ································ 84
　　二、弹劾个案分析——张尧佐 ········································· 96

## 第三章　宋仁宗时期弹劾的良性运行:权力监督 …… 110

### 第一节　阻抑武将权力:对武将的弹劾 …… 110
一、以弹劾监督武将 …… 110
二、弹劾个案分析之一——王德用 …… 120
三、弹劾个案分析之二——狄青 …… 124

### 第二节　权力的有效监督:对士大夫的弹劾 …… 136
一、以道德缺失为核心的弹劾 …… 137
二、以弹劾形成"尚德"的官场舆论 …… 142
三、弹劾个案分析——滕宗谅 …… 150

## 第四章　宋神宗、宋哲宗时期弹劾的异化 …… 163

### 第一节　皇权的强化与士大夫阶层内部纷争的激烈:弹劾与宰相的罢免 …… 163
一、与弹劾相关的制度变化 …… 164
二、宋神宗时期弹劾与宰相的罢免 …… 172
三、宋哲宗时期弹劾与宰相的罢免 …… 179

### 第二节　弹劾异化的形成:以王安石为中心的考察 …… 187
一、熙宁二年弹劾的良性运行 …… 188
二、熙宁三年弹劾异化的发轫 …… 196
三、熙宁四年之后弹劾异化的逐步扩大 …… 210

### 第三节　弹劾异化的发展:以宋哲宗亲政时期为中心的考察 …… 223
一、清算元祐臣僚对弹劾异化的推动 …… 223
二、以党争为核心的弹劾对弹劾功用的破坏 …… 233

## 第五章　宋徽宗、宋钦宗时期弹劾的深度异化 …… 249

### 第一节　弹劾深度异化的表现:以宰辅为中心的考察 …… 249
一、宰辅的罢免凸显以弹劾排斥异己 …… 250

二、现任官的贬黜显现弹劾的滥用 …………………………………… 264
　第二节　弹劾深度异化的新特征：以太学生为中心的考察 ………………… 277
　　一、太学生群体的兴起与议政之风的形成 …………………………… 277
　　二、太学生对宰辅的弹劾与弹劾的深度异化 ………………………… 285

**结　语** ………………………………………………………………………… 298

**参考文献** ……………………………………………………………………… 302

# 导　言

弹劾,中国古代早期言"弹"或者"劾",如《史记》载:"(始皇)丧至咸阳,已葬,太子立为二世皇帝,而赵高亲近,日夜毁恶蒙氏,求其罪过,举劾之。"[1]《汉书》有记:"方进特立后起,十余年间至宰相,据法以弹(陈)咸等,皆罢退去。"[2]弹、劾二字连用,大概是在南北朝时期,沈约所撰《宋书》谈及东晋元帝时朝廷议论冤杀淳于伯之事,"司直弹劾众官,元帝又无所问。于是频旱三年"[3]。"弹劾"无论是分开使用还是合用,其意皆指检举官员的过失、罪状。此外,与弹劾相类的词语还有举劾、奏弹、劾奏等,这些词语在词义、词性等方面基本不作区分,使用时也往往等同。据此,本书将北宋时期士大夫指陈官员过失、罪状的行为,皆纳入研究范围之内。

## 一、选题意义

本书通过分析北宋时期士大夫的弹劾奏议及弹劾行为,更真切、具体地呈现北宋士大夫的政治生活和政治心态,以弹劾为中心,观察皇帝与士大夫阶层之间、士大夫阶层内部不同政治集团之间、士大夫个体之间的关系,探讨北宋弹劾与政局的相互影响,以期有益于更深入地认识北宋的政治特征。

随着中国古代政治史研究的深入,关于古代政治制度运作模式、具体过程等的探讨开始受到学术界更多的关注,弹劾即是中国古代监察制度的主要运作方式,在古代政治运行体系中有着重要的地位。同时,弹劾亦是监察制度影响政治

---

[1] 司马迁:《史记》卷八八,《蒙恬传》,中华书局1982年版,第2567—2568页。
[2] 班固:《汉书》卷八四,《翟方进传》,中华书局1962年版,第3417页。
[3] 沈约:《宋书》卷三二,《五行三·赤眚赤祥》,中华书局1974年版,第947页。

的方式之一,有时甚至可以影响政治的走向,对于认识中国古代的政治特征有着重要的意义。弹劾的一端是士大夫阶层,另一端是皇帝,即由士大夫提起弹劾,由皇帝定夺最终的处理意见,但是,弹劾从来就不仅仅只是纠劾官员错误和违法行为的一种活动,而是皇帝及士大夫阶层各自实现政治目的的手段。质言之,弹劾这条线牵动着中国古代官场的各个人员和各个层面,涉及官场中各个集团的利益,甚至包括皇帝的利益。

就弹劾本身而言,中国古代的弹劾起源于秦汉时期,一直延续到清代。与古代监察制度的发展状况相呼应,北宋时期的弹劾处于古代弹劾全面复兴及转折的阶段,一方面御史与谏官逐渐合一,使得弹劾行为较为频繁;另一方面,弹劾在北宋政治生活中的影响越来越突出,在士大夫的具体弹劾行为中,我们可以看到监察制度的动态运行状况,以及弹劾背后所隐含的皇帝与士大夫阶层、士大夫阶层内部不同政治集团之间的复杂政治关系。因此,探讨北宋士大夫的弹劾,可以使我们更加深入而具体地认识北宋弹劾的运行模式及其对政治的影响,对于了解北宋弹劾在中国古代弹劾发展过程中的重要作用亦大有裨益。

## 二、相关研究现状

学术界关于宋代弹劾的专门研究,大概开始于20世纪90年代。肖建新认为,宋代弹劾主体的队伍庞大,包括御史、谏官、监司等,弹劾对象包括中央到地方的各级官员,甚至御史也会为尚书都司所弹劾,弹劾方式多样,可以面劾、奏劾,亦可共劾、案劾等。[1] 虽然作者的分析较为简略、概括,但却为后来者的相关研究奠定了基础。之后陆续有学者结合历史背景,以个案方式呈现出宋代士大夫的弹劾行为[2]。此外,还有肖虹从文体学角度对宋代弹劾公文文体特征、文本诉求、文风等问题进行的初步探讨[3],为我们深入解读弹劾奏议提供了便利。这些研究有助于本书具体分析北宋的弹劾奏议及弹劾行为,考索北宋弹劾的动态演变过程,遗憾的是,有关北宋弹劾的专门研究仍较为匮乏,导致对北宋弹劾具

---

[1] 肖建新:《论宋朝的弹劾制度》,《河北学刊》1996年第2期。
[2] 王春江:《包拯弹劾国戚张尧佐》,《合肥教院学报》1999年第1期;李致忠:《唐仲友刻〈荀子〉遭劾真相》,《文献》2007年第3期;等等。
[3] 肖虹:《宋代弹劾公文研究》,南京师范大学2011年硕士学位论文。

体运行及其影响的认识仍不够清晰、全面。

同时,以下三个方面的相关研究为本书的研究提供了重要的学术背景。

（一）关于古代弹劾的宏观研究

中国古代弹劾出现于秦汉时期,是古代监察官员的主要手段,因此学术界早在20世纪30年代就注意到此一问题,如徐式圭关于监察史的著作中,简略论及御史台具有举劾百官违失的职权,至于其他与弹劾相关的问题,则未能展开探讨。① 迄今为止,因为研究者所关注的主要还是历代监察制度的沿革、演变及其特征,直接论述中国古代弹劾的通论性著作仍付诸阙如,仅在关于古代监察制度、监察机构、监察法制等相关著作中,涉及监察官员职能时简单提到其所具有的弹劾职能。②

20世纪80年代,开始出现对中国古代弹劾制度的概括性研究论文,主要有贾福海等简要分析秦汉至清代拥有弹劾权的官职的演变过程,并对古代弹劾的程序、形式及其作用等进行了概括性的勾画,③便于我们了解古代弹劾的大致情况。类似的研究成果还有张序、邱永明、汪强等学者的论文,他们进一步探讨了古代弹劾的对象、内容、方式以及弹劾制度的演变历史,学者们皆认为中国古代弹劾制度是协调统治集团内部矛盾的工具,其核心是维护君权。④ 还有学者对古代的风闻弹劾给予一定的关注,如刘志坚认为古代监察官弹劾违法官员时,其信息来源于"告事人",出于保护"告事人"的目的,奏议中往往以"风闻"言之,实则还是有一定的真凭实据的。⑤ 袁刚对"风闻"的理解不同,他认为魏晋以后,朝廷允许御史根据传闻弹劾官员,无须获得实据。⑥ 上述通论性研究虽受制于

---

① 徐式圭:《中国监察史略》,中华书局1937年版。
② 主要有孙伯南:《中国监察制度的研究》,台湾三民书局1980年版;邱永明:《中国监察制度史》,华东师范大学出版社1992年版;贾玉英等:《中国古代监察制度发展史》,人民出版社2004年版;邱永明:《中国古代监察制度史》,上海人民出版社2006年版;张晋藩:《中国古代监察法制史》,江苏人民出版社2007年初版,2017年修订;赵贵龙:《中国历代监察制度》,法律出版社2010年版;张晋藩主编:《中国古代监察制度史》,中国方正出版社2013年初版,2019年修订;等等。
③ 贾福海等:《我国历史上的弹劾制考略》,《学术月刊》1981年第8期。
④ 张序:《我国古代官员监察弹劾制度之演变》,《政治学研究》1987年第5期;邱永明:《中国古代弹劾制度探析》,《上海大学学报(社会科学版)》2001年第3期;汪强:《中国古代弹劾制度建构的四个关键期》,《中国社会科学院研究生院学报》2016年第3期;等等。
⑤ 刘志坚:《"风闻弹劾"考》,《政治与法律》1986年第5期。
⑥ 袁刚:《漫谈封建时代监察御史的"风闻弹人"》,《法学杂志》1996年第5期。

论题,着重作宏观的论述,未能具体分析不同历史时期弹劾的情况,但还是勾勒出我国古代弹劾的大致情况,为本书的研究提供了一定的学术参考。

(二)关于古代其他历史时期弹劾的研究

与弹劾的宏观研究一样,目前未见专门的断代弹劾的著作,关于各代弹劾的讨论散见于监察制度的断代研究著作中。此类著作较为丰硕,讨论的范围较宏观研究中国古代监察制度的成果大有扩展,多从制度层面考察各代监察机构的设置、监察官的选任及考核、监察官的权力、监察的内容及运作、监察的作用等问题。① 总的来看,对于各代监察制度及其相关问题的研究成果虽然不少,但涉及弹劾的内容较为有限,仍缺乏对弹劾的专门研究。

学术界首先关注弹劾问题的专门论文是关于唐代弹劾制度的探讨,此一研究开启了古代弹劾专门研究的序幕。龙大轩通过分析唐代弹奏的信息来源、弹奏主体等问题,认为御史推弹丰富了唐代监察制度的内容,"体现了强烈的'制衡'精神和一定的'法治'原则",但其作用的发挥最终还是受制于君主。② 此后,胡沧泽、高凤林、胡宝华、霍志军等学者的研究不断加深学术界对唐代弹劾的认识,使我们对与之相关的制度规定、处理程序等诸多方面有了更细致的了解。如胡沧泽在系统考察唐代御史台的弹劾后,认为御史台行使弹劾权时,一般由台院侍御史提出弹劾,大事则由御史台长官提出,弹劾对象是从中央到地方的所有官员,弹劾依据包括皇帝的诏令、朝廷的律令格式、不一定属实的风闻信息等,而弹劾的效果各异,与政局的变化、君德的高低等因素密切相关。③ 胡宝华重新审视日本学者对弹劾程序的研究结论,对唐初至唐末的程序变化进行仔细辨析,认为由于宰相权力的膨胀,导致从唐中宗朝开始,逐渐形成限制御史弹劾自主权的

---

① 主要有曾纪蔚:《清代之监察制度论》,兴宁书店1931年版;陈世材:《两汉监察制度研究》,商务印书馆1944年版;马空群:《秦汉监察制度》,台湾商务印书馆1969年版;胡沧泽:《唐代御史制度研究》,福建教育出版社2000年版;李小树:《秦汉魏晋南北朝监察史纲》,社会科学文献出版社2000年版;张治安:《明代监察制度研究》,台湾五南图书出版公司2000年版;刘双舟:《明代监察法制研究》,中国检察出版社2004年版;胡宝华:《唐代监察制度研究》,商务印书馆2005年版;丁玉翠:《明代监察官职务犯罪研究——以〈明实录〉为基本史料的考察》,中国法制出版社2007年版;焦利:《清代监察法及其效能分析》,法律出版社2018年版;刘社建:《清代监察史》,格致出版社、上海人民出版社2019年版;等等。
② 龙大轩:《唐代的御史推弹制度》,《西南师范大学学报(哲学社会科学版)》1988年第5期。
③ 胡沧泽:《唐代御史台对官吏的弹劾》,《福建学刊》1989年第3期。

制度规定,即御史弹劾前须"进状"宰相和"关白"御史台长官,此一现象甚至到李唐王朝灭亡都未能改变。① 霍志军则认为,在实际的政治运作中,唐中宗之后时有御史弹劾前不"进状"、不"关白"的做法,反映了皇帝、宰相、宦官争夺御史台控制权的激烈斗争,也是唐代弹劾制度运行复杂性的表现。② 唐代弹劾个案的研究主要有张艳云、吴伟斌、付兴林等学者的论文,他们通过考察弹劾者和被劾者的情况,揭示政治的风云变幻中官员个人的有所为和不可为,以及个体与政局的互动关系。③ 上述研究成果关涉唐代弹劾制度的诸多方面,学者的某些观点也具有一定的开创性,虽然偏重于静态的制度性研究及个案的微观考察,但由于唐代政治对北宋的直接影响,其对本书研究的展开仍具有重要的启迪作用。

对于其他断代弹劾的研究,为本书同样提供了具有借鉴意义的参考。魏晋南北朝是古代监察机构逐渐摆脱少府控制、成为独立机构的时期,弹劾是御史台职权扩大的表现之一,但学术界明显对此关注不够,仅有少数文章予以探讨。张连城在爬梳整理史料的基础上,对北魏弹劾相关问题进行探讨,认为北魏拥有弹劾权的官员不限于御史台属官,还包括尚书省系统的录尚书事、尚书令、尚书左右仆射、尚书左丞等;尚书省属官弹劾的对象除朝廷百官外,主要是监察机构的长官,此为台省互监之始,为唐代形成台省互监的制衡机制奠定了基础;作者还详细考证北魏弹文的格式,指出"援引古今立论、列举罪状、援引律令条文定性论罪、提出处置意见"是北魏弹文的四个主体部分。④ 关注弹文的研究还有蔡树才、黄燕平、张洁等,他们通过对此一时期弹文内容、格式、文体特点等方面的考察,阐述弹文所反映的政治特征。⑤

关于明清时期弹劾的研究,主要有弹劾个案的论述,如庞乃明通过考察御史

---

① 胡宝华:《唐代"进状"、"关白"考》,《中国史研究》2003年第1期。
② 霍志军:《唐代的"进状"、"关白"与唐代弹劾规范》,《天水师范学院学报》2013年第3期。
③ 张艳云:《唐代一桩贪污案始末分析——从元稹〈弹奏剑南东川节度观察处置等使严砺文〉说起》,《唐都学刊》2007年第1期;吴伟斌:《裴度的弹劾与元稹的贬职——三论"元稹与宦官"》,《宁夏社会科学》2007年第3期;付兴林:《白居易对权贵、皇权之纠弹与谏诤——以奏状为考察中心》,《河南科技大学学报(社会科学版)》2016年第2期;等等。
④ 张连城:《北魏的弹官与弹文》,《文献》1995年第2期。
⑤ 蔡树才:《〈文心雕龙〉"弹文"格式考》,《上饶师范学院学报》2004年第2期;黄燕平:《南朝公牍文研究》,浙江大学2011年博士学位论文;张洁:《两汉魏晋弹劾文研究》,湖南师范大学2016年硕士学位论文;等等。

杨瑄弹劾曹吉祥、石亨违法行为一案,讨论其对天顺初期政治的影响,作者认为弹劾虽然最终以杨瑄等人被贬、被罚而结束,但此一事件却促成了李贤内阁的政策调整和天顺政局的演变。① 刘丽君对御史数次弹劾开国功臣之后代,即朝廷高级官员噶礼一事进行论析,揭示君主掌握弹劾最终决定权的历史事实。② 毕卫涛着重分析在噶礼、张伯行两位地方大员互相参劾时,康熙皇帝既要顾及舆论、又要安抚清朝权贵的矛盾心理,认为满汉民族隔阂、吏治等问题纠缠在一起,造成康熙朝政治的复杂。③ 这些研究以个案的方式探讨明清时期御史不可为的原因、过程、影响等情况,使我们充分认识到皇帝对任何意欲干涉的事务均拥有绝对的控制权,从一个侧面呈现出明清时期君主集权加强的历史特征。此外,刘长江关注明清时期的风闻弹劾,作者认为明清监察官风闻后需要核实,才正式行弹劾之举,且朝廷对风闻不当严加约束,这就保证了风闻弹劾在一定程度上能够起到纠察奸邪、澄清吏治的作用。④ 孟姝芳通过对雍正朝直省揭参、科道参劾、官员自行参奏等参劾方式的考察,认为参劾凸显了清代官员互察的加强,保证了政务活动的顺利实施。⑤ 陶道强聚焦明代对地方官员的弹劾,从纠劾对象、纠劾职责等方面讨论中央控制地方的强烈愿望,同时作者也提到,由于缺乏相应的监督机制,巡按御史纠劾制度在实践中不可避免地会出现徇私滥劾的现象,最终异化为某些官员谋取私利的工具。⑥

学术界关于宋以外其他历史时期弹劾的认识,从多个角度探究弹文的价值、弹劾的特征和影响,以及弹劾与君主集权之间的关系等等,尽管这些成果研究的范围仍然有限,未及关注弹劾所反映的士大夫政治生活、权力制衡等问题,但还是对全面、客观地了解北宋弹劾的历史地位及其作用有重要的参考价值,使我们

---

① 庞乃明:《"杨瑄弹劾案"及其对天顺初政的影响》,《史学集刊》2000年第3期。
② 刘丽君:《论清代康熙朝御史弹劾噶礼案》,《华北水利水电学院学报(社科版)》2008年第6期。
③ 毕卫涛:《康熙帝判决噶礼张伯行互参案心路历程探究》,《枣庄学院学报》2016年第6期。
④ 刘长江:《清朝风闻监察述论》,《临沂师范学院学报》2004年第5期;《明代风闻监察述论》,《信阳师范学院学报(哲学社会科学版)》2005年第2期。
⑤ 孟姝芳:《清代雍正朝官员问责与参劾制度研究》,《云南师范大学学报(哲学社会科学版)》2014年第6期。
⑥ 陶道强:《明代巡按御史履职中的纠劾探析》,《青海师范大学学报(哲学社会科学版)》2017年第2期。

认识到探讨北宋弹劾及其相关问题的学术意义。

(三)关于宋代监察制度的研究

弹劾属于监察官监督官员的政治行为,因此学者们一般比较关注宋代监察制度的研究。第一部较为全面、系统论述宋代监察制度的著作是贾玉英《宋代监察制度》,作者从御史台三院合一、御史和谏官制度合一、六科给事中制度的形成、封驳制度的变化等方面探究宋代中央监察制度承上启下的历史意义,尤其是重点考察了宋代台谏与政治的关系,认为台谏在宋代政治中扮演着重要的角色,台谏官与政治风气之间互动明显;作者亦关注到宋代地方监察制度的发展线索,如地方监察体制由单一制向多层次、多元化发展,地方官监察的对象、范围逐渐扩大,对地方官的监察体制亦渐趋严密等。① 白钢主编、朱瑞熙著《中国政治制度通史》(第六卷·宋代)第七章《监察制度》认为,宋代监察制度较前代更为规范、严格、独立,有利于制约君权和相权及监督百官。② 中央监察机构中的御史台和谏院也是学者关注的重点,刁忠民、虞云国等学者主要讨论了宋代台谏官员的选任及台谏的建置、职能、作用、影响等问题。③

研究宋代监察制度及其相关问题的论文,数量较为丰富。较早关注此一问题的是台湾学者程光裕,重点讨论宋英宗时台谏在濮议之争中的作用④,其后梁天锡从台谏合一的原因、台谏官职能的转变及其对政治的影响等方面,较为清晰地勾勒了北宋台谏制度的转变。⑤

就笔者目前所见,大陆学术界大概从20世纪80年代开始出现与宋代监察制度有关的论文,且一度是学者关注的热点,研究范围逐渐扩大。首先是关于监察制度及中央监察机构的讨论。罗家祥认为,宋仁宗朝改变了宋初台谏徒有虚名的情况,台谏机构日趋完备,有关制度日趋细密,有利于稳定政局、维护皇权;

---

① 贾玉英:《宋代监察制度》,河南大学出版社1996年版。
② 白钢主编,朱瑞熙著:《中国政治制度通史》(第六卷·宋代),人民出版社1996年版。
③ 刁忠民:《两宋御史中丞考》,巴蜀书社1995年版;《宋代台谏制度研究》,巴蜀书社1999年版;虞云国:《宋代台谏制度研究》,上海社会科学院出版社2001年版。
④ 程光裕:《北宋台谏之争与濮议》,载《宋史研究集》第二辑,"国立编译馆"1964年初版,1983年再版,第213—234页。
⑤ 梁天锡:《北宋台谏制度之转变》,载《宋史研究集》第九辑,"国立编译馆"1977年版,第277—337页。

台谏与宰执的关系较为复杂,仁宗、英宗时台谏弹奏宰执的现象时有发生,显现出台谏势力扩张的特征,使得台谏与政治发生密切的关联。① 龚延明、季盛清对于宋代御史台的机构设置、职掌及其在政治生活中的地位和作用进行探讨,认为御史台负责监督和纠察内外百官,"在朝中与中书、枢密成鼎足之势,居于特殊的地位",因此在制约相权、整顿吏治、监督舆论、打击反对派等方面发挥着重要作用。② 贾玉英的相关系列论文考察宋代台谏与庆历新政、王安石变法的关系,指出台谏与改革的密切关联;作者还深入辨析宋代台谏合一的表现、形成原因及其影响,阐述台谏合一背景下御史台组织机构、职能作用的变化,认为这是中国古代政治成熟的表现之一。③

学术界逐渐认识到台谏对于宋代政治的重要作用,君主可通过控制台谏钳制宰执,而宰执也可以操纵台谏的方式扩大自己的权力,因此之后对于台谏的相关研究越来越深入,关注的议题越来越扩展,学者们围绕宋代台谏合一、台谏制度、台谏与党争等问题进一步探究,成果颇丰。主要有虞云国从台谏与宰执、台谏系统内部等方面对宋代台谏职事回避进行考察,注意到职事回避制度化的进步性及制度规定的疏漏,其中,君主对此一制度的破坏往往使职事回避制度成为一纸空文。他还从君主直接监控、君主授权某些中央部门监控、利用台谏互相监控三个层面,考察宋代对台谏系统的监控机制,其结果就是保证君主始终处于权力的核心地位,这就不可避免会影响台谏机构的正常运转,使得这一监控机制无法真正做到对权力的制衡。④ 沈松勤重点关注台谏对北宋政治和文化的负面影响,认为在仁宗后的北宋党争中,台谏"希风承旨,罗织罪名,倡兴文字狱,深深影响了官僚士大夫的政治命运",台谏与党争形成恶性循环,加速了北宋的衰亡。⑤ 刁忠民先生的系列论文讨论北宋台谏制度,其中对于北宋前期谏院制度、

---

① 罗家祥:《试论北宋仁、英两朝的台谏》,《西南师范大学学报(人文社会科学版)》1989年第1期。
② 龚延明、季盛清:《宋代御史台述略》,《文献》1990年第1期。
③ 贾玉英:《台谏与宋代改革》,《中州学刊》1991年第3期;《宋代台谏合一之势探析》,《河北学刊》1991年第6期;《有关宋代御史台政制的几点辨析》,《河南大学学报(社会科学版)》1992年第1期。
④ 虞云国:《宋代台谏的职事回避》,《上海师范大学学报(哲学社会科学版)》1996年第1期;《试论宋代对台谏系统的监控》,《史林》1997年第3期。
⑤ 沈松勤:《北宋台谏制度与党争》,《历史研究》1998年第4期。

熙丰之际御史台的研究尤其值得关注。刁忠民在广泛搜集史料的基础上,厘清了北宋前期谏院制度的一些问题,如宋代谏院设置的时间、谏院的定员、谏官名实之辨等,对全面认识宋代监察制度大有裨益;刁忠民探析宋神宗熙丰时期御史台缺员现象严重、任期太短等不正常现象,认为这是王安石为顺利推行变法而有意为之,未料却对台谏制度造成极大破坏,并为后来士大夫所仿效,造成恶劣的后果。[①] 此后十余年间,有多篇期刊论文、博士学位论文和硕士学位论文涉及宋代台谏制度及相关问题的研究,研究角度大体相同,基本皆是对相关制度的细化,其中曹家齐的研究为本书提供了新的思考路径,他通过考证包拯在嘉祐三年(1058)的官职差遣,从御史中丞事权的角度,厘清北宋中期台谏职能变化的情况,认为在宋仁宗和英宗时期,御史中丞"在制度上越来越多地染指本应属于中书门下的行政权",至神宗时则又逐渐丧失这些行政权,显示出宋代台谏地位、事权的变化和反复。[②]

其次是关于宋代地方监察制度的研究。金圆论述宋代监司的设置过程,并对监司监察地方官员的内容及相关规定进行分析,认为监司制度在加强控制地方及巩固皇权方面作用突出。[③] 许怀林、郑世刚分析北宋转运使的设置、职能等,这是较早出现的对于宋代监司组成机构的研究,虽然较为简略,却为后来的深入研究奠定了基础。[④] 戴建国对提点刑狱司设置、组成、职能等问题的考察,使我们对其纠举地方违法官员的作用有了一定的认识。[⑤] 苗书梅、王世农探讨与宋代通判相关的问题,指出督察地方是宋代设置通判的主要目的,由于通判既有监察权,又有行政权,以至于某些州通判的地位高于知州,但也因此出现通判与知州的权力之争,双方互相攻击,造成地方政治的混乱。[⑥] 贾玉英专门探讨宋

---

[①] 刁忠民:《关于北宋前期谏官制度的几个问题》,《中国史研究》2000年第4期;《试析熙丰之际御史台的畸形状态》,《历史研究》2000年第4期。
[②] 曹家齐:《包拯嘉祐三年新任差遣释证——兼谈仁宗至神宗时期台谏职能之变化》,《文史》2016年第3期。
[③] 金圆:《宋代监司监察地方官吏摭谈》,《上海师范大学学报(哲学社会科学版)》1982年第3期。
[④] 许怀林:《北宋转运使制度略论》,载邓广铭等主编:《宋史研究论文集》,河南人民出版社1984年版,第287—318页;郑世刚:《北宋的转运使》,载邓广铭等主编:《宋史研究论文集》,第319—345页。
[⑤] 戴建国:《宋代的提点刑狱司》,《上海师范大学学报(哲学社会科学版)》1989年第2期。
[⑥] 苗书梅:《宋代通判及其主要职能》,《河北学刊》1990年第2期;王世农:《宋代通判论略》,《山东师大学报(社会科学版)》1990年第3期。

代地方监司之一——提举常平司的设置、职能、官员选任等,认为其按劾地方官的职能逐渐制度化,且在王安石变法期间起到了监察不法官吏、积极推行新法的作用。① 戴扬本对北宋转运使的设置、职司等相关问题有较为全面的考述,他认为北宋转运司是统制一路州县地方行政的机构,转运使则是地方行政长官,同时也对地方官员进行监察,即兼具行政与监察的双重职能;转运使又受到中央和地方的监察,如此层叠的体制有利于加强中央集权。② 汪圣铎从替代藩镇的角度考索宋代设置转运使的原因,即宋初削藩之后,以路级转运使取代原来的藩镇,成为朝廷与州郡的中介,当然其权力比起藩镇大为减小,保留的权力中就包括对一路官员的监察权。③ 王晓龙从制度层面对宋代提点刑狱司制度创立的背景、演变过程、职能、官员的选任和考课等相关问题进行系统考察,认为其监察对象以州县官、吏为主,同时与路级转运司、提举常平司也有互察职责,监察范围涉及司法、财政、治安等诸多方面,监察方式有在司和出巡两种,提刑按察对于督促地方官尽职尽责、稳定地方社会起到了积极作用。④ 此后关于宋代地方监司的讨论多有硕士学位论文出现,涉及问题基本相同,只是研究内容更加细化,更加具体。学术界对于宋代地方监察机构的认识基本清晰,即地方监察机构及其官员一方面属于宋代地方监察制度的组成部分,另一方面还具有行政、经济、司法等方面的职能,且监司又受到来自中央和地方的监督。

最后,关于宋代其他监察行为的专门研究,主要集中在司法监察和财经监察方面。有关司法监察的讨论,主要有殷啸虎论及北宋前期逐渐形成具有特色的司法监督制度,以参与审判的方式保证吏治的清明和司法的公正。⑤ 吴晓萍聚焦于宋代御史的司法权力,即御史可以"对违法失职的机构或者官吏进行司法审判",其职任包括参与复审刑狱、推鞫违法渎职官员、处理行政争议或行政控诉等三个方面,作者认为御史推鞫是宋代行政监督的一种特殊形式,起到了维护

---

① 贾玉英:《宋代提举常平司制度初探》,《中国史研究》1997 年第 3 期。
② 戴扬本:《北宋转运使考述》,华东师范大学 2003 年博士学位论文,后在其基础上出版专著《北宋转运使考述》,上海古籍出版社 2007 年版。
③ 汪圣铎:《宋代转运使补论》,《中国史研究》2004 年第 1 期。
④ 王晓龙:《宋代提点刑狱司制度研究》,河北大学 2006 年博士学位论文,后在其基础上出版专著《宋代提点刑狱司制度研究》,人民出版社 2008 年版。
⑤ 殷啸虎:《北宋前期司法监督制度考察》,《中国史研究》1991 年第 2 期。

法制和自我调节的作用。① 之后对于司法监察相关问题的讨论还有冯锦、丁佳、滕玉青等②。

学者们对于宋代财经监察的探讨一般置于监察制度的总体研究中,专门研究不多,主要有方宝璋在爬梳史料的基础上,认识到宋代十分重视对财经的监督,此类监督机构在中央有三司及其下属部门、户部、御史台等,在地方则是监司,甚至地方官掌握财经监察权,与前代相比,财经监察职能分散,又重叠架构,最终导致互相推诿的现象。③ 之后十余年,方宝璋的研究进一步细化,考察宋代提点刑狱司的财经职能,其中涉及财经监察的内容包括监察方式、职能等,与中央及地方其他相关部门呈现出监察与被监察的复杂关系。④

综上所述,学术界的相关研究为本文深入理解北宋弹劾及其影响奠定了重要的学术基础,尤其是从制度层面对宋代监察制度的系统探究,推动了宋代政治制度的研究,为进一步分析监察的运作方式之一——弹劾提供了参考。但既有成果仍有不足之处:学者们大多只是将弹劾作为宋代监察制度的内容之一予以讨论,尚未进一步考察北宋的弹劾及其对政治的影响,导致我们对北宋各阶段士大夫的具体弹劾行为及其影响的认识不够全面和深刻。实际上,弹劾是一种政治行为,也是一种政治现象,它与传统儒学精神、时代特征、政治环境、士大夫政治心态等均有着密切的关联,借助对北宋弹劾的剖析,可以很清晰地观察到弹劾对士大夫官宦仕途、政治运作、官场风气等的影响。因此,有必要将研究的议题由制度拓展至具体的弹劾行为,从政治运作的视角,动态分析北宋士大夫的弹劾行为、特征及其影响。

## 三、北宋士大夫弹劾行为的思想和现实基础

中国古代监察制度的变革,既重新配置了政治权力,以至形成新的权力集

---

① 吴晓萍:《宋代御史推鞫制度述论》,《安徽师范大学报(哲学社会科学版)》1991 年第 4 期。
② 冯锦:《北宋司法监察制度述论》,《湖北大学学报(哲学社会科学版)》2000 年第 4 期;丁佳:《宋代御史台的立法与司法职能研究》,郑州大学 2013 年硕士学位论文;滕玉青:《宋代司法监察运行机制及启示》,辽宁大学 2016 年硕士学位论文。
③ 方宝璋:《略论宋代财经监督机制》,《福建师范大学学报(哲学社会科学版)》2000 年第 2 期;方宝璋:《宋代财经监督研究》,中国审计出版社 2001 年版。
④ 方宝璋:《略论宋代提点刑狱司的财经职能》,《中国经济史研究》2015 年第 5 期。

团,亦是古代君主用以重构各个权力部门体制的方式,因此,每一次监察制度的变革,都必须面对现实,以解决政治问题为宗旨,同时尽量化解皇权与官僚集团之间的矛盾。

北宋建立后,为了政权的长治久安,在政治、军事、经济、文化等方面陆续采取了不少措施,如政治方面收回地方行政权,各级官员均由中央朝廷任免;军事方面收地方精兵进入禁军,由中央直接管理,加强中央的军事力量;经济方面则是"始令诸州自今每岁受民租及管榷之课,除支度给用外,凡缗帛之类,悉辇送京师"①,由中央控制财政权。在文化方面,鉴于唐末五代的分裂割据、道德沦丧,经过宋初一段时间的酝酿,儒学得以逐渐复兴,宋太宗时"又引缙绅诸儒,讲道兴学,炳然右文,与三代同风"②,以至于南宋朱熹有言:"国初人便已崇礼义,尊经术,欲复二帝三代,已自胜如唐人。"③北宋士大夫弹劾行为的思想基础,或可自此稍作探寻。

北宋初期,对于传统儒学的推崇,首先来自于对先秦儒学经典的重新诠释。与汉代儒学的章句之学、唐代儒学的注疏之学不同,北宋儒者突破汉唐章句、注疏的传统,更注重以己意解读先秦儒学经典,且他们往往选择经典中有益于阐发自身观点的内容进行发挥,对于不太符合自身观点的内容则一笔带过或者视而不见。如《论语·泰伯》记孔子言曰:"危邦不入,乱邦不居。天下有道则见,无道则隐。"④孔子劝告儒者不与无道者合作的方式是"隐",以此保持自身的高洁、独立。不过北宋士大夫更感兴趣的是孟子离开齐国时对充虞说的一段话,孟子认为天下每五百年左右一定会有一位圣君出现,相应地就会有贤臣辅佐圣君,"夫天未欲平治天下也;如欲平治天下,当今之世,舍我其谁也?"⑤虽然就逻辑而言,这与《论语》所记"天下有道则见"是一个道理,但北宋士大夫对其背后的逻辑联系并不关心,他们关注的是"舍我其谁",于是由此生发出具有时代特征的以天下为己任的主体意识。程颐对《尚书·尧典》的阐发,就很能说明

---

① 李焘:《续资治通鉴长编》卷五,乾德二年十二月,中华书局2004年版,第139页。
② 宋祁:《景文集》卷二六,《礼院议祖宗配侑》,景印文渊阁四库全书本,上海古籍出版社1987年影印本。
③ 黎靖德编:《朱子语类》卷一二九,《自国初至熙宁人物》,中华书局1986年版,第3085页。
④ 杨伯峻译注:《论语译注·泰伯篇第八》,中华书局2009年版,第81页。
⑤ 杨伯峻译注:《孟子译注》卷四,《公孙丑章句下》,中华书局2005年版,第109页。

北宋士大夫的这种主体意识。《尚书·尧典》是关于尧政治思想、政治行为等内容的篇章,汉代孔安国、唐代孔颖达均对其进行注解,以便于后学阅读;程颐与他们不一样,他不仅仅只是注解此书,更重要的是发明大义,即以《尚书》的言论作为支撑自己观点的证据。如《尧典》言:"克明俊德,以亲九族。九族既睦,平章百姓。百姓昭明,协和万邦,黎民于变时雍。"无论是孔安国,还是孔颖达,均将其解释为尧任用有德之士治理九族,然后及于百官之族姓,再然后及于天下之万邦。① 程颐对孔安国、孔颖达的解释有认同之处,"俊德,俊贤之德也,尧能辨明而择任之也",不过紧随其后,他又进一步阐发自己的主张:"帝王之道也,以择任贤俊为本,得人而后与之同治天下。"②可见,他的重点在于说明帝王应该与俊德"同治天下",以天下为己任之主体意识跃然纸上。类似的言论经常出现在北宋士大夫的相关篇章中,最典型者即文彦博所谓皇帝"与士大夫治天下"③。显然,北宋士大夫主体意识的勃兴来自对儒学经典某些内容的诠释,并非无源之水,赵宋君主尽管很可能对于士大夫诠释的儒学经典有自己的理解,但无论如何,他们还是对士大夫担当天下的意识给予认同,"天下至广,藉群材共治之"④,皇帝的认同更加鼓励了士大夫主体意识的强化,这种主体意识正是北宋士大夫进行弹劾的思想基础。对于北宋的某些士大夫而言,他们看重的不是个人的私利,而是天下之公利,为此,他们甘愿冒着被贬黜的危险,弹劾他们认为违反天下之公利的官员,哪怕此人受到皇帝的宠信,他们也不会畏惧。

先秦儒学修齐治平的理念也是北宋士大夫进行弹劾的思想依据。《礼记·大学》言:"古之欲明明德于天下者,先治其国。欲治其国者,先齐其家。欲齐其家者,先修其身。欲修其身者,先正其心。欲正其心者,先诚其意。欲诚其意者,先致其知。致知在格物。物格而后知至,知至而后意诚,意诚而后心正,心正而后身修,身修而后家齐,家齐而后国治,国治而后天下平。自天子以至于庶人,壹

---

① 孔安国注,孔颖达正义:《尚书正义》卷二,《尧典第一》,上海古籍出版社2007年版,第36—37页。
② 程颢、程颐:《二程集·河南程氏经说》卷二,《书解·尧典》,中华书局2004年版,第1035页。
③ 李焘:《续资治通鉴长编》卷二二一,熙宁四年三月戊子,第5370页。
④ 李焘:《续资治通鉴长编》卷三三,淳化三年三月辛丑,第735页。

是皆以修身为本,其本乱而末治者否矣。"①诚意、正心、修身皆归于明德,此即所谓"本","本"又是齐家、治国、平天下的基础。《礼记》这段话的意思非常清楚,就是突出诚意、正心、修身的作用,而这三者的核心内涵就是"德",我们可将其理解为宋代士大夫所尊崇的"内圣"。赵宋王朝建立后,在重建政治秩序的同时,也在重建道德秩序,且道德秩序的重建是北宋士人的共识。周敦颐在《通书》中认为,治理天下应该"以仁育万物,以义正万民。天道行而万物顺,圣德修而万民化"②,以高尚的道德教化百姓。程颐更是将北宋建国百年超越古今之功归于实行德政,"尝观自三代而后,本朝有超越古今者五事:如百年无内乱;四圣百年;受命之日,市不易肆;百年未尝诛杀大臣;至诚以待夷狄"③。北宋士大夫相信德行是朝廷长治久安的基础,于是很自然地就会将这种思想付诸实践,其方式之一即是弹劾不符合德政要求的官员。

北宋士大夫弹劾行为的现实基础则是源自中国古代的官僚体系。皇帝虽然是专制王朝的最高统治者,有着至高无上的皇权,但天下之广大、治国事务之繁剧,又是皇帝一人所不能穷尽的,他必须依赖官员对天下进行管理。而唐末五代皇权的危机使赵宋皇帝心存疑惧,他们对官员的不信任与日俱增,特别需要监察机构更加严密地制约官员的权力,协调各部门权力的分配。就北宋士大夫而言,主体意识的高涨使他们认识到天下非皇帝一人之天下,也是士大夫的天下,他们也承担着治理天下的重任;以皇帝至高无上的地位,其言行之影响又是极其深远的,因此他们需要不断提醒皇帝谨言慎行,做有德之君。为此,北宋士大夫一方面防患于未然,重视以经筵影响皇帝,如程颐所言,君主"时见讲官,久则自然接熟……与贤士大夫处久熟则生爱敬,此所以养成圣德,为宗社生灵之福"④;另一方面,希望以对皇帝的规谏行于事前事后,促成天下大治。来自皇帝与士大夫双方权力的较量,使得宋代的监察制度既要有效监督人数众多的士大夫,又要防止皇帝滥用威权,于是,北宋监察制度逐渐形成台谏合一之势,在这一制度运作的

---

① 郑玄注,孔颖达正义:《礼记正义》卷六六,《大学第四十二》,上海古籍出版社2008年版,第2237页。
② 周敦颐:《周敦颐集》卷二,《通书·顺化第十一》,中华书局2009年版,第23—24页。
③ 程颢、程颐:《二程集·河南程氏遗书》卷一五,《入关语录》,第159页。
④ 程颢、程颐:《二程集·河南程氏文集》卷六,《论经筵第一劄子》,第538页。

过程中,有皇帝与士大夫阶层之间不同利益的体现,亦有士大夫阶层内部不同集团之间利益的纷争。当北宋士大夫进行弹劾时,不能不面对现实,考虑如何协调这些利益关系,从而表现出一定的实用性和功利性。

因此,仅仅重视儒学复兴背景下北宋士大夫源自经典的政治理想,显然不能很好地解读北宋的现实政治问题,甚至不能准确理解北宋的政治现象,一些本质性的问题可能在这一重视经典的研究中被忽略了。在中国古代的现实政治中,儒学经典的地位是明确的,其发挥作用的方式也是有迹可循的,不过我们同时还要更加关注适应不同时期历史现实的政治理念,在这一理念观照下产生的制度的变化及具体的做法更有助于解决现实问题。具体到北宋弹劾,它是塑造北宋政治秩序的方式之一,也是北宋士大夫理想主义与现实主义两种取向的最佳结合点。在他们的弹劾行为中,我们能够深切地感受到他们对于天下的强烈责任感和舍我其谁的气概,正所谓"士不可以不弘毅,任重而道远"[①],也可以看到他们为了一己私利或集团利益而争斗的窘态。本书的研究,即是立足于传统儒学经典对北宋士大夫政治行为的影响,同时回应北宋的现实政治问题,探讨北宋士大夫的弹劾行为以及围绕弹劾出现的各种政治现象,以期进一步考察北宋的政治特征。

---

① 杨伯峻译注:《论语译注·泰伯篇第八》,第79页。

# 第一章　北宋前期弹劾制度由粗疏到规范的变化

赵宋王朝建立后,百废待兴,虽有前朝制度可资借鉴,但毕竟政治局势不同,不少制度都需要有所损益,鉴于唐末五代皇权衰落的教训,损益的前提之一就是重新树立君主权威。就监察制度而言,在统一天下的战争仍未结束的情况下,朝廷立即制定并实施以君主为核心的监察制度显然不太可能,加之相关的史籍记载比较有限,制约了我们对此一时期监察制度的认识。具体到监察的主要方式——弹劾而言,也是如此。不过,宋初三朝毕竟是宋代弹劾的形成期,弹劾制度由粗疏到规范的发展路径还是较为清晰的,对于后来弹劾的演变亦有着重要的影响,由此使得弹劾成为我们观察宋初政治的一个孔隙。

## 第一节　制度的粗疏与皇权的加强:宋太祖、宋太宗时期的弹劾

唐代的弹劾机构是御史台,正、副长官为御史大夫、御史中丞,"凡中外百僚之事,应弹劾者,御史言于大夫。大事则方幅奏弹之,小事则署名而已"[1]。御史台除正、副长官外,还有侍御史四人,主要职责是"掌纠举百僚,推鞫狱讼",殿中侍御史六人,"掌殿廷供奉之仪式",监察御史十人,"掌分察巡按郡县、屯田、铸钱、岭南选补、知太府、司农出纳,监决囚徒"[2]。虽然实际的运作与制度的规定

---

[1] 刘昫等:《旧唐书》卷四四,《职官三·御史台》,中华书局1975年版,第1861—1862页。
[2] 刘昫等:《旧唐书》卷四四,《职官三·御史台》,第1862—1863页。

并不完全吻合,但毕竟还是有法可依,在政权稳定、吏治清明时,唐代御史台的弹劾在一定程度上起到了监督百官、规范官员行为、维护官僚机构正常运转等方面的作用。赵宋建国伊始,天下未归于一统,各项事务繁重、芜杂,故未及制定新的制度,宋太祖、太宗时期对于人数众多的官员的监察,还没有形成如唐代那样职能完备、分工明晰的弹劾机构,因此初期的弹劾要么无法可依,官员无所适从,要么则是部分因袭前朝旧例,再根据具体情况进行取舍,表现出制度初创时期的粗疏和随意。

## 一、弹劾主体身份的多元

从现有相关史料记载看,宋太祖时期较为多见的一个概念是"按劾",即按问、推劾,经过审查、讯问,追究被劾者之罪状。按劾的行为最早出现于宋太祖即位的第一年,即建隆元年(960)。后周大将李筠不愿臣服于赵匡胤,联合北汉反宋,太祖率军亲征,当时"山程狭隘多石,上自取数石于马上抱之,群臣六军皆争负石开道",但中书舍人赵逢却"惮涉险,伪伤足,留怀州不行"。宋军平定李筠叛乱后,宋太祖有一系列除拜行为,需要中书舍人撰写制书,赵逢"当入直,又称疾,请于私第草制",太祖对其甚为不满,于是"下御史府劾其罪而黜之"。① 中书舍人为天子近臣,宋太祖初期的职掌沿袭唐末、五代的规定,为皇帝草拟诏制,赵逢的不堪行为是否为宋太祖亲见已不可考,不过史料记载清楚显示,是太祖下令由御史台进行讯问、审判。可见,"按劾"与"弹劾"还是有一定区别的,前者侧重于对官员的犯罪行为进行审查、追究,后者则是先纠弹官员的违法行为,再核查其罪行、追究其法律责任。建隆元年发生的劾赵逢一事,显然与原来制度规定的弹劾不一样。

宋太祖时期也有较为完备的弹劾行为,即首先有人告发,然后再是君主令御史台按劾。如乾德初年,知制诰高锡出使青州时,曾"私受节帅郭崇赂遗;又尝致书澧州刺史为僧求紫衣,为人所告。事下御史府核实,责贬莱州司马"②。这样的弹劾行为虽然带有政权初建时期的简单化、随意化特征,但由于前朝经验的

---

① 李焘:《续资治通鉴长编》卷一,建隆元年九月庚戌,第 24 页。
② 脱脱等:《宋史》卷二六九,《高锡传》,中华书局 1985 年版,第 9250 页。

延续,还是体现出了基本的弹劾程序,即有人告发——御史台按劾——奏报皇帝——定罪处理。

可见,宋初的弹劾未必经由每一道程序层层推进,也有皇帝直接下令御史台进行按劾的现象出现。不过,在赵宋王朝建立之初,对官员的弹劾毕竟还是跌跌撞撞地开始了,这种制度规定上的粗疏在弹劾主体方面有着突出的表现。

学术界通常认为,弹劾主体即拥有弹劾权的官员。宋代的弹劾主体,除了传统的御史以外,还包括谏官、监司、走马承受公事等众多官员①,这应该是弹劾制度较为完备时的规定,从宋太祖、太宗时期的实际情况看,由于对弹劾主体没有限制,其身份有时隐而不见,有时又简略提及,表现出制度初创时期的不规范性。就现有史料分析,弹劾主体的身份主要包括被劾者的下属或者同僚、未知者、御史等三种。

宋太祖、太宗时期的弹劾案例中,占比较多的弹劾主体为被劾者的下属或者同僚,他们往往因与被劾者共事的缘故,对其各方面情况较为熟悉,具有得到相关信息的便利性,一旦双方发生矛盾,就有可能告发对方的违法失职行为。武将曹翰一直跟随宋太祖征战,屡建战功,在判颍州时"专务苛酷掊敛,政事不治",太平兴国八年(983),汝阴县令孙崇望"讼翰部内为奸赃,私市弓弩、枪剑、长矛、铠马、具装;又发民筑烽台,诸县有寇盗,令举烽以应城中;又擅部署牙吏,官卖盐所得钱银、民岁输租粟及丝棉、绢,翰悉取其余羡;又擅赋敛民以入己,侵官地为蔬圃果园;判官山元羽掌官曲,翰又取其常额外钱五百万、绢百匹",太宗遣御史前往核查。② 当时颍州治所就在汝阴县,古代的县城一般不大,曹翰和孙崇望又是同在此处为官,按照中国传统的官场规则,哪怕他们之间时有嫌隙,至少还要保持着表面的寒暄和必要的交集。比如公务方面的某些迎来送往、宴饮应酬等,很可能需要通判和汝阴县令同时到场,此外还有州与属县在行政、司法、军事等诸多方面的事务需要协调解决,这也要求他们有时会共同议事,从而使得他们对对方的相关信息较为熟悉。加之他们又各有自己的属吏和圈子,为了各自的利益,难免会经常打探对方的一些情况,必要的时候利用这些情报为己谋利。因

---

① 肖建新:《论宋朝的弹劾制度》,《河北学刊》1996年第2期。
② 李焘:《续资治通鉴长编》卷二四,太平兴国八年五月,第546页。

此,上下级或者同僚关系最有可能发生弹劾行为,孙崇望就是因为看不惯曹翰的专恣,甚至可能曹翰的苛酷威胁到了他的利益,所以才会在有机会时弹劾曹翰。

不过,上下级或者同僚之间弹劾的可能性要转化为实际的弹劾行为,还受到各方面因素的影响,其中最重要的因素就是君主的态度,也就是说君主有意无意的鼓励,对于来自下属、同僚的弹劾起到了重要的推动作用,丁德裕的连续两次弹劾就非常具有代表性。丁德裕出身武将世家,后周时"以荫补供奉官",入宋以后因军功而得升迁,乾德五年(967)为从五品的内客省使,①属于官资较高的武臣。"时成都初平,群寇大起",丁德裕被任命为西川都巡检使,与西川兵马都监张延通、引进副使王班、内臣张屿共同领兵平寇。② 在共事的过程中,丁德裕"颇自专恣",与张延通、王班等人产生矛盾,又因为回京后丁德裕自感宋太祖待己"稍薄",怀疑是张延通等人向君主诋毁自己所致,于是在开宝二年(969)弹劾"延通尝对众言涉指斥及诸不法事",并言张延通与张屿结党,太祖大怒,下诏御史台进行核查,张延通等人均受到严厉的处罚。③ 实际上,丁德裕所谓"言涉指斥"及结党等事,往往很难查有实据,何况张延通等人还"冀得见上面证曲直"④,但由于丁德裕所劾之事触及君主的最大忌讳,因此尽管不一定属实,甚至可能是屈打成招,君主也会严加处罚。丁德裕通过这次弹劾准确把握了宋太祖意图,于是又如法炮制,紧接着在同一年弹劾西川转运使、礼部郎中李铉。与前述张延通等人一样,李铉与丁德裕也曾同在成都为官,并且很可能有过多次交往,否则李铉也不会说丁德裕在成都期间曾"屡以事请求",丁德裕上章弹劾李铉的事由是"尝醉酒,言涉指斥",太祖自然不能容忍,于是"驿召铉下御史狱鞫之",李铉自辩后,洗清了"言涉指斥"的罪名,但还是因为醉酒而受到贬黜。⑤ 从制度因袭的层面看,初建王朝在各项制度未及成熟时,处理事务一般说来是延续、损益前朝制度而进行。丁德裕在西川的官职是都巡检使,与巡检使的职掌相

---

① 脱脱等:《宋史》卷二七四,《丁德裕传》,第9354页。
② 脱脱等:《宋史》卷二七四,《丁德裕传》,第9354页;脱脱等:《宋史》卷二七四,《张延通传》,第9355页。
③ 李焘:《续资治通鉴长编》卷一〇,开宝二年十月,第234页。
④ 李焘:《续资治通鉴长编》卷一〇,开宝二年十月,第234页。
⑤ 李焘:《续资治通鉴长编》卷一〇,开宝二年十二月,第236—237页。

同,"掌训练甲兵、巡逻州邑、擒捕盗贼事"①,就前代的监察制度而言,御史才是主要的弹劾者,都巡检使是没有弹劾权的。丁德裕之所以能够连续进行弹劾且弹劾成功,显然与赵宋君主有意无意的鼓励态度有着直接的关联,应该说,这是中国古代专制王朝君权至上的体现,只是在赵宋王朝初建时,君主拥有更多事务的最终裁决权,以至于君权至上更为突出。赵匡胤是在五代时期以军事力量决定政权归属甚至君权神授受到质疑的情况下建立宋政权的,所谓"五代天子皆以兵威强制天下"②,为了实现长治久安的目的,他需要在行政、军事等领域尽快树立起君主的绝对权威,其他权力都只能处于从属地位,其中就包括弹劾权。所以,赵匡胤建立政权后的一系列举措,除了有利于一统天下外,就是维护君权至上,规定朝廷各级官员均向皇帝负责,且接受皇帝的最终监督,在这样的情况下,皇帝主导弹劾也就是理所应当的了。

对于宋太祖、太宗时期的各级官员而言,为了在仕途中获得升迁的机会,他们需要因应皇帝的要求,当皇帝表现出对非监察官弹劾行为的许可时,官员们自然乐为之,一来可以顺应君主,赢得更好的政治前途,二来也可借机挟私报复与己不协者。就宋太祖、太宗时期弹劾者多为同僚来看,君主对弹劾的鼓励起到了重要的引导作用,而宋初君主之所以如此,则是希望借助对弹劾权的控制,突出君权至上,甚至君主还会直接控制弹劾的各个环节,比如是否对某位官员进行弹劾、是否由御史台审查、如何处罚被劾者等等,可以这样说,宋太祖、太宗时期的弹劾,基本均是在君主的推动、参与下进行的。

宋太祖、太宗时期的弹劾,还有弹劾主体身份未知的情况。如乾德二年(964),库部员外郎王贻孙、周易博士奚屿受命"同考试品官子弟",陶谷时任翰林学士承旨,"谷属其子鄑于屿,鄑书不通,以合格闻,补殿中省进马。俄为人所发,下御史府案问"。③类似这样的说法还有"为人所告""为人所诉""会有言"等等,没有列出具体的人,只有一个宽泛的"有人弹劾"的概念。有的还直接省略了弹劾主体,太平兴国六年(981),张白知蔡州时"假贷官钱,居籴粟麦以射

---

① 马端临:《文献通考》卷五九,《职官考十三·巡检》,中华书局2011年版,第1783页。
② 邵伯温:《邵氏闻见录》卷七,中华书局1983年版,第65页。
③ 脱脱等:《宋史》卷二六九,《陶谷传》,第9238页。

利",被查出后处以弃市的重罚,①史料记载中没有任何涉及弹劾主体的信息。就笔者所见,此一时期弹劾主体未知的弹劾事件为数不少,我们可以将其理解为史料阙载或者不便言说的原因,不过,从弹劾事项来看,基本皆是与被劾者所任官职的公务活动有关的内容,若非官场中人,不太可能获取相关违法、贪污信息。如前揭王贻孙、奚屿、陶谷事,陶谷寻求奚屿在考试中照顾自己的儿子,肯定是在非常私密的情况下提出的请求,所谓"鄙书不通"云云,实则并没有一个可供量化的标准,之所以能够"为人所发",只能是官场中的知情者所为。张白事件更是如此,只有他身边同为官吏的人,才最有可能了解他有"假贷官钱"的情况。因此,弹劾主体身份未知的弹劾事件中,应该有大部分也是同僚所为。

  弹劾主体为专职御史的情况,在宋太祖、宋太宗时期不多。从弹劾事由来看,御史首先弹劾的是官员违背礼制的行为。赵匡胤尽管出身行伍,对于礼制的了解并不充分,但毕竟跟随后周世宗多年,耳闻目睹礼制在维护君主权威方面的重要性,于是他在建立政权后,不能容忍朝堂之上的失礼行为。建隆初,国子周易博士郭忠恕因过量饮酒,"与监察御史符昭文竞于朝堂,御史弹奏,忠恕叱台吏夺其奏,毁之,坐贬为乾州司户参军"②,御史弹劾郭忠恕失礼,郭忠恕居然当着宋太祖的面叱责御史,在太祖看来,这是不忠于君主的行为,严重影响君主威望,因此才会对郭忠恕予以惩治。其次,御史还弹劾官员的渎职行为。太平兴国年间,户部郎中侯陟在知吏部选事时,"会选人有冒妄,事发,陟当连坐",当时雷德骧任侍御史知杂事,欲劾奏侯陟,侯陟得知后,"遂造便殿自首服,上特赦其罪"。③ 虽然这是一起未能完成的弹劾事件,但也说明身为御史的某些官员在尽职尽责地履行监督官员的职能。赵宋王朝新建时,各项制度仍未完善,从中央到地方各级官府的缺员现象严重,再加皇帝意欲独自控制监督官员的权力,因此,宋初御史之类的监察官很多均为加官或者兼职④,弹劾职能的行使受到一定的

---

① 李焘:《续资治通鉴长编》卷二二,太平兴国六年十一月丁酉,第 504 页。
② 脱脱等:《宋史》卷四四二,《文苑四·郭忠恕传》,第 13087—13088 页。
③ 李焘:《续资治通鉴长编》卷一八,太平兴国二年十一月,第 416 页。
④ 贾玉英《宋代监察制度》、刁忠民《宋代台谏制度研究》、虞云国《宋代台谏制度研究》等等对此均有探讨,虽然他们的观点有不同的地方,不过均认为北宋前期御史台官员在台者不多,基本都出外任职,监察之事则由中央其他官员兼领。

限制。在这样的情况下,身为御史的雷德骧能有劾奏官员渎职的想法,甚至几乎付诸行动,实属不易。

此外,还有史料记载弹劾主体的身份为"侦者",如建隆二年(961),"右卫率府率薛勋、著作佐郎徐雄亦坐监纳民租概量失平,为侦者所告,皆免官"①。"侦者"主要指侦探军事情报的人,如《旧唐书·李嗣业传》言:"贼先伏兵于营东,侦者知之,元帅广平王分回纥锐卒,令击其伏兵,贼将大败。"②由于侦者的便利身份,易于得到各方面的信息,其中也包括关涉地方官违法、渎职等行为的信息,他们在上报军事情报的同时,很可能将这些信息一并上奏朝廷。只是从史料记载看,由侦者作为弹劾主体的情况非常少见,很可能君主不鼓励侦者的这一行为,或者侦者上报的情报皆归于相关机构,不允许他们主动弹劾官员。

对于新建王朝而言,监察制度既是监督官员的重要制度,也是重新配置政治权力的方式之一,监察的主要手段——弹劾,更是可以将朝廷的所有官员均纳入监察体制中,因此,如何塑造弹劾秩序,就涉及皇帝权力与官僚集团权力之间的矛盾如何化解的问题,这也是赵宋王朝初期皇帝需要解决的根本问题。从弹劾主体看,在弹劾制度未及完备、仍处于粗疏状态的情况下,宋太祖、太宗有意无意都在努力将弹劾权牢牢把握在自己的手中,以此取得控制官僚集团的主动权,他们以称许的态度,允许现任官进行弹劾,而且这些弹劾主体大多数并非监察官。质言之,在王朝初建、制度不甚规范时,官员的弹劾行为来自皇帝的默许和鼓励,体现出君权至上的考量。

## 二、皇帝对弹劾结果的影响

赵宋王朝建立之初,整个官僚体系的运转还不够顺畅,包括弹劾在内的政治行为大多处于不完备的状况,弹劾也不太可能按照既定的程序进行,但是,官员的违法行为又是这个新建王朝必须面对的问题,作为君主,首先想到的是凭借君主权威予以解决。因此宋太祖、太宗深度参与弹劾的各个环节,在有人提起弹劾后,往往由皇帝决定是否进行核查,也由皇帝决定如何定罪处理,尤其是最后的

---

① 李焘:《续资治通鉴长编》卷二,建隆二年六月丁巳,第48页。
② 刘昫等:《旧唐书》卷一〇九,《李嗣业传》,第3299页。

弹劾结果,更能直接反映皇帝对弹劾权的掌控。

对于犯罪者来说,最重的刑罚就是死刑,某些官员被弹劾后,由于犯罪行为严重或者其他原因,会被处以死刑。死刑的方式,就目前所见史料看,比较多见的是弃市,即在人流聚集、喧闹的市井之地执行死刑。《礼记》云:"爵人于朝,与士共之;刑人于市,与众弃之。"①带有因所犯罪行恶劣、为众人所鄙弃之意。宋太祖、太宗时期,被劾官员处以这样的死刑大体适用于以下三种罪行。

其一,贪污受贿之罪,这是判处被劾官员死刑的主要罪名。殿中侍御史张穆通判定州时,"犯赃钱百万",宋太祖下令御史台核查、证实后,弃市。② 太平兴国六年(981),监察御史张白"前知蔡州,假贷官钱,居籴粟麦以射利",弃市,甚至曾经举荐张白的滕中正亦受到贬官的责罚。③

其二,对君主不敬之罪,这是最不可饶恕但又较为含糊的罪名,能够即刻触碰到君主的敏感神经。这一重罪具体包括两个罪名:一是言涉指斥,即《宋刑统》所记"指斥乘舆,情理切害者,斩"④。前揭丁德裕劾张延通、张屿、王班等人,因张延通有"言涉指斥"之罪,且在朝堂之上面对宋太祖时又"抗对复不逊",太祖命斩于市。⑤ 二是伪造印纸文书,摄上蔡主簿刘伟已经历三任摄官,根据当时的条例,"应摄官三任解由全者,许投牒有司,即得引试录用",但是刘伟的解由,即证明任官资格的印纸文书丢了一份,于是其兄长"为伟造伪印得送铨",此事遭雷有邻弹劾,宋太祖令御史台核查得实后,刘伟弃市。⑥

其三,残暴、杀人之罪。右监门卫率府副率王继勋"残暴愈甚,强市民家子女以备给使,小不如意,即杀而食之,以樏梜贮其骨,出弃野外",宋太宗令御史台官员进行核查,王继勋承认"自开宝六年四月至今,手所杀婢百余人",于是"斩继勋于洛阳市"。⑦

---

① 郑玄注,孔颖达正义:《礼记正义》卷一六,《王制第五》,第486页。
② 李焘:《续资治通鉴长编》卷一三,开宝五年三月乙酉,第282页。
③ 李焘:《续资治通鉴长编》卷二二,太平兴国六年十一月丁酉,第504页。
④ 窦仪等详定,岳纯之校证:《宋刑统校证》卷一〇,《职制律》,北京大学出版社2015年版,第144页。
⑤ 李焘:《续资治通鉴长编》卷一〇,开宝二年十月,第234页。
⑥ 李焘:《续资治通鉴长编》卷一四,开宝六年六月,第303页。
⑦ 李焘:《续资治通鉴长编》卷一八,太平兴国二年二月,第399页。

由于史料有限,无法判定当时所有因犯重罪而被判死刑的现任官是否皆以弃市的方式行刑,不过现有史料也能说明宋太祖、太宗对于犯罪官员的重罚之意,"宋兴,承五季之乱,太祖、太宗颇用重典,以绳奸慝"①,此一策略亦施用于官员犯罪。另一方面,中国古代的法律规定中,对于官员犯罪往往有一些宽宥做法,赵宋王朝也不例外。建隆四年(963),宋太祖令窦仪等大理寺官员编成一部法典,即《宋刑统》,其援引前代条目中就包含宽宥犯罪官员的内容,如《名例律》中规定,凡"八议"之人,即"议亲""议故""议贤""议能""议功""议贵""议勤""议宾",如果犯死罪,"皆条所坐及应议之状,先奏请议,议定奏裁",②由皇帝决定是否处以死刑,其中隐含着对高级官员及德能突出者的宽恕,类似的条目在《宋刑统》中还有不少。但是,在赵宋建立之初,皇帝却仍然对某些犯罪官员处以弃市之极刑,其目的很明显,即威慑百官,维护统治秩序。赵宋君主对此也是有着深刻认识的,宋太宗曾经下诏,要求诸道转运使将被劾官员弃市的布告"揭于所居官舍之壁","以儆群吏",③如此重刑治官,且采取揭榜告知的方式,足以使各级官员尤其是地方官意识到是皇帝掌握着他们的生杀予夺之权,以此进一步树立皇帝的权威。

被劾官员受到的处罚还有杖刑、流刑,只是受制于史料的不足,此一方面的情况了解不多。由于"五代以来,典刑弛废,州郡掌狱吏不明习律令,守牧多武人,率恣意用法"④,为了维护地方社会的稳定,安抚百姓,宋太祖在建宋的第二年,即开始对地方官违背审判程序和审判原则等行为予以严惩。金州百姓马从玘子马汉惠是一乡间无赖,"尝害其从弟,又好为夺攘,闾里患之",为了乡里百姓不再遭受马汉惠的袭扰,马从玘与其妻子、次子一起杀死了马汉惠。金州防御使仇超、判官左扶在未经中央相关机构审核的情况下,处死马从玘妻子和次子,仇超、左扶因判案专断被劾,"并除名,杖流海岛"。⑤ 侍御史任惟吉在通判陕州时,因贪污受贿,"诏削夺官爵,配隶汝州"⑥,所谓"配隶",即流放服役,属流刑

---

① 脱脱等:《宋史》卷一九九,《刑法一》,第4961页。
② 窦仪等详定,岳纯之校证:《宋刑统校证》卷二,《名例律》,第16、18页。
③ 李焘:《续资治通鉴长编》卷一九,太平兴国三年四月辛巳,第427页。
④ 李焘:《续资治通鉴长编》卷二,建隆二年五月,第46页。
⑤ 李焘:《续资治通鉴长编》卷二,建隆二年五月,第46页。
⑥ 李焘:《续资治通鉴长编》卷一八,太平兴国二年三月丙寅,第401页。

之一种,比普通流刑的处罚更重,类似后来的编管制度。杖刑、流刑是中国古代传统五刑中的两种,一般说来往往较少单独使用,而是与其他刑罚组合在一起,以示处罚力度之加重。

对于犯罪的官员而言,除了受到主刑的惩罚外,还有除名、免官、贬官之类的附加刑,这些刑名的政治性特征较为突出,均是专门适用于官员的处罚方式。虽然有关宋太祖、太宗时期惩处被劾官员的资料有限,不过亦能表现出相关制度的逐渐变化过程。在赵宋王朝初建时期,这些处罚大多沿袭前代的做法而又逐渐变化,有着不规范、随意性的特点,当然也唯其如此,才使得君主能够在其时掌握更多的主动权和控制权,体现出对新建王朝制度建设的影响。

所谓除名,据《宋刑统》记载,"诸除名者,官爵悉除,课役从本色",其后的解释为:"若犯除名者,谓出身以来,官爵悉除。课役从本色者,无荫同庶人,有荫从荫例,故云各从本色。"①此一刑名的核心就是免除所有官爵及与之相关的待遇,几同庶人了。如前揭仇超、左扶、任惟吉,就受到除名的惩罚,还有威塞节度使、判颍州曹翰,因被劾"部内为奸赃,私市弓弩、枪剑、长矛、铠马、具装;又发民筑烽台,诸县有寇盗,令举烽以应城中;又擅部署牙吏,官卖盐所得钱银、民岁输租粟及丝棉、绢,翰悉取其余羡;又擅赋敛民以入己,侵官地为蔬圃果园;判官山元羽掌官曲,翰又取其常额外钱五百万、绢百匹",宋太宗令御史前往核查,"狱具,当弃市,上贷其罪,削官爵,流锢登州"。② 依曹翰所犯罪行,本应处以弃市的刑罚,宋太宗特贷其命而除名、流锢。

除名相当于开除犯罪官员的官籍,不再享受官籍带来的优待,免官则是免除所任官,仍保留其官籍,其严重程度次于除名。《宋刑统》载:"免官者,贰官并免,谓职事官、散官、卫官为壹官,勋官为壹官。"③从法律条文看,宋代对于免官的规定较为复杂,除贰官并免的情况外,还有"免所居官"的处罚,即"免所居之壹官。若兼带勋官者,免其职事",具体而言,就是"职事、散官、卫官同阶者,总

---

① 窦仪等详定,岳纯之校证:《宋刑统校证》卷二,《名例律》,第38、39页。
② 李焘:《续资治通鉴长编》卷二四,太平兴国八年五月,第546页;脱脱等:《宋史》卷二六〇,《曹翰传》,第9015页。
③ 窦仪等详定,岳纯之校证:《宋刑统校证》卷二,《名例律》,第36—37页。

为壹官。若有数官,先追高者;若带勋官,免其职事;如无职事,即免勋官高者"。① 宋太祖、太宗时期,对于犯罪的官员,既有免官的处罚,亦有处以免所居官者,如"右卫率府率薛勋、著作佐郎徐雄亦坐监纳民租概量失平,为侦者所告,皆免官"②;再如有人状告知梓州冯瓒与"监军绫锦副使李美、通判殿中侍御史李楣受赇为奸事",连带牵扯出冯瓒欲以金带珍玩贿赂刘鋆之事,于是刘鋆受到免所居官的处罚。③

相比除名、免官的刑名,贬官的严重程度又次之,宋太祖、太宗时期贬官的适用范围较广,且大多属于行政处分性质,随意性较大,突出体现了皇权的作用。被贬的官员有武臣,有文臣,相对而言,武臣的情况比较简单,在宋太祖、太宗戒备武臣的政治环境中,如若武臣被劾,遭遇贬官处罚,往往其武臣官职及差遣官职均会受到影响。右神武将军李怀节出典坊州时,因醉酒杀人,"责授率府率"④。宋初继承唐代制度,仍保留六军之名,即左右羽林军、左右龙武军、左右神武军,但其职责已发生变化,由原来的禁军演变为"掌郊祀、朝会、仪仗余卫官等",因与朝廷大礼有关,大礼又不常行,故此类官职不常设,宋初若有武臣授六军官职,多标明其武臣官阶,无职事,其中右神武将军属右神武军的统帅之一,官品为从三品。⑤ 率府率为太子东宫官,"掌东宫兵仗、羽卫之政令",在宋初也是无职事的虚衔,其官品沿袭唐代的制度,为正四品上。⑥ 可见,对李怀节的处罚,从官品看只是降一级,但宋太祖却乘此机会,削夺了李怀节坊州节度使的实职。太平兴国二年(977),右千牛卫将军、知辰州董继业,因"私贩盐赋于民,斤为布一匹,盐止十二两,而布必度以四十尺,民甚苦之",被劾后,责为本部中郎将。⑦ 无论是右千牛卫将军,还是右千牛卫中郎将,"并为环卫官,无定员,皆命宗室为之,亦为武臣之赠典",且还是"武臣责降散官",⑧对于董继业的贬黜,除了降低

---

① 窦仪等详定,岳纯之校证:《宋刑统校证》卷二,《名例律》,第38页。
② 李焘:《续资治通鉴长编》卷二,建隆二年六月丁巳,第48页。
③ 脱脱等:《宋史》卷二七〇,《冯瓒传》,第9263页。
④ 李焘:《续资治通鉴长编》卷二,建隆二年四月,第44页。
⑤ 孙逢吉:《职官分纪》卷三五,《六军诸卫》,中华书局1988年版,第655、656页。
⑥ 孙逢吉:《职官分纪》卷三〇,《太子左右卫府率副率》,第575页。
⑦ 李焘:《续资治通鉴长编》卷一八,太平兴国二年三月,第401页。
⑧ 马端临:《文献通考》卷五八,《职官考十二·将军总叙》,第1727页。

其武臣官品以外,还罢免了其实际差遣。上述两位武臣,尽管被劾的原因不同,但均受到降级、罢免差遣的严重处分,这应该不是个别现象,反映了宋太祖、太宗时期抑制和戒备武臣的态度。

被劾文臣受到贬官的处罚,情况较为复杂。一方面,宋初君主既希望达到惩罚犯罪、违规官员的目的,同时又不能影响崇文政策的实施;另一方面,唐代中期以来出现的官制紊乱,深刻影响到了宋代的官制,加之赵宋君主加强皇权的需要,使得宋代各种官职的设置和职掌重叠繁杂,而制度的规定与实际的运作又常常会有偏差。因此,宋太祖、太宗时期被劾文臣的贬官处分表现出更为多样的特征,不过其核心仍是突出皇帝对弹劾结果的强烈影响。

首先,被劾文官会受到降官阶、罢差遣的处分,有的官员的降职幅度还比较大。如最值得关注的责降州司户参军的官员,前揭中书舍人赵逢,跟随太祖征讨李筠时,因称疾逃避危险,"留怀州不行",又在当入直时"请于私第草制",被劾后,贬房州司户参军;国子周易博士郭忠恕,因醉酒与他人喧闹于朝堂,又夺御史弹章,责为乾州司户参军;周易博士奚屿,因考试品官子弟时接受现任官陶谷私人请托,违规录陶谷子为合格,被劾后,责为乾州司户参军。① 宋太祖、太宗时期,中书舍人和国子周易博士均为京朝官阶官,官品为正五品上,州司户参军则为选人阶官,官品随州之高下而有正八品上、从八品下之别,且属责降官的较低等级,"故事:谪散官虽别驾司马,皆封赐如故……至司户参军,则夺封赐"②。从正五品上的京朝官,连降数级,至八品的选人,不仅有官品的陡降,而且还有京朝官降至选人的文官类别的变化。选人属低级文官,北宋的改官制度规定:"留守节察判官、掌书记支使防团判官,留守节察推官、军事判官,为两使职官;防团军事推官、军监判官,为初等职官;司录、县令、知县为令录;军巡判官、司理、司户、司法、簿尉,为判司簿尉。其升迁之序,则自判司簿尉举令录迁令录;举职官,迁初等职官。"③即司户参军属判司簿尉,几乎为选人的最低一等,需经由一系列的循资、荐举,才能迁至令录,再迁至初等职官,然后再一步步升迁。尤其是选人与

---

① 李焘:《续资治通鉴长编》卷一,建隆元年九月庚戌,第24页;李焘:《续资治通鉴长编》卷二,建隆二年八月,第53页;李焘:《续资治通鉴长编》卷五,乾德二年九月,第131—132页。
② 陆游:《老学庵笔记》卷八,中华书局1979年版,第103页。
③ 叶梦得:《石林燕语》卷三,中华书局1984年版,第45—46页。

京朝官虽然可能"在品秩上相差无几,但其政治地位和仕宦前景却有很大差别……因此,改官在选人一生的仕宦中具有重要意义。凡不能改为京官者,便沉于选海,'老于选调',不能晋升朝廷或地方要职"①。当然,京朝官责降至选人,同本身就是选人的官员身份还是有所不同,不过这样的贬黜对于官员的打击和影响还是非常大的,既离开京城,远离政治中心,又无实际差遣,可见其所受责罚之重。

类似的陟降还有屯田员外郎、知制诰高锡因受贿、为僧人求紫衣等事被劾,责降莱州司马②,自从六品上的中级文官,降至正九品的低级文官。州司马属于专门安置责降官的散官官职之一,官品低,但比前述司户参军稍强,至少仍保留封赐,代表着一定的政治身份。

还有降级幅度不大甚至未离京城的情况,如宋太宗时,中书舍人、史馆修撰、判馆事李穆,因与卢多逊关系密切,"又为秦王廷美草朝辞笏记",受卢多逊、赵廷美之事的牵连,"为言者所劾,责授司封员外郎"。③ 由正五品上的中书舍人,有差遣,降至从六品上的司封员外郎,罢差遣,无职事。

其次,有些被劾文官受到的处分是降官阶、降差遣。如宋太宗时,"将作少监索湘为河北转运使,有讼其擅用库缣者,坐责膳部员外郎、知相州"④。宋初,将作少监为阶官名,官品沿袭唐代的规定,为从四品下,膳部员外郎亦是与唐代同,为从六品上⑤。索湘的官品降了数级,差遣亦从掌管一路财赋的重要官员,降至州级主官。

再次,值得关注的是,还有被劾文官只是受到官阶不降、降差遣或者官阶不降反升、罢差遣的处分。宋太祖时,殿中侍御史郑起"出掌泗州市征",与刺史张延范有矛盾,张延范劾其"嗜酒废职",于是郑起在乾德元年(963)被贬,以殿中侍御史的身份"左迁"为西河令。⑥ 史料明言其为"左迁",即降职,指的是差遣

---

① 苗书梅:《宋代官员选任和管理制度》,河南大学出版社1996年版,第422页。
② 脱脱等:《宋史》卷二六九,《高锡传》,第9250页。
③ 脱脱等:《宋史》卷二六三,《李穆传》,第9106页。
④ 李焘:《续资治通鉴长编》卷三七,至道元年二月,第809页。
⑤ 刘昫等:《旧唐书》卷四二,《职官一·从第四品下阶》,第1794页,其中所载"将作少匠",即为宋初"将作少监";刘昫等:《旧唐书》卷四二,《职官一·从第六品上阶》,第1797页。
⑥ 李焘:《续资治通鉴长编》卷四,乾德元年十二月己亥,第111页。

由州一级的职事降为河东路汾州西河县令,而其官阶不变。与前揭奚屿一同被贬的还有库部员外郎王贻孙,王贻孙对陶谷与奚屿之间的请托不知情,"责赞善大夫"①。库部员外郎和赞善大夫均是阶官名,无职事,宋初的官品随唐代的规定,前者为从六品,后者有左、右赞善大夫,均为正五品②。因王贻孙未参与请托之事,只负有失察之责,故处罚稍轻,虽罢差遣,官阶却自从六品升至正五品,以示安抚之意。类似情况还有宋太祖对于李莹的惩处,开宝七年(974),南唐后主李煜弟李从善入贡,"度支判官、殿中侍御史李莹实为接伴,莹私受从善之赂,人或告之",贬为右赞善大夫。③ 殿中侍御史的官品为从七品下,而右赞善大夫的官品为正五品,也是罢差遣,升官阶。可见,宋太祖、太宗时期,无论皇帝还是官员,皆比较重视差遣,即实职,这在《宋史·职官志》中亦有记载:"以差遣要剧为贵途,而不以阶、勋、爵邑有无为轻重。"④所以,当被劾官员罪行较轻时,皇帝就会以罢差遣的方式予以惩罚,同时又以升官阶的方式体现出皇帝的体恤之情,以笼络百官之心。

由前述被劾官员的责降情况看,宋太祖、太宗时期毕竟处于制度的初创期,虽有一些官员的被贬官职为专门的责降官,如州司户参军、州司马等,但在沿袭前朝做法的同时,也有一些新的变化,只是本朝做法还未形成规范的制度,显现出此一时期贬降处分的粗疏性和随意性。同样被贬为州司户参军,罪行可能有很大不同,有欺瞒君主、对君主不恭者,如赵逢、郭忠恕等人,有职务犯罪者,如奚屿等。而责罚严重的贬官的罪行,可能与责罚稍轻者的罪行一样,甚至不如责罚稍轻者的罪行严重,如高锡受贿属职务犯罪,与奚屿一样,高锡的罪名还要加上一条,即勾通宗教人士,但其所受责罚却轻于奚屿。对被劾官员的处罚实际上反映了宋太祖、太宗时期两个层面的君臣关系,一是君主与被劾官员之间,一是君主与其他官员之间,这样的关系不是简单的儒学三纲五常理论就可以处理好的,尤其在经历了唐末、五代的混乱后,君臣关系显得更加微妙,其形态和内涵都有可能与前代不同。对于宋太祖、太宗而言,首要之务就是利用既有的儒学文化

---

① 李焘:《续资治通鉴长编》卷五,乾德二年九月甲戌,第132页。
② 马端临:《文献通考》卷六六,《职官考二十·官品》,第2015、2009页。
③ 李焘:《续资治通鉴长编》卷一五,开宝七年五月,第319页。
④ 脱脱等:《宋史》卷一六一,《职官一》,第3768页。

资源,尽一切可能将君臣关系纳入三纲五常的正常轨道中,不过他们也知道,一味凭依强力很难发展出正常的君臣关系,这时君主的政治智慧就显得非常重要。从宋太祖、太宗对于被劾官员的处置看,他们既要达到惩戒、威慑的效果,又要安抚、笼络各级官员,由此体现出君主对百官的控制权。

皇权的加强还表现在对被劾官员的叙复上。除名、免官、贬官很大程度上会影响到被劾官员的政治前途,不过他们仍有重新进入仕途甚至升迁的机会,宋代的法律规定,官员除名、免官数年后即可叙复。如较为严重的处罚——除名,在六年后可恢复"官"的身份,重新获得官职,"叁品以上奏闻听敕,正肆品于从柒品下叙,从肆品于正捌品上叙,正伍品于正捌品下叙,从伍品于从捌品上叙,陆品柒品于从玖品上叙,捌品玖品并于从玖品下叙"①。免官后叙复的要求又低一些,贬官的叙复要求则更低,这就冲淡了这些刑名作为惩罚手段的严厉性,也深刻体现出中国古代崇官的特征以及"官"与"民"的巨大鸿沟。如曹翰被劾的罪名有征敛过度、私市兵器、私筑烽台等,御史滕中正受宋太宗之命"鞫之,狱具,当弃市",但因其自宋太祖以来曾屡建战功,太宗"优容之",免其死罪,处以削官爵、流铜的刑名,且在雍熙二年(985),又"起为右千牛卫大将军、分司西京。四年,召入为左千牛卫上将军,赐钱五百万、白金五千两";曹翰死后,太宗又"赠太尉。上命迁其四子守谦、守能、守节、守贵官,其六子守让、守赘、守澄、守恩、守英、守吉皆补殿直"。②曹翰在被劾前,官阶为武官最高一阶,同时有差遣;两年后叙复,官品为正四品,后又升为从三品,同样有差遣,不仅没有按照法律条文的规定在六年后才叙复,且叙复的官阶较高,待遇从优,甚至禄及子孙。如此明显地违反既有制度的规定,当然可以理解为是新王朝对前朝制度的损益,或者属于宋太宗时期相关制度未及完善的权宜做法,但其中皇帝的作用是毋庸置疑的,宋太宗意欲利用各种机会加强皇权,化解五代时期朝代更替频繁,以及自身即位之不正带来的对君主权威的不良影响。

贬官后的叙复更为普遍,随意性也更大,有的被劾官员很快就重新得到起用,而有的官员则是一贬再贬。如同样受到责降州司户参军的处分,赵逢"会

---

① 窦仪等详定,岳纯之校证:《宋刑统校证》卷二,《名例律》,第 39 页。
② 脱脱等:《宋史》卷二六〇,《曹翰传》,第 9015 页。

恩,量移汝州司马。乾德初,召赴阙,授都官郎中、知制诰,充史馆修撰,判馆事。二年,改判昭文馆"①,在被贬短短三年后,即由皇帝授予从五品上的官阶,且执掌草拟诏令之职。郭忠恕则不然,在被劾贬官后,又"乘醉殴从事范涤,擅离贬所,削籍配隶灵武。其后,流落不复求仕进",直到宋太宗即位后,才将其召回,授从七品下的国子监主簿,且"赐袭衣、银带、钱五万,馆于太学,令刊定历代字书",②这已是郭忠恕被贬十余年之后了。可以看到,无论是赵逢的快速叙复,还是郭忠恕长期流落后的叙复,皇帝的影响都是显而易见的。质言之,在宋太祖、太宗时期,不管官员被劾的原因是什么,当他们受到责降的处罚后,究竟什么时候可以被重新起用,除了负责叙复的机构的申报外,皇帝的态度起到关键性作用,显示出制度重新整合时期皇帝意欲加强自身权力的诉求。

### 三、弹劾个案分析——赵普、赵元僖

宋太祖、太宗时期,赵宋王朝的各项制度处于逐渐建立的过程中,这时既有承袭唐代故事的内容,亦有因应时代环境变化而出现的制度变化。具体到弹劾而言,作为皇帝加强皇权的手段之一,弹劾也表现出一些新的因素,现有史料为我们通过弹劾个案认识这些新因素提供了可能。其中,围绕赵普、元僖进行的弹劾,对于集中了解赵宋初期弹劾制度的粗疏及皇帝扩张权力的考量,具有一定的典型意义。

赵普是拥戴赵匡胤黄袍加身的开国功臣之一,于乾德二年(964)授门下侍郎、同中书门下平章事、集贤殿大学士,其拜相制赞曰:"功参缔构,业茂经纶。禀象纬之淳精,契风云之良会。洎赞枢机之务,屡陈帷幄之谋。沃心方伫于嘉猷,调鼎宜膺于大用。"③虽有溢美之嫌,但也说明赵普受到宋太祖的特殊礼遇和信任,在朝堂上几乎有着除皇权以外的最大权力。就是这样一位位高权重的人物,也曾经遭遇多次弹劾。

第一次被劾,是在开宝元年(968),弹劾者是屯田员外郎、判大理寺雷德骧,《续资治通鉴长编》对此事有着较为详细的记载,现照录如下:

---

① 脱脱等:《宋史》卷二七〇,《赵逢传》,第9257—9258页。
② 脱脱等:《宋史》卷四四二,《文苑四·郭忠恕传》,第13088页。
③ 佚名编:《宋大诏令集》卷五一,《赵普拜相制》,中华书局1962年版,第259页。

屯田员外郎雷德骧责授商州司户参军。德骧判大理寺,其官属与堂吏附会宰相,擅增减刑名,德骧愤惋求见,欲面白其事,未及引对,即直诣讲武殿奏之,辞气俱厉,并言赵普强市人第宅,聚敛财贿。上怒,叱之曰:"鼎铛犹有耳,汝不闻赵普吾之社稷臣乎!"引柱斧击折其上颚二齿,命左右曳出,诏宰相处以极刑。既而怒解,止用阑入之罪黜焉。①

这一段史料大概提供了两个方面的信息:一是雷德骧以从六品上的官阶,敢于弹劾位极人臣的宰相,且是以擅自入殿、面见君主奏对的激烈方式,除了其性格中所固有的"强直自任,性褊躁,多忤物"②等原因外,应该还有当时的政治环境使然。此时已是赵宋建国后的第九年,朝廷"重文"的治国理念逐渐明晰。宋太祖在一统天下的同时,不仅立即恢复了一年一度的进士科考试制度,而且还多次表现出对儒学和士人的尊崇,如建宋伊始,宋太祖就在后周世宗营建国子监的基础上,进一步扩大规模,"增葺祠宇,塑绘先圣、先贤、先儒之像。上自赞孔、颜,命宰臣、两制以下分撰余赞"③,表现出对儒学及其先贤的重视。建隆三年(962),宋太祖感叹:"今之武臣欲尽令读书,贵知为治之道。"④又诏精通儒学的崔颂判国子监,"始聚生徒讲书,上闻而嘉之",且"遣中使遍赐以酒果。寻又诏用一品礼,立十六戟于文宣王庙门"⑤。赵匡胤出身行伍,却能意识到儒学对于朝廷统治的重要性,且提倡武臣学习儒学,其意欲赵宋王朝长治久安的用意是非常明显的。建隆四年(963),"将议改元,语宰相勿用前世旧号,于是改元乾德",但后来宋太祖在后宫却见有宫人使用的铜镜背面有"乾德"之年号,问于学士陶谷,陶谷言:"此伪蜀时年号也。""太祖由是益重儒士"。⑥ 宋太祖的这些做法和说法释放出的"重文""崇儒"信号,无疑会影响到其身边的臣僚,乃至深刻影响朝廷决策,文臣尤其是进士出身的士大夫,应该能够从中感知到皇帝的这种政治取向。雷德骧出身进士,而赵普虽贵为宰相,却是"少习吏事,

---

① 李焘:《续资治通鉴长编》卷九,开宝元年十月甲戌,第210页。
② 脱脱等:《宋史》卷二七八,《雷德骧传》,第9454页。
③ 李焘:《续资治通鉴长编》卷三,建隆三年六月,第68页。
④ 李焘:《续资治通鉴长编》卷三,建隆三年二月壬寅,第62页。
⑤ 李焘:《续资治通鉴长编》卷三,建隆三年六月,第68页。
⑥ 欧阳修:《归田录》卷一,中华书局1981年版,第5页。

寡学术"①,有可能为一些士大夫所不屑,因此雷德骧才会以激烈、直接的方式弹劾赵普。遗憾的是,尽管宋太祖已表现出明显的重文倾向,但唐末五代士大夫明哲保身、现实权变的惯性影响仍然存在,在这样的情况下,雷德骧的行为可能仅是个别现象,还未成为宋初士大夫的主流,不过不可否认其行为的政治意义。

  史料反映的第二个信息,则是宋太祖态度的转变。赵普深得太祖信任和倚重,其拜相后,"上视如左右手,事无大小,悉咨决焉"②。雷德骧弹劾赵普时,距赵普拜相仅四年,宋太祖的第一反应是愤怒至极,不仅以"鼎铛有耳"之语予以呵叱,而且还以帝王之尊亲自出手击打雷德骧,"诏宰相处以极刑",即宋太祖根本不去考虑雷德骧弹劾赵普"强市人第宅,聚敛财贿"之事是否属实,而是愤于雷德骧对宰相赵普的弹劾行为。不过,宋太祖的态度很快发生转变,不再责罚雷德骧的弹劾宰相之罪,仅以"阑入"入刑,即雷德骧是因对君主不恭而被贬,个中意味值得探究。当太祖面对有人弹劾社稷之臣时,本能反应是愤怒,但太祖毕竟深谋远虑,智慧超群,很快就恢复了理智,"怒解",其后对雷德骧的处理则传递出较为明确的信号:一方面警告宰相赵普,不能太过胆大妄为,使赵普知晓朝中大臣对他的监督和不满,另一方面也是宣示皇权,身居高位的赵普也好,敢于弹劾宰相的士大夫也罢,皆由皇帝掌握着生杀予夺之权。

  赵普第二次被劾是由左监门卫大将军赵玭于开宝四年(971)提起的,不过在开宝元年(968)甚至可能更早的时候,赵玭就在弹劾赵普,只是因为皇帝秘而不宣,知道的人很有限。当时赵玭曾"累上密疏,皆留中不出,尝疑赵普中伤之"③,关于"密疏"的内容,结合《宋史》本传的记载,基本可以确定与赵普有关,《宋史》言赵玭"尝廉得宰相赵普私市秦、陇大木事,潜以奏白,然惧普知"④。也就是说,在赵普拜相后,赵玭曾屡次给宋太祖上密疏弹劾赵普,太祖此时还十分信任赵普,故对赵玭的弹劾未予理睬,赵玭以为是赵普从中作梗,才会产生疑惧

---

① 脱脱等:《宋史》卷二五六,《赵普传》,第8940页。
② 脱脱等:《宋史》卷二五六,《赵普传》,第8932页。
③ 李焘:《续资治通鉴长编》卷九,开宝元年八月,第207页。
④ 脱脱等:《宋史》卷二七四,《赵玭传》,第9352页。

心理。到开宝四年(971),"赵玭既勒归私第,不胜忿恚,一日,伺赵普入朝,马前斥普短",宋太祖闻知此事,"召玭及普于便殿面质其事,玭大言诋普贩木规利",这时,赵玭劾赵普之事才为更多的人所知晓。宋太祖对赵普的所作所为大怒,"促阁门集百官,将下制逐普",后太子太师王溥为赵普辩护,"上意顿解,反诘责玭,命武士挝之"。① 这里有两个细节值得关注:一是宋太祖对赵普的态度已发生微妙变化,与前述雷德骧劾赵普时的第一反应完全不同,这次太祖对赵普"贩木规利"的行为表现出愤怒之意,居然要"下制逐普",可见,宋太祖对于赵玭的弹劾从原来的"留中不出",到将要责罚被劾宰相,其中隐含着对于赵普由信任、倚重到怀疑、不满的态度转变。二是在重文取向越来越明显的宋太祖后期,赵玭以武臣的身份多次弹劾宰相,皇帝却并未责罚赵玭,最后弹劾几乎接近成功,其中的原因值得深究。赵玭"狂躁婞直,多忤上旨,太祖颇优容之"②,为什么会得到宋太祖如此"优容",由于史料阙载,已不得而知,不过可以肯定的是,太祖对赵玭较为看重。赵玭以密疏弹劾赵普时,正值赵普拜相之初,亦是其权势最大、最得宋太祖信任的时候,但太祖并未责罚弹劾宰相的赵玭,而是"留中不出",遗憾的是,作为一介武臣的赵玭,不了解官场规则,也无法理解太祖的心理,自认为是赵普造成的密疏泥牛入海,于是才有前述"马前斥普短"的情况。实际上,宋太祖颇为知人,他知道直率、固执的赵玭不可能威胁皇权,反而是日益专断的赵普使太祖的疑虑逐渐加深,他对赵玭劾宰相赵普一事的诸多做法,表明其是要借机警示赵普,赵普很可能也意识到了宋太祖对自己态度的微妙变化,因此他在太祖斥责赵玭、"御史鞫于殿庭"时,极力营救赵玭,③希望能够以大度、宽容的姿态解除宋太祖对他的怀疑。

赵普第三次被劾,大概是在开宝四年至开宝六年(973)间,其时卢多逊曾多次弹劾赵普,因均是卢多逊所为,故同计为第三次。卢多逊为进士出身,在宋太祖时期仕途通达,于开宝四年"命为翰林学士",很快又擢升为中书舍人、参知政事,④其任翰林学士期间,"因召对,数毁短普,且言普尝以隙地私易尚食

---

① 李焘:《续资治通鉴长编》卷一二,开宝四年四月,第262页。
② 脱脱等:《宋史》卷二七四,《赵玭传》,第9352页。
③ 李焘:《续资治通鉴长编》卷一二,开宝四年四月,第263页。
④ 脱脱等:《宋史》卷二六四,《卢多逊传》,第9118页。

蔬圃,广第宅,营邸店,夺民利"①。从现存相关记载看,卢多逊劾赵普之事基本皆为敛财、营私等经济问题,与前述赵普两次被劾的内容相类,似乎没有什么新意,但多次因同样的事由弹劾同一人,还是会引起宋太祖的疑虑,所以太祖曾经就赵普之事询问同为翰林学士的李昉,李昉为官谨慎,为人宽厚,他回答太祖曰:"臣职司书诏,普之所为,非臣所知。"②太祖只能作罢。应该说,李昉的回答使得宋太祖无法深究赵普,却也无法解除疑普之心,可见卢多逊两年间的数次弹劾虽未对赵普构成实质性的影响,但还是增加了宋太祖怀疑赵普的砝码。

赵普第四次被劾,是雷德骧子雷有邻所为。雷德骧因弹劾赵普被贬官后,其子有邻"意赵普实挤排之,日夜求所以报普者",但一直苦于没有证据。当时"堂后吏胡赞、李可度在职岁久,或称其请托受赇",秘书丞王洞是雷德骧的同年,非常关照雷有邻,一些很私密的事情也交给有邻去做,某日曾委托雷有邻"市白金半铤",且对有邻言:"此令吾子知,要与胡将军。"③胡将军即胡赞。开宝六年(973),雷有邻以此事弹劾宰相赵普及堂后官,"击登闻鼓,讼堂后官私事皆普庇之",同时还言"宗正丞赵孚,乾德中授西川官,称疾不之任,皆宰相庇之",④亦牵涉赵普。堂后官即中书门下诸房的掌事者,为宰相官署的属吏,中书门下设有五房,"每房置堂后官三人……逐房堂后官,一人主承受批凿圣语、定押敕草,一人主点检书写熟状呈押进入,一人主对读印押发放"⑤。堂后官的身份为吏员,他们一般无文章之才、无出身,政治地位低下,在宋太祖崇文政策逐渐明朗时,吏员更是为人所轻,但王洞却以从五品上的身份行贿于堂后官,说明在实际的政治生活中,堂后官有着较大的权势。堂后官的职责之一是处理与官员直接相关的差选文书,且因接近权力中心,了解朝廷的核心信息和政策走向,所以,尽管堂后官属于地位低下的吏员,但其凭依宰相势力弄权、敛财,在当时是比较普遍的现

---

① 李焘:《续资治通鉴长编》卷一四,开宝六年六月,第304页。
② 脱脱等:《宋史》卷二六五,《李昉传》,第9136页。
③ 李焘:《续资治通鉴长编》卷一四,开宝六年六月,第303页。
④ 徐自明撰,王瑞来校补:《宋宰辅编年录校补》卷一,《开宝六年》,中华书局1986年版,第22页;李焘:《续资治通鉴长编》卷一四,开宝六年六月,第303页。
⑤ 徐松辑:《宋会要辑稿》职官三之二二,上海古籍出版社2014年版,第3038页。

象,甚至各级官员还要通过行贿堂后官的方式获得政治利益。同时,堂后官毕竟是宰相府的属吏,与宰相有着非常密切的关联,宰相利用堂后官谋取利益者有之,堂后官倚仗宰相权势上下其手者有之,因此,如果堂后官出现请托舞弊、收受贿赂之类的事,宰相一般难脱干系,雷有邻即是由此而弹劾宰相赵普及其他人员的。此次弹劾可谓成功,胡赞、李可度、赵孚、王洞等人皆"决杖除名,赞、可度仍籍没其家财。以有邻为秘书省正字,厚赐之",尤其是宋太祖"始有疑普意矣",①公开表现出对赵普的怀疑。

当然,作为皇帝,对大权在握、有可能威胁皇权的宰相产生疑虑之心也是很自然的事情,历代皆是如此,宋太祖亦复如是。他此前已对赵普有所不满,只是弹劾赵普的事由大多皆为敛财之类的经济问题,在宋太祖看来,这是可以容忍的,所以只是以旁敲侧击的方式警告赵普,未公开表现出对赵普的怀疑。雷有邻的弹劾事由不太一样,除了经济问题外,还直接涉及宰相弄权、专断等,这恰是皇帝最不能容忍的行为,因此雷有邻的弹劾对宋太祖触动较大。同年六月,宋太祖"诏参知政事吕余庆、薛居正升都堂,与宰相同议政事",紧接着,又"复诏薛居正、吕余庆与普更知印押班奏事,以分其权",②非常明确地一再提升参知政事的政治地位和实际权力。参知政事为赵普拜相的当年,即乾德二年(964)所设,"以枢密直学士、兵部侍郎薛居正、吕余庆并本官参知政事,不宣制,不押班,不知印,不升政事堂,止令就宣徽使厅上事,殿廷别设专位于宰相后,敕尾署衔降宰相数字"③。宋太祖设置参知政事的初衷,本是作为宰相赵普的副职,其职责主要是协助赵普处理日益繁剧的朝廷日常政务,但不到十年,太祖即令参知政事拥有制约赵普权势的职能。质言之,雷有邻弹劾赵普后,太祖并未处罚赵普,但内心的不信任感却与日俱增,于是以参知政事分宰相之权,限制赵普的独断专行。

经过多次弹劾,赵普最终于开宝六年(973)八月被罢相,这也是雷有邻弹劾赵普的同一年,罢相诏书写得非常冠冕堂皇,"昔在霸府,实为元勋。治当草昧

---

① 李焘:《续资治通鉴长编》卷一四,开宝六年六月,第303页。
② 李焘:《续资治通鉴长编》卷一四,开宝六年六月壬寅,第303页;李焘:《续资治通鉴长编》开宝六年六月庚戌,第304页。
③ 李焘:《续资治通鉴长编》卷五,乾德二年四月乙丑,第125页。

第一章　北宋前期弹劾制度由粗疏到规范的变化

之初,首赞经纶之业。千载起兴王之运,十年居调鼎之司。帷幄伸谋,股肱宣力。燮和万汇,已施济物之功;镇抚三城,适表藩垣之实。帅坛受任,相印兼荣。永隆屏翰之权,更励始终之节"①,极力赞誉赵普的辅佐之功,未明言罢相的原因。结合前揭宋太祖提高参知政事地位和权力的行为,赵普罢相的实际原因是太祖对其独相十年期间专断、擅权的不满,尽管没有直接证据表明赵普有不忠之心,但任何一位君主都不会允许这样的宰相久居相位。

值得关注的还有对宋太宗子、许王赵元僖的弹劾,这也是认识宋初弹劾特征的典型个案。

赵元僖为宋太宗第二子,雍熙三年(986)以陈王身份进封为开封尹兼侍中②,实则即拥有了储君之位,这是因袭五代而来的做法。唐代晚期由于皇权衰落,皇位传承多由宦官控制,朱温建立后梁政权后,为杜绝此一现象的发生,在前代历史中找寻可资借鉴的合理故事,史载,唐太宗在即位前曾"进封秦王,加授雍州牧"③,当时雍州即京畿之地,也就是说,李世民先以亲王身份尹京,后即位为帝。于是后梁援引唐太宗旧制,令朱友贞"为东京留守,行开封府尹,检校司徒"④,后梁定都开封,朱友贞先任开封尹,再行即位。五代时期的王朝基本皆以这种方式标识储君地位,如后周世宗柴荣于广顺三年(953)"授开封尹兼功德使,封晋王",第二年又"加开府仪同三司、检校太尉兼侍中,依前开封尹兼功德使,判内外兵马事",然后才即皇帝位。⑤南宋陆游对宋初的亲王尹京现象亦有清晰的记录,其言:

> 国朝太祖皇帝建隆二年七月,以太宗皇帝为开封尹。开宝末,太宗嗣位才八日,即以齐王廷美为开封尹。太平兴国七年,秦王出为西京留守。自是开封不置尹,止命近臣权知府而已。雍熙二年,始以陈王元僖为开封尹,盖是时太宗元子楚王元佐被疾废,则陈王亦储君也。淳化三年薨。后二年,真

---

① 佚名编:《宋大诏令集》卷六五,《赵普罢相授使相制》,第317页。
② 李焘:《续资治通鉴长编》卷二七,雍熙三年十月甲辰。第624页。
③ 刘昫等:《旧唐书》卷二,《太宗上》,第23页。
④ 薛居正等:《旧五代史》卷八,《梁书八·末帝纪上》,中华书局1976年版,第114页。
⑤ 薛居正等:《旧五代史》卷一一四,《周书五·世宗纪第一》,第1510页。

宗皇帝自襄王为开封尹,至道元年正东宫。①

可见,赵宋政权建立后,仍然沿袭五代传统,以亲王任开封尹预示其未来将登帝位。不过还是有一些变化发生。五代时期的尹京亲王一般皆参与朝廷行政事务和军事事务,有的还有较大的军事权,如前揭柴荣以晋王身份尹开封时,"判内外兵马事",宋太宗本人即位前也是以泰宁节度使、殿前都虞候"兼开封尹、同平章事",②掌握着禁军大权。到宋太宗即位后,其多疑的性格以及即位本身的名不正、言不顺,使得他对于尹京亲王的权力予以攘夺。太平兴国七年(982),皇长子赵元佐被封为卫王,任检校太傅,次子赵元僖也被封为广平郡王、兼检校太保,二人并同平章事,③元佐储君的地位已是尽人皆知。第二年,即太平兴国八年(983),宋太宗忽然下诏:"自今宰相序立宜在亲王之上。"时任宰相李昉、宋琪皆请求仍然遵循故事,亲王序位于宰相之上,但太宗"不许",且言:"宰相之任,实总百揆,与群官礼绝。藩邸之设,止奉朝请而已。元佐等尚幼,欲其知廉损之道,卿勿多辞也。"④从太宗的话语看,他之所以改变旧制,将宰相序立于亲王之上,一方面是因为对宰相的重视和尊重,一方面则是意欲教导皇子知廉节、懂谦抑,即培育高尚的道德。但是,结合之前皇弟赵廷美曾以亲王身份尹京、后又忧愤而死的事实,以及宋代的政治特征,宋太宗此一行为及相关话语显然还包含着深刻的用意,即削弱亲王权力,降低亲王地位,以防止威胁皇帝的权威,哪怕是自己的皇子也不例外。比如许王元僖尹开封后的淳化年间,右拾遗、直史馆洪湛"与左正言尹黄裳、冯拯,右正言王世则、宋沆伏阁请立许王元僖为储贰,词意狂率",宋太宗大为震怒,将建言之人全部予以贬谪,并认为"储副,邦国之本,朕岂不知。但近世浇薄,若立太子,即东宫僚属皆须称臣,官职联次与上台无异,人情深所不安。此事朕自有时尔"。⑤ 从表面看,宋太宗担心在社会风

---

① 陆游:《陆游集·渭南文集》卷二二,《记太子亲王尹京故事》,中华书局1976年版,第2187—2188页。
② 李焘:《续资治通鉴长编》卷二,建隆二年七月壬午,第50页。
③ 李焘:《续资治通鉴长编》卷二三,太平兴国七年七月甲午,第523页。
④ 李焘:《续资治通鉴长编》卷二四,太平兴国八年十一月甲寅,第556页。
⑤ 脱脱等:《宋史》卷四四一,《文苑三·洪湛传》,第13057页。

气浮薄的情况下,正式册立太子会导致"人情不安",即影响官场乃至朝政的稳定,实则太宗对于五代时期尹京亲王的军事实力心有疑虑,加之赵廷美尹京时曾带领军队跟随太宗北征太原,拥有一定的军事势力和威望,甚至传言廷美欲谋反①。无论赵廷美是否有谋反之心,宋太宗对亲王尹京且掌握权力的做法已不能容忍,于是太宗锐意对此进行改革,以保证自身的权威地位,由此联系宋太宗将宰相序位列于亲王之上的诏令,也就能够清楚认识他的用意了。

赵元僖被劾是在端拱元年(988),史载:"御史中丞尝劾奏开封尹许王元僖。"②遗憾的是,史籍中未明言当时任御史中丞者的姓名,刁忠民曾对此有详细考证,认为时任御史中丞是李巨源③,笔者亦发现有另外的证据可以证明刁忠民的考证结果是可信的。柳开与李巨源同于开宝六年(973)进士及第,因为同年的关系,与李巨源有着较多的交往,他曾写有一篇《与朗州李巨源谏议书》,结合文献所载李巨源的仕途履历,端拱元年闰五月,"右谏议大夫李巨源责授都官郎中、知朗州"④,可知柳开此文应写于李巨源贬知朗州之后。文中提到他们进士及第已十八年,"其间死者几半,存而居上位者,惟执事特受上知,自谏议大夫得权御史中丞公事……近闻执事退迁为郎,南逐典郡"⑤,明白无误地写明李巨源在贬知朗州前曾权御史中丞,可见,弹劾许王元僖的正是李巨源。面对劾奏,赵元僖愤愤不平,对宋太宗说:"臣天子儿,以犯中丞故被鞠,愿赐宽宥。"但太宗并未袒护元僖,而是直接责备元僖,要求他遵守朝廷规制,"此朝廷仪制,孰敢违之!朕若有过,臣下尚加纠擿,汝为开封府尹,可不奉法耶?"⑥从记载看,不能确切了解李巨源劾赵元僖所为何事,据推测应该与元僖未遵守某项朝廷礼仪有关。李巨源之所以敢于弹劾贵为皇子并以亲王身份尹京的赵元僖,一方面与李巨源的性格和宋太宗对其的信任有关,史载巨源"性讦直,好言事,上屡加奖激,将有

---

① 《续资治通鉴长编》卷二三载有赵廷美意欲谋反之事,"金明池水心殿成,上将泛舟往游。或告秦王廷美谋欲以此时窃发,若不果,则诈称病于府第,候车驾临省,因作乱。上不忍暴其事,癸卯,罢廷美开封尹,授西京留守"(李焘:《续资治通鉴长编》卷二三,太平兴国七年三月,第514页)。
② 李焘:《续资治通鉴长编》卷二九,端拱元年闰五月,第655页。
③ 刁忠民:《两宋御史中丞考》卷一,《李巨源》,第10—11页。
④ 李焘:《续资治通鉴长编》卷二九,端拱元年闰五月,第654页。
⑤ 柳开:《柳开集》卷九,《与朗州李巨源谏议书》,中华书局2015年版,第125页。
⑥ 李焘:《续资治通鉴长编》卷二九,端拱元年闰五月,第655页。

大用之意"①,另一方面也是崇文、重文的政治环境使然。质言之,皇帝的重用使得李巨源作为士大夫的主体意识得以勃兴,开始生发出心忧天下的意识。只是宋太宗在责备赵元僖的同时,亦将李巨源贬官外地,虽然史籍中并未明言元僖被劾与李巨源被贬之间的关联,但从两件事发生的时间看,弹劾元僖应该是李巨源外放的重要原因,很可能在当时的朝堂上,太宗已意识到士大夫力量的崛起,因此他既要限制尹京亲王的势力,同时也在权衡与士大夫阶层的关系。

弹劾宰相赵普与亲王赵元僖事件的发生,预示着北宋士大夫阶层的思想变化。宋太祖、宋太宗时期,在加强皇权的同时,士大夫参政的主动性也通过各种方式得以体现,弹劾即为其一。此时各项制度未定,或者处于逐渐形成的过程中,士大夫在损益前代做法及各种做法制度化的过程中,借由制度的损益、制定、实施等各个环节,将自身的利益诉求渗透其间。就君臣关系而言,士大夫是臣子,必须服从君主,但北宋时期的士大夫阶层有着共同的文化背景、相似的生活习惯、相通的政治意识,彼此的认同感又很强,他们不可能完全抛弃自身的利益,只是被动因应君主的要求。因此,在宋太祖、太宗时期弹劾制度未及完备的情况下,皇帝希冀以掌控弹劾的方式加强皇权,士大夫亦是通过具体的弹劾行为,逐渐建构起他们的政治影响和政治权力,体现出北宋士大夫主体意识的逐渐崛起。当然,我们还不能对宋太祖、太宗时期士大夫的主体意识估计过高,从弹劾赵普、赵元僖事件看,皇帝拥有着绝对的控制权,士大夫很少有机会表达自身的意愿,显示出赵宋王朝初创阶段皇权的强化。因此,在这一阶段,无论皇帝还是士大夫,皆在互相适应、互相权衡,能够体现士大夫主体意识的弹劾事件还是偶发事件。

## 第二节　制度的规范与士大夫阶层的崛起:
## 　　　　宋真宗时期的弹劾

宋真宗时期,统一天下的战争已结束,朝廷面临的问题主要是来自北方少数民族政权的威胁。不过澶渊之盟签订后,宋辽之间少有大规模的战争,赵宋王朝

---

① 李焘:《续资治通鉴长编》卷二九,端拱元年闰五月,第654页。

的政治局势相对稳定,加之此时距赵宋建国已有40余年,因此各项制度、规章的制定开始提上日程,其中就包括与监察相关的制度。台谏机构是北宋时期行使弹劾权的主要机构,与之相关的制度规定对于弹劾亦会产生重要影响。

### 一、士大夫在天禧元年诏令形成过程中的作用

天禧元年(1017),宋真宗颁布了一道诏令,与台谏机构及御史、谏官密切相关,现照录如下:

> 朕大庇蒸民,隆兴至治,弥纶阙政,交属于庶僚;寤寐思规,屡班于明诏。虽增虚伫,未协翘思。夫谏诤之臣,本期述嘉谋而矫枉;风宪之任,亦当遵直指而绳愆。既列清班,宜倾亮节。倘缄默而自肆,谅考绩而曷观。况朕躬览万机,亲披封奏,详延百执,素靡漏言。举职徇公,有何所避;保身箝口,讵至于斯!将戒慢官,先伸诞告;仍旌优异,以劝倾输。自今两省置谏官六员,御史台除中丞、知杂、推直官外,置侍御史以下六员,并不兼领职务。每月添支钱五十千,三年内不得差出。其或诏令不允,官曹涉私,措置失宜,刑赏踰制,诛求无节,冤滥未伸,并仰谏官奏论,宪臣弹举。每月须一员奏事。或更有切务,即许不依次入对。虽言有失当,必示曲全;若事难显行,即令留内。但不得潜为朋附,故作中伤。其谏官仍于谏院或两省内选择厅事,量置什器祗应。候及三年,或屡有章疏,实能裨益,特越常例,别与升迁。或职业无闻,公言罔睹,移授散秩,仍遣监临。①

上述诏令涉及台谏制度的内容较为丰富,对于北宋台谏制度的形成有着重要意义,正如刁忠民总结所言:"仅就御史定员而论,此诏与大中祥符之制无别,皆为三院六员之数。然其定立御史、谏官之建置、待遇、任期、事权、考核诸制,则为宋代台谏制度趋于规范之始。"②如此规范的制度不可能一蹴而就,而是经历了一定时间的形成过程,在此一过程中,可以很明显地看到北宋士大夫的身影。

---

① 徐松辑:《宋会要辑稿》职官三之五一,第3068—3069页。
② 刁忠民:《宋代台谏制度研究》,第7页。

御史台员额的变化经历了因袭唐代到逐步减少的过程。按照文献的记载，唐代御史台有御史大夫1人、御史中丞2人为正副长官，此外还有侍御史4人，殿中侍御史6人，监察御史10人，总计20人①。五代时期朝代更替频繁，战事多发，在制度方面几乎没有建树，御史台员额的规定没有变化。赵宋王朝建立后，虽然御史台官员多放外任或由他官兼领，但直到宋真宗咸平年间，仍然沿袭唐代制度，御史台员额有20余人。咸平五年（1002），吏部郎中兼侍御史知杂事田锡曾上疏，言御史台"有侍御史三人，有殿中侍御史一十二人，有监察御史七人"②，虽然每个官职的人数与唐代有差异，但总数差不多。咸平六年（1003），宋真宗诏令"御史台定职掌四十七人"，包括主事、令史、驱使官、书吏等吏名，③这是朝廷对御史台吏员人数的规定，为之后确定御史台官员人数奠定了基础。景德年间，开始有士大夫提出涉及御史台员额变化的建议。景德三年（1006），枢密直学士、同勾当三班院刘综认为："三院御史员数至少，每奉朝请，劾制狱，多以他官承乏，甚紊彝制，望诏两制已上各举材堪御史者充。三院共置十员。"④其所言"御史员数至少"，是指在台履行监察职责的御史非常少，其所言"甚紊彝制"，应该也不是刘综一人的见解，而是代表着当时大多数士大夫的共识。刘综曾于咸平五年以工部员外郎兼侍御史知杂事，对于御史台的情况多有了解，且其"强敏有吏材，所至抑挫豪右，振举文法，时称干治"⑤，是一位吏能突出、敢于直言的士大夫。他的建议触及改革唐代旧制的问题，体现了士大夫参与朝政的积极态度，虽然未能为皇帝所采纳，却为御史台员额制度的变化提供了思路。

大中祥符五年（1012），宋真宗正式下诏，对御史台员额进行明确规定："三

---

① 刘昫等：《旧唐书》卷四四，《职官三·御史台》，第1861、1862、1863页。
② 李焘：《续资治通鉴长编》卷五一，咸平五年四月，第1126页。
③ 《宋会要辑稿·职官》载有诏令的详细内容："诏御史台定职掌四十七人：主事一人，令史十六人，朝堂引赞驱使官十二人，四团驱使官五人，西台驱使官一人，主推书吏十二人。所掌内弹六案，百司、待制、两县三案仍旧外，新赐、职田、六品三案不行。外弹三案，刑狱、色役二案见行，六品一案不行。杂事五案，礼钱、赃罚、月中申、支计、解补并见行。四推，台一、台二、殿一、殿二，并见行。五使，右巡、左巡、监祭见行，廊下、监香俱，每入阁、国忌临时差。六察，吏察、兵察、户察、刑察、礼察、工察，及宣敕、公廨二库，并见行。本台奏状中书丞衔，移牒三院书衔，除閤门平空外，自余并不平空。开封府、九寺、三监并云牒上台，台申中书，密院并云申状。"（徐松辑：《宋会要辑稿》职官五五之五，第4499页）
④ 李焘：《续资治通鉴长编》卷六二，景德三年三月丁未，第1391页。
⑤ 脱脱等：《宋史》卷二七七，《刘综传》，第9433、9434页。

院御史除差出外任及在京莅他局之外,定以六员为制。"①即御史台在台御史为六人,不过并未禁止御史外任及兼领他局,所以带御史之类职衔的官员应该不止六人。此一规定能够以皇帝诏令的形式颁布,实则已经历了诸多环节,比如臣僚发现问题,然后上奏提出建议,皇帝阅览后批复,乃至君臣共同商议,再由相关部门提出修改意见,最后形成定制,颁布诏令,等等,结合前述田锡、刘综的言论,士大夫在御史台员额制度改革方面起到了重要作用。至天禧元年(1017),终于在大中祥符五年(1012)诏令的基础上,进一步将六员定为在台履职的御史人数,且禁止御史"兼领职务"。至此,以诏令形式基本完成了御史台御史员额的制度建设。

御史台事权方面的制度变革是最值得关注的一个问题。针对宋初以来御史台侍御史以下官职多在京兼领他局或差遣外任的情况,天禧元年诏令仅以"并不兼领职务"六字予以限定,但即便是如此区区数字的规定,也是宋初士大夫多年努力的结果。赵宋王朝初建时,宋太祖一方面极力恢复中央集权体制,树立皇帝的权威,一方面又要稳定政局,不触动既有官僚集团的利益,为此不得不在原有中央机构之外再设置一些新机构,同时向地方派驻官员以制约、削弱藩镇势力,由此导致中央和地方各级官府的缺员现象较为严重,于是北宋初期多见中央各部门官员兼领它局,以及京朝官外任地方的情况。如此情形毕竟不利于朝廷的有效管理,不可持久,因此在政治环境允许的前提下,宋初士大夫开始上疏皇帝,建议进行纠偏工作,就监察机构而言,即纠正御史不在御史台履职的不正常现象。于是,咸平四年(1001),宋真宗诏令御史台长官"自荐其属,俾正名而举职",以解决"三院御史多有出外任,风宪之职用他官兼领"的问题,由此才有太常博士张巽任监察御史之事。②遗憾的是,未及一个月,张巽即另有任用,此一诏令可谓形同虚设。直到咸平五年(1002)四月,在时任侍御史知杂事田锡的上疏中,对于御史台官员未能专行监察职责仍予以大力呼吁,其言御史台"今阙班簿,既无定员",现有的二十余人基本都在外任职,"或命亲民,或委鞫务,宪司之职,似是而非,朝廷用人,如此未审",所以田锡请求"应三院御史二十一人中,曾

---

① 徐松辑:《宋会要辑稿》职官一七之五,第3450页。
② 李焘:《续资治通鉴长编》卷四八,咸平四年三月,第1053页。

有贪猥过犯者,不得令在宪秩,可改授他官。其有清慎勤干者,不得令在外官,可诏归本职"。① 现有史料并未明言宋真宗是否采纳了田锡的建议,从其后的实际情况看,御史台官员不在台而兼领他职的现象仍然存在,比如同年七月,"荆湖北路转运使、监察御史王挺为殿中侍御史,仍领使"②,王挺无论是任监察御史时,还是升任殿中侍御史后,始终在外任职,并未回归御史台履职。再如景德四年(1007),"淮南江浙荆湖发运使、度支员外郎冯亮为侍御史,领使如故"③,以侍御史身份外任发运使。不过,专职履行监察之责的御史也同时存在,一定程度上改变了原来御史台官员外任的现象。大中祥符二年(1009),升州城内发生严重火灾,毁房伤人,宋真宗派遣侍御史赵湘"至升州设斋醮,访民疾苦,被火家悉蠲屋税",赵湘回京后,"上言知洪州马景病不任事;转运使刘炽性柔缓,本部数州,踰岁未尝巡按;都监张明,用刑失中,居多博戏",于是宋真宗下令"选官代景泪炽,徙明鳌务"。④ 可见,赵湘是专职在台的御史,君主遣其赴地方安抚百姓、按察官员,他的弹劾行为即是履行专职御史的职能。天禧元年(1017),为了充分发挥御史台弹劾官员、监察百司的作用,宋真宗发布诏令,从制度上明确御史须专职监察、不得兼领他职。

天禧元年诏令关于御史台事权的规定中,还包括谏官与御史联合奏事的内容,即关涉"诏令不允,官曹涉私,措置失宜,刑赏踰制,诛求无节,冤滥未伸"等事时,允许"谏官奏论,宪臣弹举",⑤这是对前朝相关制度的较大变革。严格意义上而言,此六事中,"诏令不允""刑赏踰制"属皇帝的不当行为,应由谏官负责谏诤;"官曹涉私"属官员的不当行为,应由御史弹劾;"措置失宜""诛求无节""冤滥未伸",则可能既有皇帝的原因,也有官员失职的原因。天禧诏令将这些

---

① 李焘:《续资治通鉴长编》卷五一,咸平五年四月,第1126—1127页。
② 李焘:《续资治通鉴长编》卷五二,咸平五年七月辛亥,第1143页。
③ 李焘:《续资治通鉴长编》卷六七,景德四年十月丙申,第1495页。
④ 李焘:《续资治通鉴长编》卷七一,大中祥符二年四月丁酉,第1602页;李焘:《续资治通鉴长编》卷七一,大中祥符二年六月庚子,第1615页。
⑤ 刁忠民先生在《宋代台谏制度研究》中,将"谏官奏论,宪臣弹举"解释为谏官与台官"二者本应有所不同。也就是说,谏官以论为主,台官以弹为主",并认为"天禧诏书的颁行,只是反映了宋真宗并重御史、谏官,并从制度为他们的合一潜伏了一种可能性"(刁忠民:《宋代台谏制度研究》,第221、222页)。作者此言极是,不过从天禧诏令看,当涉及"诏令不允"等事件时,谏官与御史可以联合奏事。

内容罗列在一起,明令谏官、御史共同行使职权,虽有"奏论""弹举"之别,但在处理具体事件时,谏官、御史的职权难免会互相渗透,这就为宋代后来的台谏合一奠定了制度方面的基础。

唐代谏官制度较为完备,谏官的主要职责在于规谏皇帝的过失和不当行为,指出皇帝决策的失误,如谏议大夫的职掌为"侍从赞相,规谏讽谕",补阙、拾遗的职掌则是"供奉讽谏,扈从乘舆。凡发令举事,有不便于时,不合于道,大则廷议,小则上封",①等等。关于谏官的职责,唐玄宗的诏令表述得更为具体,其言:"自今已后,谏官所献封事,不限早晚,任进状来,所由门司,不得辄有停滞,如须侧门论事,亦任随状面奏,即便令引对。如有除拜不称于职,诏令不便于时,法禁乖宜,刑赏未当,征求无节,冤滥在人,并宜极论得失,无所回避,以称朕意。"②其中涉及的谏官数项职责皆是针对皇帝而言,可见唐代谏官的职掌还是传统的谏诤皇帝,较为专一,突出其对皇帝的谏议权和言事权。唐代御史的职权较大,除了传统的弹劾、监察职能外,还可以劝谏君主,如唐太宗时期,马周任侍御史,属御史台官员,但他却上疏劝谏太宗接受汉、晋的教训,对"今诸王承宠遇之恩有过厚者"的问题予以重视,认为"今陛下以大圣创业,岂惟处置见在子弟而已,当须制长久之法,使万代遵行",太宗对马周的规谏行为不仅不以为忤,反而"甚嘉之,赐物百段"。③

赵宋政权建立后,谏官制度基本因袭唐代,有补阙、拾遗等官职,官员被授以这些官职,有作为官阶之名者,也有同时具备谏官职能者,如宋太祖开宝四年(971),右补阙梁周翰上疏言及赋税问题,"方今赋入至多,加以可科变之物,名品非一,调发供输,不无重困。且西蜀、淮南、荆、潭、桂、广之地,皆已为王土,陛下诚能以三方所得之利,减诸道租赋之入,则庶乎德泽均而民力宽矣"④,显然,梁周翰是在履行谏官的传统言事职责。宋初谏官也有劝谏皇帝的行为,太平兴国年间,卢多逊因交通秦王赵廷美之事,遭受贬官、流放等处罚,李穆与卢多逊同年,于是被视为同党而遭黜免,左拾遗、直史馆宋准则"盛言穆长者,有检操,常

---

① 刘昫等:《旧唐书》卷四三,《职官二·门下省》,第1845页。
② 宋敏求编:《唐大诏令集》卷一〇五,《令百官言事诏》,中华书局2008年版,第536页。
③ 吴兢:《贞观政要》卷四,《太子诸王定分第九》,中华书局2011年版,第235—236页。
④ 李焘:《续资治通鉴长编》卷一二,开宝四年十月,第271—272页。

恶多逊专恣,固非其党也",宋太宗由此"尽复穆旧官"。① 可见,传统的惯性使得宋初谏官在政治环境许可的前提下,能够在一定程度上尽到言事、劝谏之责。不过,毕竟处于王朝初建期,谏官履职未成为常态,于是端拱元年(988)二月,宋太宗因为"补阙、拾遗任当献纳,时多循默,失建官本意",意欲通过改变官名的方式"使各修其职业",即"改左右补阙为左右司谏,左右拾遗为左右正言"。②应该说,无论宋太宗真实的想法是什么,至少在制度规定上要求谏官履行职责。此做法不一定是皇帝自愿为之,很可能是当时部分士大夫意志的反映,王禹偁曾在宋太宗下诏改官名前不久,奉敕撰有一篇《拟给补阙拾遗谏纸诏》③,其言:

> 朕奄有四海,谏臣七人,既罔伏于嘉言,实乐闻于己过。言之无罪,思得其人。爰念补阙、拾遗,职在讽谕,旧给谏纸,备于奏章。近世已来,故事多阙,既乖激劝,渐至因循。将昭不讳之风,爰举未行之典。起今后应补阙、拾遗,宜令有司月给谏纸二百张,以备章疏。其奉使外方、兼摄他职者,亦如之。庶使集囊之事复兴,曳履之声相继。伏青蒲而沥恳,于尔有光;饮白兽以陈辞,致予无过。凡在谏署,申朕意焉。④

此诏既清楚说明了谏官的职责及其相关的制度规定,也指出宋初以来谏官职能缺失的现象,希望以月给谏纸的方式督促谏官行使言事之责,只是不知什么原因,此一诏令未能下发。鉴于士大夫在宋代诏令形成过程中的作用,我们有理由认为,改变官名诏令的下达、月给谏纸诏令的暂缓很可能均是皇帝与士大夫博弈的结果,体现出北宋士大夫主体意识的觉醒。

宋初谏官的弹劾行为更能说明士大夫意识的改变。谏官的职责中不包括弹

---

① 脱脱等:《宋史》卷四四〇,《文苑二·宋准传》,第13023页。
② 李焘:《续资治通鉴长编》卷二九,端拱元年二月,第647页。
③ 据《宋史·王禹偁传》记载,王禹偁于太平兴国八年进士及第,先授成武县主簿,很快"徙知长洲县,就改大理评事",端拱元年元月擢为右拾遗、直史馆(脱脱等:《宋史》卷二九三,《王禹偁传》,第9793页)。宋太宗在同一年二月下诏改补阙、拾遗为司谏、正言,因此王禹偁代拟敕令的时间应该在元月至二月之间。
④ 王禹偁:《小畜外集》卷一二,《拟给补阙拾遗谏纸诏》,四部丛刊初编本,上海书店出版社1989年重印商务印书馆1926年版。

劾权,但在宋初重视文臣的政治环境下,开始出现谏官弹劾官员的现象。赵宋建立的第二年,曹州节度使袁彦"颇为不法",侯陟以左拾遗知宛句县事,弹劾袁彦。① 鉴于当时的政治局势,宋太祖对于一般的节度使颇为宽容,并未处罚袁彦,也未责难侯陟的行为。虽然侯陟的"左拾遗"官职是一种标明其身份的官阶,不过以这样的身份行弹劾之事,仍然会对官场产生一定的影响,而皇帝的暧昧态度,更是使谏官行御史之事逐渐为官场所认可。宋太宗改变谏官名称后,谏官弹劾官员的现象继续存在,如至道二年(996)南郊祀天后,"中外官皆进秩",参知政事寇准"素所喜者多得台省清要官,所恶不及知者退序进之",冯拯因遭受不公平待遇而上章弹劾寇准弄权,又言与寇准有关的"岭南官吏除拜不平数事",致使寇准被罢知邓州。② 虽然宋初谏官的弹劾行为不普遍,但此行为本身即是对传统谏官职能的超越,对于宋代台谏合一现象的出现有着开创之功。

受诏推鞫狱讼本是御史台的职能之一,但有时皇帝也会任用谏官处理此类事件。光禄少卿郭玘在知卫州时,"以赃闻",宋太祖派遣左拾遗袁仁凤"鞫其事,罪不至死,又遣左拾遗张纯复实,乃置于法",③前后两次都是以左拾遗核查地方官的贪污事件。皇帝逾越谏官职能的行为,无疑是谏官越权受事的重要助推力,姑且不论此种现象的优劣得失,就实际情况而言,至少便于谏官与御史职能的合一。

同时,北宋初期还有一种特殊的情况。当时常见以京朝官出任地方各级官职的现象,其中包括以谏官身份外放者,在这样的情况下,有可能因外放职位有弹劾职能,使得其必须履行弹劾权。太平兴国五年(980),左拾遗韦务升"责授右赞善大夫",原因是其在外任陕西北路转运使期间,纵容程德玄等人违反法律,"私贩竹木",韦务升未能"举劾"。④ 北宋转运使一职,既掌管着一路财赋、账簿等经济事务,亦逐渐被赋予监察、考核辖区内地方官的职责。宋太宗太平兴国年间,随着统一天下的战争接近尾声,稳定社会秩序、加强中央集权的诉求愈益急迫,于是太平兴国二年(977),宋太宗"励精求理,前诏转运使考案诸州,凡

---

① 李焘:《续资治通鉴长编》卷二,建隆二年八月,第53页。
② 脱脱等:《宋史》卷二八一,《寇准传》,第9529页。
③ 李焘:《续资治通鉴长编》卷七,乾德四年五月甲戌,第170页。
④ 李焘:《续资治通鉴长编》卷二一,太平兴国五年十月甲午,第480页。

诸职任,第其优劣,寻复遣使分行诸道,廉察官吏"①,明确规定转运使先是新增考课地方官的职能,接着又诏令其负责监察地方官,从制度层面强化对地方官的管理和掌控。韦务升就是在这样的背景下,因未能履行转运使监察地方官的职责而被贬官,他同时又有左拾遗的身份,所以这一事件势必对官场产生影响,它至少传达出这样的信息,即作为皇帝的侍臣,左拾遗对皇帝的言事权包括举劾官员的不法行为。此一现象在北宋初期虽然只是偶发事件,但与前述谏官职能改变的诸种因素结合在一起,共同促成了宋真宗时期谏官与御史联合奏事制度的颁行。

在宋初谏官、御史联合奏事制度的演变过程中,除了皇帝的作为外,我们可以很明显地看到士大夫的身影,他们积极参与朝廷的各项政治活动,以实际行动推动赵宋王朝的制度建设,试图重新展示先秦以来士大夫本应具有的"兼济天下"的政治风貌。尽管宋初士大夫的这些政治行为大多只是表现为个人的、偶然的活动,但还是具有一定的代表性,从历史演进的角度看,这些具有代表性的个人行为,很可能就成为主导历史演进方向的重要因素,以至于对宋代政治产生持续影响。

天禧诏令所规定的御史台事权还有即使弹劾有误亦不追究御史的内容,即所谓"虽言有失当,必示曲全;若事难显行,即令留内",这是宋初弹劾变革的又一重要表现。唐代御史在履行弹劾职能时,并无如此宽容的政策,甚至规定,若御史弹劾不实,还会受到处罚,比如尚书左、右仆射和左、右丞负有监督御史的职能,"御史纠劾不当,兼得弹之"②,至于什么样的行为才是"纠劾不当",则无具体规定,我们或可以《唐律疏议》中的相关法律条文予以补充说明。《唐律疏议·斗讼》载:"诸诬告人者,各反坐。即纠弹之官,挟私弹事不实者,亦如之。"其后还有更加具体的解释,所谓纠弹之官即指"据令应合纠弹者",实则主要就是御史,所谓"挟私弹事不实"即"若有憎恶前人,或朋党亲戚,挟私饰诈,妄作纠弹者"。③ 从内容看,相关法律规定及司法解释似乎已较为清晰,但在实际操作

---

① 李焘:《续资治通鉴长编》卷一八,太平兴国二年五月,第 404 页。
② 刘昫等:《旧唐书》卷四三,《职官二·尚书都省》,第 1816 页。
③ 《唐律疏议》卷二三,《斗讼》,上海古籍出版社 2013 年版,第 366—367 页。

中却有难以界定、模糊不清的弊端,易于造成对法律条文的曲解,以至于在政治环境恶化的情况下,相关律令被当作打击政敌、排斥异己的工具,如此情形,自然使御史将弹劾视为畏途,阻碍了弹劾监督作用的正常发挥。赵宋建立后,窦仪等人奉敕编成的《宋刑统》基本沿用《唐律疏议》,在《斗讼》篇中有着几乎同样的表述①,所产生的弊端亦如之,严重影响"纠弹之官"正常的政治活动。天禧诏令的相关规定则给予御史较大的裁量权,从制度层面允许他们的弹劾行为有"失当"之处,如此即可使御史弹劾时无后顾之忧,最大限度地发挥他们的监督作用。

天禧诏令在宋代监察制度的演进过程中有着里程碑式的意义,尤其是其中的一些规定成为宋代"祖宗之法"的组成部分,得到赵宋历代皇帝和士大夫的认可,对于北宋弹劾的发展起到了重要的推动作用。从其具体内容来看,几乎每一个条目均经过唐代到北宋初期的演进,都是历史环境变化的产物,而且无论是御史台员额从因袭唐代到逐渐减少的变化,还是御史台事权方面各项制度的变革,都能看到宋初士大夫的积极参与。这些从五代时期武将阴影中走出来的士大夫群体,在赵宋君主崇文的政治环境下,开始试探着发出自己的声音,渐渐有了越来越强烈的"兼济天下"的意识,为他们在北宋中期的进一步崛起和政治作用的发挥奠定了基础。

## 二、弹劾主体以专职监察官为主

宋真宗时期,在监察制度逐渐建立的同时,具体政治生活中的弹劾行为亦体现出同样的演进方向,即越来越规范,越来越突出士大夫阶层的作用和影响,以至于共同促成了天禧诏令之类制度条规的形成。弹劾主体转向专职监察官是这一演进方向的组成部分之一,彰显了士大夫在日常行政事务的处理中,日益倾向于制度化、规范化。

宋真宗在位的 20 余年时间中,士大夫的弹劾行为始终存在,但又不至于对

---

① 《宋刑统》载:"诸诬告人者,各反坐。即纠弹之官,挟私弹事不实者,亦如之。"其后"议曰":"即纠弹之官,谓据令应合纠弹者,若有憎恶前人,或朋党亲戚,挟私饰诈,妄作纠弹者,并同诬告之律,反坐其罪,准前人入罪之法。"(窦仪等详定,岳纯之校证:《宋刑统校证》卷二三,《斗讼律》,第 310 页。)

朝廷政治产生过多的干预,弹劾基本处于正常发展的状态。从提起弹劾的主体看,与宋太祖、太宗时期最大的区别就在于专职监察官的比例大幅度提高,成为弹劾的主要力量,这对于充分发挥监察机构的监督职能有着积极的意义。当时进行弹劾的监察官既包括御史台的御史中丞、殿中侍御史、监察御史等人,还包括派驻地方的转运使、提点刑狱等拥有监察职能的官员。咸平三年(1000),侍御史知杂事范正辞弹劾地方官李昌龄、董俨、王德裔、杨缄等人"贪墨著闻,愿罢其民政",宋真宗下诏予以处理。[1] 李昌龄于太平兴国三年(978)进士及第,后曾知广州,"广有海舶之饶,昌龄不能以廉自守",他将贪污所得藏于其父在许州的宅第中,回京仅带少许财物,表现出廉洁的形象,因此当有人对宋太宗言其贪贿时,太宗不仅不相信,反而认为是诬告,直到范正辞重新翻出李昌龄知广州时的这些旧事,才使其受到惩处。[2] 董俨与李昌龄同年进士及第,声名不佳,"所至厚纳货赂……在铨司,命胥吏市物,及请其直,则呵责之"[3],只是范正辞具体因何事奏劾董俨,则不得而知了。由于史料的缺乏,范正辞弹劾王德裔、杨缄的具体事由亦无从知晓。范正辞作为专职监察官,在以"贪墨"这样的职务犯罪举劾官员时,甚至可以追究数年之前的往事,皇帝面对这样的弹劾行为,即所奏事项已过经年、无从核查的情况,也会对被劾者予以一定的处罚,可见,对于此事的处置,更重要的意义在于鼓励监察官的弹劾行为,威慑现任官。当然,也有一些弹劾行为是针对正在发生的事情而发起的,如景德四年(1007),侍御史贾翔"言国子博士、通判台州龚绶,治家无状,不能制悍妻,准敕断离,取笑朝列,不当亲民。诏徙监场务"[4]。

宋真宗时期,地方掌监察职责的官员主要有转运使、提点刑狱、通判等,其中以转运使发起的弹劾较为多见。自宋太宗在太平兴国二年(977)以诏令的形式明确了转运使拥有监察属地地方官的职能后,其权力进一步扩大,地位愈益提高,逐渐成为总领一路行政权和监察权的地方要员,其对于属下州县官员的监察工作,更是有着上对皇帝负责、下以制约属官的作用。谢泌是北宋初期的一位名

---

[1] 李焘:《续资治通鉴长编》卷四七,咸平三年六月乙亥,第1020页。
[2] 脱脱等:《宋史》卷二八七,《李昌龄传》,第9652—9653页。
[3] 脱脱等:《宋史》卷三〇七,《董俨传》,第10124页。
[4] 李焘:《续资治通鉴长编》卷六五,景德四年六月己酉,第1462页。

臣,喜上疏言朝政得失,深得宋太宗、真宗信任,他在任两浙转运使期间,奏劾前知苏州王仲华在徙任知杭州时"冒请苏州添给",王仲华被处以罚铜、"移知虔州"的处罚。①

大中祥符九年(1016),广西转运使俞献可上弹章,弹劾知宜州董元已,其言:

> 抚水蛮数寇边,知宜州董元已不善绥抚。先是,曹永吉知州,蛮人饥,来质糇粮者,永吉优其概量,皆忻惬而去。元已未尝饶假,又纵主者克削,蛮人请赴阙贡奉,元已骤沮其意,遂使怨恚为乱。望黜元已以潭州都监李守睿代之。②

从此弹章可看出,俞献可对当地情况非常了解,知晓如何处理与少数民族的关系,对其属下的地方官亦较为熟悉,所以才能对抚水蛮的情况提出具体的解决方案,作为转运使,俞献可可谓尽职尽责。宋真宗时期拥有地方监察权的官员,在政治生活的实践中,能够主动履行弹劾职责,对地方官形成一定的威慑。

不过,也有转运使因个人原因进行互劾的现象。景德元年(1004),屯田郎中杨覃和工部员外郎、直史馆朱台符共同担任陕西转运使,但是两人的政治理念相差很大,"台符俊爽好谋,多所更张。覃止欲因仍旧贯",由此产生较大矛盾,以至于"交相论奏",当时恰好与朱台符共过事的寇准在朝中任宰相,"覃意台符凭恃僚故,又密以闻",经御史台官员核查,两人"并坐议事违戾,罢使"。③

从这些专职监察官弹劾的事由看,主要集中在两个方面,一是职务犯罪,一是个人道德低下,其中又尤以前者最为突出,体现出弹劾的专业性。

职务犯罪是指官员所犯罪行与其所任职务密切相关,一般分为贪污受贿和渎职失职两类。贪污受贿是官员利用职务上的便利,侵占公共财物或收受他人财物,以权谋私,其前提是官员手中握有一定的权力,能够以之进行利益交换。官员在贪污受贿时,大多以正常的职务行为掩盖其违法行为,隐蔽性较强,难以

---

① 李焘:《续资治通鉴长编》卷五五,咸平六年十月,第1213页。
② 李焘:《续资治通鉴长编》卷八六,大中祥符九年四月戊戌,第1983页。
③ 李焘:《续资治通鉴长编》卷五七,景德元年九月,第1258页。

被人发现,因此专职监察官往往以弹劾的方式予以发覆。《续资治通鉴长编》较为翔实地记载了监察官对比部员外郎、知齐州范航贪腐受贿行为的弹劾,可作为宋真宗时期专职监察官弹劾官员职务犯罪的一个实例。

范航的仕宦生涯历经宋太宗、真宗两个时期。在范航任开封府东明县令时,手握一县的民政、经济、法律等大权,聚敛钱财,以致"民有讼其鬻虚钞纳物者",但范航"为吏,所在贪狠,持人长短,众多惮之",此处所言被拿捏短处的"人"、忌惮范航的"众",不太可能是普通百姓,而是与范航一样的朝廷官员或者吏员。在中国古代专制时代,由于官僚体制的特性,身为官场中人,不可避免会有一些不太光彩的事情,他们或因为共同的利益诉求纠合成为一个利益体,或因处理事务与朝廷政策有出入而心中惴惴,或各自皆有违法行为而授人以柄,其中某些事项有可能就成为同僚之间相互制约的把柄,这应该是古代职务犯罪官员的共性之一。因此,尽管范航鬻虚钞之"事状明白,按劾已就",但还是有官府中人认为"此凶人,虑有反覆,须结正坚固,乃可上闻",后经御史台查核,果真不少事皆查无实据,最后只能以罚金的方式予以处罚。人对金钱的欲望一旦被激发出来,其推动犯罪的作用是巨大的,加之惩罚轻微,所以后来范航更是有恃无恐,贪腐变本加厉。他曾经请求任博州聊城知县,名义上说是"便于举葬,实以是邑富饶,利于掊敛",看来范航做官的目的就是为了利用职务之便获取钱财。范航在齐州任职时,"尤狡蠹不法,笞箠无度,强取财物",以至于贪名远扬,这时,才有提点刑狱滕涉、常希古奏劾其奸赃之事,"又揭榜令民首露,得罪状数十条",皇帝派遣御史进行核查,罪证确凿,本应处死,后免死,"杖脊黥面,配沙门岛"。①

从这一案例可以看出,范航利用职权贪腐,具有隐蔽性、持续性的特点,此前虽有官员对其进行弹劾,但很可能由于相关利益集团的阻碍或其他原因,只是轻罚了事,不足以使其有所收敛,最后还是专职监察官才完成了对范航的弹劾,使其受到应有的惩罚。在实际的政治生活中,弹劾主体的专业素质在很大程度上影响到了弹劾监督工作能否顺利推进,就北宋初期的具体情况而言,这些素质主要包括道德、业务能力等主观方面的因素。如果进行弹劾的官员仍然如宋太祖、太宗时期一样是身兼他职的监察机构官员,或者是临时差遣的其他机构的官员,

---

① 李焘:《续资治通鉴长编》卷八七,大中祥符九年六月辛巳,第 1994—1995 页。

第一章　北宋前期弹劾制度由粗疏到规范的变化

那么他们在履行弹劾职能的过程中,因为还要兼顾其他行政事务,难免出现业务能力不足、弹劾不到位等诸多问题。因此,宋真宗时期,专职监察官主导弹劾的现象,大大提高了弹劾的成功率,亦加强了对各级官员的监督。

对渎职失职官员的弹劾也是专职监察官的主要职责,具体包括玩忽职守、未尽职责、滥用职权、徇私舞弊等。如前揭升州火灾,侍御史赵湘奉诏前往按抚,回京复命时,劾奏"知洪州马景病不任事;转运使刘炤性柔缓,本部数州,踰岁未尝巡按;都监张明,用刑失中,居多博戏"①,弹劾事由皆为地方官的渎职失职行为。火灾是天灾,所以要遣使祭祀神灵,同时火灾又与人事有关联,所以赵湘的弹劾也就具有了合理性,他利用监察官的身份,调查询问,仔细核查,找寻升州之所以发生火灾的人事方面的原因,应该说,赵湘以自己的专业素质较好地完成了此次按抚使命。

地方官的失职有时会产生较为严重的后果,甚至有可能激化少数民族与中央王朝的矛盾,这时监察官的弹劾就显得非常重要。南丹州与广南西路宜州接壤,这里生活的蛮人虽然在宋太祖时就归顺了中央王朝,但一直与周边州县摩擦不断②。按照赵宋的策略,只要这些少数民族不发生叛乱,彼此相安无事即可,这就要求邻近少数民族州县的地方官对待南丹州蛮的态度应以安抚、不生事为主。但在大中祥符五年(1012),宜州地方官上报朝廷,言"南丹州莫淮仙聚集诸蛮,阻富仁监道路",宋真宗派遣广南西路转运使乐黄目前往巡视。乐黄目到宜州后,经过调查,弹劾知宜州信遂"不谙溪峒事",不了解"南丹州本非侵扰,第因接境逃民剽掠客旅,遂亡命山谷,蛮夷自相寇盗",同时还奏劾宜州驻泊监押、侍禁侯喆超越职权,盲目蛮干,"擅领兵入南丹州界白抗卓寨,取淮仙伏罪状以还,进退容易,恐生边隙",于是宋真宗遣使与乐黄目共同安抚南丹州莫淮仙,且以供奉官、阁门祗候曹永吉代替信遂,告诫侯喆不得擅自行动,避免了一场可能发生的叛乱。③ 在这一事件中,同样体现了专职监察官的专业素质。作为地方监察官,乐黄目此行可谓尽职尽责,不仅深入了解南丹州蛮"自相寇盗"的真实情况,化解了中央对南丹州的误会,而且对于可能产生不良后果的侯喆入白抗卓寨

---

① 李焘:《续资治通鉴长编》卷七一,大中祥符二年六月庚子,第 1615 页。
② 脱脱等:《宋史》卷四九四,《蛮夷二·南丹州蛮》,第 14199 页。
③ 李焘:《续资治通鉴长编》卷七九,大中祥符五年十月,第 1792—1793 页。

一事提出异议。由于乐黄目良好的专业素质,使得此次巡查既发现和解决了问题,又未过度惩罚官员。

监察官弹劾的事由还包括官员个人道德问题,如侍御史贾翔劾奏国子博士、通判台州龚绶"治家无状,不能制悍妻,准敕断离,取笑朝列,不当亲民"①;秘书监、分司西京杨亿"以疾愈求入朝",宋真宗命其知汝州,监察御史姜遵弹劾杨亿:"顷以母疾,擅去阙廷,所宜屏迹衡茅,尽心甘旨,忽求领郡,深属要君,请罢之。"②因杨亿有要挟君主嫌疑而劾之。官员的个人道德是中国古代社会非常重视的一个问题,尤其在北宋初期复兴儒学的历史背景下,私德的高低往往成为评价官员的主要标准之一。但道德高低的衡量缺乏明确的、可操作的标准,监察机构的官员在依据道德问题行使弹劾权时,有可能太过随意和主观,往往以己意解释道德准则和政治行为,这就为弹劾效果的降低埋下了隐患,同时也易于引起士大夫阶层内部的纷争。不过,总的来看,宋真宗时期以官员私德事由进行的弹劾不多,其中还包括弹劾不实的现象,如御史中丞王嗣宗曾弹劾知制诰王曾诬陷孔冕,后查实王曾无罪③,因此这样的弹劾基本还在可控的范围内,不至于引起官场动荡。

除了专职监察官的弹劾行为,非专职监察人员也可进行弹劾。从制度规定看,这些官员并无弹劾权,但在实际的政治生活中,皇帝对他们的弹劾行为不仅不会责怪,反而还会有不同程度的鼓励,由此助长了非专职监察官进行弹劾的风气。这些官员提起弹劾的事由与专职监察官一样,主要包括职务犯罪和个人道德两个方面,这就使得专职监察官找不到禁止非监察官行弹劾之事的理由。咸平五年(1002),参知政事王钦若弹劾司封员外郎高如晦,使其削两任、责降沂州别驾,王钦若的上疏言:"如晦向分符竹,出莅蔡州,逃主户三千五百九家,失国赋五万三千余贯。荐士有十否之谬,在官无三异之称。"且所发言辞狂妄,无歉疚之意,"窃议腹非,尚归司败;况妄形奏疏,仰渎圣聪",于是"臣谬玷台司,莫敦薄俗,安敢俛俛顾位,脂韦惜言!"④ 王钦若认为,高如晦任地方官时玩忽职守,

---

① 李焘:《续资治通鉴长编》卷六五,景德四年六月己酉,第1462页。
② 李焘:《续资治通鉴长编》卷八三,大中祥符七年八月,第1891—1892页。
③ 李焘:《续资治通鉴长编》卷七二,大中祥符二年十月,第1638—1639页。
④ 徐松辑:《宋会要辑稿》职官六四之一六至六四之一七,第4774页。

不仅不能使百姓安居乐业,影响朝廷的赋税收入,而且还极力为自己辩解,不思悔改,所以才会出于宰辅大臣的职责奏劾高如晦。右谏议大夫、知杭州薛映弹劾转运使姚铉"纳部内女口,鬻铅器多取其直,广市绫罗不输税,占留州胥,在司擅增修廨宇"①,弹劾的事由既有职务犯罪方面的,亦有个人道德问题。应该说,在弹劾事由方面,非监察官与专职监察官几乎没有区别;在调查取证方面,非监察官虽然没有监察官的便利条件,但他们要么是被劾者的同僚,要么是被劾者的上级,仍然有多个渠道可以了解被劾者的相关情况,如果在共事的过程中两人不和,产生矛盾,往往易于引发弹劾行为。来自非监察官的弹劾,对于加强监督、打击贪腐有着积极的作用,但其负面影响亦不可低估,其中所隐含的弹劾扩大化的因素,在一定的政治环境中很有可能会滋生繁衍,以至于反过来严重影响朝廷政局,只是宋真宗和士大夫们似乎还没有意识到这一点,对于非专职监察官的弹劾持支持或者观望的态度。

从弹劾结果看,宋真宗时期的处罚大多不如宋太祖、太宗时期严厉,无论是死刑的执行方式,还是贬官等的惩处,皆减轻了严苛程度,甚至有时候皇帝还会对被劾官员赦免刑罚,以罚铜的方式代替法律性处罚。

宋太祖、宋太宗时期,如果被劾官员因罪行严重而处以死刑,往往采取弃市的方式行刑,宋真宗时处罚被劾官员也有死刑,不过就现有资料看,多是采用杖杀的方式执行,改变了原来以弃市强化威慑效果的做法。大中祥符三年(1010),入内高品江守恩受命率军队驻扎在郑州祖村寨,"违制市青苗,私役军士六百人,取民田麦穗,及不奉诏擅董丁夫,非理笞捶亡逸者二百人,令役夫蔡文义市驴不获,杖之致死",御史核查后,处以杖杀之刑。② 作为皇帝内侍,入内高品的职掌有"乘舆行幸及祭祀、朝会、燕飨,诸以省给使者,皆前期戒令办具;即奉使若督察国事亦如之。颁诏札之附疾置者,边奏或机速文字则受而通进"③,担负着外界联系皇帝的重要职责,宋真宗对江守恩予以杖杀的惩处,应该说是遵循了宋太祖以来严格制约宦官的祖制。天禧四年(1020),真宗下令杖杀前定陶县尉麻士瑶,原因是麻士瑶将自己的侄儿麻温裕"縶之密室,命范辛等三仆更

---

① 李焘:《续资治通鉴长编》卷六四,景德三年十月,第 1431 页。
② 李焘:《续资治通鉴长编》卷七四,大中祥符三年九月癸巳,第 1689—1690 页。
③ 徐松辑:《宋会要辑稿》职官三六之一三,第 3894 页。

守,绝其饮食,数日死,即焚之",侍御史姜遵"风闻士瑶幽杀其侄事",劾奏麻士瑶,朝廷又派遣御史台官员核查出麻士瑶的其他违法之事,如"私蓄天文禁书、兵器"等等,①所以对麻士瑶处以极刑。从麻士瑶的罪行看,除了犯杀人罪外,还有对皇帝不忠、意图谋反的迹象,即便如此,也是以杖杀的方式行刑,不再像宋太祖、太宗时那样弃市了。

宋真宗时期,对于被劾官员,无论是职务犯罪,还是个人道德问题,宋太祖、太宗时期的除名、免官处罚方式不常见了,比较多见的是贬官,其中最严重者即贬为专门安置责降官的参军、别驾、团练副使等职位。如咸平五年(1002),有人劾奏科举考试中存在营私舞弊行为,御史台核查后,发现与王钦若及其属吏有关,宋真宗因宠信王钦若,不仅不相信御史台的结论,反而苛责台官,致使御史台多名官员受到贬官的处罚,御史中丞赵昌言责授安远行军司马,侍御史知杂事范正辞责降滁州团练副使,推直官高鼎责授蕲州别驾,主簿王化降为黄州参军。②行军司马、团练副使等专门的责降职位,一般皆是八品、九品的低阶官,将这些御史台官员以如此低的职位贬到远离政治中心的外地,惩罚不可谓不重。不过这样大幅度的贬降多发生在宋真宗早期,应该还是宋太宗朝严厉处罚的余绪,宋真宗后期,大幅度的责降就比较少见了,罚铜、贬官结合使用的处罚开始比较多地出现。如谢泌任两浙转运使时,奏劾王仲华从苏州徙任杭州时"冒请苏州添给",最后对王仲华仅以"罚金"了事,且不久又"移知虔州",③即未降职,只是换了一个地方知州事而已。无论王仲华所冒请的"添给"数额是多少,他的行为都属于职务犯罪中的贪墨,但处罚却是如此轻微,显示出北宋皇帝对士大夫的宽容。另一方面,无论其背后有怎样的权力运作,如此宽松的处理助长了官员的职务犯罪,很难有效遏制贪腐现象的蔓延。再如发运使黄震奏劾宫苑使李溥奸赃之事,经御史台鞫治,"得溥私役兵为姻家林特起第,附官舟贩竹木,奸赃十数事",后赦免,贬忠武军节度副使。④李溥为武臣,且贪腐、纳贿较为严重,但量刑较轻,仅从七品降为八品,很少有宋太祖、太宗时期那样因贪贿而陡降官职的现象。

---

① 李焘:《续资治通鉴长编》卷九五,天禧四年四月丙申,第2188—2189页。
② 李焘:《续资治通鉴长编》卷五一,咸平五年三月,第1118—1119页。
③ 李焘:《续资治通鉴长编》卷五五,咸平六年十月,第1213页。
④ 脱脱等:《宋史》卷二九九,《李溥传》,第9940页。

第一章　北宋前期弹劾制度由粗疏到规范的变化

不过,宋真宗并非放任官员的犯罪行为,而是换一种方式告诫被劾官员,即以榜文或传告的方式广而告之,希望起到警醒现任官的作用。榜文是中国古代专制王朝传播政令、昭告天下的方式之一,一般由皇帝以诏令的形式发布,或中央某些省台衙门奉旨发布。宋代是榜文应用较为广泛的时期①,由此也影响到了被劾官员处理意见的传达方式,宋真宗时期,就曾使用榜文发布对某些被劾官员的处罚。从榜文发布的主体看,有皇帝,也有御史台、进奏院之类的机构,从发布的范围看,有榜于朝堂者,亦有布告天下者。咸平六年(1003),参知政事王钦若奏劾桂州通判、太常博士王佑之丁母忧"才踰月,连进五状,请除广南西路商税分配河北补填,没纳私下罗锦,权罢上供金银,述荆南课额逋亏,言陕西递铺请受。凡兹陈露,皆匪机宜,殊忘哀戚之容,苟怀进动之意",王佑之丁母忧期间的行为不符合朝廷孝治的要求,于是受到"削佑之三任,配隶郴州"的严厉处罚,且"令御史台榜朝堂告谕"。② 朝堂即官员议政之处,宋真宗令御史台将王佑之所犯罪行及其处罚书写于专用榜纸上,张贴于百官出入的场所,似有示众之意,其警告、劝诫作用突出。前揭江守恩被劾一事中,除了杖杀江守恩外,还有一些地方官受此事牵连,一并处罚,"知州、太常博士俞献卿封敕不下,抗章论救,坐削一任。京西路转运使、提点刑狱官、本州通判以不察举,并入金赎罪。仍令进奏院移告天下"③,此处虽未明言以何种方式发布,但能够"移告天下"者当以榜文最为符合。这件事牵涉宦官及包庇宦官的地方官,且又涉及杀人、强取百姓粮食等违法行为,很可能已在当地造成极为恶劣的影响,因此要榜告天下,惩戒贪官污吏,安抚百姓,以显示皇帝的圣明。

传告即由驿传系统传递处罚被劾官员的公文,对于这样的公文,不一定像榜文那样昭告天下,可能只是在一定范围的官员内宣示,或者悬于地方官署中。如前揭同为陕西转运使的杨覃、朱台符互相奏劾之事,在责降两人的同时,亦"令御史台以其事传告诸路,加儆励焉"④,史料未明言"传告"的方式,很可能就是

---

① 与宋代榜文相关的研究有徐燕斌:《宋明榜文类别述考》,《兴义民族师范学院学报》2015年第1期;徐燕斌:《唐宋榜文考》,《长江大学学报(社科版)》2015年第4期;等等。
② 李焘:《续资治通鉴长编》卷五四,咸平六年四月乙亥,第1189—1190页。
③ 李焘:《续资治通鉴长编》卷七四,大中祥符三年九月癸巳,第1689—1690页。
④ 李焘:《续资治通鉴长编》卷五七,景德元年九月,第1258页。

由御史台奉旨拟文,传达到路级官员,劝诫地方官遵守朝廷礼法,不得互相攻讦,败坏官场风气。转运使姚铉被劾之事较多,包括"纳部内女口,鬻铅器多取其直,广市绫罗不输税,占留州胥,在司擅增修廨宇"等,御史台核查属实后,处以除名、责连州文学的惩罚,并"下诏以戒诸路转运使"。① 这是皇帝直接以诏令的形式发布于地方,最大可能是榜示于地方官署,以儆效尤,其目的十分明确,即整顿官场风气,警告各级官员,要求他们必须遵守朝廷法令。

可见,凡是需要公之于众的弹劾案件,无论发布主体是御史台、进奏院,还是皇帝,其警示范围大多局限于官场中,除非与百姓有关,才会昭告于天下。对官员而言,这些公开的传宣虽然传播范围有限,但其影响所及却是他们最为在意的官场,很可能由于惩罚公文的发布而出现对他们不利的官场舆论,官场舆论常常又会影响到他们的仕宦生涯,由此使得这种发布方式成为一种惩罚,具有一定的法令效力,对各级官员起到较大的约束作用。

综上所述,赵宋政权建立后,崇文、崇儒之风逐渐兴盛,到宋真宗时期已初具规模,无论皇帝还是士大夫,皆推崇儒学的政治理念,加之经过宋太祖、太宗四十年的经营,赵宋政权已度过王朝初建的动荡期,进入平稳发展的阶段,因此宋真宗不再需要重典的威慑方式,而是更愿意推行儒学所倡导的"明德慎刑"理念,并以此影响法律实践,其表现就是以刑罚宽平笼络民心、安定社会。宋真宗对于被劾官员也是如此。他改变了宋太祖、宋太宗严厉处罚被劾官员的做法,在同样的情况下往往予以轻判,有时甚至还赦免刑罚,代之以罚铜的方式,体现出皇帝的宽仁之德。同时我们也注意到,宋真宗对被劾官员的处罚结果以榜文、传告的方式予以公开发布,包含着其宣扬皇帝权威的意味,因为无论是御史台,还是进奏院,皆是奉旨发布相关公文,也就是说,宋真宗要求这些公开传播于官场中的处罚公文,除了起到警示官员的作用外,还要能够加强皇权,强化对官员的控制。因此,一方面是赵宋政权逐渐稳定后制度化、规范化的政治需求,使得弹劾主体出现以专职监察官为主的现象,一方面是宋真宗树立皇帝权威的诉求导致对被劾官员的赦免、轻判,两方面的张力在此时并非不可调和,而是互相试探着,共同推动弹劾的演进。

---

① 李焘:《续资治通鉴长编》卷六四,景德三年十月,第1431页。

### 三、弹劾个案分析——王钦若

成长于和平时期的宋真宗,对居于主流地位的儒学有着天然的亲近之情,对秉承儒学思想的士大夫也比他的父辈更多一些信任,但是,随着政治活动的渐次展开,宋真宗与士大夫阶层的权力诉求开始出现差异。作为君主,宋真宗特别强调与士大夫之间的君臣关系、尊卑关系,而朝廷事务的复杂、繁重,又使得真宗不得不依赖士大夫阶层的力量,由此导致皇权与士大夫阶层权力的博弈。同时,稳定局面的到来、崇文政策的影响,促使宋真宗时期的士大夫开始活跃起来,出现了因地缘、同年、师友等因素而结成的不同集团,这些隶属于士大夫阶层的各个集团亦有利益之别,他们为了各自集团的利益,互相纷争。皇帝与士大夫阶层之间、士大夫阶层内部不同集团之间的种种关系,在弹劾事件中都有反映。

咸平年间发生的一起弹劾案,因牵涉到宋真宗信任的臣僚王钦若,使得本来简单、明了的弹劾事件变得异常复杂,宋真宗的介入,更是增加了处理此一事件的难度;而且正是由于真宗的深度参与,使得此案的走向发生改变,以至于在官场造成较大的影响。

据《续资治通鉴长编》记载,此次弹劾案最先是由河阴县的一位占卜者常德方所告。常德方偶然拾得一通书信,其中记载了临津县尉任懿纳贿登第之事,于是讼于官府。御史中丞赵昌言闻知后,劾奏此事,其后御史台受诏审理此案,在讯问任懿后,得到更为详细的情况。咸平三年(1000)科举考试时,任懿曾"署纸许银七铤",委托僧人仁雅、惠秦代为打通关节,"惠秦素识王钦若,钦若时已在贡院",惠秦不得已只能"因钦若馆客宁文德、仆夫徐兴纳署纸钦若妻李氏",李氏秘密遣家仆祁睿找机会将任懿的名字"入省告钦若。及懿过五场,睿复持汤饮至省。钦若遣睿语李氏,令取所许物"。但任懿并未如其所许诺的那样立即支付贿银,而是"预奏名登科,授官未行,丁内艰还乡里",仁雅为追索银两,修书一封斥骂任懿,送往任懿故乡河阴,不料却为常德方所得,导致事发。御史中丞赵昌言查明此事后,请求逮捕王钦若家仆。王钦若否认祁睿在咸平三年时已在其家为仆,也否认惠秦曾去过其家,宋真宗亦言:"朕待钦若至厚,钦若欲银,当就朕求之,何苦受举人赂耶?且钦若才登政府,岂可遽令下狱乎?"尽管赵昌言据理力争,但真宗仍然不认同御史台的结论,于是又"诏翰林侍读学士邢昺、内侍副都知阎承翰,并驿召知曹州工部郎中边肃、知许州虞部员外郎毋宾古就太常寺别鞫",重新审问任懿,得到与御史台不一样的结果。任懿言:"有妻兄张驾举进士,识(洪)湛,懿亦与驾同造湛门,尝以石榴二百枚、木炭百斤馈之。"至于其所纳之银,交给两位僧人后,并不知僧人交付何人,邢昺等人据此推断,任懿后来的贿银为洪湛所收受。当时张驾已死,王钦若又言祁睿当时不在其家为仆,由此认定太常寺所得结论属实。最后的处理是"懿杖脊,配隶忠靖军。惠秦坐受简及隐银未入己,以年七十余,当赎铜八斤,特杖一百,黥面配商州坑冶。仁雅坐诅詈懿,杖脊,配隶郢州牢城",并且对于洪湛及御史台多名官员亦予以处罚,"比部员外郎、直史馆洪湛削籍,流儋州。工部尚书兼御史中丞赵昌言、膳部郎中兼侍御史知杂事范正辞并削一任,昌言责授安远行军司马,正辞滁州团练副使。推直官殿中丞高鼎、主簿王化并削两任,鼎责授蕲州别驾,化黄州参军"。[1] 弹劾案涉及王钦若、洪湛、任懿、张驾等多位官员,又牵连御史台诸员也受到惩罚,可谓影响深远。

王钦若进士甲科及第,进入仕途后,有两件事赢得了宋真宗的认可和信任。一是宋真宗赵恒尹开封时,"开封府十七县皆以岁旱放税",此时出现旱情不重、放税过宽的流言蜚语,中伤身为储君的赵恒。宋太宗对于其子的行为很不高兴,认为有侵夺其君主威望之意,御史台官员顺应太宗,"露章言开封府放税过实",于是宋太宗下诏令京东路、京西路诸州选官核实。亳州负责核实太康、咸平两县,当时王钦若恰在亳州任职,知州曾会赏识其才能,派遣其进行此项工作,并告诫王钦若:"此行所系事体不轻,不宜小有高下。"王钦若到达太康、咸平后,仔细考察旱灾的实际情况,"其余抗言放税过多,追收所税物,而冀公独乞全放,人皆危之",甘愿冒犯宋太宗也要上报实际旱情。第二年宋真宗即位,立即拔擢王钦若,且感叹王钦若有胆识,"当此之时,朕亦自危惧,钦若小官,敢独为百姓伸理,此大臣节也",王钦若因此而得真宗重用。[2]

第二件事发生在王钦若入京为官后。当时王钦若为太常丞、判三司理欠凭由司,其同事毋宾古有一日曾言:"天下宿逋之财,自五代迄今,理督未已,亡族

---

[1] 李焘:《续资治通鉴长编》卷五一,咸平五年三月,第1118—1120页。
[2] 沈括:《梦溪笔谈》卷一二,《官政二》,《全宋笔记》第二编(三),大象出版社2006年版,第97页。

第一章 北宋前期弹劾制度由粗疏到规范的变化

破家,疵民大矣,俟启而蠲之。"王钦若听闻此言后,立即命胥吏清理五代以来百姓所欠数额,第二天上奏宋真宗。宋真宗得知后,对此感到疑惑:"先帝岂不知耶?"这时,王钦若给出了一个非常巧妙的回答:"先帝非不审其弊,盖与陛下收天下心。"①从而更加赢得真宗的信任。赵恒为宋太宗第三子,虽懦弱有余,但谦逊、勤勉,又体恤民情,太宗对其关爱有加,在立赵恒为皇太子后,"以尚书左丞李至、礼部侍郎李沆并兼太子宾客,见太子如师傅之仪。太子见,必先拜,动皆咨询"。宋太宗还对李至、李沆说:"朕以太子仁孝贤明,尤所钟爱,今立为储贰,以固国本,当赖正人辅之以道。卿等可尽心调护,若动皆由礼,则宜赞成,事或未当,必须力言,勿因循而顺从也。至如《礼》《乐》《诗》《书》之道,可以裨益太子者,皆卿等素习,不假朕多训尔。"②可见,宋太宗作为父亲,在赵恒面前有绝对的权威和支配权,同时又对太子赵恒心存疑虑,不愿太子威望超越自己;赵恒敬畏、尊重其父,即位后很想像他的父亲一样建功立业,有所作为,成为一代圣君。王钦若的回答很好地回应了宋真宗的这种心理,从而得到真宗的赏识,这是宋真宗介入与王钦若有关的弹劾案的前提。

再看看弹劾发生时的情况。据司马光《涑水记闻》记载,御史台鞫问此事后,因与朝廷高级官员王钦若有关,引发官场议论纷纷,宋真宗却在这时拔擢王钦若为参知政事,"中丞赵昌言以狱辞闻,收钦若下台对辨,上虽知其情,终不许",甚至还为王钦若辩护,以至于由洪湛"独承其罪","湛家贫,每会客从同馆梁颢借银器,是时适在其家,因没以为赃。钦若内亦自愧,其后擢湛子鼎为官以报之"。③这里透露出三个方面的信息:其一,宋真宗对王钦若极为看重,不顾士大夫物议予以提拔,司马光甚至以"知其情"之类的话语,写出真宗很可能知晓此案确实与王钦若有关联,但仍然公开庇护王钦若,皇帝的如此态度对于弹劾案的处理有着直接的引导作用;其二,王钦若非常清楚洪湛的冤情,知道洪湛是代己受过,内心有愧,于是才有提拔洪湛子的行为;其三,当时的官场公议皆知此事与王钦若有关,是真宗极力庇护王钦若,以致造成冤案。

---

① 夷门君玉:《国老谈苑》卷二,《全宋笔记》第二编(一),大象出版社2006年版,第189—190页。
② 李焘:《续资治通鉴长编》卷三八,至道元年八月癸巳,第819页。
③ 司马光:《涑水记闻》卷七,中华书局1989年版,第137页。

还有一些佐证材料也支持此案实与王钦若有关。咸平三年(1000),"以翰林学士王旦权知贡举,知制诰王钦若、直集贤院赵安仁权同知贡举。旦知枢密院,复命史馆湛"①,也就是说,洪湛是后来才进入贡院、代替王旦权同知贡举的。司马光和李焘对此一细节的记载更为具体。司马光言:"王钦若为翰林学士,与比部员外郎、直集贤院、修起居注洪湛同知贡举,湛后差入贡院,时诸科已试第六场。"②李焘的记载源自司马光,只是有少许出入,其言:"王旦与钦若知举,出为同知枢密院事,以湛代之。湛之入贡院,懿已试第三场毕。"③不过记载的细微差异不影响对洪湛与此事是否有关联的判断。洪湛是在考试进行过程中,匆忙代替王旦进入贡院的,纳贿者不可能提前知晓洪湛的这一临时差遣,且此时任懿已考完第三场,洪湛受托营私的可能性不大。另有宋人所著笔记也提及洪湛和王钦若事,虽内容荒诞不经,但亦可反映出士大夫的普遍态度,其言:

> 比部郎洪湛,以王钦若贿卖任懿及第,累谪儋州,竟死海外。忽有相识,遇洪大庾岭,犹仪卫赫然,若有官者。相识谓是赦还,与执手庆慰,洪曰:"我往捕王钦若耳。"言讫不见,其人愕然。已而钦若病甚,口呼:"洪卿宽我,我以千金累卿,然惠秦已橐百两,不难偿卿九百也。"观此则二百五十金之说,犹当时鞫者默为钦若减贯也,然湛冤极矣。④

荒谬的故事不可信,但其中所包含的意思十分清楚,即受贿舞弊一事实为王钦若所为,洪湛确实是蒙冤被处罚,看来当时的士大夫大都认可这一事实。

王钦若的一些做法也很可疑。在王钦若与其妻李氏的联系中,家仆祁睿是一位关键人物,"李氏密召家仆祁睿,书懿名于睿左臂,并口传许赂之数,入省告钦若。及懿过五场,睿复持汤饮至省。钦若遣睿语李氏,令取所许物",可见祁睿虽是一家仆,却与王钦若及其妻的关系不一般,得到了他们一家的特别信任。祁睿原为亳州小吏,王钦若进士及第后,授亳州防御推官,此时祁睿就开始跟随

---

① 徐松辑:《宋会要辑稿》选举一之七,第5250页。
② 司马光:《涑水记闻》卷七,第137页。
③ 李焘:《续资治通鉴长编》卷五一,咸平五年三月,第1120页。
④ 袁褧:《枫窗小牍》卷下,《全宋笔记》第四编(五),大象出版社2008年版,第231页。

王钦若,王钦若入京为官后,将祁睿带到京城,只是其"名犹隶亳州"。咸平三年(1000)贡举考试结束后,恰好有亳州人"张续还乡里持服,钦若托为睿解去名籍",即祁睿的户籍身份一直是隶属于亳州的小吏,直到咸平三年后,才从法律上正式解除亳州小吏身份,成为王钦若的家仆,因此贡举受贿舞弊一事被披露后,王钦若极力辩解,称祁睿是在贡举考试后才到其家为仆。① 如果此受贿舞弊案与王钦若无关,他大可不必违背事实,隐瞒祁睿一直为其家仆之事,尽管如此,祁睿在其家出出进进,不可能无人知晓,只是若当事人不说实情,以王钦若的政治地位,则无人敢主动说出真相。

各方面的证据都指向王钦若,但是宋真宗的强力介入,却使得此案的走向完全发生改变。宋真宗之所以如此,除了偏袒王钦若的因素外,还有与士大夫阶层博弈的原因。生长于和平时期的宋真宗,非常想要塑造自己圣明君主的形象,而古代圣明君主皆有宏大的功业,真宗没有能够彰显自身圣明的宏大功业,于是只能寄希望于树立君主权威,在君臣关系上拥有绝对的控制权。但此时士大夫阶层已开始崛起,与君主在某些方面的利益诉求出现偏差,因此才有宋真宗力图掌控话语权的做法,其中就包括在此一弹劾案中的行为。

宋真宗首先以话语的方式直接表达了对御史台审理结果的不满。在御史中丞赵昌言向宋真宗奏报此案与王钦若有关后,真宗是这样回应的:"朕待钦若至厚,钦若欲银,当就朕求之,何苦受举人赂耶? 且钦若才登政府,岂可遽令下狱乎?"②宋真宗认为,王钦若没有受贿的动机,且自己才授其以参知政事一职,岂能即刻下御史台狱? 宋真宗话语中体现出来的意思很明确:信任王钦若,即使御史台审理后获得的证据均指向王钦若,真宗亦不认可御史台的结论。

其次,为了庇护王钦若,宋真宗不顾物议汹汹,重新选派官员在太常寺审理此案。北宋时期,从法律层面而言,御史台具有最终裁决机构的性质,如对于疑难案件的处理,"事之最难者莫如疑狱,夫以州郡不能决而付之大理,大理不能决而付之刑部,刑部不能决而后付之御史台,则非甚疑狱必不至付台再定"③。

---

① 李焘:《续资治通鉴长编》卷五一,咸平五年三月,第1119页;脱脱等:《宋史》卷二八三,《王钦若传》,第9559—9560页。
② 李焘:《续资治通鉴长编》卷五一,咸平五年三月,第1119页。
③ 徐松辑:《宋会要辑稿》职官一七之一二,第3455页。

官员犯罪的案件,处理方式虽有所不同,但"群臣犯法,体大者多下御史台狱,小则开封府、大理寺鞫治焉"①,即无论哪一类案件,一般诉至御史台就是终审了。当然,也有少数例外的情况,当御史台的审理结果受到较大的质疑,或者皇帝对御史台的审理不满,或者皇帝认为案情重大时,则会下诏选派官员组成审理小组,在指定的地点重新进行审理,我们可将其视为诏狱②之一种。临时选派的审理人员均由皇帝决定,选派标准没有制度规定,随意性较大,可能会涉及多个不同机构的人员,且不一定是专职司法人员,只要能够贯彻皇帝意图即可。为了保证审案的严肃性、权威性,临时指定的审理地点一般是中央某一机构的官署,只是与此一机构的职能、人员无关,仅借其地方而已。如太平兴国七年(982),赵普奏劾卢多逊交通秦王赵廷美,宋太宗下诏"下御史狱……命翰林学士承旨李昉、学士扈蒙、卫尉卿崔仁冀、膳部郎中知杂事滕中正杂治之"③,宋太宗选派的官员中,仅滕中正为监察官,其他人员既不是监察官,亦非司法人员,审理地点在御史台。雍熙三年(986),曹彬等将领在岐沟关之战中为辽军所败,人员、物资损失惨重,回到京城后,宋太宗"诏翰林学士贾黄中、右谏议大夫雷德骧、司门员外郎知杂事李巨源召彬及崔彦进、米信、杜彦圭、行营都监郭守文、马步都指挥使傅潜、押阵部署陈廷山、排阵使蔡玉、先锋都监薛继昭等九人诣尚书省鞫之"④。宋太宗临时委派审理曹彬等武臣的三位官员中,仅李巨源一人为专职监察官,无专职司法人员,亦不属同一部门,审理地点在尚书省。可见,这样的"诏狱"主要体现了皇帝的意志,因此人员选派不一定需要专职司法官员。

与宋太宗时期一样,在涉及王钦若的案件中,宋真宗也采用这种临时遣使审理的方式,诏令"翰林侍读学士邢昺、内侍副都知阎承翰,并驿召知曹州工部郎中边肃、知许州虞部员外郎毋宾古就太常寺别鞫"⑤,临时委派的四位官员中,有侍读学士,有宦官,还有两位本在外地任职、"驿召"回来的京朝官。邢昺为九经及第,曾被宋太宗选为诸王府侍讲,"真宗居藩邸,升储宫,命侍讲邢昺说《尚书》

---

① 脱脱等:《宋史》卷二〇〇,《刑法二》,第4997页。
② 关于"诏狱",《宋史·刑法志》言:"诏狱,本以纠大奸慝,故其事不常见。"(脱脱等:《宋史》卷二〇〇,《刑法二》,第4997页。)即由皇帝亲自下诏审理的案件,犯罪者一般都是大奸大恶之人。
③ 李焘:《续资治通鉴长编》卷二三,太平兴国七年四月,第516页。
④ 李焘:《续资治通鉴长编》卷二七,雍熙三年六月戊午,第619页。
⑤ 李焘:《续资治通鉴长编》卷五一,咸平五年三月,第1119页。

凡八席,《诗》《礼》《论语》《孝经》皆数四"①,宋真宗即位后,"昺居近职,常多召对,一日从容与上语及宫邸旧僚,叹其沦丧殆尽,唯昺独存",以至于真宗对邢昺信任有加,曾以邢昺"知审刑院,以昺儒者不达刑章,命刘元吉同领其事",②表现出对邢昺的尊重。邢昺以经学见长,宋真宗本人亦崇尚儒学,二人又有旧谊,因此他们之间不是简单的君臣关系,而是有着精神上、文化上的契合,当真宗遇到比较棘手的问题时,很自然就想到了邢昺。阎承翰为宫中旧人,曾侍奉过宋太祖、太宗,"以谨愿称"③,作为宦官,阎承翰本来就是皇帝身边的人,得宋真宗信任也是很自然的事情。至于真宗为什么不在当时京城的众多官员中选用审理人员,而是舍近求远,"驿召"边肃、毋宾古二人回京参与审理与王钦若有关的案件,由于资料所限,得到的信息不多,只知宋真宗认为边肃是"循良"之臣④,毋宾古曾与王钦若同在三司任职,蠲免五代以来百姓"宿逃之财"本是毋宾古的建议,由王钦若上奏而独得宋真宗赏识,⑤毋宾古对此亦不以为意,可知其是一位循默、纯正之人,且与王钦若的关系不错,因此边肃和毋宾古的德行以及与王钦若的"旧谊",很可能是宋真宗选派他们审理此案的原因之一。可见,对于皇帝做主重新审理的案件,基本皆由皇帝亲自选派人员,其随意性、灵活性较大,而皇帝的主观喜好应该是影响人员选派的主要因素,即皇帝更倾向于选择与己亲近、性格循默、善于把控的人员。

其后,临时审理小组不受其他任何人的影响,完全秉承宋真宗的旨意,使得弹劾案的发展如真宗所愿。经过他们的审讯,任懿改变了口供,将接受贿赂者指向洪湛,任懿之所以改口,应该与刑讯逼供有着密切的关联,虽然没有直接证据证明在此次审讯时有严刑拷问的现象,但北宋时期审理案件采用刑讯方式还是较为普遍的。如宋太宗时,士大夫"宋覃、聂泳等坐私以铜钱易铁钱,下御史狱,

---

① 文莹:《湘山野录》卷中,中华书局1984年版,第23页。
② 脱脱等:《宋史》卷四三一,《儒林一·邢昺传》,第12799、12798页。
③ 脱脱等:《宋史》卷四六六,《宦者一·阎承翰传》,第13610页。
④ 《宋史》载,景德初年澶渊之盟后,宋真宗欲选派知永兴军者,"思择循良任之",而他认为能够胜任边地知军的"循良"中,就包括边肃(脱脱等:《宋史》卷三〇六,《孙何传附孙僅》,第10101页)。尽管此事发生于宋真宗命边肃审理王钦若一案之后,但仅相隔两年,真宗对边肃的印象应该不至于改变。
⑤ 夷门君玉:《国老谈苑》卷二,第189—190页。

并决杖配役",后来太宗了解到他们的冤情,问及此事,宋覃不禁流泪说:"台司不容辩说,必令如所讯招罪。"①只有在冤屈为皇帝所知且面对皇帝的时候,才有可能说出屈打成招之事。官员受诏办案,为了得到预想的结果,更易于造成审讯时用刑的现象,咸平元年(998),宰相张齐贤曾对宋真宗言:"推勘官但执诏命,不原事理,箠楚之下,何情不得?"于是,为了禁止刑讯逼供,真宗曾颁下诏令:"应降宣敕推勘公事,并须据实勘鞫,不得抑勒,令禁人须依宣敕,虚有招通。"②但实际上很难杜绝审案中的严刑拷打行为。如此的司法形势,加之邢昺等人又深知宋真宗极力庇护王钦若的意图,因此在审理中很可能对任懿进行了诱导、用刑,以至于任懿改口,说出洪湛之事,邢昺等人乘机将所有的事都推给洪湛,使洪湛受到严厉的处罚。邢昺也因为在此案中"力辨钦若"而得王钦若回报,尽管其子邢仲宝"贪猥不才,举止率易,士大夫多鄙笑之",但王钦若仍利用自己的权力,"用为三司判官,后至祠部郎中"。③

宋真宗强力介入涉及王钦若案件的做法,还包括处罚御史台官员。由于御史台审理此弹劾案牵连出王钦若,以致引起物议汹汹,在宋真宗质疑其审理结果时仍不予改正,迫使真宗不得不采取临时选派官员重审的方式。在此一过程中,宋真宗真切地感受到了来自士大夫阶层的力量,认识到士大夫主体意识觉醒带来的对皇帝权威的制约,尤其是这与占据主流意识形态的儒学"忠君"思想并不矛盾,甚至还是符合儒学道义的表现,因此真宗非常需要以处罚御史台官员的方式证明御史台的审判是错误的,当然也以这种方式隐晦地警示士大夫阶层,宣示皇帝权威。当时受到处罚的御史台官员有御史中丞赵昌言、侍御史知杂事范正辞、推直官高鼎、主簿王化四人,即包括御史台正副长官及专治狱事的人员,像这样一次性责降同一部门的长贰实属少见,显示了宋真宗抗衡士大夫阶层的决心。

实际上,宋真宗与士大夫阶层的博弈在其即位之初就已有所反映。咸平元年,开封府发解试"以高辅尧为首,钱易次之",钱易在士林中以文才优长得名,与士大夫主流较为契合,他对开封府的发解试很不满,于是"上书指陈发解官所试《朽索驭六马赋》及诗、论、策题,意涉讥讪",再加高辅尧自己"亦投牒逊避,请

---

① 李焘:《续资治通鉴长编》卷四七,咸平三年五月,第1017页。此事为宋真宗时期追记。
② 徐松辑:《宋会要辑稿》刑法三之五三,第8421页。
③ 脱脱等:《宋史》卷四三一,《儒林一·邢昺传》,第12801页。

以易为首",所以宋真宗诏令钱若水等人"复考开封府得解进士试卷"。但时任开封府考官冯拯不认同钱易的指责,上奏言钱易与翰林学士承旨宋白有交结,宋真宗维护宋白,将冯拯下御史狱,"拯力言易无行,不可冠天府多士,上亦以为士流纷竞,不可启其端,且欲镇压浮俗",因此又释放冯拯,罢开封府得解进士复考,"止令若水等擢文行兼著者一人为首。乃以孙暨为第一,辅尧第二,易第三,余并如旧"。① 在这一事件中,宋真宗先是不自觉屈从于士林议论,诏令复考,甚至不惜将弹劾宋白的冯拯系于御史台狱,但冯拯极力自辩,使宋真宗意识到士大夫阶层物议的力量,真宗明言其不欲"士流纷竞",实则是不愿意受士大夫阶层舆论的裹挟,于是改变做法,下令拔擢文学、德行俱优之人,由此使得钱易不仅没有成为第一,反而掉落至第三名,这里反映出皇帝与士大夫阶层主流舆论之间的矛盾。宋白"学问宏博,属文敏赡"②,在当时士大夫阶层中有着很高的文学地位,时人赞誉其"巨贤如木铎,一振声盖代。丈人文曲星,谪落下界。辞源发昆仑,意尽若倒海"③,虽有夸大之嫌疑,但亦能反映宋白在士林的影响力,钱易正是因文学之才而得宋白赏识。冯拯虽然也是由进士及第进入仕途的,不过他"无文学,而性伉直,自奉养奢靡"④,代表的是士大夫阶层中少文而长于吏道的少数派。宋真宗本就崇儒右文,表现出对宋白、钱易的认同也是很自然的事,但后来改变了想法,与他曾经认同的士大夫阶层主流意识出现意见分歧,实则突显了宋真宗加强自身对政事控制权的意图。

可见,宋真宗面对的是一个正在崛起且具有文化和道义优势的士大夫阶层,这一阶层在传统儒学"兼济天下"理论的基础上,生发出更积极的入世思想,即践履笃行,使儒学所宣扬的理想社会成为现实。士大夫阶层虽有基于文化基础而形成的文化认同和心理认同,但地域、出身、姻亲、秉性、政治见解等因素却使他们分化为不同的士大夫集团,这些集团有着不同的利益诉求,从而使士大夫阶层内部出现矛盾、纷争。宋真宗与士大夫阶层有着共同的利益诉求,即实现天下

---

① 李焘:《续资治通鉴长编》卷四三,咸平元年十月癸丑,第920页。
② 脱脱等:《宋史》卷四三九,《文苑一·宋白传》,第12999页。
③ 王禹偁:《小畜集》卷三,《寄献鄜州行军司马宋侍郎》,景印文渊阁四库全书本,上海古籍出版社1987年影印本。
④ 司马光:《涑水记闻》卷六,第104页。

大治,同时他也深刻意识到,其自身能力有限,不可能如宋太祖、太宗那样有效地控制整个士大夫阶层,由此产生了皇权受到威胁的焦虑。宋真宗非常清楚,尽管他贵为拥有至高权力的皇帝,但以其一己之力抗衡整个士大夫阶层显然是不明智的,于是他采取的方式是利用士大夫阶层内部不同集团之间的矛盾,借由部分士大夫的力量,与其他士大夫进行博弈。前揭弹劾王钦若一案,虽然最后的结果是宋真宗赢得了胜利,但与宋太祖、太宗对弹劾案的强势控制不同,在此案发生、审讯、处理的过程中,士大夫已有较为明显的意愿表达,宋真宗最后的胜利是依靠士大夫阶层内部某一集团的支持而获得的,或者说,士大夫阶层力量的崛起,使得宋真宗不得不利用某一士大夫集团,才能达到掌控弹劾、伸张皇权的目的。

# 第二章　宋仁宗时期弹劾的良性运行：权力制衡

宋仁宗在位的40年,是赵宋王朝最为鼎盛的时期,无论经济发展水平、思想文化贡献,还是政治制度建设等等,皆堪称成就显著。就监察制度而言,既有相关规定的逐渐完备,也有台谏合一背景下台谏与政治的互动[1],其中,监察的具体方式之一——弹劾,在此阶段得到迅速发展。台谏官是弹劾的主要力量,同时,包括宰相、知制诰等在内的中央官员,以及知州等地方官,也参与到弹劾中,显示出北宋时期弹劾运行体系的独特性;弹劾对象为中央和地方各部门的各级官员,即无论高低贵贱,皆有可能成为被弹劾者。在宋仁宗时期众多的弹劾行为中,士大夫对于宦官、外戚的弹劾,从侧面体现出北宋吏治清明时期的政治特征。

## 第一节　皇帝与士大夫阶层的意见分歧：对宦官的弹劾

宦官是中国古代专制制度的产物,皇帝往往将宦官看作自己的私侍,且由于"人君生长深宫之中,法家、拂士接耳目之时少,宦官、女子共启处之日多"[2],皇帝与宦官朝夕相处,易于建立起比一般君臣更为亲密的关系。从宦官的角度看,他们没有可资凭依的家族背景或者姻亲关系,也不能像士大夫那样因同年、同僚缘故而结成盘根错节的人际关系网络,因此唯有攀附于皇权,才可能

---

[1] 贾玉英《宋代监察制度》、刁忠民《宋代台谏制度研究》、虞云国《宋代台谏制度研究》等著作对于北宋监察制度、台谏制度及其相关问题均有论述。
[2] 脱脱等:《宋史》卷四七〇,《佞幸》,第13677页。

有更大的生存空间。对于宋仁宗而言,他既要继续推行先帝的抑武政策,防止武将之祸再起,又要面对日益崛起的士大夫阶层势力,在这样特殊的历史情况下,他只能依靠宦官伸张皇权、约束士大夫阶层,才能维持权力的平衡。但是,士大夫阶层对宦官有着较多的偏见,"臣历观前世,鲜不以阉官用权而倾社稷者"①,无论宦官贤愚与否,也无论宦官的行为是否适当,都会放大其负面影响,上疏予以弹劾,由此使得皇帝与士大夫阶层在对待宦官的态度和做法上产生较大的分歧。

## 一、士大夫弹劾谨愿慎密的王守忠

王守忠为真定府栾城人,在宋仁宗为太子时即侍奉其左右,关系较为密切,宋仁宗即位后,更是以其"谨愿慎密"的秉性和行事风格而深得皇帝信任②。应该说,在宋仁宗居于东宫、年幼即位、成年亲政、处理朝政的过程中,王守忠都是伴随其身边的,以至于在其去世后,仁宗给予其养子的恩荫制书中有言:"朕在东朝,惟守忠祗事左右。攀附鳞翼,渐于禁近。总都内宰,久而益恭。"③虽然这样的制书多为溢美之词,但从史籍所载王守忠的言行看,基本是符合事实的。如庆历八年(1048)闰正月十八日深夜,皇宫内突然发生皇城司卫士作乱之事,这些卫士"夜越屋叩寝殿",惊动了已入睡的宋仁宗和曹皇后,仁宗闻声欲出寝殿门,曹皇后处变不惊,"闭阁拥持,趣呼都知王守忠使引兵入"。④ 王守忠时任内侍右班都知,按照制度规定,内侍省"自都知至黄门皆番休直宿,或奉使中外,车驾行幸则供给使"⑤,也许这一天恰好是王守忠轮值禁中,但无论如何,宋仁宗和曹皇后在极为危急的时刻,第一时间想到的是王守忠,可见对其非常信任。此外,王守忠并未恃宠骄横,而是处处表现出谦逊、忍让的态度。庆历八年冬,"景福殿使、梓州观察使、入内都知王守忠领武信军留后。寻诏守忠如正任班,他无得援例。守忠遂移阁门,欲缀本品坐宴",但却遭到士大夫的反对,提出弹劾,西

---

① 石介:《徂徕石先生文集》卷一八,《唐鉴序》,中华书局1984年版,第211页。
② 脱脱等:《宋史》卷四六七,《宦者二·王守规传》,第13638页。
③ 蔡襄:《蔡襄集》卷一三,《王守忠男怀玉制》,上海古籍出版社1996年版,第255页。
④ 脱脱等:《宋史》卷二四二,《后妃上·慈圣光献曹皇后》,第8620页。
⑤ 徐松辑:《宋会要辑稿》职官三六之一,第3887页。

上阁门使钱晦甚至认为,"天子大朝会,令宦官齿士大夫坐殿上,必为四方所笑",于是王守忠在宴会日"辞而不赴"。① 宦官与士大夫同坐于朝廷的正式宴会,确实不符合赵宋王朝的仪制,不过在中国古代专制时期,皇帝的诏令即具有法律效力,宋仁宗已下诏许王守忠"如正任班",这就使得王守忠"坐宴"有了合法依据,如果他坚持赴宴会就座,士大夫也是很难阻止的,只是王守忠并未这样做,而是辞宴不赴,哪怕是不得已而为之,也展现了其谦逊的形象。

宦官身处皇帝左右,易于与皇帝产生亲密、信任的感情,宦官的职责又使其往往与朝政发生关联,即使朝廷制定政策,对宦官有诸多限制,仍然无法完全杜绝他们的影响。而宦官游走于政治边缘的状况,引起了皇帝、士大夫阶层的关注,皇帝有借宦官延伸皇权、掌控朝廷之意,士大夫则要么与宦官勾连干事,要么对宦官进行弹劾,即使谦逊谨慎的王守忠也无法避免屡次被劾的命运。宋仁宗时期,西夏李元昊率兵侵犯赵宋西北边境,康定元年(1040),西夏军在三川口大败宋军,赵宋朝野震动,于是,宋仁宗令夏守赟为陕西都总管,又令王守忠以入内副都知的身份领梓州观察使、陕西都钤辖,知谏院富弼认为此任命不妥,上疏弹劾:"用守赟既为天下笑,而守忠钤辖乃与唐中官监军无异,将吏必怨惧,卢守勤、黄德和覆车之辙,可复蹈乎?"②三司使晏殊"亦请罢内臣监军"③。弹文提到的夏守赟声名不佳,富弼在此前一年给宋仁宗的上疏中,曾就夏守赟任枢密使一事进行弹劾,言其"早事先朝,尝参储吏,既缘攀附,渐致显荣。惟事贵骄,罔思畏谨,每更剧任,颇乏清名,才术无闻,公忠弗有。一旦擢居众贤之上,俾赞万务之机,朝命则行,人心不允"④。富弼弹文中还提及宦官卢守勤、黄德和,在三川口一战中,卢守勤以陕西钤辖的身份监军,在宋军将领兵败被执的情况下,"守勤抚膺涕泣不敢出,又尝易蕃官马",后知制诰叶清臣"以守勤拥兵观望,请正其罪",卢守勤因此而贬官。⑤ 黄德和当时担任东染院副使、鄜延路都监,在鄜延、

---

① 李焘:《续资治通鉴长编》卷一六五,庆历八年十一月戊戌,第3972—3973页。
② 苏轼:《苏轼文集》卷一八,《富郑公神道碑》,中华书局1986年版,第529页。
③ 陈均:《皇朝编年纲目备要》卷一一,仁宗皇帝康定元年二月,中华书局2006年版,第233页。
④ 赵汝愚编:《宋朝诸臣奏议》卷一三一,《上仁宗论西夏八事(富弼)》,上海古籍出版社1999年版,第1453页。
⑤ 脱脱等:《宋史》卷四六七,《宦者二·卢守勤传》,第13637页。

环庆副都部署刘平率军奋勇杀敌时,黄德和却带兵溃逃,引发"众军随皆溃",刘平发觉后,派其子刘宜孙阻止黄德和,"当勒兵还,并力拒贼。奈何先引去!"黄德和内心恐惧,仍然"策马遁";后为了掩盖逃跑的行为,黄德和诬告刘平等人降敌,在事情澄清后,被腰斩于河中府,并"枭首延州城下"。① 富弼在弹文中将王守忠与武臣夏守赟及宦者卢守勤、黄德和相提并论,尤其是后三人皆无德行,其用意是显而易见的,即宦官的身份决定了其道德低下,故不能给予任何权力。富弼的弹章中还提及唐代宦官监军的问题,这是北宋士大夫阶层以唐代弊政为戒的结果。唐玄宗时期开始出现地方节度使势力坐大的现象,为了加强中央集权,玄宗放任宦官权力的发展,希冀以宦官限制节度使,于是派遣宦官外出监军,"开元二十年后,并以中官为之,谓之监军使"②,由此使得宦官深度参与朝廷政治,甚至有权决定朝廷的军政大事,严重影响朝政的正常运转,造成李唐政权的衰亡。在北宋士大夫看来,唐玄宗任用宦官监军是侵犯外朝的行为,易于导致严重后果,应该以唐为鉴,杜绝此类现象发生,因此,富弼才会对王守忠任都钤辖如此敏感,并将其与唐代监军使联系在一起,予以弹劾。只是宋仁宗在感情上非常信赖王守忠,从政治的角度而言,又有借王守忠延伸其皇权掌控力之意,因此没有理会富弼和晏殊的弹劾,直到三个月后,才将王守忠召回京城,"罢陕西都部署、经略安抚使兼缘边招讨使夏守赟,都钤辖王守忠,都大管勾、走马承受黎用信、张德明,并赴阙"③。

士大夫对王守忠的弹劾还有庆历八年(1048)的两次。八月,"宣政使、梓州观察使、入内都知王守忠为景福殿使,以修祭器有劳也,仍给两使留后俸"④,时任侍御史知杂事何郯立即以《上仁宗乞罢王守忠两使留后俸料》一疏奏劾其事。何郯在弹文中,言王守忠"劳浅赏重,中外之议,颇不为允",他提出的理由主要包括两个方面:一是王守忠掌修祭器为其应尽的职责,"以常分而受赏典,已为过矣;赏又厚焉,适足以启侥滥之源也";二是认为王守忠享受两使留后的俸禄

---

① 李焘:《续资治通鉴长编》卷一二六,康定元年正月戊寅,第2968页;李焘:《续资治通鉴长编》卷一二七,康定元年四月丙午,第3007页。
② 杜佑:《通典》卷二九,《职官十一·监军》,中华书局1988年版,第805页。
③ 李焘:《续资治通鉴长编》卷一二七,康定元年五月戊寅,第3013页。
④ 李焘:《续资治通鉴长编》卷一六五,庆历八年八月壬申,第3960页。

待遇,不符合祖宗之制,"内臣领遥郡,祖宗之制,止于观察使,然非积劳,未尝妄授"。① 宋仁宗对此不予回应,实则即是不接受何郯的奏弹。十一月,因为宋仁宗诏令王守忠预坐紫宸殿宴会班列之事,何郯再次上章弹劾王守忠,认为按照朝廷规制,"唯正刺史已上,凡遇宴会,坐次方许列在殿上",王守忠非正刺史,仁宗却令其在紫宸殿宴会预坐,是"启僭坏法"的行为,违背了朝廷订立仪制"所以辨尊卑上下之分"的宗旨,更重要的是,"况祖宗典法,未尝有内臣殿上预宴之事,此弊一开,所损不细",②宋仁宗同样未予听从。王守忠深知此举引起了士大夫阶层的公愤,故自请不赴宴,此事乃作罢。

从庆历八年(1084)的两次弹劾看,宋仁宗对王守忠的态度既亲密又信任。宋仁宗名赵祯,为宋真宗第六子,生于大中祥符三年(1010),因其生母李宸妃地位低下,真宗刘皇后又无子,于是刘皇后"取为己子养之",天禧二年(1018)册为皇太子,此时赵祯年仅九岁。乾兴元年(1022),宋真宗驾崩,十三岁的赵祯即位,因年幼,由刘太后"权处分军国事",直到明道二年(1033)刘太后去世,仁宗才开始亲政,此时仁宗已二十四岁了。③ 可见,宋仁宗的幼年、青年时代几乎均笼罩在刘太后的强势光环下,造成仁宗懦弱自卑、缺乏自信、焦虑而又过分依赖亲近之人的性格特征。王守忠是宋仁宗的藩邸旧人,又始终跟随在仁宗身边,对仁宗忠心耿耿,相较士大夫阶层而言,仁宗在感情上与王守忠更为亲近,再加仁宗认同皇帝与宦官是主仆关系的传统观念,对宦官颇为信任,正所谓"中人无外党,精专可信任"④,因此,宋仁宗在一定程度上也将王守忠看作政治上的盟友。

北宋士大夫阶层对待宦官则有不一样的态度。宋仁宗朝士大夫的主体意识已有显著增强,在实现自身政治主张和政治理想时,不需要如前朝一般借助宦官之力,士大夫在仕宦生涯中的升黜进退,亦与宦官关系不大,由此使得士大夫阶层与宦官较少发生利益上的勾连。在这样的历史背景下,何郯对王守忠的弹劾实则是士大夫社会责任意识和儒学正统思想交互作用的结果。一方面,他们痛

---

① 赵汝愚编:《宋朝诸臣奏议》卷六一,《上仁宗乞罢王守忠两使留后俸料(何郯)》,第669—670页。
② 赵汝愚编:《宋朝诸臣奏议》卷六一,《上仁宗论王守忠预紫宸殿上宴(何郯)》,第670页。
③ 脱脱等:《宋史》卷九,《仁宗一》,第175页;脱脱:《宋史》卷一〇,《仁宗二》,第195页。
④ 班固:《汉书》卷九三,《佞幸·石显传》,第3726页。

感汉唐宦官干政的恶劣影响,不希望出现宦官权重震主、政治混乱、社会动荡的局面;另一方面,传统儒学提倡"不孝有三,无后为大"①的伦理观,北宋又非常重视儒学的伦理道德,推崇孝道,宦官为阉割之人,其行为与儒学伦理背道而驰,自然为士大夫所不齿,正如宋徽宗朝杨时所言:"臣窃见自古奄人用事,未有无祸者……然此曹纵贤,亦不可用,但使之服扫除、通诏令可也……大抵此类善伺人意,巧为便佞,浸润肤受,尤难提防。"②因此,何郯的弹劾不仅仅只是其个人行为,还代表着当时士大夫阶层的共同心理,即皇帝对宦官的恩赏过优、过频,易于引发宦官的权力欲,只可以防范未然之心对待宦官。

"祖宗之法"也是何郯弹劾宦官的依据之一,只是北宋"祖宗之法"缺乏明确的制度条款,"所谓'祖宗之法'的深层内涵,主要是一种导向,是当时所奉行的基本原则;说到底,是'事为之防,曲为之制'这一防微杜渐精神的应用,而不是确切固定的成文条款"③。正因为如此,当士大夫以此限制皇帝行为时,其效果往往取决于皇帝是否认同士大夫的观点,如果皇帝不认同,则"祖宗之法"就失去了约束力,比如何郯两次弹劾王守忠,均言宋仁宗对王守忠的恩赏违反"祖宗之法",但仁宗并不认为对王守忠的恩赏过度,当然也就不认同自己的行为有悖于"祖宗之法",所以他不会因何郯的弹劾而改正。显然,"祖宗之法"的某些条款实际上体现的是士大夫对皇帝的制约,甚至有时还是士大夫用以与皇帝相抗衡的工具,而皇帝对士大夫借"祖宗之法"约束皇权的意图也有体认,故不一定会接受士大夫以"祖宗之法"名义提出的弹劾。

士大夫对王守忠的奏劾一直延续到其生命的终结。皇祐五年(1053)九月,宋仁宗诏令"入内都都知、延福宫使、武信军留后王守忠为入内内侍省、内侍省都都知",引起谏官韩绛的弹劾,"宦官兼判二省,国朝所未有也",仁宗没有听从。④ 王守忠病重,求为节度使,又遭到宰相梁适的强烈反对:"宦官无除真刺史

---

① 杨伯峻译注:《孟子译注》卷七,《离娄章句上》,第182页。
② 赵汝愚编:《宋朝诸臣奏议》卷六三,《上钦宗论不可复近奄人(系第二状)(杨时)》,第704—705页。
③ 邓小南:《祖宗之法:北宋前期政治述略》,生活·读书·新知三联书店2006年版,第525页。
④ 李焘:《续资治通鉴长编》卷一七五,皇祐五年九月壬辰,第4234页。

者,况真节度使乎!"①御史中丞孙抃也上疏弹劾此事,认为按照旧制,"大总管、大都督之职,带使持节,则谓之节度使。所以尊严将领,专制军事,安危成败,一以系焉。岂宜中官得处其任!"并与前述何郯一样,以此事违背"祖宗典法"为弹劾理由之一。② 在多位大臣的强烈反对下,宋仁宗不得不后退一步,只是除王守忠为真留后,不过在王守忠卒后,还是赠其为太尉、昭德节度使。③

王守忠为人处世谦逊谨慎,从士大夫的历次弹劾看,除了言及王守忠邀赏、宋仁宗恩宠太过外,并未对其道德、操守有过多非议,在北宋士大夫放大宦官危害的背景下,实属难得,也就是说,士大夫对王守忠的弹劾,更多是因其宦官的身份。就宋仁宗而言,鉴于唐末五代武将跋扈的历史经验,面对日益崛起的士大夫阶层,他需要有既能牵制武将、又能约束士大夫阶层的群体,关系亲近的宦官自然成为皇帝的不二人选,加之王守忠在德行方面几乎无可指责,因此仁宗才会多次无视士大夫的弹劾,一再表现出对王守忠的信任。宋仁宗时期像王守忠这样的宦官还有不少,如石全彬、张惟吉、王守忠弟王守规等,可以这样说,仁宗以频繁恩赏的方式,将王守忠们笼络于皇权之下,希望他们成为自己加强皇权的工具,甚至在必要的时候,借助宦官制约士大夫阶层日益扩张的权力。

## 二、士大夫弹劾恣横贪贿的阎士良

以北宋士大夫对宦官的偏见和天然敌意,他们对于德行基本无亏的王守忠都是如此吹毛求疵,夸大王守忠的失误,一再上疏进行弹劾。如果宦官确实犯有过错或者有违法的行为,甚至声名不佳、恃势弄权,士大夫则更是无所顾忌地大加弹劾,甚至不惜危言耸听,引述前朝故事,将宦官的恣横和贪贿上升到威胁皇权、动摇朝政的程度。在北宋士大夫看来,阎士良就是这样一个宦官。

阎士良为宦官阎文应的养子,阎文应"专恣,事多矫旨付外,执政不敢违",以至于遭范仲淹弹劾,贬窜岭南,死于途中。④ 阎士良与其养父一样,不满足于在后宫侍奉君主生活和管理一般的内朝事务,多次表现出积极干政的意识,最典

---

① 李焘:《续资治通鉴长编》卷一七六,至和元年正月癸巳,第4251—4252 页。
② 赵汝愚编:《宋朝诸臣奏议》卷六一,《上仁宗论王守忠不当除节度使(孙抃)》,第673 页。
③ 李焘:《续资治通鉴长编》卷一七六,至和元年正月癸巳,第4252 页。
④ 李焘:《续资治通鉴长编》卷一一七,景祐二年十二月,第2764 页。

型者即为景祐元年（1034）进言出陈子城女一事。郭皇后被废后，富户陈子城女因保庆杨太后的缘故欲被纳入宫中，"太后许以为后"，且此女"已至掖庭，将进御"，阎士良时为勾当御药院，为了阻止宋仁宗纳此女的行为，"遽见上"，对仁宗言："子城使，大臣家奴仆之官也。陛下若纳奴仆之女为后，岂不愧见公卿大夫邪？"①将陈子城的名字与身份低贱的子城使联系在一起，极力贬低陈子城女的家庭出身，促使仁宗放弃了纳子城女为后的想法。应该说，阎士良是聪明的，他选择此事进行劝谏，既显示了自己与当时士大夫阶层的观念一致，反对宋仁宗纳陈子城女为后②，向士大夫阶层释放友好信号，不欲与士大夫结怨，也希冀以这种方式引起仁宗的注意，以便得到更多机会参与朝廷政事。实际上，在阎士良进言前，已有宰相吕夷简、参知政事宋绶、枢密使王曾、枢密副使蔡齐，以及兼侍御史知杂事杨偕、同知谏院郭劝等相继奏论纳陈子城女一事不可，如宋绶言："陛下乃欲以贱者正位中宫，不亦与前日诏语戾乎？"宋绶所言"贱者"是指陈子城为寿州茶商，所言宋仁宗自我违戾，是指仁宗数日前曾当着宋绶的面，诏令后宫"当求德门，以正内治"。③ 数位位高权重之臣的建言，已使宋仁宗纳陈氏女的决心发生了动摇，这时阎士良再辅以"子城使"一说，则彻底断绝了仁宗的想法。

在这一事件中，阎士良的做法颇得人心，只是种种迹象表明，阎士良不是单纯为了皇帝权威而提出建议，以他的身份及与宰相吕夷简的关系④，很可能早已知晓士大夫阶层的反对意见，也了解到宋仁宗的动摇心态，因此才会有"遽见

---

① 司马光:《涑水记闻》卷一〇，第183页。引文中所言"子城使"为地方官府衙皂，朱彧《萍洲可谈》载，宋代"州郡承唐衰藩镇之弊，颇或僭拟，衙皂有子城使、军中使、教练使等号，近制始革去"（朱彧:《萍洲可谈》卷二，中华书局2007年版，第144页）。子城使地位低下，为人所轻视，亦可如阎士良所言，将其称为"大臣家奴仆之官"。

② 司马光在《涑水记闻》卷一〇中将宋仁宗欲纳陈子城女一事置于"郭后既废"的语句之后（司马光:《涑水记闻》，第183页），是大有深意的。北宋时皇后的选立需要一系列繁杂的程序，按照礼制，仅册立皇后，就包括纳采、问名、纳吉、纳成、告期等程序（脱脱等:《宋史》卷一一一，《礼十四·册立皇后》，第2656页），册立之前的选后也是规矩烦琐。从陈子城女的情况看，虽然其"已至掖庭，将进御"，但既没有经历选后的过程，更未到册立皇后的程度，司马光出于防微杜渐的考虑，在记录此事时，将其与郭后被废联系在一起，表现出士大夫对此事的反对态度。

③ 李焘:《续资治通鉴长编》卷一一五，景祐元年九月，第2700页。

④ 《宋史》载，"夷简素与文应相结"，在废郭皇后事件中，面对台谏官阻拦宋仁宗废后的情形，吕夷简与阎文应互相呼应，力主废后，"因奏仁宗出谏官，竟废后为净妃，以所居宫名瑶华，皆文应为夷简内应也"（脱脱等:《宋史》卷四六八，《宦者三·阎文应传》，第13655—13656页）。阎士良作为阎文应的养子，很可能在废后事件中也是帮手之一，且与吕夷简关系密切。

上"的急迫举动及其后的言语。可见,阎士良显露出了较为急切的干政意识,其中包含着明显的投机心理。

士大夫对阎士良的弹劾较多,有的甚至是台谏官交相论奏,在朝堂上产生较大的影响。据《续资治通鉴长编》记载,庆历四年(1044),阎士良以供备库副使的身份任蔡州都监,掌管本州屯驻兵的训练、差役等相关事务,任职期间,阎士良"颇挟势骄倨",陈述古知蔡州时,无法容忍阎士良的傲慢,"独不加礼,士良恚恨",恰逢冬季异常寒冷,出现"雨木冰"的现象,陈述古大发感慨言:"是所谓木稼,亦木介也。木有稼,达官怕。木介,革兵之象,其占在国家。"阎士良听闻后,立即向宋仁宗揭发其言不当,陈述古亦"发士良阴事",导致阎士良"劾置许州",阎士良不服,仁宗又派遣监察御史刘湜前往审核,后"士良坐受所监临赃,夺二官。述古亦坐所言不实,罚铜七斤,罢"。① 不过,此一记载太过简略,事件的具体情况仍有未厘清之处,包拯时为监察御史,虽未受诏参与核查此事,但有弹章《请勘阎士良》存世,使我们得以了解此事的更多细节。其一,受诏核查陈述古和阎士良互奏之事的官员,除了监察御史刘湜外,还有许州通判、太常博士张士安,包拯了解到的诸多细节,大都来自于张士安的奏疏。可见此一地方官与宦官的互奏事件已引起宋仁宗的重视,因此派出数位官员进行复核,甚至还有包拯就此事上弹章,影响不可谓不大。其二,陈述古和阎士良互奏的内容以及官员到地方复核二人的具体罪行,包拯弹章中有更为详细的记载,其言:"士良论述古私役兵士,恣横不公事。"阎士良的不法行为更多,"据官员人吏僧尼等首阎士良强买骡马牛羊,及乞取钱物,共七十五状",即前揭《续资治通鉴长编》所言"坐受所监临赃",后张士安又"出榜召到陈首阎士良八十七状"。陈述古、阎士良皆有不法行为,所以才会为对方抓住把柄,互相弹劾。其三,此一案件"干连人数不少,炎酷方炽,缧系颇久",核查之人出榜鼓励官员、人吏、僧尼等控告阎士良,使得此案牵连众多,在地方引发巨大震动。② 互奏的双方,一是本地最高行政长官,一是来自皇帝身边、与皇帝关系密切的宦官,在地方普通人员看来,二人均属有权有势之人,再加鞫查官员出榜接受检举,足以使本地官场,乃至中央受到较大影响。

---

① 李焘:《续资治通鉴长编》卷一五一,庆历四年八月,第3687页。
② 包拯撰,杨国宜校注:《包拯集校注》卷一,《请勘阎士良》,黄山书社2014年版,第28—29页。

阎士良经此次弹劾，仅受到夺二官的轻罚，不及五年，又得宋仁宗复用，授崇仪副使①，恢复到被劾前的副使职位，且地位更高，因崇仪副使与供备库副使虽均属诸司副使阶官，但崇仪副使高于供备库副使。可见，宋仁宗迫于士大夫的弹劾，不得不对阎士良进行惩处，不过从内心深处而言，即使阎士良道德有亏，他还是非常信任这位内侍，所以一旦风声过去，又对阎士良予以重用。

至和二年（1055），宋仁宗下诏授予阎士良带御器械，又引起士大夫的交相弹劾。带御器械本为皇帝的贴身侍卫，"国初已来，尝选三班已上武干亲信者佩櫜鞬、御剑，或以内人为之"②，享有御前佩带弓箭、剑的特权，一般授予皇帝信任的武臣或者宦官，后带御器械逐渐失去实际职能，演变为标示恩宠、尊荣的加衔，成为荣耀身份的象征。宦官获得此等荣誉加衔并非易事，庆历八年（1048），宋仁宗诏令枢密院："内臣诸司使、副在边五年而无过者，遇带御器械阙，以名次取旨。"③要求有一定的官职和资历，才有资格获得带御器械的加衔，且还有名额限制，具备资格者需要等待缺额，依次授予。阎士良的官职和资历符合带御器械的条件，因此从制度层面而言，宋仁宗下诏授阎士良带御器械并无不妥，但御史赵抃、范师道、吕景初、马遵等人听闻后，仍然联名奏弹阎士良，弹文言：

> 臣等窃闻内臣阎士良已得旨挥带御器械。伏睹前年中郭申锡上言："内臣，旧制须经边任五年，又带御器械五年，仍限五十岁已上及历任无赃私罪，方预选充押班。"寻闻陛下听纳，中外传播，以为得宜。盖欲得老成谨畏无过之人在陛下左右。闻下枢密院，常令执守施行。今来诏墨未干，已闻除士良带御器械。窃以御带职名，将来多是承例叙迁押班。然则膺御带之任，便须选老成谨畏无过之人。况士良为性狡狯，自来与中外大臣交相结托，久在河北，张皇事势，天下具知，及历任曾有赃罪至徒。今来密院殊无执守，首紊著令。所有士良新命，乞赐寝罢，别择善良，以惩劝陛下左右之人。④

---

① 《续资治通鉴长编》记载，皇祐元年，"崇仪副使阎士良权高阳关钤辖兼管勾河北屯田司事"（李焘：《续资治通鉴长编》卷一六七，皇祐元年十二月庚申，第4023页）。
② 徐松辑：《宋会要辑稿》职官三四之一二，第3855页。
③ 徐松辑：《宋会要辑稿》职官三四之一二，第3855页。
④ 赵汝愚编：《宋朝诸臣奏议》卷六一，《上仁宗论带御器械须得老成谨畏之人（赵抃等）》，第675—676页。

这是一篇较为规范的弹文,从内容和结构看,大致可分为三部分:第一部分开篇即直截了当指明弹劾对象的身份、姓名及所弹何事;第二部分具体阐述被劾者行事的不合理、不合法之处,指斥其行为对朝廷产生的恶劣影响,这是全篇的主要内容;第三部分则是乞求皇帝不可任情放纵,应严肃处理以端正风气,有的还会提出具体的处理意见。赵抃等御史台官员的弹劾显示,他们反对除授阎士良带御器械的原因主要在于其德行低下,如"为性狡狯"、交结大臣、"张皇事势"等,尤其阎士良曾因贪浊而被处罚之事,更是令台官无法接受授予其荣誉加衔的做法。

所谓"为性狡狯",是对阎士良道德有亏的评价,与其为人处世有关,如景祐二年(1035)谏官姚仲孙、高若讷弹劾阎士良养父阎文应"方帝宿斋太庙,而文应叱医官,声闻行在",且士大夫均怀疑郭皇后的暴薨与阎文应有关,"疑文应置毒者",由此使阎文应受到降职的处罚,阎士良是阎文应的养子,很可能亦被牵连其中,故"请并士良出之"。① 这样的事情,因无确凿的证据,士大夫即使怀疑甚至认定与阎士良有关,也不会有人明白地讲出来,阎文应、阎士良也就没有机会为自己辩解,因此可能的结果就是士大夫由此认定阎士良"狡狯"。弹文所言阎士良交结大臣,除了前揭受其养父影响,与吕夷简关系密切外,应该还有一些事例,只是由于史籍阙载,具体情况已不得而知,不过从之后阎士良与马怀德的关系看②,他应该与其养父一样,亦喜于与大臣交结。阎士良的"张皇事势",指的是皇祐元年(1049)权高阳关钤辖时在河北之事③。高阳关为宋辽边境的军事重镇,是赵宋王朝抵御辽军的一道关隘,尽管阎士良在高阳关时,宋辽之间大体保持和平态势,但小规模的摩擦不断,阎士良无突出的军事才能,无法处理复杂的

---

① 李焘:《续资治通鉴长编》卷一一七,景祐二年十二月,第2764页。《宋史》也有类似的记载,言郭皇后被废不久,宋仁宗"复悔废郭后,有复召之意,文应大惧。会后有小疾,挟太医诊视数日,乃言后暴崩,实文应为之也"(脱脱等:《宋史》卷四六八,《宦者三·阎文应传》,第13656页)。但《续资治通鉴长编》《宋史》的记载均缺乏有力的证据,故士大夫弹劾阎文应并未以此为缘由,而是找了另外一个理由,即阎文应"叱医官"声音太大,惊扰了皇帝。对阎士良亦是如此,史籍未明言其被"出之"的原因,弦外之音则是废后与郭后暴崩均牵涉到阎士良,所以才有连带被黜之事。

② 嘉祐三年,御史吕景初奏劾知雄州马怀德和廉州团练使阎士良,言"怀德在雄州,因士良入奏事,而尝以牛黄、麝脐赂",导致二人被贬职(李焘:《续资治通鉴长编》卷一八七,嘉祐三年七月己丑,第4517页)。此一事件显示,阎士良有交结马怀德的行为。

③ 李焘:《续资治通鉴长编》卷一六七,皇祐元年十二月庚申,第4023页。

宋辽关系和应对边境事务，加之德行低下，完全不能以高尚的道德感召边臣，他在河北任职数年，不仅毫无建树，还因其皇帝内侍的身份在边境地区造成恶劣影响，因此赵抃等台官的弹文才会言其"久在河北，张皇事势，天下具知"。阎士良的所谓"赃罪"，则是前述包拯所言"强买骡马牛羊，及乞取钱物"等[1]，曾经引起中央及地方的广泛关注，阎士良贪赃的形象已然形成。可见，赵抃等台官弹劾阎士良的事由虽然多属道德层面，但却并非空穴来风，而是有理有据，几乎每一项指控均能找到实实在在的事例支撑。

但是，毕竟这些原因与授予带御器械的制度规定并不冲突，质言之，并无条款明确指出曾犯赃罪者不能授予带御器械，道德水平的高低又无可衡量的客观标准，加之宋仁宗对阎士良的宠信，所以台官不得不从选任押班的规定中寻找弹劾的依据，即"内臣，旧制须经边任五年，又带御器械五年，仍限五十岁已上及历任无赃私罪，方预选充押班"[2]。按照北宋宦官叙迁制度，押班为高品级宦官，"凡内侍初补曰小黄门，经恩迁补则为内侍黄门。后省官阙，则以前省官补。押班次迁副都知，次迁都都知，遂为内臣之极品"[3]，对于此一官职的任命有年资、功劳、"无赃私罪"等要求，且均在预选押班条款中直接表述出来。有资格参选押班的宦官较多，押班人数有限，因此在上述条款外，台官又从中"读出"了新的内容，即"欲得老成谨畏无过之人在陛下左右"，将道德的内容嵌入条款中，而带御器械一般均有资格叙迁至押班，所以士大夫认为，授予带御器械也应选"老成谨畏无过之人"，由此将曾犯赃罪、道德有亏的阎士良排除在外。

因赵抃等御史的弹劾有真凭实据，宋仁宗不得不收回授予阎士良带御器械的成命。当然，赵抃等人对阎士良的弹劾，不仅仅只是阻止仁宗授予其带御器械这么简单，他们还希望能够达至更大的目标，即士大夫从条款中"读出"新内容的过程，实则亦是他们积极参与政治、建构政治理念的过程，正是由于士大夫阶层的政治建构，才使某些制度规定在具体实施时既可约束宦官的行为，也可制约皇帝的权力，使皇权不至于借由宦官的运作而膨胀。不过，在当时的政治语境

---

[1] 包拯撰，杨国宜校注：《包拯集校注》卷一，《请勘阎士良》，第28页。
[2] 赵汝愚编：《宋朝诸臣奏议》卷六一，《上仁宗论带御器械须得老成谨畏之人（赵抃等）》，第675页。
[3] 脱脱等：《宋史》卷一六六，《职官六·入内内侍省、内侍省》，第3940页。

中,士大夫的弹劾行为仍受到皇权的限制,如对阎士良的奏劾,即使其身份和行为均不符合士大夫的要求,但因为宋仁宗对阎士良的宠信,士大夫的弹劾必须有阎士良违背制度规定的具体事例,且要以联名奏弹、屡次上疏的方式,才能迫使仁宗不得不接受士大夫的弹劾意见。

数年之后,阎士良再次受到士大夫的交相弹劾。嘉祐四年(1059),宋仁宗欲以武继隆为京东西路钤辖、阎士良为鄜延路都钤辖,遭同知通进银台司兼门下封驳事何郯"封还诰敕",其奏疏言:"二人前罪犯至重,遇恩复官,已为优厚,今于差遣各似未允……士良好作威福,昨又与边臣公行赂遗,今不可复委边任。"且又进一步强调:"士良恣作威福,骚扰边臣,不可不虑也。"①何郯所言阎士良"昨又与边臣公行赂遗",即嘉祐三年(1058)御史吕景初奏马怀德赂士良事,其中体现出来的宦官交结边臣的情况引起了士大夫极大的警觉。北宋时期,边患始终威胁着朝廷的安宁,鉴于唐末五代武将跋扈而采取的抑制武将政策,又使边境危机无法妥善解决,朝廷可谓左右为难,因此对于宦官与边臣的关系非常敏感,不少宦官皆因此类问题遭士大夫弹劾,如皇祐三年(1051)有言事者劾"内侍李希晟迎候辽使,在雄州与判官左振宴饮无节"②。皇祐五年(1053),韩琦在知并州时奏劾宦者廖浩然,言其"既诬逐一大帅,又望风诬逐一同职官,朝廷略不辨证,皆从其请,官吏皆忧叹不安","一大帅"指前判并州李昭亮,"一同职官"指走马承受冯靖,皆因廖浩然诬告而移他处。③ 何郯弹劾阎士良还涉及宦官的贪腐、受贿等犯罪问题,这也是士大夫弹劾宦官的主要事由,如前述韩琦劾廖浩然"性贪恣,不法状甚多"④,还有殿中侍御史赵及受诏审查夏守恩骄恣不法案,"内侍岑守中用贿挠法,及劾正其罪"⑤,等等。可见,为了重构赵宋王朝的统治秩序,士大夫非常重视边境的稳定及官员的道德,加之他们天生对宦官的反感,使得宦官的骄横任事、贪贿枉法等行为常常遭到士大夫的奏劾。何郯对阎士良的弹劾颇具代表性,其奏阎士良之事皆查有实据,均为士大夫所不喜的交结边

---

① 李焘:《续资治通鉴长编》卷一九〇,嘉祐四年十二月癸未,第4602页。
② 李焘:《续资治通鉴长编》卷一七一,皇祐三年八月辛丑,第4107页。
③ 李焘:《续资治通鉴长编》卷一七四,皇祐五年正月,第4194页。
④ 李焘:《续资治通鉴长编》卷一七四,皇祐五年正月,第4194页。
⑤ 脱脱等:《宋史》卷三〇四,《赵及传》,第10074页。

臣、收受贿赂等行为,从而导致台谏的论列,监察御史里行王陶又劾阎士良"其性黠,多生事,不可处于边地",使宋仁宗同意改士良为京东西路钤辖。①

尽管阎士良因任事专权、交结大臣、贪赃枉法等行为一再遭至士大夫的弹劾,但宋仁宗不仅对其无厌恶之意,且还表现出亲近和信任。士大夫的屡次激烈奏劾,迫使宋仁宗不得不收回给予阎士良的加衔,或者将其降职,只是仍然无法动摇阎士良在仁宗心目中的地位,究其原因,除了皇帝视宦官为亲信外,还有以宦官制衡士大夫阶层的政治考量。质言之,面对日益强势的士大夫阶层,宋仁宗可资凭依的人员有限,宦官是其中之一,哪怕如阎士良一般弄权贪贿之人,也被仁宗看作是伸张皇权、制衡士大夫权力的力量。

宦官的特殊身份和心理,使其易于滋生出掌控权力的欲望以及对财富的贪婪之心,一旦时机成熟,他们中的某些人就会竭尽所能结党营私,扩张自身的势力。北宋士大夫阶层接受历代宦官之祸的教训,极力排斥宦官进入政治领域,以杜绝宦官专权现象的发生,大体而言,士大夫阶层的努力是比较成功的,正所谓"我朝所以无内朝之患,以外朝之除拜,在内不得而知;内庭之请谒,在外可得而知之也"②。不过,士大夫阶层和皇帝对待宦官的态度和做法是不一样的。从宋仁宗朝的具体情况看,士大夫阶层鉴于前朝宦官的危害,不惜采用一些矫枉过正的方式,防患于未然,比如王守忠即使谦逊谨慎,符合士大夫的道德要求,但还是因宦官的身份多次受到士大夫的弹劾,弄权贪贿的阎士良就更是士大夫交相奏劾的对象。宋仁宗时期的士大夫以气节相尚,酿成奋发激昂、以天下为己任的士风,在这样的情况下,士大夫对宦官的弹劾反映出他们限制宦官势力、维护朝廷稳定的政治诉求。于皇帝而言,他对宦官有着更多的亲近之情、信任之心,甚至希冀以宦官伸张皇权、制衡日益崛起的士大夫阶层,故而面对士大夫弹劾宦官的行为,除非宦官有确凿无疑违反制度的事例,否则宋仁宗一般均不予理会,一如既往地信任宦官,皇帝对宦官的如此态度,限制了士大夫的弹劾效果。同时,皇权的至高无上,又使士大夫意识到制约皇权的重要性,加之宦官势力的增强有时又是皇权扩张的表现,因此,士大夫频繁弹劾宦官未尝不是制衡皇权的方式之

---

① 李焘:《续资治通鉴长编》卷一九一,嘉祐五年正月辛亥,第4611页。
② 吕中:《类编皇朝大事记讲义》卷八,《仁宗皇帝·宰相执政》,上海人民出版社2014年版,第181页。

一。总之,皇帝、宦官、士大夫阶层皆有伸张权力的意愿,各方对弹劾的不同态度和做法,比如宦官违制、士大夫联名奏弹、皇帝置之不理或不得已妥协等等,实则均是各方权力相互制衡的体现,从一个侧面反映了北宋政治的特征。

## 第二节　皇帝与士大夫阶层的意见趋同:对外戚的弹劾

按照宋代某些学者的理解,"外戚"亦可称"戚里","在法称戚里者,谓三后四妃之家"①,即皇帝的母族、妻族之家人。实际上,这个说法是不全面的,《宋史》有《外戚列传》三卷,包括附传人物在内,入传者凡60余人,其中既有皇帝的母族、妻族人,也有皇帝姐妹和女儿的夫家人,则外戚还应该将驸马及其家人囊括在内②。宋仁宗在位40年,史籍中留下记载的外戚不多,且主要集中在《宋史》《续资治通鉴长编》等史籍中。《宋史·外戚上》言:"宋法待外戚厚,其间有文武才谞,皆擢而用之;怙势犯法,绳以重刑,亦不少贷。"③宋仁宗时期对待外戚的具体做法,基本与"序"中所言相契合,属于正常政治环境的情况,只是对于所谓"厚待"外戚,皇帝与士大夫阶层却有着不同的理解。皇帝以为,"厚待"既包括赏赐财物、宅第等物质层面的东西,也可以是官职、荣誉等相当于政治地位的待遇,士大夫则从维护中央集权的角度出发,汲取历史的经验教训,认为对外戚只可厚赏赀财,不可过于恩授官爵。也就是说,皇帝与士大夫阶层在防范外戚方面有着相似的理念,但具体细节的处理仍有不同,由此使得二者在对待外戚的做法上产生一定的矛盾,造成士大夫弹劾外戚的现象。

---

① 佚名撰,孔学辑校:《皇宋中兴两朝圣政辑校》卷五四,《孝宗皇帝十四》,中华书局2019年版,第1233页。

② 目前学界对于宋代外戚划分的标准有不同的看法。有学者认为:"外戚是指皇帝的母族、妻族,也包括皇帝的姐妹和女儿的夫族。"(张邦炜:《宋代皇亲与政治》,郑州大学出版社2021年版,第236页。)也有学者使用的是较为广义的外戚概念,如白文固《宋代外戚恩荫制度浅论》一文认为,宋代外戚包括皇帝三后四妃的亲戚、公主夫家的亲属、四妃之外内命妇的亲属、郡主和县主的夫婿及其子孙(白文固:《宋代外戚恩荫制度浅论》,《青海社会科学》2001年第5期)。实际上,宋代人自己对于外戚的划分也没有统一的标准。笔者以为,外戚的外延不可太广,故本书所言外戚指皇帝的母族、妻族、皇帝姐妹和女儿的夫族。

③ 脱脱等:《宋史》卷四六三,《外戚上》,第13535页。

## 一、皇帝的适度恩宠与士大夫的弹劾

外戚凭借与皇室成员的姻亲关系而获得政治地位,与宦官一样,均是依附于皇权的群体,因此,一般情况下,他们往往对皇帝较为忠诚。于宋仁宗而言,一方面对外戚有诸多限制,防范其势力膨胀,一方面又想利用外戚扩大话语权,尤其是当皇帝与士大夫阶层的观念或者利益发生冲突时,外戚更是皇帝借以树立其权威的工具,因此,有时宋仁宗对外戚会有额外的赏赐和擢升。但北宋士大夫对于因裙带关系而得骤升的外戚,却是从内心深处非常轻视的,加之考虑到稳定政治秩序、维护官僚体制的需要,士大夫更是极力压制外戚势力的发展。宋仁宗时期,一旦外戚有任何在士大夫看来违规的行为,就会遭到士大夫的弹劾,由此使得当时只有极少数外戚能够担任朝廷的实职,且不可能形成以某一外戚为中心的所谓"集团",外戚对朝政的影响非常有限。

就现有史料看,宋仁宗时期大多数外戚是较为谨慎的。刘永年是宋真宗刘皇后兄刘美之孙,他在知泾州时,遇骄纵的兵士"突入通判厅事",出言不逊,大声喧哗,"永年召至庭下数其罪,斩为首二人,余不敢动",①以果敢的行为化解了一场危机。刘永年不仅勇气可嘉,而且也有智谋。嘉祐年间,代州西山有大量木材,契丹经常入代州境内车载大木而去,当地官员不敢阻止,刘永年知代州后,"遣人焚之,一夕尽",契丹非常不满,要求缉捕纵火犯,刘永年回应称:"盗固有罪,然发在我境,何预汝事?"②用胆识和智慧维护了朝廷的尊严。即便如此,刘永年还是多次遭到以台谏官为主的士大夫的弹劾。

嘉祐五年(1060)十一月,宋仁宗任命均州防御使李珣为相州观察使,单州团练使刘永年为齐州防御使,但知制诰杨畋"封还珣、永年词头"③,上疏言:

> 臣窃观祖宗故事:郭进戍西山,董遵晦、姚内斌守环、庆,与强寇对垒十余年,未尝有转官之宠。盖谨重名器,必须平寇难,静边隅,然后俾之迁授。今李珣等无尺寸裨补之功,特以外戚故除之,臣恐天下谓陛下忽祖宗谨重名

---

① 脱脱等:《宋史》卷四六三,《外戚上·刘美传附刘永年传》,第 13551 页。
② 脱脱等:《宋史》卷四六三,《外戚上·刘美传附刘永年传》,第 13551—13552 页。
③ 李焘:《续资治通鉴长编》卷一九二,嘉祐五年十一月丁亥,第 4648 页。

器之训,开亲戚侥倖之门,曲缘私恩,轻用王爵。后有捍寇立功者,复以何官而赏之?是以不敢命词。①

从杨畋的弹文看,他首先依循宋仁宗朝士大夫弹劾的惯例,借助"祖宗故事"以为自己的立论依据,然后说明观点,即必须要有"平寇难,静边隅"之功,才有资格授予观察使、防御使这样的武臣正任官,哪怕这只是荣誉的官爵也不可轻易授予,质言之,李珣、刘永年仅凭借外戚的身份,即得到如此官职,在杨畋看来是非常不合理的。因此,他封还词头的理由很清楚,即李珣、刘永年没有过错,但得官不能仅凭他们的外戚身份。宋仁宗比较认可李珣、刘永年两位外戚的能力和人品,在杨畋封还词头后,欲找寻他人草拟制书,又遭到知制诰范镇的反对,其言:"朝廷如以杨畋之言为是,当罢珣等所迁官;倘以为非,即乞却令元当制官命词。"后仁宗不得不取消任命二人的动议。②

嘉祐七年(1062),宋仁宗再次提出要除授刘永年为齐州防御使,又遭至士大夫类似的劾奏。当时上章弹劾者众多,如殿中侍御史里行傅尧俞曾前后两次上弹章,第一次上疏,认为"永年进因恩泽,未著绩用,于荣宠固已优渥",如果再授以防御使之职,则"不足昭信天下,益取轻耳。臣恐缘此烦圣听者众,陛下无以拒之"。③ 与两年前杨畋的理由几乎一样,即刘永年没有安定边境的战功,不能仅因外戚身份改官。由于宋仁宗未能听从,傅尧俞又第二次上弹章,将此事提升到违反朝廷制度规定、损害御史言论权威的高度,"方今事不责实,贪竞尚多,不作法以抑侥倖,乃废陛下成法,保侥倖而为之地,臣所以尤为陛下惜之……夫置言事之官,使拾朝廷之阙者,惟恐其不言。今乃不然,平居议论,率常十格七八;若坏法滥官,章明较著如是之不疑者,以列于陛下,又置而不听,则安用言事者乎?"④这比较符合连续弹劾的做法,即所上弹章一次比一次言辞激烈,一次比一次将事态严重化,希望以此引起皇帝的重视和舆论的支持,达到弹劾的目的。

---

① 赵汝愚编:《宋朝诸臣奏议》卷三四,《上仁宗论李珣刘永年无功除授(杨畋)》,第337页。
② 李焘:《续资治通鉴长编》卷一九二,嘉祐五年十一月丁亥,第4648页。
③ 赵汝愚编:《宋朝诸臣奏议》卷三四,《上仁宗论刘永年再除防御使(傅尧俞)》,第337—338页。
④ 赵汝愚编:《宋朝诸臣奏议》卷三四,《上仁宗论刘永年再除防御使(傅尧俞)》,第338页。校点本认为此奏议后的"嘉祐十年五月上"应为"嘉祐七年五月上",所考极是,只是校点本错印成"皇祐五年五月上",今改"嘉祐七年"。

同时，御史中丞王畴亦有弹文奏上，连用四个反问句，语气更加咄咄逼人，"抑以条例为不足守，而朝廷可以自作而自废邪？法令因公于一人而作之，又私于一人而废之，何以取信于天下？苟谓永年久次而当迁，则刺史以上，岂更无一人岁月稍深如永年者？今日指挥，但使孤寒之人隔在恩外，不得与永年为比，岂至公之意乎？"①不可小看言辞的力量，连续反问可以带给阅读者较大的冲击力，从而加深印象。尽管王畴所言并无具体事例，亦没有指出刘永年所犯何错，但这样的反问言辞足以表达弹劾者的强烈意愿及情感，使宋仁宗感受到其中所包含的毋庸置疑的反对之意。宋仁宗这次还是屈从于御史的弹劾，未除授刘永年为防御使，直到宋英宗时期，刘永年才迁沂州防御使②。

刘永年虽然有着外戚的身份，但从史籍对其有限的记载看，也称得上是有勇有谋，在边境尽心竭力地处理相关事务，并非无才无德之人，正如张方平所言："沂州防御使刘永年，绰有武干，理戎严整，数守边郡，颇著风绩。"③尽管如此，他还是多次为士大夫所劾，以至于影响其地位的提升。

在士大夫弹劾刘永年的过程中，皇帝的态度值得关注。虽然每次弹劾事件中宋仁宗都会坚持自己的主张，但最终还是听从士大夫的意见，并未给予刘永年特殊待遇，这应该是仁宗自觉自愿防范心理的反映。庆历六年（1046），宋仁宗曾对宰执大臣说过这样一段话：

> 前日除李用和子李璋为閤门副使，今次子珣求为通事舍人，朕以谕之曰："朝廷爵赏，所与天下共也。倘戚里之家，兄弟迁补如己欲，朕何以待诸勋旧乎。"④

李用和为章懿皇太后之弟，即仁宗舅父，从血缘看属于较为亲近的关系，即便如此，宋仁宗话语中的寓意还是非常清楚的，即不欲给予外戚过多的恩宠。这与宋仁宗对待宦官的态度不同，前揭士大夫对宦官的弹劾中，如果被劾宦官没有

---

① 赵汝愚编：《宋朝诸臣奏议》卷三四，《上仁宗论刘永年再除防御使（王畴）》，第338—339页。
② 脱脱等：《宋史》卷四六三，《外戚上·刘美传附刘永年传》，第13552页。
③ 张方平：《乐全集》卷二四，《论除兵官事》，景印文渊阁四库全书本，上海古籍出版社1987年影印本。
④ 李焘：《续资治通鉴长编》卷一五九，庆历六年七月壬寅，第3841页。

具体的违法行为,仁宗往往不一定听从士大夫的建议,但士大夫弹劾外戚时,仁宗几乎每次都接受了士大夫的提议,究其原因,主要就在于外戚的母族、妻族身份。《尔雅·释亲》言:"母之考为外王父,母之妣为外王母。母之王考为外曾王父,母之王妣为外曾王母。"晋郭璞注解称:"异姓故言外。"同理,"妻之父为外舅,妻之母为外姑"。① 中国古代的家庭非常讲究内外之别,就父母双方、夫妻双方的血亲关系而言,父亲、丈夫一方的亲属为同姓,称内亲,母亲、妻子一方的亲属是异姓,故为外亲,"外"就意味着不是本家人。"内""外"的区别对于皇室来说有着重要的意义。古代皇帝制度的本质特征之一是建立在父系宗族血缘关系基础上的世袭制,这是保证皇族血脉传承的重要条件,身为外姓的母族、妻族成员,是被排斥在这样的父系宗族血缘关系之外的。对于这一点,宋仁宗非常清楚,此时距其即位初期刘太后临朝的年代相去不远,且前朝武后称帝建国的情况也历历在目,刘太后执政时,三司使程琳"尝上《武后临朝图》,外人莫知",仁宗后在迩英殿与侍读学士研习经史时,曾言:"琳心行不佳。"② 可见宋仁宗很了解程琳的这一行为,对刘太后的垂帘听政是心存芥蒂的,前朝武后代李唐王朝的教训更要引以为戒,因此他对外戚多是礼法范围内的恩宠,如果有逾越之处,往往能够听从士大夫的弹劾。

有的外戚虽然有违法行为,但其所犯之事一般皆是当时官员的通常做法,非外戚所独犯,士大夫对外戚的此类行为同样予以弹劾。马季良是刘太后兄刘美之婿,出身茶商家庭,因外戚身份荫补得官,做到兵部郎中的位置③,因此士大夫不遗余力地弹劾马季良。刘太后执政时,刘美子刘从德卒,"太后悲怜之尤甚,录内外姻戚门人及僮隶几八十人",马季良、从德母亲钱氏兄长子钱暖及从德岳父王蒙正等人,"皆缘遗奏,各迁两官",由此遭至侍御史曹修古、殿中侍御史郭劝和杨偕、推直官段少连等台谏官的"交章论列",刘太后大怒,在其强力干预下,参与弹劾的台谏官悉数被一贬再贬。④ 遗憾的是,"论列"的言辞大多不存,仅在欧阳修所撰杨偕墓志铭中尚存杨偕弹章的部分内容,其曰:"汉吕太后王

---

① 郭璞注、邢昺疏:《尔雅注疏》卷四,《释亲第四》,上海古籍出版社2010年版,第211、212页。
② 李焘:《续资治通鉴长编》卷一八二,嘉祐元年闰三月,第4400页。
③ 脱脱等:《宋史》卷四六三,《外戚上·刘美传附马季良传》,第13552页。
④ 李焘:《续资治通鉴长编》卷一一〇,天圣九年十一月,第2571页。

禄、产,欲强其族而反以覆宗;唐武三思、杨国忠之祸,不独其身,几亡其国。"①杨偕的上疏引汉唐旧事,话语尖锐犀利,史实确凿,将宠信外戚与灭族、亡国联系在一起,无怪乎刘太后会如此震怒了。刘太后去世后,士大夫仍然持续不断地弹劾马季良,如明道二年(1033),御史中丞范讽奏劾马季良"侥倖得官",使其被贬为左屯卫将军,滁州安置,"开封府又劾奏季良冒立券,庇占富民刘守谦免户役,诏许季良自陈,以地给还之"。② 士大夫所劾事由,既有马季良因戚里之恩荣而得官的问题,也有冒立契约、占有富民土地的违法行为,虽然从现有史料看,马季良受到处罚的原因是其外戚身份,但冒立券占田的举动使其无德受恩的形象更加凸显。因此,当第二年马季良乞求致仕待遇时,兵部员外郎兼起居舍人、同知谏院郭劝奏劾言:"致仕所以待贤者,岂负罪贬黜之人可得,请追还敕诰。"侍御史知杂事杨偕对此亦有同样的弹劾。③ 按照北宋的致仕制度,官员致仕可享受特殊优礼,"国朝凡文武官致仕者,皆转一官,或加恩其子孙。观察使、防御团练使、刺史及内职三班即换环卫,幕职州县官改京朝官"④。这是朝廷解决官员养老、官僚队伍新陈代谢等问题的一项制度,旨在保证官僚机构的正常运转,但并非所有官员均能享受致仕的待遇,如宋真宗曾下诏:"年七十退者,许致仕,如因疾或历任有赃犯者,不在此限。"甚至要求中央相关部门对乞求致仕者进行甄别,"审官院具历任有无赃犯检勘,吏部申上取旨",⑤可见,"致仕"是专制王朝厚待遵纪守法官员的做法。台谏官依照朝廷的规定,弹劾马季良不符合致仕的要求,不能享受致仕的待遇。

从现有史料看,马季良最严重的违法行为即冒立券占富民田地之事,这与一般的强占他人田地不同,有着特定的时代背景。北宋时期,由于徭役负担较重,拥有财富的富民往往会采取隐瞒土地财产的方式以规避徭役,比如将田地诡寄于形势户名下,"应役之户,困于繁数,至伪券售田于形势之家,假佃户之名,以

---

① 欧阳修撰,李之亮笺注:《欧阳修集编年笺注》卷二九,《翰林侍读学士右谏议大夫杨公墓志铭》,四川出版集团巴蜀书社2007年版,第2册第457页。
② 李焘:《续资治通鉴长编》卷一一三,明道二年九月甲申,第2636页。
③ 脱脱等:《宋史》卷二九七,《郭劝传》,第9893页;脱脱等:《宋史》卷三〇〇,《杨偕传》,第9954页。
④ 徐松辑:《宋会要辑稿》职官七七之二八,第5157页。
⑤ 王栐:《燕翼诒谋录》卷五,中华书局1981年版,第54页。

避徭役"①,且支付一定的费用,可谓双方得利。宋代的形势户指"见任文武职官及州县势要人户"②,马季良即属于有免役特权的形势户,因此很可能是开封府富民刘守谦"伪券售田"于马季良名下,双方各得所需。这种现象在两宋时期普遍存在,朝廷曾经对此予以禁止,如宋真宗天禧四年(1020)敕令:"应以田产虚立券,典卖于形势、豪强户下隐庇差役者,与限百日,经官首罪,改正户名。限满不首,许人陈告,命官、使臣除名,公人、百姓决配。"③对于违法者的惩治不可谓不严。但由于此做法有利于富民和形势户,而形势户大多是品官之家,禁令又是由各地各级官员执行,牵涉到整个官僚阶层的切身利益,因此相关禁令并未得到认真执行,其实际效果是大打折扣的。此类诡寄田地事件常常也会演变为形势户占田不还,乃至富民讼于官府的现象。宋徽宗宣和元年(1119),河北路转运副使李孝昌上疏言:"近岁诸路上户有力之家苟免科役,私以田产托于官户。或量立价钱,正为交易;或约分租课,券契自收。等第减于豪强,科役并于贫弱。虽有法禁,莫能杜绝。其间亦有假于官户久而不归者,起讼滋狱。"④可见诡寄田产引发的问题始终未能解决,不独马季良如此。士大夫弹劾马季良时,将此一事件作为其重要罪状之一,这对于马季良而言是有过责之嫌的,因此宋仁宗最后也只是令马季良将田地还给刘守谦。更值得关注的是士大夫对此处理意见的反应,从现有史料看,他们没有异议,说明士大夫对于冒立券占田一事本不认为是多大的罪名,但如欲打击某人,这却是可以借题发挥的一个把柄,明显体现出他们限制外戚的用意。

对于犯有严重罪行的外戚,士大夫更是一次又一次地提起弹劾。杨景宗是"章惠皇太后从父弟。少蒲博无赖,客京师,以罪黜隶致远务。章惠入宫为美人",才因外戚身份授官,⑤但杨景宗出身微寒,粗鲁暴虐,恣横不法,宋仁宗时一再受到士大夫的弹劾。如景祐三年(1036)十一月,保庆皇太后(即章惠)"无疾而终,殡于皇仪殿",宋仁宗年幼时曾受到章惠的悉心照顾,"拥佑扶持,恩意勤

---

① 陈均:《皇朝编年纲目备要》卷一五,仁宗皇帝至和二年四月,第338页。
② 马端临:《文献通考》卷四,《田赋考四·历代田赋之制》,第89页。
③ 徐松辑:《宋会要辑稿》食货一之二〇,第5950页。
④ 徐松辑:《宋会要辑稿》刑法二之七七,第8324页。
⑤ 脱脱等:《宋史》卷四六三,《外戚上·杨景宗传》,第13553页。

备",于是为其"加服小功",以示哀伤,但身为章惠从父弟的杨景宗却"入临皇仪殿,被酒欢哗",为右司谏韩琦所奏劾。① 韩琦的弹文几乎全文收录于《宋朝诸臣奏议》中,从内容看,处处显示出对杨景宗外戚身份的鄙夷和警惕②。弹文开篇即言:"臣历观方牒,概见后党率从凭藉,罕务检修。是故抑其势则获安,纵其欲则招祸。"特别指出,自古以来后党惯于凭借皇帝信任而扩张势力,故从朝廷安全考虑,应对后党进行抑制。此后,韩琦又提及杨景宗"起于寒悴,本无勋绩。特缘戚里,遂冒贵阶……肆情犯法,所在奏论,矜贷实多,豪暴无改",看来杨景宗的犯法行为较多,士大夫已屡有奏劾,宋仁宗也屡有宽恕,但杨景宗仍无丝毫悔改之意,才会出现酗酒喧闹皇仪殿的行为。在韩琦看来,章惠驾崩,杨景宗应"乘驿归阙,所宜哀号夙夜,以极追怀;而乃未及解装,遽思广第",即杨景宗只考虑扩充私人宅第③,丝毫没有遭遇亲人去世的悲伤,甚至不顾及应有的礼节,在停放章惠皇太后灵柩的皇仪殿喧闹。因此,韩琦认为:"在于宫掖之间,犹无畏忌;使之州郡之内,孰遏侵陵? 苟不举劾其非,诫勉于后,是使无知之性,且谓恶终可为。"并且特别担心杨景宗会借章惠去世、宋仁宗恻隐之机而过邀恩宠,故乞求"诏下有司,明按其罪"。

综合考察韩琦的弹文,可以发现一个值得关注的现象。自赵匡胤建立赵宋王朝以来,北宋历代皇帝皆非常重视以孝治天下,开宝三年(970),宋太祖曾诏令:"诸州官吏次第审察民有孝弟彰闻、德业纯茂者,满五千户听举一人……所举得其实状,等级加赏,不如诏者罪之。"④皇帝以特科的形式,选拔具备突出孝悌行为的有德之人为官,显示出在以考试为选才标准的时代,皇帝仍然希望为孝行出众者留下一定的上升孔道。淳化年间,宋太宗曾称赞参知政事苏易简之母

---

① 李焘:《续资治通鉴长编》卷一一九,景祐三年十一月戊寅、戊戌,第2811、2812页。
② 赵汝愚编:《宋朝诸臣奏议》卷三四,《上仁宗论杨景宗恣横不恭(韩琦)》,第329页。以下引文凡未标注出处者,皆出于此弹文。
③ 沈括《梦溪笔谈》载:"杨景宗微时,常荷畚为丁晋公筑第。后晋公籍没其家,以第赐景宗。"(沈括:《梦溪笔谈》卷九,《人事一》,第77页。)即丁谓曾在京师营建了一处宅第,后丁谓被黜,此宅第没收充公,宋仁宗即将其赐予杨景宗。相关记载还有魏泰《东轩笔录》:"丁晋公治第,杨景宗为役卒,荷土筑基。丁后籍没,而景宗贵,以其第赐景宗。"(魏泰:《东轩笔录》卷一五,中华书局1983年版,第168页。)叶梦得《石林燕语》:"丁晋公初治第于车营务街,杨景宗时为役兵,为之运土……晋公谪,即以其第赐之。"(叶梦得:《石林燕语》卷一〇,第153页。)等等。
④ 李焘:《续资治通鉴长编》卷一一,开宝三年正月辛酉,第240页。

为"贤母",苏易简回答:"陛下以孝治天下,奖及人亲,臣实何人,膺兹荣遇。"①明确指出宋太宗"以孝治天下"的治国理念,实则这也是有宋一代的基本国策,为此,才有以孝行选官的情况。到宋仁宗时期,还出现了科举考试重《孝经》的现象,仁宗在嘉祐二年(1057)曾下诏,规定贡举增设明经科,"凡明两经或三经、五经,各问大义十条,两经通八、三经通六、五经通五为合格,兼以《论语》《孝经》,策时务三条,出身与进士等"②,选拔官员的明经科必须考《论语》和《孝经》,体现出仁宗对孝道的重视,以及希望选拔德才兼备之人为官、以孝教化百姓的意图,皇帝非常明白,只有这样,才有可能实现以孝治天下的目的。而且,北宋时期倡行的"孝道"不仅仅是简单意义上的尊老孝亲,而是具有更宽泛的内涵,即通过各种教化手段,利用各种教育机会,在社会各个阶层树立孝行的典范,形成以"崇孝"为核心的社会风气。士大夫是"崇孝"社会风气的主要建构者,他们有着对孝道的执着追求,有着以文化成天下的使命感,他们非常愿意身体力行地推动以孝治天下理念的实施。因此,从这个角度而言,韩琦对杨景宗的弹劾重点,应该是极力指责其在章惠皇太后去世后,酗酒、喧闹皇仪殿等违反守丧之礼的行为③,此一违礼行为显然有悖于朝廷所倡导的以孝治天下的理念,甚至有可能造成恶劣的影响。更何况在世人看来,章惠皇太后对杨景宗有再造之恩,如若不是章惠皇太后,以杨景宗罪囚的身份及粗鄙的德行,根本不可能进入仕途,当然也不可能获得升迁④。但

---

① 脱脱等:《宋史》卷二六五,《贾黄中传》,第9162页。
② 马端临:《文献通考》卷三一,《选举考四·举士》,第901页。
③ 北宋时期的守丧之制多沿袭《大唐开元礼》的规定。据《大唐开元礼》记载,大功之丧有"长殇九月,中殇七月"之别,为姑、姊妹服丧可长殇,亦可中殇(萧嵩等:《大唐开元礼》卷一三二,《凶礼·五服制度》,景印文渊阁四库全书本,上海古籍出版社1987年影印本)。依据章惠对杨景宗的恩德,章惠去世时,杨景宗应该为长殇。中国古代丧礼的五服制度为斩衰、齐衰、大功、小功、缌麻,杨景宗应遵循的守丧之制是大功长殇。《大唐开元礼》规定,居此丧期者,只要不是身体有疾,应该"蔬食饮水,不食菜果。三月既葬,食肉不饮酒。九月之丧,犹周之丧"(萧嵩等:《大唐开元礼》卷一五〇,《凶礼·王公以下丧通仪》)。但杨景宗不仅在丧期内酗酒,还喧闹于皇仪殿,严重违反居丧之礼。
④ 据魏泰《东轩笔录》记载,杨景宗曾经"以罪隶军营务,黥墨其面,至无见肤",某日宋真宗驾临玉清昭应宫后回銮,"六宫皆乘金车,迎驾于道上",当时杨景宗以役卒的身份站立在道旁,章惠时为杨淑妃,在"车中指景宗,令问其姓氏骨肉,景宗具以实对,太后泣于车中。景宗惟知其女兄在掖庭,疑其是也,遽呼太后小字及行第",太后以此确认杨景宗为其弟。后来杨淑妃言于真宗,真宗"官之以右班殿直,后至观察留守"(魏泰:《东轩笔录》卷二,第22页)。可见,若非章惠皇太后,杨景宗不可能脱离罪籍,更不可能入仕为官。此事并非秘密,认识杨景宗的官场中人大都知晓,因此在章惠去世后,杨景宗的所作所为激起了公愤。

耐人寻味的是,在韩琦长达520余字的弹文中,直接涉及这些问题者,仅80余字,即"近者庄惠皇太后上仙,乘驿归阙,所宜哀号夙夜,以极追怀……复闻近于殿廷,恣其忿诮,辄成喧厉,必达上听……或屈法以俾之向善,或申罚以惩其不恭……盖欲陛下全外族而隆孝治、存国体也"①,虽然以字数的多寡衡量撰写者对问题的重视程度不一定合理,但至少能够在一定程度上说明其倾向性。与之相反,韩琦弹文中反复渲染的内容是皇帝放纵戚里对朝廷带来的危害,以及杨景宗以外戚身份行不法之事的不良影响。可见,韩琦的重点在于借助历史的经验教训,着力提醒宋仁宗,为了保全外族的名声和维护朝廷的稳定,不能给予外戚太多的恩宠和权力,甚至还要抑制外戚欲望的膨胀,而奏劾杨景宗的具体违法行为倒在其次了。

韩琦的做法、想法并非其一人所为,而是当时士大夫阶层的共识。庆历年间,杨景宗曾任徐州观察使、知磁州,监察御史包拯奏劾言,杨景宗外放磁州引起"物议喧然,以为不可",且认为"景宗累经外任,并皆不了。昨自郓州,亦以所为恣横,非次召还。缘禀性不常,用刑过当,今若委之为郡,以亲民政,不惟一州生灵枉被残害,或虑不公事发,须依法施行,恐非所以保全戚属之道也"。② 杨景宗为官残暴、霸道、无能,若临民训政,不仅不能达到教化百姓、安定社会的目的,还会因其为政不公而被处罚,以至于遵法而伤礼。也就是说,即使杨景宗什么也不做,其外戚身份也很容易导致士大夫的弹劾,何况杨景宗行为不谨慎,德行低下,更是成为众矢之的。

此后,杨景宗遭到士大夫交相奏劾的违法行为还有两次。第一次发生在庆历八年(1048)闰正月,当时宫中发生卫士之乱,"崇政殿亲从官颜秀、郭逵、王胜、孙利等四人谋为变,杀军校,劫兵仗,登延和殿屋,入至禁中,焚宫帘,斫伤内人臂"③。虽然此事大大惊扰了宋仁宗,一度造成后宫的混乱,但仁宗为了不扩大影响,仅在禁中进行秘密审理,且下诏赦免了多位官员的失察之罪,其中就包括时任勾当皇城司、建宁军留后的杨景宗,以致引起台谏官员的弹劾。御史中丞鱼周询、侍御史知杂事张昪和何郯等人上疏言:"太祖皇帝朝,酒坊火发,本处兵

---

① 赵汝愚编:《宋朝诸臣奏议》卷三四,《上仁宗论杨景宗恣横不恭(韩琦)》,第329页。
② 包拯撰,杨国宜校注:《包拯集校注》卷一,《乞不遣杨景宗知磁州》,第81页。
③ 李焘:《续资治通鉴长编》卷一六二,庆历八年闰正月,第3908页。

士因便作过。太祖皇帝以本坊使副田处岩等不能部辖,并处极法。今乘舆咫尺,贼乱窃发,凶恶之状,无大于此!而居职者既不能察举,当宿者又不即擒捕,未正典刑,何塞公议?深恐朝廷威令,从此宽弛。伏乞断自圣意,特降指挥,将应系勾当皇城司及当夜宿直臣僚,并等第重行黜降,用振威罚。所贵禁近之司,不敢旷慢。"①直接指出宽恕相关值守官员所造成的危害,宋仁宗听从了台谏官的弹劾,黜降失职官员,杨景宗被外放,贬为徐州观察使、知济州②。

第二次是皇祐元年(1049)八月,此时距庆历八年的卫士之乱仅一年有余,又发生与宫廷安全有关的事件,且与杨景宗有一定牵连,即"卫士王安与其党相恶,阴置刃衣箧中,从勾当引见司杨景宗入禁门"③。因章惠皇太后的缘故,宋仁宗较为顾恤杨景宗,外放不到一年时间,景宗即回到京城,任职引见司主管,负责与禁中安全有关的事务,"宋初但曰军头、引见司。端拱二年,改军头司为御前忠佐军头司,引见司为御前忠佐引见司……引见司掌军头名籍、诸军搜阅引见之事"④。卫士王安进入禁中时携带刀具,杨景宗不一定知晓,但以其引见司主管的身份,且还带领王安进入禁中,肯定负有监管不严、玩忽职守的连带责任,但宋仁宗并未给予杨景宗处罚,于是御史中丞郭劝连续劾奏此事,且采取了上章弹劾、廷争等多种方式,才使杨景宗"自建宁留后责授左监门卫大将军,均州安置"⑤。实际上,宋仁宗并非不了解杨景宗的德行,在杨景宗年老求官时,仁宗曾言:"景宗性贪虐,老而益甚,郡不可予也。"但还是因其外戚的身份,授其"建宁军留后、提举四园苑,改提举在京诸司库务"⑥。

总体而言,由于外戚与皇帝之间特殊的裙带关系,以及宋仁宗宽厚、仁慈的

---

① 李焘:《续资治通鉴长编》卷一六二,庆历八年闰正月,第3909—3910页;赵汝愚编:《宋朝诸臣奏议》卷一二二,《上仁宗论卫士之变乞黜责皇城司及当直臣僚(何郯等)》,第1337页。

② 李焘:《续资治通鉴长编》卷一六二,庆历八年闰正月甲子,第3909页。当时被黜降的官员有:"降勾当皇城司、建宁军留后杨景宗为徐州观察使、知济州。皇城使、康州刺史、入内副都知邓保吉落副都知,为颍州钤辖。左藏库副使、通州团练使、入内副都知杨怀敏为文思使、贺州刺史。北作坊使、廉州团练使刘永年为洛苑使、英州刺史、蔡州都监。洛苑使、眉州防御使赵从约领陵州团练使,为濮州都监。供备库使、荣州刺史、带御器械王从善落带御器械,为曹州都监。"

③ 李焘:《续资治通鉴长编》卷一六七,皇祐元年八月,第4012页。

④ 马端临:《文献通考》卷五八,《职官考十二·御前忠佐军头引见司》,第1744页。

⑤ 李焘:《续资治通鉴长编》卷一六七,皇祐元年八月乙酉,第4012页。

⑥ 脱脱等:《宋史》卷四六三,《外戚上·杨景宗传》,第13554页。

性格特征,仁宗对外戚常常表现出较多的亲密之情,对于他们的违法行为,要么不予处罚,要么在士大夫弹劾时从轻发落。而且,如果外戚稍有德行,则会以赐字的方式进行褒奖。就笔者所见,宋仁宗赐字的外戚见表2-1:

表2-1 宋仁宗赐字外戚简表

| 外戚姓名 | 赐字内容 | 资料来源 |
|---|---|---|
| 刘永年 | 忠孝 | 《宋史》卷四六三,《刘美传附刘永年传》 |
| 李用和 | 亲贤之碑 | 《续资治通鉴长编》卷一六八,皇祐二年七月丙申 |
| 李璋 | 忠孝李璋 | 《宋史》卷四六四,《李用和传附李璋传》 |
| 李珣 | 李珣忠孝 | 《宋史》卷四六四,《李用和传附李珣传》 |
| 李昭亮 | 李昭亮亲贤勋旧 | 《续资治通鉴长编》卷一八四,嘉祐元年十一月己丑 |
| 李惟贤 | 忠信李惟贤<br>李惟贤忠孝勤谨 | 《锦绣万花谷·续集》卷三,《阁门》 |

由表2-1可知,宋仁宗赐予外戚的字中,使用最多者为"忠孝",其用意十分明显,即希望外戚能够遵守孝道,且移孝于忠。宋仁宗在位期间,曾多次表现出对《孝经》的关注,如天圣二年(1024),仁宗还未亲政,"召辅臣于崇政殿西庑观讲《孝经》"①;皇祐四年(1052),为了体现对圣人之言的重视,宋仁宗"命丁度取《孝经》之《天子》《孝治》《圣治》《广要道》四章对为右图。乃令王洙书《无逸》,知制诰蔡襄书《孝经》,又命翰林学士承旨王拱辰为二图序,而襄书之"②。宋仁宗接续不断尊崇《孝经》的做法,为士大夫树立了崇孝的典范,突出表现了君主以孝治天下的政治理念。从《孝经》的目录看,有《天子章》《诸侯章》《卿大夫章》《士章》《庶人章》等,对社会各个阶层人员皆有行孝的规定,虽字数不多,但每个人应该践行的孝道皆有所凭依,由此亦可说明《孝经》具有实际的指导意义。如《庶人章》言:"用天之道,分地之利,谨身节用以养父母,此庶人之孝也。"宋初著名学者邢昺唯恐世人不能理解其意,又对其进行了解释:"庶人服田力穑,当须用天之四时生成之道也,分地五土所宜之利,谨慎其身、节省其用以供养其父母,此则庶人之孝也。"③词意浅显,简单易行,普通百姓完全可以做到。当

---

① 李焘:《续资治通鉴长编》卷一〇二,天圣二年二月乙丑,第2350页。
② 李焘:《续资治通鉴长编》卷一七三,皇祐四年十二月,第4184页。
③ 李隆基注、邢昺疏:《孝经注疏》卷三,《庶人章第六》,上海古籍出版社2009年版,第25页。

第二章　宋仁宗时期弹劾的良性运行:权力制衡

然,赵宋王朝提倡孝道的最终目的是忠君,《孝经》对此亦有论说,其开篇《开宗明义章》即言:"夫孝,始于事亲,中于事君,终于立身。"邢昺阐发其意,指出为人子者应该"忠孝皆备,扬名荣亲"。① 质言之,人子的立身之道是居家行孝于父母,在外尽忠于君主,只有这样,才能声名远播,光宗耀祖。《孝经·事君章》亦认为:"君子之事上也,进思尽忠,退思补过,将顺其美,匡救其恶,故上下能相亲也。"唐玄宗李隆基注曰:"下以忠事上,上以义接下,君臣同德,故能相亲。"点明了君臣关系的核心即臣子应忠于君主,君主以道义待臣子,如此才能同心同德,实现天下大治。邢昺进一步阐释此章大义言:"此明贤人君子之事君也。言入朝进见,与谋虑国事则思尽其忠节;若退朝而归,常念己之职事则思补君之过失;其于政化,则当顺行君之美道,止正君之过恶。如此则能君臣上下情志通协,能相亲也。"② 在朝为官者,一方面要对君主尽忠,辅佐君主治理天下,另一方面也要恪尽职守,对于君主的过失、不足予以谏止,并以己之力进行弥补。邢昺对于《孝经》的理论阐发,反映了北宋时期士大夫阶层对于忠孝内涵及忠孝关系的认识,是他们以天下为己任主体意识的集中体现。正是由于这个原因,宋仁宗才会如此重视《孝经》,而仁宗在给予外戚的赐字中多次使用"忠孝"一词,应该是蕴含着宋仁宗对外戚的道德期许的,希望外戚能够理解君主恩赏的用意,懂得为臣之道,一意事君,竭尽忠心。

宋仁宗对外戚的赐字中,"亲贤"等用语亦出现较多。"亲贤"的本意是指父对子的态度,如《礼记》言:"今父之亲子也,亲贤而下无能。"唐代孔颖达释为:"言父之于子,若见贤者则亲爱之,若见无能者则下贱之。"③ 后来"亲贤"的使用范围扩大,也可用于有血缘关系的宗亲之间。唐代杜甫有诗云:"番禺亲贤领,筹运神功操。"④ 其时唐高祖子郑王元懿之曾孙李勉任广州刺史,兼岭南节度观察使⑤,杜甫此诗中的"亲贤"即指李唐宗室李勉。宋仁宗以"亲贤"赐字于外戚,首先要表达的是将外戚看作亲近之人的含义,使外戚直接感受到来自君主的

---

① 李隆基注,邢昺疏:《孝经注疏》卷一,《开宗名义章第一》,第5页。
② 李隆基注,邢昺疏:《孝经注疏》卷八,《事君章第十七》,第81页。
③ 郑玄注,孔颖达正义:《礼记正义》卷六二,《表记第三十二》,第2077、2078页。
④ 杜甫:《杜甫全集》卷八,《送重表侄王砅评事使南海》,上海古籍出版社1996年版,第107页。
⑤ 刘昫等:《旧唐书》卷一三一,《李勉传》,第3635页。

深厚亲情,然后才是对外戚提出道德方面的要求,即通过褒扬外戚的高尚道德起到约束其行为的作用。

外戚是因与皇帝的姻亲关系而获得政治地位的群体,一旦与皇帝关联的外戚家族的女性失宠,或者去世,外戚的政治地位就会受到严重威胁,因此这一群体常常会有朝不保夕的危机感,希望能够以快捷的方式获得最大利益。外戚中往往又会有出身低微甚至曾经是市井无赖的人物,他们凭依姐妹或家族中其他的女性亲戚成为有政治地位的皇族戚里,但却无法改变他们出身微寒、道德低下的状况。这样一个群体,无论是政治诉求,还是德行表现,皆与士大夫阶层的政治理念、道德追求不相吻合,所以才会招致士大夫的弹劾。从宋仁宗时期士大夫对外戚的弹劾看,如果外戚没有违法行为,士大夫的奏劾事由就是外戚因缘戚里的身份原罪,提醒皇帝应该抑制外戚势力的增长,防止其形成尾大不掉之势;如果外戚有违法行为,士大夫的弹劾则会更加激烈,甚至认为这样的外戚外不能临民理政,内不能护佑君主,几乎就是一无所长了。宋仁宗朝的士大夫阶层就是以这种方式将外戚视为"特殊"的群体,时时警示皇帝,希望皇帝对外戚始终保持清醒的认识。宋仁宗对外戚的态度大体上与士大夫阶层趋同,虽然有基于姻缘的额外恩宠,但还是保持在适度的范围内,如若有士大夫对外戚进行弹劾,大多数情况下仁宗都能听从士大夫的建议,收回对外戚的赏赐,抑或对外戚予以处罚。

## 二、弹劾个案分析——张尧佐

宋仁宗时期,也有进士出身的外戚,张尧佐就是一位杰出代表。围绕着张尧佐发生的数次弹劾中,宋仁宗并未如对待其他外戚一样,听从士大夫的弹劾意见,而是一次又一次地自行其是,且有时还表现出较为强硬的对抗,这与宋仁宗宠爱张贵妃以及张尧佐的进士身份有关,同时也有借张尧佐宣示皇权、制衡日益膨胀的士大夫阶层势力的政治考量。

张尧佐是宋仁宗温成皇后从父,于宋真宗天禧三年(1019)登进士第[①],此时

---

① 曾巩撰,王瑞来校证:《隆平集校证》卷一一,《宣徽使·张尧佐传》,中华书局2012年版,第343页。

温成皇后张氏还未进宫。张氏祖先本为吴人,随吴越国钱氏归宋,祖父张颖进士及第,但始终担任低级官员,"终建平令",张颖"二女入宫事真宗,名位甚微"。张颖子张尧封,即温成张氏父亦进士及第,但去世过早,"为石州推官卒",张氏家庭陷于困顿,此时张氏伯父张尧佐"补蜀官,尧封妻钱氏求挈孤幼随之官,尧佐不收恤,以道远辞",钱氏不得已,只能将年幼的张氏卖于"齐国大长公主家为歌舞者……大长公主纳后于禁中仙韶部,宫人贾氏母养之"。张氏应是长相出众,又善歌舞,宋仁宗曾在宫中宴会上见到张氏,"上见而悦,遂有宠。后巧慧,善迎人主意",由此深得仁宗宠爱。张氏在后宫的地位不断上升,其家族成员亦由此得以封赠官爵,晋身显贵,其中就包括张尧佐。①

张尧佐进士及第后,历任地方推官、知县、知州等职,行政能力突出,如任筠州推官时,"吉州有道士与商人夜饮,商人暴死,道士惧而遁,为逻者所获",以至于牵连百余人,当时转运使令张尧佐进行复核,"尽得其冤"。② 在复核的过程中,张尧佐究竟采用什么样的方法弄清冤情,由于史料阙载,已不得而知,不过从中可以看出,虽然张尧佐进入仕途不久,但已具备官员的基本素质,能够在复杂的情况下迅速抓住主要问题,理出头绪,弄清事情的原委。

当张尧佐的堂侄女张氏受到宋仁宗的宠爱,晋为修媛后,张尧佐的仕途开始变得更加光明,升迁较为迅速,由此遭到士大夫的多次弹劾。庆历四年(1044),宋仁宗颁下内降,以职方员外郎张尧佐提点府界诸县镇公事,引起官场议论纷纷,据谏官余靖言,众人皆认为张尧佐"识见浅近,依托后宫嫔嫱之势,已得内降指挥,改赐章服,又从内批与省府差遣,大臣依违,不能坚执,遂与府界提点"③。余靖借此上疏,首先称颂宋仁宗近来采取的相关良善措施,如"损节浮费,放减后宫,绝斜封之官,无私谒之宠"等,然后言:"大凡嫔御亲姻,但多与财帛,足表恩意。至如尧佐进士出身,自当随其才望,与之差遣;何必躐等待之,以腾物议!"尤其指出吕公弼曾经因为就任提点府界诸县镇公事的差遣,"未及半年,早已迁陟。议者不论其才,但言是故相之子,所以进用太速",因此,余靖建议"不

---

① 司马光:《涑水记闻》卷八,第 149 页;脱脱等:《宋史》卷二四二,《后妃上·张贵妃》,第 8622—8623 页。
② 脱脱等:《宋史》卷四六三,《外戚上·张尧佐传》,第 13557 页。
③ 赵汝愚编:《宋朝诸臣奏议》卷三四,《上仁宗论张尧佐不当与府界提点(余靖)》,第 330 页。

若与有职田一近郡,正以表陛下屈己从人之德,于尧佐资序,亦无所损也"。①

余靖奏章中的信息量比较大,说服力比较强。"斜封之官""私谒之宠"均是宋仁宗时期士大夫阶层竭力阻止的现象,"斜封"②意味着官员的升迁未按照正常的程序,而是由皇帝独自作出的决定;余靖所言"私谒",则是指私下请托皇帝而得到额外的恩宠,能够有这种私谒机会者基本皆是皇室宗亲、外戚或者宦官等皇帝身边的人。宋仁宗曾经屡次下诏禁止内降授官和私谒请托,如明道二年(1033)三月刘太后驾崩后,四月,宋仁宗即下诏:"内外毋得进献以祈恩泽,及缘亲戚通章表。若传宣,有司实封覆奏,内降除官,辅臣审取处分。"③特别指出禁止皇亲国戚乞求恩宠,甚至给予宰执大臣"审取处分"内降除官的权力,我们可以理解为宋仁宗认可宰执大臣不一定必须服从皇帝的内降除官。数年后的宝元二年(1039),由于"外戚疏远,多缘岁时,入禁中有所干谒",宋仁宗再次下诏:"皇族之家及诸命妇、女冠尼等,非乾元节、南郊进奉并每岁孟冬朔,毋得入内,其亲王夫人、长主即勿拘。"④以杜绝外戚私谒现象的出现,因此余靖的上疏中才会有"绝斜封之官,无私谒之宠"之语。不过,这些语句都是为后面的话语做铺垫的,即皇帝已然有这样的禁令,为什么还要给予张尧佐斜封之官呢?尤其是提点府界诸县镇公事这一差遣,已有吕公弼的前车之鉴,甚至影响到了吕公弼的名望,以张尧佐的进士身份,如果真有"才望",自可依序升迁,如此越等授官,反而导致"斜封私谒之类"的不佳议论。

---

① 赵汝愚编:《宋朝诸臣奏议》卷三四,《上仁宗论张尧佐不当与府界提点(余靖)》,第330页。
② 斜封,指古代由非正常行政程序封授的官职,宋代亦指由皇帝内降指挥、御笔手诏等授予的官职,即未经中书门下和枢密院的审议,由皇帝直接颁下的任命。相关研究主要有王育济:《论北宋末年的"御笔行事"》,《山东大学学报(哲学社会科学版)》1987年第1期;杨世利:《论北宋诏令中的内降、手诏、御笔手诏》,《中州学刊》2007年第6期;余春燕:《宋代内降研究》,河北大学2008年硕士学位论文;韩冠群:《御笔、白劄子与宋孝宗的独断》,载姜锡东主编:《宋史研究论丛》(第二十辑),科学出版社2017年版,第173—183页;强政隆:《文本与政治:南宋"御笔"研究》,西北师范大学2019年硕士学位论文;等等。学者们认为,尽管北宋时期士大夫的主体意识凸显,但仍然不能避免内降诏令的出现,这样的内降诏令实则是对宋代权力制约机制的破坏。明道二年宋仁宗亲政后,一方面力矫刘太后之弊政,另一方面在士大夫阶层的积极作为下,宋仁宗曾屡次下令禁止内降。只是在政治实践中,宋仁宗有时还是会以内降的形式传达自己的旨意,其内容之一就是任命官员,即斜封官。
③ 李焘:《续资治通鉴长编》卷一一二,明道二年四月,第2611页。
④ 李焘:《续资治通鉴长编》卷一二三,宝元二年五月己亥,第2904页。

## 第二章 宋仁宗时期弹劾的良性运行:权力制衡

余靖上疏后,唯恐宋仁宗不予听从,又直接点明仁宗出内降授予张尧佐官职是因修媛张氏之故,"尧佐,修媛之世父,进用不宜太遽。顷者郭后之祸,起于杨、尚,不可不监"。遗憾的是,尽管宋仁宗有言:"朕岂以女谒进人?盖因臣僚论荐而后用尔。如物议不允,当更授一郡耳。"但还是没有听从余靖的建议,未令张尧佐出外任,直到第二年闰五月,又除张尧佐户部判官。①

张尧佐虽然出身进士,属于士大夫阶层的一员,但其毕竟因缘戚里而得升迁,在士大夫阶层造成较为恶劣的影响,以至于出现灾异现象时,张尧佐就会成为士大夫弹劾的对象。庆历六年(1046),由于灾异数见,户部员外郎兼侍御史知杂事梅挚上疏言"权陕西转运使张尧佐非才,由宫掖以进,恐上累圣德"②,抹杀了张尧佐的吏干之才,将其看作完全由戚里身份得到晋升,且这应该不是梅挚一人的想法,而是士大夫阶层的共识。显然,这对于张尧佐来说是不公正的,但外戚身份在使其仕途顺畅的同时,也带来舆论的指责和士大夫阶层的不屑,这是北宋仁宗时期士大夫阶层追求权力制约机制的结果,或者说是皇权伸张与士大夫阶层主体意识增强二者之间张力的表现。一方面,宋仁宗力图摆脱强势的刘太后带来的阴影,努力克服其优柔性格造成的被动局面,因此时时会有意欲掌控权力的想法和做法,有时甚至不惜与士大夫阶层相抗衡,如梅挚弹劾任用张尧佐不当,但仁宗并未将张尧佐贬职,更于第二年正月进一步拔擢张尧佐为户部副使③。另一方面,作为有志承继前烈的皇帝,宋仁宗也特别希望树立自己有德之君的形象,以便获得百姓和士大夫阶层的认可,将来也如祖宗一般获得史官的称颂,能够名垂青史。如庆历七年(1047)三月,由于旱灾严重,宋仁宗发布诏令罪己,其言:

> 朕临御以来,于今二纪,夙夜祗惧,不敢康宁,庶洽治平,以至嘉靖。自去岁冬末,时雪已愆,今春大旱,赤地千里,百姓失业,无所告劳。朕思灾变之来,不由他致,盖朕不敏于德,不明于政,号令弗信,听纳失中。俾兹眚祥,下逮黎庶;天威震动,以戒朕躬。大惧不能承宗庙之灵,负社稷之重,苦心焦

---

① 李焘:《续资治通鉴长编》卷一四七,庆历四年三月己巳,第3556页。
② 李焘:《续资治通鉴长编》卷一五九,庆历六年九月,第3846页。
③ 李焘:《续资治通鉴长编》卷一六〇,庆历七年正月癸未,第3860页。

思,惶悸失图。是用屈己谢愆,归诚上叩,不御正殿,不举常珍,外求直言,以答大谴。冀高穹之降鉴,悯下民之无辜。与其降疾于人,不若移灾于朕。庶用感格,以底休成。自今月十九日后,只御崇政殿,仍减常膳。应中外文武臣僚,并许实封言当世切务,三事大夫,其叶心交儆,辅予不逮。①

从字面意思看,宋仁宗的罪己诏多为程式化的套语、空话,如"夙夜祗惧,不敢康宁"之类,在古代帝王的罪己诏中常常可以看到类似的语词,但不可小看这样程式化的官方话语,它之所以能够成为被官方认可的说法,就是因为其中包含着重要的官方意识形态,或者说就是皇帝希望天下知晓的内容。宋仁宗希望通过这一诏令,向百姓,尤其是士大夫阶层宣示自己畏谨、尚德、过归于己、移灾于自身的"圣君"形象,因此,诏令的话语书写就显得非常重要,既要能够让受众感觉到皇帝的愧疚之心和爱民之情,又不能伤害皇帝的权威。如宋仁宗在诏令中的自责之词,"不敏于德,不明于政,号令弗信,听纳失中"等等,结合上下文,可知这只是皇帝为了使上天降罪于己、代百姓受过的说辞,是承担天降灾异的"大义"行为,以此来突出皇帝的仁义形象。比较诏令话语和皇帝的实际政治行为,我们会发现,诏令文本展示的是宋仁宗希望做到的理想状况,或者说是他面对士大夫阶层时展示出来的"圣君"形象,也是他抵御士大夫阶层权力扩张的盾牌;而在实际的政治生活中,仁宗却不得不考虑制衡士大夫阶层的问题,这应该也是他不听从士大夫的弹劾、一再执意提拔张尧佐的原因之一。当然,宋仁宗对张尧佐的重用,也在于张尧佐除了外戚身份外,还有进士出身、吏能突出的士大夫身份优势,所以仁宗才会对其另眼相看,表现出极高的信任度。在之后士大夫对张尧佐的多次弹劾中,宋仁宗基本皆不予处置,依旧任用张尧佐。

庆历八年(1048)四月,"祠部郎中、天章阁待制张尧佐为兵部郎中、权知开封府。侍御史知杂事张昪言尧佐缘恩泽进用太骤,非所以公天下",结果是"不报"。② 这可能有两种情况,一是相关部门没有将此奏议申报给宋仁宗,故仁宗不知晓;二是宋仁宗收到了奏议,但未予答复。从史料记载看,应该是后者,即宋

---

① 佚名编:《宋大诏令集》卷一五三,《大旱责躬避殿减膳许中外言事诏》,第569页。
② 李焘:《续资治通鉴长编》卷一六四,庆历八年四月,第3944页。

## 第二章 宋仁宗时期弹劾的良性运行:权力制衡

仁宗不理会张昇的弹劾,没有将张尧佐降职,甚至在第二年还找了一个理由,将张昇贬出京城①。对张昇上疏的更为详细的内容以及仁宗阅后的不满情绪,仁宗曾对台谏官陈旭有所披露。据《涑水记闻》载,当张昇左迁时,陈旭曾"数言其梗直,宜在朝廷",宋仁宗不得已回应说:"吾非不知昇贤,然言词不择轻重。"话语中满含抱怨之意,陈旭不知原因,问及具体情况,宋仁宗才言张昇在上疏中有如下过激的言辞:"陛下勤身克己,欲致太平,奈何以一妇人坏之乎!"可见仁宗肯定看过张昇的弹劾奏疏。陈旭极力为张昇辩解,"此乃忠直之言,人臣所难也","昇志在去恶,言之不激,则圣意不回,亦不可深罪也",宋仁宗也意识到自己意气用事的弊端,于是皇祐二年(1050)即命张昇"以天章阁待制代杜杞知庆州"。② 一位拥有统治天下至高无上权力的帝王,面对御史的正确而过激的言论,不敢有龙颜大怒的表示,只是找借口暂时将御史贬出京城,发泄一下自己的不满情绪,应该说,这与宋仁宗软弱、仁厚的性格及其成就"圣君"大业的理想有关,更是士大夫阶层采取各种手段制衡皇权的结果。当然,宋仁宗也有自己的打算,他一方面以不回应的方式对抗士大夫对张尧佐的弹劾,另一方面没有停止对张尧佐的提拔,比如皇祐元年(1049)九月,宋仁宗又任命权三司使、端明殿学士、给事中张尧佐为礼部侍郎、三司使,时任监察御史陈旭予以阻止,言"尧佐以后宫亲,非才也,不宜使制国用",但仁宗仍旧没有听从。③

随着张氏被册封为贵妃,在后宫的地位愈益提高,张尧佐亦受到来自士大夫阶层的越来越多的弹劾。从皇祐二年六月开始,即张氏晋为贵妃仅一年多,台谏官就展开了对张尧佐的猛烈奏劾,此次奏劾首先是由谏官包拯、陈旭、吴奎等人发起的,原因就是近来水灾、地震等灾异频现,"是皆群小之道盛也",然后再直接点出所谓"群小"即张尧佐,"今亿兆之众谓三司使张尧佐凡庸之人,徒缘宠私骤阶显列,是非倒置,职业都忘,诸路不胜其诛求,内帑亦烦于借助,法制

---

① 据《续资治通鉴长编》卷一六五载,侍御史知杂事张昇外贬知濠州,原因是其任开封府推官时(原文载为"判官",查《宋史·张昇传》,再结合《续资治通鉴长编》所载史实,此时张昇应为开封府推官),"(程)文昌母诬家婢置药羹中,而昇未尝追辨其事",因程文昌牵涉到一起与现任官员有关的请托案中,故将包括张昇在内的一干官员悉数贬职(李焘:《续资治通鉴长编》卷一六五,庆历八年八月丁丑,第3961—3962页)。

② 司马光:《涑水记闻》卷三,第58—59页。

③ 李焘:《续资治通鉴长编》卷一六七,皇祐元年九月乙未,第4013—4014页。

刺弊,商旅阻行,而尧佐洋洋自得,不知羞辱,召来灾沴,实自斯人",将近年来的灾异现象皆归因于张尧佐,继而得出结论,即任用张尧佐"百怪渐露,是上违天意也。万口交讥,是下咈人情也",所以乞求仁宗不要"上违天意,下咈人情",对张尧佐应该"处之有道,进入合宜",不可任用过遽,亦不可给予重要的职任。① 但是,由于宋仁宗宠爱张贵妃,对张尧佐自然有更多的信任之情,何况包拯等人的弹文攻击的成分多,论述具体事例的内容少,因此仁宗还是不予理会。

此后,包拯又上疏言:"窃缘三司使张尧佐早缘恩幸,骤阶华要,任之会府,委以大计,而本职隳废,利权反覆,公私困敝,中外危惧。且历代后妃之族,虽有才者,亦未尝假以事权,又况庸庸不才者乎!"②具体指明张尧佐没有能力解决朝廷财政困窘的状况,无法胜任三司使之职。宋仁宗后期朝廷的财政状况较为艰难,各方面的财政支出大为增加,如在籍兵士人数在宋太祖开宝年间为37.8万,其中禁军马步军有19.3万,宋太宗至道时兵士人数为66.6万,其中禁军马步军35.8万,宋真宗天禧年间在籍兵士91.2万,其中禁军马步军为43.2万,到宋仁宗庆历年间,在籍兵士增至125.9万,其中禁军马步军有82.6万,③增长比率较高。这些兵士与唐代府兵制下亦兵亦农的兵户不一样,需要朝廷出军费供养,这是一笔庞大的开支,且由于宋仁宗前期与辽的对峙及对西夏的战争,导致军费开支更加巨大。再如,朝廷官员人数的增长也是非常惊人的,包拯曾于皇祐初年上疏宋仁宗,言及冗官、财用之事,"臣伏见景德、祥符中,文武官总九千七百八十五员,今内外官属总一万七千三百余员,其未授差遣京官使臣及守选人不在数内。较之先朝,才四十余年,已逾一倍多矣……今天下州郡三百二十,县一千二百五十,而一州一县所任之职,素有定额,大率用吏不过五六员则有余矣。今乃三倍其多,而又三岁一开贡举,每放近千人,复有台寺之小吏,府监之杂工,荫序之官,进纳之辈,总而计之,不止于三倍。是食禄者日增,力田者日耗,则国计民力安得不窘乏哉?"④人数众多的官僚队伍,亦导致朝廷用于官员俸禄的支出大为增加。可见包拯对于朝廷的财政状况较为清楚,他还曾受宋仁宗委派,以三司

---

① 包拯撰,杨国宜校注:《包拯集校注》卷三,《弹张尧佐》,第155—156页。
② 包拯撰,杨国宜校注:《包拯集校注》卷三,《请选内外计臣》,第163页。
③ 脱脱等:《宋史》卷一八七,《兵一·禁军上》,第4576页。
④ 包拯撰,杨国宜校注:《包拯集校注》卷三,《论冗官财用等》,第140页。

户部副使的身份"行河北,与边臣、转运司议罢省冗官,汰军士之不任役者",而且以他的身份,也了解朝廷在皇祐元年(1049)"入一亿二千六百二十五万一千九百六十四,而所出无余"。① 因此,包拯对于朝廷严峻财政问题的担忧是有依据的,代表着士大夫阶层的主流看法,他希望宋仁宗能够任用善于理财者出任三司使,解决朝廷的财政危机,显然,以张尧佐之才,无法胜任此项工作,加之其外戚的身份,受到包拯等人的弹劾也就在所难免了。

但是,宋仁宗还是没有听从士大夫的建议,仍然继续任用张尧佐为三司使。皇祐二年(1050)八月,侍御史知杂事何郯因母亲年老需要奉养,请求外放,以吏部员外郎、直龙图阁知汉州,临行之前,上疏弹劾张尧佐②。何郯的这次弹劾属于事前的监督行为,即事情未发生前,以弹文的方式主动点明可能发生的事件,并结合实际情况提出切实可行的建议,及时纠正用人方面可能出现的偏差和失误,这样的弹劾一般不常用,但却有利于克服事后弹劾的被动性。何郯的弹章言,由于张尧佐"充三司使已逾年,若大飨讫事,众议谓陛下以酬劳为名,必当进用尧佐在两府。果如众议,命行之日,言事之臣必以死争。当是之时,陛下欲决用尧佐,则当黜言者;听用言者,即须罢尧佐。酌之两途,必难并立",为了避免出现如此两难的境况,何郯提醒宋仁宗不可"进用尧佐在两府"。当然,何郯上疏的事由仍然离不开张尧佐的外戚身份,一方面指出"缘尧佐虽由进士登第,历官无他过,然骤被宠用,人情皆以止缘后宫之亲,非复以才能许之",另一方面希望以历史的经验教训说服宋仁宗,"崇宠过当,则不免祸咎;抑损得所,则必能安全……今用尧佐至三司使,已是预政事;况于进处二府,则天下之议当以为如何!"③遗憾的是,从事态的发展看,仁宗还是不打算听从何郯离京前的肺腑之言。据《续资治通鉴长编》记载,同年九月明堂大礼前一日,传言大礼后宋仁宗颁布的敕书中有"百官皆迁官"的内容,当时参知政事阙员,张尧佐又"朝暮待命",同时宦官王守忠也受到仁宗的宠信。于是,侍御史彭思永"欲率同列言之",仿效何郯之前的做法,希望能够通过事前的监督行为,阻止有可能发生的提拔张尧佐、王守忠之事。但御史台有人认为还是应该等宋仁宗的任命下达后

---

① 脱脱等:《宋史》卷一七九,《食货下一·会计》,第4352页。
② 李焘:《续资治通鉴长编》卷一六九,皇祐二年八月己未,第4053—4054页。
③ 赵汝愚编:《宋朝诸臣奏议》卷三四,《上仁宗论张尧佐不可进处二府(何郯)》,第331—332页。

再进行弹劾,彭思永不得已,"遂独奏陛下覃此缪恩,无意孤寒,独为尧佐、守忠故,取悦众人尔。且言外戚秉政、宦官用事,皆非宗社之福"。宋仁宗读到彭思永的上疏后大怒,欲追查传言的来源,幸得谏官吴奎以"御史许风闻"的理由予以辩解,加之御史中丞郭劝也认为"思永纳忠,不宜深罪",才平息了一场风波,而"尧佐、守忠之议遂格"。① 从史籍记载看,宋仁宗因宠爱张贵妃,确实有进一步提拔张尧佐的想法,何郯、彭思永等士大夫的担心并非空穴来风,而且也正是由于这些士大夫的不懈坚持,才使仁宗将除张尧佐参知政事之事搁置不提。不过,为了安抚张贵妃和张尧佐,三个月后,宋仁宗又欲加张尧佐宣徽南院使、淮康节度使、景灵宫使,数日后又加同群牧制置使,②从而引来士大夫更大规模的弹劾。

皇祐二年(1050)闰十一月,除张尧佐四使的动议一经公布,知谏院包拯即刻上疏,指出除张尧佐四使不当。在奏章中,包拯首先论及本朝故事,无论是宋太祖朝,还是宋太宗、真宗朝,乃至宋仁宗时期,能够获得节度使或者宣徽使之类的使职,均不是一件容易的事,需要有突出的政绩和较高的声望,如"雷有终以工部侍郎讨平西川,得宣徽使;李至于先朝有东宫之旧,自工部尚书参知政事,才用为武胜军节度使"等等,张尧佐既无功绩,亦无德行,却同时得宣徽使、节度使,"若非内外协应,蒙惑攘窃,宁至此哉!"且将过错归于"女谒近习及执政大臣"。③ 包拯的奏疏顾及宋仁宗的权威,并未直接指出任用张尧佐不当的责任在于仁宗。但宋仁宗的态度仍不明朗,于是包拯又上奏章一篇,进一步言及除张尧佐四使之弊,"缘张尧佐久以非才,滥司大计,利权反覆,物论沸腾,臣等累次论列。陛下欲务保全,乃曲假宠荣,并领要职,求之前代则无例,访以人情则不安,臣实忧危,罔知所措",与之前将所有责任推于后宫、宰执身上不同,此篇上疏除了责难执政大臣外,还直接诘问宋仁宗:"今尧佐何者,而兼是四职乎?"④

张尧佐任四使也导致朝堂之上舆论哗然,不独包拯有如此激烈的反应,当时御史中丞王举正"重厚寡言","朝议意举正儒懦,或迤逦退避,动经浃旬,则尧佐

---

① 李焘:《续资治通鉴长编》卷一六九,皇祐二年九月,第4061页。
② 李焘:《续资治通鉴长编》卷一六九,皇祐二年闰十一月己未、庚申,第4067页。
③ 包拯撰,杨国宜校注:《包拯集校注》卷三,《论张尧佐除四使不当》,第170—171页。
④ 包拯撰,杨国宜校注:《包拯集校注》卷三,《弹张尧佐一》,第173—174页。

## 第二章　宋仁宗时期弹劾的良性运行:权力制衡

之命必遂行,论谏弗及矣",故王举正立刻上疏弹劾张尧佐,言其"素乏材能,徒以夤缘后宫,侥幸骤进……并授四使,又赐二子科名,贤愚一词,无不嗟骇",但宋仁宗仍然不予理会。于是,在退朝时,"举正留百官班廷诤,复率殿中侍御史张择行、唐介及谏官包拯、陈旭、吴奎于上前极言,且于殿庑切责宰相",直到宋仁宗"遣中使谕旨,百官乃退"。① 从此次弹劾看,台谏官首先用到的弹劾方式是奏劾,即按照正常的上疏程序,将弹文交由通进银台司进呈君主②;当这种方式不能得到皇帝的回应时,台谏官采取了更为激烈的方式,即留班廷奏,在退朝之际,由御史中丞王举正出面,留住百官班列,要求他们与台谏官共同进行论奏,这是台谏官借助朝堂舆论谏诤君主、弹劾官员的一种办法,属于较为极端的集体行为。王举正的此次留百官班在当时官场产生了较大影响,而且这样的做法显然不是太平盛世应该出现的现象,因此宋仁宗不能再如之前一样不予理会了,他不得不以"谕旨"的方式作出回应,但并未答应台谏官的请求。

士大夫舆论汹汹,台谏官弹劾不已,但宋仁宗却仍然在为自己辩解,他在回应台谏官的答诏中言:

> 近台谏官累乞罢张尧佐三司使,及言亲连官掖,不可用为执政之臣,若优与官爵,于礼差便,遂除宣徽使、淮康节度使。兼已指挥自今后妃之家,毋得除两府职任。今台谏官重有章疏,其言反覆,及进对之际,失于喧哗。在法当黜,朝廷特示含容,其令中书取戒厉,自今台谏官相率上殿,并先申中书取旨。③

分析宋仁宗的上述答诏,我们发现一个非常有意思的现象。作为皇帝,宋仁

---

① 李焘:《续资治通鉴长编》卷一六九,皇祐二年闰十一月,第4068—4070页。
② 通进银台司是宋太宗时期新设置的一个主管文书运行的机构,主要职能是承接奏章、案牍等各类文书,并将其中大部分进呈皇帝,同时下发皇帝的各类命令,台谏官的弹文亦由通进银台司进呈皇帝。相关研究主要有孟宪玉:《北宋通进银台封驳司研究》,河北大学2008年博士学位论文;李全德:《文书运行体制中的宋代通进银台司》,载邓小南主编:《政绩考察与信息渠道:以宋代为重心》,北京大学出版社2008年版,第291—328页;田志光:《北宋通进银台司在中枢决策中的封驳权》,《史学集刊》2014年第1期;等等。
③ 李焘:《续资治通鉴长编》卷一六九,皇祐二年闰十一月己巳,第4070页。

宗本可不用这么耐心地回复台谏官,他只需申明台谏官喧哗违礼,即可悉数予以罢免,甚至可以将御史中丞罢官免职,赶出京城,流放远地,亦可起到震慑的作用。但是宋仁宗并未这样做,这一方面是因为北宋时期士大夫的主体意识增强,他们慨然以天下为己任,将自身看作是与皇帝共治天下的阶层;另一方面也是北宋皇帝的权力受到各种因素制约的结果,比如官僚体制的约束、"祖宗之法"的限制等等。实际上,宋仁宗亲政后,很快就表达出意欲大权独揽的想法,明道二年(1033)十二月,仁宗曾对宰执大臣言:"每退朝,凡天下之奏,必亲览之。"① 如此勤政的背后,就隐含着仁宗强化皇权的意图。士大夫阶层则努力争取与皇帝共治天下的权力,因此宋仁宗与士大夫阶层的角力一直在进行着,他屡次有试图冲破权力制约的做法,如前揭对宦官的种种维护,还有此次对张尧佐的恩宠。但是,宋仁宗扩张权力的努力却每每遭至士大夫阶层的抵制,这次士大夫的行为则更为激烈,在连番上疏劝阻无效的情况下,以留百官列的方式表达他们对皇帝做法的不满。面对如此境况,宋仁宗亦无可奈何,答诏中有严厉的、满含怒气的言辞表达,而更多的却是抱怨、牢骚情绪的宣泄,他认为自己已经听从台谏官的建议,没有除拜张尧佐为参知政事,仅仅给予张尧佐一些荣誉性的虚职,而台谏官却"其言反覆",纠缠不休,不认可原来奏章中所说的话,甚至在朝堂上不顾礼仪,沸扬喧哗,影响朝政重地的庄重和肃穆。因此,气急之下宋仁宗下令,之后台谏官合班上殿须经由宰相许可。

当时官场中反对除张尧佐四使的臣僚众多,正所谓物议腾涌,从退朝之际御史中丞王举正留百官列的行为看,这肯定不是一时兴起的临时性行为,而是台谏官的统一行动,且事先获得了台谏官以外的其他一些臣僚的支持。宋仁宗甘愿冒犯几乎整个士大夫阶层,维护张尧佐,当然有宠爱张贵妃的因素使然,但也有加强皇权的诉求包含其中。此轰动一时的事件演化至此,宋仁宗和台谏官双方均不肯让步,甚至有台谏官以外的士大夫参与其中②,这时的争议已在逐渐溢出正常的弹劾轨道,越来越包含着双方的意气之争,若继续争论下去,后果难以预

---

① 李焘:《续资治通鉴长编》卷一一三,明道二年十二月丙申,第 2646 页。
② 《宋朝诸臣奏议》载有司马光已具草但未上奏的一篇奏疏,司马光时任殿中丞、同知礼院(赵汝愚编:《宋朝诸臣奏议》卷三四,《上仁宗论张尧佐除四使不当(司马光)》,第 334—335 页)。

第二章　宋仁宗时期弹劾的良性运行：权力制衡

料。最后，张尧佐自思不能与全体士大夫为敌，于是自辞宣徽使、景灵宫使①。

不到一年，即皇祐三年（1051）八月，宋仁宗又除"淮康节度使、同群牧制置使张尧佐为宣徽南院使、判河阳"②，再次遭至台谏官的交相举劾。御史中丞王举正奏曰："……今四方多虞，灾异数见，若非奖擢有功，任用贤直，则何以上答天戒，下慰民望哉！尧佐自罢宣徽使，方逾半年，端坐京师，以尸厚禄，今复授之，益增鄙诮。"甚至提出"若陛下不纳臣尽忠爱君之请，必行尧佐滥赏窃位之典，即乞黜臣，以诫不识忌讳愚直之人"。③ 奏劾言辞不可谓不严切，且以罢免自身官职的方式，请求宋仁宗不除张尧佐宣徽使，其行为不可谓不激烈，但仁宗还是采取从前的做法，即不予答复。接着知谏院包拯、陈旭、吴奎等官员又连上奏疏，内容与王举正的弹文差不多，首先指出再授张尧佐使职一事导致"物议腾沸"，即不独台谏官反对此一任命，士大夫阶层亦认为此事不妥；其次，认为张尧佐以外戚身份一再"侥求觊望"，朝廷屡次越等拔擢，与其才能和德行不符；仁宗本"凡事克己，鲜有过举，止于尧佐厚甚"，故乞求仁宗"大恩不可频假，群心不可固违；假之频则损威，违之固则兆乱"。④ 只是如此连番的弹劾仍然不能阻止宋仁宗的封赏，最终张尧佐还是被授予宣徽南院使。由于此次宋仁宗的态度非常坚决，大部分士大夫，包括台谏官只能妥协。看来在皇帝与士大夫阶层的权力较量中，如果皇帝表现出强硬态度，涉及的事项又有一定的回旋余地，士大夫阶层还是会顾忌皇帝的权威，毕竟他们的目的并非挑战皇帝地位，而是希望能够维持"帝师"的身份，实现与皇帝"共治天下"的目的。当然，士大夫也找了很好的妥协理由，即张尧佐判河阳属于外任，而"补外不足争"，只有殿中侍御史里行唐介仍然不认可，认为"宣徽次二府，不计内外"，还是据理力争，向宋仁宗提起弹劾，仁宗借口此次除授是由宰相提出的，他只是批复而已，唐介退朝后，"请全台上殿，不许；自请贬，亦不报"，于是又转而弹劾宰相文彦博。⑤ 由于弹劾的对象为宰相，位高权重，唐介采取的是露章面劾的方式，即在朝堂上当着百官的面宣读弹章的

---

① 李焘：《续资治通鉴长编》卷一六九，皇祐二年闰十一月己巳，第4070页。
② 李焘：《续资治通鉴长编》卷一七一，皇祐三年八月辛卯，第4105页。
③ 赵汝愚编：《宋朝诸臣奏议》卷三四，《上仁宗论张尧佐再除宣徽使（王举正）》，第335页。
④ 包拯撰，杨国宜校注：《包拯集校注》卷三，《弹张尧佐二》《弹张尧佐三》，第176—178页。
⑤ 李焘：《续资治通鉴长编》卷一七一，皇祐三年十月，第4113页。

107

内容,显示出其不畏权贵、刚直不阿的精神。唐介奏弹文彦博"专权任私,挟邪为党。知益州日,作间金齐锦,因中人入献宫掖,缘此擢为执政。及恩州平贼,幸会明镐成功,遂叨宰相。昨除张尧佐宣徽、节度使,臣累论奏,面奉德音,谓是中书进拟,以此知非陛下本意。盖彦博奸谋迎合,显用尧佐,阴结贵妃,外陷陛下有私于后宫之名,内实自为谋身之计"。宋仁宗听闻此弹章大怒,唐介不仅不着急,反而在不疾不徐读完弹章后,又补充道:"臣忠义愤激,虽鼎镬不避,敢辞贬窜。"并当面斥责文彦博"宜自省,即有之,不可隐于上前",文彦博不敢辩驳,只是宋仁宗的怒气甚大,尽管有朝臣冒险为唐介辩解,唐介终究还是被贬出京城,责授英州别驾。①

由于针对张尧佐的每次奏劾皆引起士大夫阶层的交相论列,张贵妃和张尧佐本人此后皆不敢再乞求官爵方面的恩赏,宋仁宗亦不愿意类似事件重复发生,故至和元年(1054)正月张贵妃去世②后,张尧佐逐渐淡出士大夫关注的中心。史籍对张尧佐有如下评价:"尧佐起寒士,持身谨畏,颇通吏治,晓法律,以戚里进,遽至崇显,恋嫪恩宠,为世所鄙。"③应该说还是比较恰当的。

张尧佐虽为进士出身,又具备一定的行政能力,但若非其堂侄女张氏受到宋仁宗越来越多的宠幸,以至晋为贵妃,他不太可能有机会位至三司使,更不可能同时拥有四使的荣誉官衔,这是当时以台谏官为代表的士大夫弹劾张尧佐的主要原因。从弹劾张尧佐的事件及其结果看,士大夫的奏劾除了言其因缘戚里、升迁过速、不能胜任官职外,实际上亦无其他事由,只是宋仁宗绝大多数时候均未予理会,依旧不断拔擢张尧佐,这才导致弹劾行为一而再、再而三地发生,乃至触发官场舆论哗然,出现台谏官共劾、留百官班、露章面劾等激烈的弹劾方式,使得皇帝与士大夫阶层之间的角力时时发生。实际上,在对待外戚方面,宋仁宗与士大夫阶层的态度基本是趋同的,皆认为不能给予外戚权力和过度恩宠,之所以在张尧佐的问题上出现争议,是因其外戚兼士大夫的双重身份。士大夫弹劾的是张尧佐的外戚身份,宋仁宗认可的是张尧佐的士大夫身份,故而仁宗始终不认为重用张尧佐与限制外戚相冲突,这是仁宗与士大夫阶层产生矛盾的重要原因。

---

① 李焘:《续资治通鉴长编》卷一七一,皇祐三年十月,第4113—4114页。
② 李焘:《续资治通鉴长编》卷一七六,至和元年正月癸酉,第4249页。
③ 脱脱等:《宋史》卷四六三,《外戚上·张尧佐传》,第13558页。

当然,皇帝居于至尊之位,如果其态度强硬,士大夫除了继续上疏外,亦毫无办法,但由于宋仁宗时期是士大夫主体意识强劲、以天下为己任精神勃兴之时,皇帝权力又受到官僚制度、"祖宗之法"等因素的制约,因此,在与士大夫阶层的博弈中,宋仁宗还是会考量士大夫阶层的弹劾建议,不至于太过于独断专行。质言之,张尧佐跌跌撞撞的升迁之途实际上是皇帝与士大夫阶层互相抗衡、互相妥协的结果。

# 第三章 宋仁宗时期弹劾的良性运行：权力监督

宋仁宗时期，监察制度逐渐完善，以弹劾进行权力监督的机制相对运行良好，士大夫弹劾的对象除了宦官、外戚这样的特殊人物外，也包括其他的朝廷官员，如武将，或者与弹劾主体属于同一阶层的其他士大夫。士大夫出于以天下为己任的公心，凭依各种事由，一而再、再而三地提起弹劾，掀起了一次又一次弹劾浪潮，对于促成良好的士风和政风有着重要作用。作为最高统治者，宋仁宗对弹劾是持鼓励态度的，他希望借此强化对权力的监督，维护皇帝权威，从而实现天下大治。

## 第一节 阻抑武将权力：对武将的弹劾

宋仁宗在位期间，内外局势并非一片和平。外有西夏的袭扰，朝廷与西夏李元昊之间发生多次战争，辽亦乘机举兵威胁，以至于当时朝廷的西北、北部边境均告急；内部又屡次爆发叛乱，如王伦兵变、王则兵变、侬智高之乱等。朝廷面临的如此境况，使得武将有了更广阔的施展空间，但赵宋王朝鉴于唐末五代之弊，自建立伊始就对武将充满戒备，并采取多方面措施监督、阻抑武将权力，打压武将地位，弹劾即是其中之一。

### 一、以弹劾监督武将

自唐末以来，士大夫阶层与武将之间就存在着不可调和的矛盾，双方互不信任，宋仁宗时谏官欧阳修曾言："大凡文武官常以类分，武官常疑朝廷偏厚文臣。

第三章　宋仁宗时期弹劾的良性运行:权力监督

假有二人相争,实是武人理曲,然武人亦不肯服,但谓执政尽是文臣,递相党护,轻沮武士。"①因此,北宋士大夫阶层始终保持着对武将的防备之心。在对待武将的态度上,宋仁宗和士大夫阶层基本上是一致的,既要任用武将领兵作战,抵御西夏的侵扰,平定各地的民变、兵变,又要采取遏制策略,防止他们的势力坐大,只是个中的平衡不容易把握。从对武将的弹劾看,宋仁宗和绝大多数士大夫均认可防武将甚于防边的做法,他们认为如果边境战争失败,还可以弥补,比如以岁币的方式换得朝廷暂时的和平,但是武将如果借战争之势赢得权力,提高地位,则很可能威胁朝廷的安全。因此,大多数情况下,士大夫对武将的弹劾基本皆可得到皇帝的积极回应。

通过翻检史料,我们发现宋仁宗时期弹劾武将者,除了台谏官外,还有与武将同在边地的地方官或宋仁宗临时派至边地的官员,如转运使、通判、知州、安抚使等,相对于身处中央的台谏官,他们更加了解当时、当地的情况,加之某些官职本身就具有监督地方官的职能,因此他们提起的弹劾更有针对性。北宋转运使除了主管地方行政以外,还有监察、考课地方官的职能②,他们奏劾辖区内的武将是履行其职责的行为,如天圣二年(1024),河东转运使劾"岚石隰州缘边都巡检使、濰州团练使刁赞惜公使钱,不以犒士",后朝廷令刁赞与潞州兵马总管、冀州团练使许超"易任"。③ 北宋时期的河东路辖14州,其中岚、石、隰三州为毗邻辽的边境之地,地理位置大概在今天的山西西北部,潞州在今山西长治,位置相对靠近内地,其御边的重要性比不上岚、石、隰三州。此时与西夏的战事还没有爆发,与辽的关系较为稳定,边境局势相对缓和,但边境的威胁始终没有消除,因而对边地武将还是比较重视,加上所劾之事细微,故仅以将刁赞换到一个不太重要的地方继续任职的方式予以警告。与转运使一样,通判亦具有弹劾地方官的职责,其"掌倅贰郡政,凡兵民、钱谷、户口、赋役、狱讼听断之事,可否裁决,与守

---

① 欧阳修撰,李之亮笺注:《欧阳修集编年笺注》卷一○六,《再论水洛城事乞保全刘沪札子》,第6册第262页。
② 近年来的相关研究主要有李昌宪:《也谈宋代转运司的治所》,《中国历史地理论丛》1992年第2期;汪圣铎:《宋代转运使补论》,《中国史研究》2004年第1期;李之亮:《宋代转运使司置司考述》,《文史》2004年第1辑;戴扬本:《北宋转运使考述》,上海古籍出版社2007年版;等等。
③ 李焘:《续资治通鉴长编》卷一○二,天圣二年三月,第2354页。

臣通签书施行。所部官有善否及职事修废,得刺举以闻"①。宋仁宗时期,通判几乎设置于全国各地的州府,是中央王朝监督地方官乃至边境武将的官员之一,如景祐四年(1037),真定府、定州路都部署夏守恩"恃宠骄恣不法,而其子元吉通赂遗,市物多不予直",转运使杨偕和张存、定州通判李参弹劾夏守恩"敛戍军家口钱十万为之遣代者;权知定州,取富民金钗四十二枚,为之移卒于外县"。②夏守恩本为宋真宗藩邸旧人,深得真宗信任,"擢殿前都虞候,以安远军节度使观察留后管勾殿前马步军都指挥使事",宋仁宗即位后,又获擢升,成为驻守边境一地的军事长官。③ 宋仁宗时,边境军费开支浩大,景祐元年(1034)三司使程琳言:"河北、陕西军储数匮,而招募不已。其住营一兵之费,可给屯驻三兵。昔养万兵者,今三万矣。河北岁费刍粮千二十万,其赋入支十之三,陕西岁费千五百万,其赋入支十之五,自余悉仰给京师。"④边境养兵之费大增,且大多依赖中央调拨,使得中央财政异常紧张,夏守恩作为河北路真定府、定州的军事长官,不仅不能为朝廷分忧,反而占用边境军士用于赡养家人的军俸钱十万之巨,且又贪取当地富民的钱财,故而遭到通判的弹劾。依夏守恩的罪行,当判死刑,后特宽贷,处以"除名,配连州编管"的刑罚,其弟夏守赟及守赟子亦受牵连被贬官。⑤可见,与被劾武将同处一地的地方官,更容易了解武将及边境的相关情况,所劾事例更准确、更具体,应该说,他们在监督武将履行职责、防止武将跋扈等方面起到了重要作用。

当然,弹劾的主体仍然是台谏官,尽管他们身处汴京,远离地方驻军之地,但根据当时的制度规定,台谏官有获取信息的固定渠道,知情人出于各种考虑,也愿意将相关情况反映给台谏官,希望通过他们的劾奏达到目的。不过,从台谏官弹劾的情况看,他们得到的信息有可能不够具体,导致其弹劾的针对性不强,涉及更多的是年老不能胜任、无驻守功劳、处罚太轻等宽泛的理由。如天圣九年

---

① 徐松辑:《宋会要辑稿》职官四七之六二,第4299页。
② 李焘:《续资治通鉴长编》卷一二〇,景祐四年闰四月己亥,第2830页;司马光:《涑水记闻》卷八,第163页。
③ 脱脱等:《宋史》卷二九〇,《夏守恩传》,第9714—9715页。
④ 李焘:《续资治通鉴长编》卷一一四,景祐元年五月,第2675—2676页。
⑤ 李焘:《续资治通鉴长编》卷一二〇,景祐四年闰四月己亥,第2830页。

(1031),御史劾渠州防御使、龙神卫四厢都指挥使孙正"衰老不任事",使其"改沂州防御使、贝州部署,落管军"。① 还有武将回京任职后,受到台谏官的弹劾,如康定元年(1040)六月,夏守赟由边境回京,朝廷欲使其为同知枢密院事,"侍御史赵及、右正言梁适皆言守赟经略西事无功,不可复处枢府"②。

当台谏官弹劾时,也会出现其他人补充相关信息的情况,由此使得弹劾变得更加复杂。张茂实出生后,跟随被选为宋真宗子乳母的母亲入宫,在宫中长大,被真宗赐给宦官张景宗为养子。③ 张茂实长大后,"累历军职,至马军副都指挥使",至和元年(1054),有一军人冷用听其父妄言张茂实为真宗子,"冀幸恩赏,即为表具言其事,于中衢邀茂实,以表呈之",张茂实将其交给开封府审理,冷用受到惩罚,被杖责之后,"配外州下军",此时流言开始传播,引起舆论哗然,宋仁宗下诏令嘉庆院重新复核,嘉庆院以冷用"病心"妄言为由,将其"配广南牢城,辞所连及者皆释之",但台谏官劾奏张茂实"当上言而不以闻,擅流配卒夫,不宜典兵马",张茂实不得不自请出外任。④ 此一事件与张茂实作为武将的言行没有关系,只是因为冷用的妄言牵涉张茂实,才导致其被台谏官弹劾,尽管事后证实冷用所言为子虚乌有的猜测,此事还是未能完结,直到六年后的嘉祐五年(1060),仍有台谏官以同样的理由奏劾张茂实。右谏议大夫、权御史中丞韩绛弹奏"张茂实人以为先帝子,而引用管军,事密难测",且"居家待罪,自言不敢复称御史中丞",宋仁宗遣宦官传令召见韩绛,韩绛不理,御史台属官前往规劝,韩绛才勉强上朝,但又"不秉笏穿朝堂",乃至引发知谏院唐介、右正言王陶、侍御史知杂事范师道、御史陈经和吕诲、监察御史里行陈洙等官员的不满,言"茂实顷为狂卒诬诋,已经朝廷辨白;兼复用管军,乃中书、密院同议,人亦无间言。今

---

① 李焘:《续资治通鉴长编》卷一一〇,天圣九年十一月,第2570页。
② 李焘:《续资治通鉴长编》卷一二七,康定元年六月丁亥,第3017页。
③ 《续资治通鉴长编》卷一一三言张茂实为张景宗养子(李焘:《续资治通鉴长编》卷一一三,明道二年八月丁未,第2633页)。关于张景宗的宦官身份,在《宋史·宦者一》中有较为明确的记载:"大中祥符初,天书降夕,神福与刘承珪、邓永迁、李神祐、石知颙、张景宗、蓝继宗同直禁中,赐以器币、缗钱。"(脱脱等:《宋史》卷四六六,《宦者一·李神福传》,第13606页。)另《续资治通鉴长编》卷一七六亦记载,宋真宗时,张茂实母曾被征召入宫为乳母,当时张茂实尚在襁褓中,真宗将张茂实交给内侍张景宗,言:"此儿貌厚,汝养视之。"张景宗即以张茂实为养子(李焘:《续资治通鉴长编》卷一七六,至和元年五月乙亥,第4261页)。
④ 司马光:《涑水记闻》卷一〇,第194—195页。

绛苟欲以危法中伤人臣,而不知主无根之言,摇动众听,翻为朝廷不便;兼绛举指颠倒,不足以表率百司",导致韩绛的降职。① 第二年,代韩绛为御史中丞的赵概又提出"茂实不宜典宿卫",及至赵概为枢密副使时,"复言之",这时恰巧有言者劾"茂实贩易公使,所遣卒杀人于外",茂实又以年老"自请解兵权",才出知曹州,不再管军。②

张茂实的数次被劾皆与台谏官密切相关,且无查有实据的事例,更多是猜测、牵连,但身为武将的张茂实还是内心不安,自请降职。从数次弹劾事件看,台谏官显然并非不明事理,他们的行为中所包含的深刻寓意,时为翰林侍读学士的刘敞说得非常清楚,其言:"臣伏以为国之道,防患于未然,远嫌于万一,所以安群情,止邪谋也。"与张茂实有关的流言已传布至广,朝廷不可能一一解释,"如此,则备宿卫,典兵马,适足以启天下之惑,动天下之忧,甚非重宗庙、安臣民、备万一之计"。③ 这样的考虑可谓非常有说服力,也是弹劾为政治服务的典型表现。弹劾的事例是否属实当然重要,但更重要的是通过弹劾达到某种政治目的,当两者出现矛盾时,肯定是以政治目的替换事实。关于这一点,宋仁宗和台谏官,以至士大夫阶层的利益诉求显然是一致的,所以他们在弹劾武将一事上较少有意见分歧,一旦士大夫对武将提起弹劾,宋仁宗钦定的处理结果一般都是武将被贬职,或者徙任,如前揭夏守恩被劾后受到除名、编管的处罚,还有庆历四年(1044),陕西转运使奏劾知镇戎军、供备库使刘兼济"军政苛急,而下多怨",导致刘兼济徙任权环庆路钤辖,④供备库使的官阶未变,但由知镇戎军改环庆路兵马钤辖,知镇戎军是亲民官,"掌总理郡政,宣布条教,导民以善而纠其奸慝;岁时劝课农桑,旌别孝悌;其赋役、钱谷、狱讼之事,兵民之政皆总焉"⑤,而环庆路兵马钤辖仅负责本路军事方面的事务,管理的事务从繁剧到简单,体现出其实际地位的降低,或者至少说明其重要性下降了。庆历七年(1047),广西钤辖亓赟被劾"在连州纵所部卒屠耕牛市之,及宋守信等入山讨猺贼,而赟逗留不至",以

---

① 李焘:《续资治通鉴长编》卷一九一,嘉祐五年五月,第4626页。
② 李焘:《续资治通鉴长编》卷一九三,嘉祐六年五月己亥,第4669页。
③ 刘敞:《公是集》卷三一,《论张茂实》,景印文渊阁四库全书本,上海古籍出版社1987年影印版。
④ 李焘:《续资治通鉴长编》卷一五三,庆历四年十二月乙卯,第3727页。
⑤ 脱脱等:《宋史》卷一六七,《职官七·府州军监》,第3973页。

致降职为"邕州本城马步军都指挥使,永不叙用"。① 类似这样的事例还有不少,与赵宋王朝一以贯之的阻抑武将的策略非常吻合,正是由于宋仁宗的如此处理,使得士大夫在弹劾武将的事件中,不像前揭弹劾宦官、外戚一样,就同一个人或者同一件事一而再、再而三地进行纠劾,士大夫阶层与皇帝之间似乎有意无意形成一种默契,即大多数情况下,只要士大夫提起对武将的弹劾,皇帝一般都会接受,下诏对武将予以处罚。

不过,对于少数武将,也会出现皇帝不理会士大夫弹劾的情况,比如许怀德。许怀德自幼即表现出军事方面的天赋,"善骑射击刺",后以父荫补为武官,"累擢至殿前指挥使、左班都虞候"。② 宝元二年(1039)开始的宋夏战争中,许怀德任鄜延路兵马钤辖,十一月,西夏约三万骑兵围攻承平寨(今陕西子长市境内),怀德"率劲兵千余人突围破贼。已而贼复成阵,有出阵前据鞍谩骂者,怀德引弓一发而踣,贼乃解去"③,面对强敌,表现出一位军事将领的勇敢和沉着。康定元年(1040)三月,西夏军"复进围延州,怀德遽还,夜遣裨将以步骑千人出不意击之,斩首二百级,遂入延州",朝廷授许怀德为凤州团练使,"专领延州东路茭村一带公事"。④ 六个月后,朝廷派遣的侍御史方偕在审理白州团练使、知绛州赵振拒绝派兵救援安远寨一案时,举劾许怀德与史崇信、王从德、朱吉等四位武将在塞门、安远二寨处于危险时,未予以救援,由此使得他们一并被降职⑤。许怀德在战争中的表现可圈可点,陕西都转运使庞籍较为了解西北边境的具体情况,他在上疏言及康定元年的边境形势时,曾以许怀德驰援承平寨为例,说明边境各寨互为应援的重要性,"昨塞门被围日久,而延州未尝发一人一骑往救。贼声言朝廷已弃此寨,于是众皆溃走,粮草器甲,一无存者。近承平寨垂破,副都部署许怀德、兵马都监张建侯领兵赴敌,贼兵始退。若塞门少得援兵,亦未至屠荡"⑥,可见庞籍对许怀德的行为还是持肯定态度的。侍御史方偕是中央官,未在西北

---

① 李焘:《续资治通鉴长编》卷一六一,庆历七年八月,第3884页。
② 脱脱等:《宋史》卷三二四,《许怀德传》,第10477页。
③ 李焘:《续资治通鉴长编》卷一二五,宝元二年十一月,第2944页。
④ 李焘:《续资治通鉴长编》卷一二六,康定元年三月,第2988页。
⑤ 李焘:《续资治通鉴长编》卷一二八,康定元年九月癸亥,第3040—3041页。
⑥ 李焘:《续资治通鉴长编》卷一二七,康定元年六月,第3019页。

边境任职,对战争的具体情况亦不知晓,只是依言官的本能认定许怀德等武将应负一定的责任,加之身为士大夫的方偕也有与武将不协的心理,故经其审核后,认定许怀德等人有不尽职之处,导致这些武将受到连带处罚。

  对于许怀德的态度,宋仁宗和士大夫阶层发生分歧是在庆历六年(1046),此时许怀德已升任马军副都指挥使、遂州观察使,属三衙管军系列,正五品官阶,掌握着直接管理军队的权力,其中"观察使"是武臣迁转官阶,高于防御使,次于节度观察留后,属于高级武臣序列①。武臣能够升至此一官阶实属不易,但许怀德并不愿意止步于此,又向宋仁宗乞请留后之迁,于是监察御史包拯上疏劾奏曰:"……缘怀德近授观察使,累任别无显效,而不顾邦宪,冒渎圣聪,人之寡廉,一至于是!欲望特赐取勘施行。"②包拯的弹劾既无经过认真调查的事实,也未指出许怀德的违法或不称职的行为,仅"别无显效"一句,显然是缺乏说服力的,但我们不能将此不足怪罪于包拯个人。宋代御史台的职责是"掌纠察官邪,肃正纲纪。大事则廷辨,小事则奏弹"③,即在相关制度规定中并未要求御史提供具体的弹劾证据,由此导致弹劾的随意性和工具性特征突出,当政治风气正常时,弹劾确实能够在一定程度上起到监督百官、制衡权力的积极作用,一旦风气不正,弹劾很容易成为士大夫互相攻击的工具。包拯是北宋时期清廉自守、正直倔强、不畏权贵的士大夫代表,担任台谏官期间尽职尽责,对于他不认可的官场行为进行弹劾,但包拯的奏劾并不一定皆能得到皇帝的回应,比如此次弹劾许怀德,宋仁宗的态度就是"不从",许怀德仍然于庆历六年七月迁为"安静军留后"④,由此导致御史中丞张方平的劾奏。张方平的弹章较包拯弹章更为详细、具体,其言针对许怀德除两使留后之事,"言事官上章论奏者相继",主要有三方面的原因。一是许怀德"自在边城为将领,素乏劳效,比诸侪辈,尤无材誉",故"留后之命,诚出非次",即许怀德的擢升不符合迁转规则,又不具备越次提拔的条件;二是同为武将的李昭亮"诣两府叙陈,颇骇物听",即给予许怀德的恩赏引起了其他武将的不满,导致"帅臣失和";三是对许怀德的恩赏失于偏私,"偏赏

---

① 脱脱等:《宋史》卷一六九,《职官九·武臣三班借职至节度使叙迁之制》,第4032页。
② 包拯撰,杨国宜校注:《包拯集校注》卷一,《奏许怀德上殿陈乞》,第49页。
③ 脱脱等:《宋史》卷一六四,《职官四·御史台》,第3869页。
④ 李焘:《续资治通鉴长编》卷一五九,庆历六年七月癸卯,第3841—3842页。

则徒召怨而众不服,此乃因一怀德之滥迁,更推而及于众也",在边境将兵中造成恶劣影响,因此,张方平认为,对于许怀德应"夺军职,处之环卫;或除一郡,则内外不戒自肃,而军政立矣"。① 但宋仁宗仍然未予听从。

宋仁宗如此厚待许怀德,以至于不接受士大夫的交相弹劾,坚持越次恩赏许怀德,反映出皇帝与士大夫阶层之间、皇帝与武将之间的微妙关系。宋仁宗时期是北宋士大夫阶层主体意识高涨的重要阶段,无论是朝廷的军事、政治、经济、文化等各方面活动,还是内廷的诸多事务,皆能看到士大夫的身影,对此宋仁宗内心的感受是复杂的。作为心怀天下的皇帝,宋仁宗当然希望赵宋王朝能够在士大夫阶层的辅佐下实现长治久安的美好愿景,但面对士大夫阶层的咄咄逼人之势,他也有大权旁落的担忧,唯恐士大夫阶层结成势力强大的朋党,威胁皇帝权威,因此对于士大夫阶层,仁宗是既倚赖又有顾忌的。这时宋仁宗很自然地将目光投向身边的宦官、外戚群体,只是宦官、外戚的特殊身份和能力不足,以及历史的经验教训,使得仁宗以恩惠和荣誉虚衔的方式获得的宦官、外戚的支持有限,不足以应对来自士大夫朋党的威胁。至于武将,这是宋仁宗时期处境尴尬的一个群体,仁宗非常了解,宋夏战争需要依赖武将带领兵士奋勇拼杀,守边御敌,另一方面,鉴于唐末五代的教训,赵宋的"祖宗之法"中又明确包含着防范武将的内容,这就使得仁宗对于武将有着天然的戒备心理。在如此复杂的关系中,宋仁宗自然不会任由士大夫阶层的势力膨胀,他除了借助士大夫阶层内部不同利益集团的矛盾制约士大夫以外,一般还会借助其他势力对士大夫予以制衡,比如前揭宦官、外戚,或者武将,这应该是仁宗厚待许怀德的前提条件。此外,许怀德有军功而军功不显赫,以及宋仁宗对他的信任,也是仁宗依倚许怀德的原因。有一个事例很能说明宋仁宗对许怀德的信任之情。嘉祐五年(1060),时任翰林学士欧阳修上疏弹劾许怀德"轻侮朝廷,违慢君命",奏劾的事由是许怀德"祫享加恩,自合两表陈让,只曾抽进一表,批答后,更不曾进第二表,稽停至今,四十余日,制书留在阁门,既不受命,又不陈让",直到自保宁军节度使移为建雄军节度使时,"方于让表内因带引叙前来祫享加恩"。② 紧接着,欧阳修又上第二封弹

---

① 张方平:《乐全集》卷二五,《论许怀德迁除》。
② 欧阳修撰,李之亮笺注:《欧阳修集编年笺注》卷一一三,《论许怀德状》,第6册,第418—419页。

章,言辞更加激烈,认为许怀德的行为实属"偃蹇","是陛下号令不能行于朝廷,而纪纲弛坏于武士",并且提醒宋仁宗"今若又不正其罪罚,而公为纵弛,则恐朝廷失刑,自此而始;武臣骄慢,亦自此而始;号令不行于下,纪纲遂坏于上,亦自此而始",①将许怀德行为的影响提高到了破坏朝廷纪纲、危及皇帝权威的严重程度。但宋仁宗并无这样的想法,他对于士大夫惯于以言过其实的话语进行奏劾的行为非常了解,或者说仁宗恰好欲借此压制一下士大夫的气势,于是将欧阳修的弹章拿给许怀德看,"怀德谢罪而已,不复别进表"②,仁宗亦没有怪罪许怀德。此一事例中宋仁宗对许怀德的态度,与其惯常在武将问题上的表现不同,也与赵宋王朝对待武将的"祖宗之法"不符,其中包含着皇帝与士大夫阶层的权力博弈,以及皇帝意欲制衡士大夫阶层的努力。

从士大夫弹劾武将的事由看,比较普遍的是职务犯罪,如贪财受赃、怯懦无功、玩忽职守等。天圣七年(1029),光州通判劾知光州、左领军卫大将军石普"受所部赃,私用修孔子庙钱",石普受到贬官的处罚。③ 康定元年(1040)六月,韩琦奏劾:"庆州驻泊神卫军,昨随刘平救延州,战没者才十一二。本军右厢都指挥使刘兴与众皆遁归,比令分屯邠、宁。"认为武臣刘兴庸怯,"不能力战",没有尽职尽责,却未受任何处罚,因此建议枢密院处分刘兴。④ 庆历元年(1041),秦凤钤辖、东染院使高继元被劾"在边不协军情",徙知陇州。⑤ 武将的此类犯罪行为比较容易区分和认定,且危害较大,尤其在宋仁宗时期西夏扰边、辽朝虎视眈眈的背景下,武将的职务犯罪更是很可能直接影响到王朝的安危,因此士大夫对此进行弹劾,应该说是正常的现象,对于杜绝武将的任意妄为、安定边境秩序意义重大。当然,此类弹劾的正常运行,亦与宋仁宗时期相对良好的政治生态密切相关,皇帝仁厚自律,士大夫以天下为己任,导致弹劾在一定范围内能够发挥积极作用。

同时,士大夫对武将的弹劾也有一些其他的事由,如饮酒误事,杨崇勋祖、父

---

① 欧阳修撰,李之亮笺注:《欧阳修集编年笺注》卷一一三,《再论许怀德状》,第6册,第420页。
② 脱脱等:《宋史》卷三二四,《许怀德传》,第10478页。
③ 李焘:《续资治通鉴长编》卷一〇八,天圣七年七月辛酉,第2518页。
④ 李焘:《续资治通鉴长编》卷一二七,康定元年六月丁酉,第3018—3019页。
⑤ 李焘:《续资治通鉴长编》卷一三四,庆历元年十二月丙戌,第3206页。

皆为武将,分别事宋太祖、宋太宗朝,他本人亦深得皇帝信任,宋仁宗时期官至枢密使,可谓地位隆显。刘太后去世时,"百官诣洪福院上章懿册,退而立班奉慰",杨崇勋居然与宰相张士逊在自己的宅院中饮酒,"日中期不至",遭御史中丞范讽弹劾,两人俱被贬官。① 此外,士大夫弹劾武将还涉及一些比较微妙的、弹性空间较大的事项,比如老不任事、惜用公使钱或随军钱等,弹劾的目的也不仅仅只是使被劾者受到处罚,而是希望借此进一步告诫武将:务必自省,不可骄恣。庆历四年(1044),泽州刺史、冀州钤辖刘澄,以及权判左金吾街仗司、宁州刺史、高阳钤辖周荣,皆因本路转运使劾奏其"老不任事",被处以贬官的惩罚。② 景祐元年(1034),转运使奏劾泾原路部署兼知渭州、解州团练使张敏,"为治无善状,惜随军钱,不以犒士",使张敏徙知冀州。③ 从弹劾内容看,所谓"为治无善状",属于较为空泛的评价性话语,未涉及详细的具体情况,稍微实在的内容即"惜随军钱"。随军钱是"陕西兵兴时,经略司贷三司钱以佐军"的钱④,即宋与辽之间的战事发生后,额外从三司借支犒军的钱。按照田况上疏宋仁宗的说法,士卒生活于"锋刃之下,死生俄顷,固宜推尽恩意以慰其心",因此随军钱的用途主要是"燕犒士卒",且"除军员外,其余士卒,每一季或因都阅,或值出入,并须量有沾及,以慰劳苦"。⑤ 应该说,田况的考虑是正确的,战争发生时,对时刻面临死亡威胁的边境士卒予以钱、粮、酒、肉等方面的特殊犒劳,可以激励他们奋勇杀敌,达到抵御外侮的目的。但是,由于缺乏相关的制度规定,到底用多少随军钱犒军才是"不惜",没有明确的标准,完全凭依弹劾者的主观臆断,所以转运使弹劾张敏"惜随军钱"之事有着很大的弹性空间,或者说此事可大可小,甚至可无。不过,在北宋抑制武将的社会环境和政治需求下,这样的弹劾事由又显得非常合理,对于申饬武将有着重要的作用,所以宋仁宗乐见其成。

可见,宋仁宗时期士大夫对于武将的弹劾,一方面与武将自身未尽职守有关,一方面是出于监督武将权力、压制武将地位、防范武将势力膨胀的目的,为

---

① 脱脱等:《宋史》卷二九〇,《杨崇勋传》,第9714页。
② 李焘:《续资治通鉴长编》卷一四八,庆历四年四月,第3575页。
③ 李焘:《续资治通鉴长编》卷一一五,景祐元年十一月甲辰,第2706页。
④ 周煇:《清波别志》卷下,《全宋笔记》第五编(九),大象出版社2012年版,第185页。
⑤ 赵汝愚编:《宋朝诸臣奏议》卷一三二,《上仁宗兵策十四事(田况)》,第1470页。

此,他们劾奏的事由可以是贪污受贿、怯懦无能、玩忽职守等职务犯罪,也可以是较难认定的不任事、惜随军钱等行为。宋仁宗的态度几乎与士大夫阶层一样,大多数情况下,不需要士大夫的反复劾奏,即下诏对被劾武将进行处罚。但是作为皇帝,宋仁宗非常通晓制衡之道,他不愿意看到文武任何一方的权力独大,因此为了制约士大夫阶层的权力,宋仁宗也会挑选合适的武将,表现出充分的信任,对士大夫的弹劾,在合适的时机予以驳回,显示了以弹劾有限监督武将权力的政治特征。

## 二、弹劾个案分析之一——王德用

枢密使是宋代中央最高军事长官,武将被除授为枢密使,代表着朝廷对武将地位和成就的认可,因此我们选择曾任枢密使的王德用、狄青作为弹劾个案,分析宋仁宗时期皇帝和士大夫阶层对待武将的态度,以及武将与士大夫无法比肩齐声但又要领兵作战的尴尬处境。

枢密使一职产生于唐代,经过唐末五代的演变,到北宋时期,与枢密使相关的机构及职掌已基本固定,重要性也逐渐显现出来。宋代中央军事机构为枢密院,"掌军国机务、兵防、边备、戎马之政令,出纳密命,以佐邦治。凡侍卫诸班直、内外禁兵招募、阅试、迁补、屯戍、赏罚之事,皆掌之",枢密使或者知枢密院事为枢密院最高长官,"佐天子执兵政"。[①] 由于崇文抑武理念的影响,从北宋初期到宋仁宗时期,枢密院最高长官的出身出现了以武臣为主到文臣居多的转变,即随着历史的演进,武臣的比例逐渐下降。陈峰《北宋武将群体与相关问题研究》有《北宋枢密院长贰文武出身及任职时间表》,此表显示,宋太祖、宋太宗时期,担任枢密使或知枢密院事者11人,武臣出身者9人,占比约82%,到宋仁宗时期,出身武臣的枢密使或知枢密院事中,有张耆、杨崇勋、王德用、夏守赟、王贻永、狄青等6人,占比已降至约21%。[②] 其中,王贻永尚宋太宗女儿郑国公主,属

---

[①] 脱脱等:《宋史》卷一六二,《职官二·枢密院》,第3797、3800页。
[②] 本统计结果的史料来源为徐自明《宋宰辅编年录》卷四、卷五,以及《宋史·宰辅一》《宋史·宰辅二》。陈峰《北宋武将群体与相关问题研究》将曹利用统计为宋仁宗朝的枢密使,因曹利用除枢密使是在宋真宗朝,其活动时间主要也是在真宗朝,故本书未将曹利用统计为宋仁宗任命的枢密使(陈峰:《北宋武将群体与相关问题研究》,中华书局2004年版,第114—123页)。

于外戚①,不在本节讨论范围之内;张耆的军事活动主要在宋真宗朝,不足以反映宋仁宗朝的情况;作为武将,杨崇勋和夏守赟的影响不及王德用、狄青,故本书选取王德用和狄青作为代表进行分析。

王德用出身武将世家,其父王超为宋太宗藩邸旧人,深得宋太宗、宋真宗信任,"为将善部分,御下有恩……然临军寡谋,拙于战斗"②。王德用的军事素质和领军才能皆超过其父,如宋太宗至道二年(996),年仅17岁的王德用跟随乃父出征,讨伐李继迁,"为先锋,将万人战铁门关,斩首十三级,俘掠畜产以数万计"③,表现出英勇无畏的精神和初步的指挥才干。到宋仁宗朝,其军事才能得到皇帝认可,于景祐三年(1036)十二月除知枢密院事,成为朝廷最高军事长官,遗憾的是,不到三年时间,宝元二年(1039)五月,王德用被罢,为武宁军节度使,赴本镇,④罢免的原因即是由于御史中丞的弹劾。王德用"状貌雄毅,面黑,而颈以下白皙,人皆异之。其居第在泰宁坊,直宫城北隅",开封府推官苏绅上疏奏劾"德用宅枕乾冈,貌类艺祖",宋仁宗并不相信这样的说法,采取的处理方式是"匿其疏不下"。⑤ 从制度的层面而言,开封府推官的职责为掌管"狱讼、刑罚""户口、租赋"之事⑥,不包括纠劾,苏绅的弹奏属越职言事,不过北宋对于官员的越职弹劾持包容态度,宋仁宗只是不予理睬而已。御史中丞孔道辅以同样的事由弹劾王德用,并言王德用"得士心,不宜久典机密"⑦,导致德用被罢知枢密使事。显然,孔道辅毕竟是专职监察官,他非常明白什么样的弹劾理由才能触动皇帝的敏感神经。如苏绅所言,王德用外貌与宋太祖相类,其宅第处于适宜营建宫殿的方位,此两点均属不确定的事由,既不涉及职务犯罪,亦与个人道德的缺失无关,不足以昭示身居高位的武将对皇帝地位的威胁,因此宋仁宗置之不理。但是孔道辅的奏劾加上了王德用在军队中威望甚隆的理由,结果就完全不一样了,不仅使宋仁宗立即罢免了王德用的知枢密院事之职,且王德用自己亦内心惶恐,

---

① 脱脱等:《宋史》卷四六四,《外戚中·王贻永传》,第13561页。
② 脱脱等:《宋史》卷二七八,《王超传》,第9466页。
③ 脱脱等:《宋史》卷二七八,《王超传附王德用传》,第9466页。
④ 徐自明撰,王瑞来校补:《宋宰辅编年录校补》卷四,《景祐三年》《宝元二年》,第211、222页。
⑤ 李焘:《续资治通鉴长编》卷一二三,宝元二年五月,第2907页。
⑥ 孙逢吉:《职官分纪》卷三八,《判官推官》,第698页。
⑦ 李焘:《续资治通鉴长编》卷一二三,宝元二年五月,第2907页。

不得不"以居第献"①。实际上,较苏绅而言,孔道辅的弹劾还是属于值得怀疑的不确定因素,尤其将"得士心"与"不宜久典机密"联系在一起,亦不足为凭。吊诡的是,这样的弹劾理由在北宋贬抑武将的政治环境下不仅逻辑关系成立,而且非常充分,显然,在这个问题上,皇帝与士大夫阶层的利益诉求完全一致,所以当宋仁宗罢免王德用时,无人为其辩解,甚至为了自身的安全,王德用还要献出自己的宅第,以示其忠君之心。

王德用离京赴徐州后,士大夫仍然没有放过他,河东都转运使王沿弹劾王德用"尝令府州折继宣市马",尽管王德用自我辩解言:"所置马得于马商陈贵,契约具在,非折继宣所卖。"但仍然不能避免被贬的命运,于宝元二年(1039)八月除右千牛卫上将军、徙知随州,连带折继宣亦"责授诸卫将军,徙知内地"。② 王德用是担任过枢密院最高长官的武将,地位不可谓不高,但遭遇士大夫的奏劾时,即使有证据表明其被诬陷,还是会受到惩罚,这样的事例应该不是孤例,也不是例外,而是朝堂内外公认的做法,是当时对待有影响武将的常规措施。质言之,对武将的弹劾,不需要具体、详细的事由,也不需要确凿的证据,只要与其在军队中的威望勾连在一起,就会引起皇帝和士大夫阶层的警觉。看来,赵宋王朝最担心的问题,就是武将挟部属扩张权力,以至威胁朝廷的安全。

宋仁宗时期,王德用被弹劾,还与其统领军队的军事之才密切相关,王德用在河北边地的作为很能说明他的良将素质。由于赵宋王朝在宋夏战争中失败,契丹乘机于辽兴宗重熙十一年,即宋庆历二年(1042)正月,"遣南院宣徽使萧特末、翰林学士刘六符使宋,取晋阳及瓦桥以南十县地;且问兴师伐夏及沿边疏浚水泽,增益兵戍之故"③。同时,契丹也在密谋增兵于辽宋边境,以此要挟赵宋王朝,知保州、衣库使王果曾获得辽的情报,言:"契丹潜与昊贼相结,将必渝盟。请自广信军以西缘山口贼马出入之路,预为控守。"于是朝廷下令河北安抚司"密修边备"。④ 面对契丹的政治和军事行动,赵宋王朝如果处理不当,就有可能

---

① 李焘:《续资治通鉴长编》卷一二三,宝元二年五月,第 2907 页。
② 李焘:《续资治通鉴长编》卷一二四,宝元二年八月,第 2921 页;司马光:《涑水记闻》卷一〇,第 197 页。
③ 脱脱等:《辽史》卷一九,《兴宗二》,中华书局 1974 年版,第 227 页。
④ 李焘:《续资治通鉴长编》卷一三五,庆历二年二月,第 3220 页。

## 第三章　宋仁宗时期弹劾的良性运行:权力监督

面临两面作战的艰难境况,因此,朝廷一方面派遣富弼等人出使契丹,就契丹的军事行动进行谈判①,一方面整饬宋辽边境,以威慑对方。此时王德用恰在定州,与辽接壤,军事地位重要,王德用在此"日教士卒习战,顷之,皆可用",契丹派出间谍窥探宋方的军事情况,为王德用所知,"或请捕杀之",但王德用却认为:"彼得其实以告,是服人之兵以不战也。"并且特意检阅军队,"提枹鼓誓师,进退坐作,终日不紊一人。乃下令,具糗粮,听吾鼓声,视吾旗所向",展示出宋军兵卒精良、粮草充足、训练有素、战斗力强的精神风貌,间谍"归告契丹,谓汉兵将大入,既而复议和,兵乃解"。②当然,史料中言契丹得间谍报王德用军的情况后既议和,肯定有夸大的成分,但古代两国谈判的结果从来都不是单纯依赖谈判桌上的"谈"而订立的,其背后都有着军事实力的较量,之前的澶渊之盟如此,此次宋辽重新签订和约亦复如是。如果不是如王德用一般有能力的武将驻守边境,训练士卒,增强边境守军的军事力量,富弼等人的和谈也很难达成令赵宋满意的结果。遗憾的是,由于宋仁宗时期士大夫阶层掌控着话语权,之后历代的史籍记载又皆由文人操纵,有意无意忽视了此类武将的作用,从而遮蔽了他们在宋仁宗朝边境事务中的积极影响。

王德用的治军、御兵之才亦非常突出。王德用在定州时,正是庆历年间宋辽关系紧张的时候,当时朝廷驻守定州的军队达六万之众,"皆寓居逆旅及民家,阗塞城市,未尝有一人敢喧哗暴横者"。一日发军粮,有军士"以所给米黑,喧哗纷扰",王德用亲自带着士卒到粮仓,说明前一日下达的命令是军粮包括"二分黑米、八分白米",呵斥发放军粮者为何"不先给白米后给黑米",然后责罚发粮

---

① 庆历二年,辽对宋提出"索地"的要求,四月,朝廷派遣右正言、知制诰富弼等人使辽,答复辽的国书云:"……且以瓦桥内地,晋阳故封,援石氏之割城,述周朝之复境,系于异代,安及本朝……元昊赐姓称藩,禀朔受禄,忽谋狂僭,假扰边陲。向议讨除,已尝闻达,杜防、郭稹传道备详,及此西征,岂云无报……复云营筑堤埭,开决陂塘,昨缘霖潦之余,大为衍溢之患,既非疏导,当械缮防,岂蕴猜嫌,以亏信睦。至于备塞隘路,阅集兵夫,盖边臣谨职之常,乃乡兵充籍之旧,在于贵境,宁撤戍兵。"(李焘:《续资治通鉴长编》卷一三五,庆历二年四月庚辰,第3234—3235页。)对于辽提出的四个问题均予以辩解,且态度坚决地拒绝了辽的索地请求。后富弼再度出使契丹,经数次谈判,与辽重新达成协议,"每年增绢一十万匹,银一十万两"(李焘:《续资治通鉴长编》卷一三七,庆历二年九月乙丑,第3293—3294页),恢复了宋辽边境的和平。陶晋生《宋辽关系史研究》(中华书局2008年版)、李华瑞《宋夏关系史》(中国人民大学出版社2010年版)等对庆历年间的宋辽关系皆有论述。

② 李焘:《续资治通鉴长编》卷一三六,庆历二年五月,第3268页。

官每人杖二十,同时又对闹事的士卒亦处以每人杖二十的惩罚,"仓中肃然,僚佐皆服其能处事"。① 在此次事件中,主事者稍有不慎,就有可能酿成士卒的哗变,引发边境危机,又适逢宋辽关系微妙之时,还可能影响朝廷的安全。但王德用以实事求是的态度,及时采取恰当的措施,解释清楚实际情况,对发粮官和闹事的士卒均予以处罚,充分反映出他的谋略和智慧。

至和元年(1054)三月,70余岁高龄的王德用再除枢密使,至嘉祐元年(1056)十一月罢②,任枢密使超过两年。此时宋夏之间、宋辽之间的关系皆趋于缓和,王德用在枢府更多显示的是皇帝对其的恩赏,他亦清楚这一点,因此表现得较为谨慎,但即便如此,王德用还是受到士大夫的弹劾,御史赵抃就曾累次上疏奏劾王德用"贪墨无厌,纵其子纳赂,差除多涉私徇,加之羸病,拜起艰难,失人臣礼,乞加贬黜"③。赵抃言王德用贪墨,大抵就是前揭王沿诬告王德用令折继宣市马之事,一件多年前的诬告,还可以成为御史公开弹劾的事由,至于其他事项,要么缺乏确凿的证据,要么较为牵强。结合宋仁宗朝对待武将的态度,我们有理由认为,士大夫对武将王德用不断进行奏劾的真正原因,实际上是其武将的身份、杰出的军事之才及在军中的威望,一位非常称职的良将反而成为士大夫纠劾的对象,而且这样的情况在宋仁宗朝的政治环境下被视为正常,这不能不使我们将其与北宋时期抵御外侮不力的状况联系在一起,也不能不感叹北宋武将之不易。

### 三、弹劾个案分析之二——狄青

王德用的情况并非个例,狄青的遭遇更能说明北宋武将被打压的状况。

狄青"本农家子"④,出身卑微,被募入行伍后,因善于骑射,有勇有谋,在军中的地位逐渐提升。宋夏战争初期,狄青为三班差使、殿侍、延州指使,面对西夏军的凌厉攻势,宋军士卒"多畏怯,青行常为先锋。凡四年,前后大小二十五战,中流矢者八",经历了大大小小多次战役,"又城桥子谷,筑招安、丰林、新寨、大

---

① 司马光:《涑水记闻》卷四,第63页。
② 徐自明撰,王瑞来校补:《宋宰辅编年录校补》卷五,《至和元年》《嘉祐元年》,第304、321页。
③ 李焘:《续资治通鉴长编》卷一八四,嘉祐元年十一月辛巳,第4451页。
④ 苏轼:《苏轼文集》卷六六,《题跋·书狄武襄事》,第2050页。

郎等堡,皆扼贼要害",经略判官尹洙赞狄青为"良将材",并将其推荐给韩琦、范仲淹,"二人一见奇之,待遇甚厚"。① 因狄青战功卓著,其在军中的职位一升再升,终于在皇祐五年(1053)五月,除枢密使②,成为朝廷的最高军事长官。

但是,狄青却多次遭到士大夫的弹劾。庆历四年(1044),尹洙因水洛城一事移知别处,渭州缺守,朝廷欲委任狄青守渭州,遭到右正言余靖的强烈反对,他认为,渭州的泾原在朝廷北部边地中有着重要的地位,而狄青为一武将,不可独当一面。余靖为此事曾四次上疏,其中第一疏言:

> 臣窃以朝廷所以威天下者,刑赏二柄而已。圣人不妄赏人,亦不妄罚人,若夫同罪异罚者,明主之所不取也。今狄青、尹洙皆坐不合枷勘刘沪争修水洛城事,而洙罢路分,青领州任,非唯赏罚不明,兼亦措置失所……此盖朝廷爱惜帅臣之本意。今来只因孙沔称病,便忘却旧来商量。同罪异罚之外,狄青更蒙升用,其不可者六焉:臣以为当今天下之官,最难其才者,唯是陕西四路帅府,于四路之中,当贼冲而民户残破,军中气索,泾原最甚。当择天下才智第一,授以泾原军民之政。今付狄青刚悍之夫,不可者一也。朝廷自来以武人粗暴,恐其临事不至精详,故令文臣镇抚,专其进止。今狄青不思旧来制御之意,不可者二也。初缘狄青出自行间,名为拳勇,从未逢大敌,未立奇功,朝廷奖用太过,群心未服。今专使统一路兵马,必无兼才厌服其下。且以尹洙之才与相佐,尚犹如此,若独任刚狷之人,众所未服,必致败事,不可者三也。本来选用狄青,谓其刚果堪为斗将,今兼知渭州。且夫知将以城守为能,斗将得野战为勇,各有以抚军民,今来狄青出战,则须别得守城,守城则当求知将,岂此一夫所能兼之? 其不可者四也。昨日狄青、尹洙同枷勘刘沪,朝廷嫌其率暴,故移尹洙庆州,今洙当降罢,而青得进用,乃是朝廷专罪尹洙。且狄青粗率武人,岂得全无血气? 枷送沪等,未必尽由尹洙,归罪于洙,事未明白,不可者五也。凡暴贵之人,不能无骄,狄青拔自行伍,位至将帅,粗豪之气,固已显露,只如昨来朝廷所差医官,身带京职,青以

---

① 脱脱等:《宋史》卷二九〇,《狄青传》,第9718页。
② 徐自明撰,王瑞来校补:《宋宰辅编年录校补》卷五,《皇祐五年》,第293页。

一怒之忿,便行鞭朴。如此恣意,岂是尹洙所使? 朝廷归罪于人,亦须察访其实,不可者六也。①

余靖的上疏首先涉及是否重修水洛城一事,在此一事件中,知渭州尹洙命狄青斩杀力主修城的刘沪、董士廉二人,狄青将此二人械系后送德顺军狱②。对此,参知政事范仲淹认为,"刘沪是沿边有名将佐,最有战功,国家且须爱惜,不可轻弃",又"董士廉是朝廷京官",狄青械系二人不合适,故建议朝廷"遣中使乘驿往彼,委鱼周询、周惟德取勘刘沪所犯因依情罪闻奏,仍送邠州拘管,听候朝旨。一则惜得二人不致因公被戮,二则惜得狄青、尹洙免被二家骨肉称冤致讼"。③ 随后台谏官就此事多次上疏宋仁宗,如知谏院欧阳修连上两道札子,请求保全刘沪等人,他认为狄青和刘沪皆为有功的边将,而"边将不和,用兵大患",因此要"速令和解,务要两全",一方面释放刘沪,使其继续修筑水洛城,"水洛之利可成",一方面不移狄青,"大将之威不挫"。④ 于是朝廷释放刘沪,使其仍守水洛城,狄青亦未受责罚,余靖对此表示认可,即朝廷出于"爱惜将帅"的原因,没有处罚有械系朝廷命官等违规行为的武将狄青。但是,对于朝廷欲提拔狄青的动议,余靖则提出明确的反对意见,其所言"六不可"基本皆围绕狄青的武将身份展开,所谓"刚悍之夫""武人粗暴""刚狷之人"等等语词,较为明显地包含着士大夫对武将的轻蔑之意,亦是提醒宋仁宗,不可使武将既统兵、又亲民。余靖还认为,狄青械系朝廷命官的行为已显露出其骄纵恣肆的情状,这恰是武将的大忌,不可不防。

---

① 李焘:《续资治通鉴长编》卷一五〇,庆历四年六月,第 3626—3628 页。
② 关于水洛城是否需要重筑的问题,朝中曾经发生激烈的争论。水洛城(今甘肃庄浪县境内)位于宋夏边境,陕西宣抚使韩琦认为,宋对夏应采取守势,不当筑过多城寨"不战而自困",且边境守军已疲惫劳苦,再修水洛城"颇为未便",知渭州尹洙、泾原副都部署狄青皆赞同韩琦的观点(李焘:《续资治通鉴长编》卷一四五,庆历三年十二月,第 3512—3513 页)。但四路都部署郑戬"极言城水洛之便",并令刘沪、董士廉继续修城之事,"督役如故",尹洙一再要求刘沪、董士廉停止修城,二人置之不理,尹洙大怒,"命青领兵巡边,追沪、士廉,欲以违节度斩之。青械二人送德顺军狱"(李焘:《续资治通鉴长编》卷一四七,庆历四年三月,第 3556—3557 页)。
③ 范仲淹:《范仲淹全集·范文正公政府奏议》卷下,《奏为刘沪董士廉修水洛城乞委鱼周询等勘鞫》,四川大学出版社 2002 年版,第 637 页。
④ 欧阳修撰、李之亮笺注:《欧阳修集编年笺注》卷一〇六,《论水洛城事宜乞保全刘沪等札子》《再论水洛城事乞保全刘沪札子》,第 6 册,第 257—265 页。

## 第三章 宋仁宗时期弹劾的良性运行:权力监督

但宋仁宗并未听从,于是余靖又连续上疏,大体意思未变,皆认为狄青出身于低微的士卒,又是武将身份,此次水洛城事件,朝廷不仅不问罪,反而要破格拔擢,如此则无以服众。第四次上疏是余靖与同僚的共同行为,奏疏中特别强调,在宋夏之间的争斗中,"泾原山川广宽,道路平易,边臣制御不住,可以直图关中,如此形势,安得轻授于人?假如贼人围守镇戎,狄青既是部署,岂得不出救援?青出之后,何人守城?贼若以一二万人与青相拒,却从间道领众直趋渭州,又使何人守备?"他们认为狄青无法胜任如此重要的职位,故建议"选才望素著之人,委以泾原帅府"。① 应该说,余靖等人提出的理由有一定的合理性,不过结合士大夫对武将的轻视、贬抑态度看,此缘由仍然与狄青的武将身份密切相关。在士大夫的强力劾奏下,宋仁宗不得不下诏,将狄青调离渭州。

可见,在对待狄青的问题上,宋仁宗表现出与士大夫阶层不太一样的做法。他认可狄青的军事才能和为人处世,也希望并相信狄青能够以自己的军功,辅佐朝廷在与西夏的对抗中取得主动权,所以在士大夫最初反对提拔狄青时,仁宗表现出与对待其他武将不同的态度,只是此时士大夫阶层的力量较为强大,宋仁宗自身又确实对武将有防范之心,以至于狄青最终被迫离开渭州。

皇祐四年(1052)六月,宋仁宗除狄青为枢密副使,再次遭到台谏官的交相论奏。御史中丞王举正认为狄青"出兵伍为执政,本朝所无,恐四方轻朝廷",御史韩贽上疏亦以为不可,左司谏贾黯也奏言:"国初武臣宿将,扶建大业,平定列国,有忠勋者不可胜数,然未有起兵伍,登帷幄者。今其不可有五:四裔闻之,有轻中国心,不可一也。小人无知,闻风倾动,翕然向之,撼摇人心,不可二也。朝廷大臣,将耻与为伍,不可三也。不守祖宗之成规,而自比五季衰乱之政,不可四也。青虽才勇,未闻有破敌功。失驾御之术,乖劝赏之法,不可五也。"② 贾黯的弹劾除了点明狄青武将的身份不适合入枢府外,还特别将"不守祖宗成规"列为理由之一,希望加大弹劾的力度。但宋仁宗未予理会,还是将狄青擢为枢密副使,这其中有信任狄青的因素,也有借此制衡士大夫阶层、加强皇权的意图。

皇祐五年(1053)五月,因平定岭南侬智高叛乱有功,狄青被拜为枢密使,制

---

① 李焘:《续资治通鉴长编》卷一五〇,庆历四年六月,第 3631—3632 页。
② 李焘:《续资治通鉴长编》卷一七二,皇祐四年六月,第 4153 页。

词赞誉狄青:"夙怀沉鸷,素厉公忠。朴厚有古人之风,义烈挺纯臣之操。周知兵略,蔚有将才。久著效于辕门,能统率于戎旅。骤膺方面之寄,亟更宿卫之劳。"①虽然此类制词多为程式化的公文套话,也颇多溢美之词,但从侧面反映出狄青的军功及德行在当时的武将中是较为突出的,否则也不可能以武将的身份位居枢府之首。这次的擢升也是一波三折。狄青岭南平叛成功的消息传到京城,宋仁宗非常高兴,欲擢升狄青为枢密使、同平章事,仁宗将自己的想法告知宰相庞籍,庞籍立刻上疏反对,言"臣闻昔太祖时,慕容延钊将兵一举得荆南、湖南之地,方数千里,兵不血刃,不过迁官、加爵邑、锡金帛,不用为枢密使。曹彬平江南、擒李煜,欲求使相,太祖不与",以宋太祖时期的慕容延钊和曹彬为例,说明"重名器如山岳,轻金帛如粪壤"的祖宗之法,且狄青虽"殄戮凶丑,克称圣心,诚可褒赏",但其军功无法与慕容延钊和曹彬相比,若用为枢密使、同平章事,"万一他日青更立功,欲以何官赏之?"因此,庞籍建议多予狄青荣誉头衔和金帛,"亦足以酬青功矣"。② 参知政事梁适不同意庞籍的主张,赞同宋仁宗的提议,他认为,"王则止据贝州一城,文彦博攻而拔之,还为宰相。侬智高扰广南两路,青讨而平之",授予枢密使之职理所应当。③ 双方你来我往,争论多日,宋仁宗囿于庞籍所言宋太祖之做法,先是听从了庞籍的建议,不予狄青擢升,但后来梁适密奏言"狄青功大赏薄,无以劝后",又借与狄青一同平叛的入内押班石全彬之力,"使于禁中自讼其功",宋仁宗"日日闻之,不能无信",于是改变想法,采取折中的方案,力主狄青为枢密使。④ 当然,梁适如此用力帮助狄青,包含有私心的因素。此时的枢密使是高若讷,他与梁适一样,也是进士出身,仕途较为顺利,皇祐元年(1049)八月除参知政事,三年后又除枢密使,梁适在高若讷任参知政事的同一天除枢密副使,又在高若讷除枢密使的同一天任参知政事⑤,两人在仕途上的高度同步使得梁适很自然地将高若讷当作政治上的竞争对手,且两人的履历显示,高若讷比梁适更有可能得到进一步的升迁。从宋仁宗朝的拜相情况看,由

---

① 徐自明撰,王瑞来校补:《宋宰辅编年录校补》卷五,《皇祐五年》,第293页。
② 赵汝愚编:《宋朝诸臣奏议》卷四六,《上仁宗论狄青为枢密使(庞籍)》,第492页。
③ 李焘:《续资治通鉴长编》卷一七四,皇祐五年五月,第4207—4208页。
④ 李焘:《续资治通鉴长编》卷一七四,皇祐五年五月,第4208页。
⑤ 徐自明撰,王瑞来校补:《宋宰辅编年录校补》卷五,《皇祐元年》《皇祐三年》,第285、291页。

参知政事或枢密院正副长官的职位升任宰相皆有可能,如刘太后掌权时,由参知政事拜相者有王曾、吕夷简等,由枢密副使拜相者有张知白、张士逊等①,二者基本持平。宋仁宗亲政后,由于宋夏战争的爆发及宋辽关系的紧张,自枢密使、知枢密院事或同知枢密院事拜相的人数急剧增加,计有王曾、王随、章得象、晏殊、贾昌朝、宋庠、庞籍等人,而由参知政事拜相者减少,有陈执中、文彦博等人,且均在庆历四年(1044)宋夏和议以后②。不过,无论是刘太后掌权时,还是宋仁宗亲政后西北部、北部边境威胁增大的情况下,皇帝皆坚持赵宋王朝一贯的做法,即只有文臣才能拜相,即使处于战争时期,武将有突出的功勋,也不可能被擢升为宰相,质言之,哪怕狄青的军功再大,也不会成为参知政事梁适仕途上的对手。但枢密使高若讷则不一样,从之前拜相的情况看,由枢密使擢升宰相的机会更大,即高若讷拜相的可能性高于梁适,只有击败这个实力强大的对手,梁适拜相的胜算才有可能增加。梁适对此非常清楚,因此才会极力支持狄青除为枢密使,取高若讷而代之。在狄青升为枢密使、高若讷罢枢密使后两个月,即皇祐五年(1053)闰七月,梁适果然拜相③。

随着狄青职位的擢升,士大夫的弹劾亦接踵而至。最先提出弹劾的还是御史中丞王举正,他在狄青任枢密副使时即奏劾其不可担大任,狄青除枢密使的诏令一下,"又力争之,既不能得,因请解言职",虽然宋仁宗没有认可王举正的奏劾,但还是"遣使就第赐白金三百两",并提拔其为礼部尚书、观文殿学士、知通进银台司兼门下封驳事,兼提举祥源观事。④ 宋仁宗如此恩威并施的处理方式非常耐人寻味,一方面不听从王举正的建议,另一方面又赐予其白金,且将王举正升职,其中包含着皇帝制衡文武双方权力的因素,既保护了拥有杰出军事之才的武将,不至于挫伤他们为朝廷奋战的热情和锐气,又以提拔弹劾武将的士大夫的方式提醒武将,不可恣意妄为。于士大夫而言,自然亦是既受到安抚和鼓励,

---

① 徐自明撰,王瑞来校补:《宋宰辅编年录校补》卷四,《仁宗乾兴元年》《天圣七年》《天圣三年》《天圣六年》,第163、185、174、178页。
② 徐自明撰,王瑞来校补:《宋宰辅编年录校补》卷四,《景祐二年》《景祐四年》《宝元元年》《庆历二年》,卷五,《庆历五年》《皇祐元年》《皇祐三年》《庆历五年》《庆历八年》,第209、215、219、236、265、284、290、270、277页。
③ 徐自明撰,王瑞来校补:《宋宰辅编年录校补》卷五,《皇祐五年》,第300页。
④ 李焘:《续资治通鉴长编》卷一七四,皇祐五年五月癸亥,第4211页。

正所谓"君恩无似此时深"①,又感知到了来自君主的告诫,不至于在君主面前太过于强势。

在狄青任枢密使的数年内,这样的弹劾持续不断,甚至任何不利事件的发生皆能联系到狄青入枢府不当的问题。至和三年(1056)正月,因"大雪,至压宫架折",宋仁宗"跣祷于天",身体受风寒侵袭,第二天上朝时,"既卷帘,上暴感风眩,冠冕欹侧……或以指抉上口出涎",才稍微有所缓解,之后一段时间宋仁宗出现"语言无次"的现象,直到二月,才逐渐康复。② 三月,知制诰刘敞将出知扬州,临行前向宋仁宗进言,奏劾狄青:"陛下爱青,不如出之,以全始终。今外说纷纷,虽不足信,要当使无后忧。宁负青,无使负国家。"并提醒当时的宰执大臣:"向者天下有可大忧者,又有可大疑者。今上体复平,大忧去矣,而大疑者尚存。"③刘敞所谓"大疑者",即指狄青,实际上刘敞并未指出狄青的过错,弹劾的理由就是其武将的身份。刘敞还在其《扬州谢上表》中云:"臣闻事上之行,莫若爱君;爱君之臣,莫重去国。汲黯遗言李息,望之致意本朝,古今美谈,贤哲余事。"④同时,又给朝廷的其他高级官员留下书信,言及"汲黯之忠,不难于淮阳,而眷眷于李息","朝廷皆知为青发也"。⑤ 汲黯是西汉武帝时期的忠臣,"好直谏,数犯主之颜色",汉武帝赞其为"社稷之臣",以其为淮阳太守,汲黯临行前言于李息曰:"黯弃居郡,不得与朝廷议也。然御史大夫张汤智足以拒谏,诈足以饰非,务巧佞之语,辩数之辞,非肯正为天下言,专阿主意。主意所不欲,因而毁

---

① 此句出自李昉的诗句。宋太宗时,苏易简为翰林学士,太宗"尝以轻绡飞白大书'玉堂之署'四字,令易简榜于厅额"(脱脱等:《宋史》卷二六六,《苏易简传》,第9172页),当时不少官员皆赋诗记其事,宰相李昉所作诗曰:"玉堂四字重千金,宸翰亲挥赐禁林。地望转从今日贵,君恩无似此时深。宴回上苑花初发,麻就中宵月未沈。衣惹御香拖瑞锦,笔宣皇泽洒春霖。院门不许闲人入,仙境宁教外事侵。我直承明逾二纪,临川实动羡鱼心。"(洪遵:《翰苑群书》卷七,《禁林宴会集》,景印文渊阁四库全书本,上海古籍出版社1987年影印本。)虽然李昉的本意是感念君主对翰林学士院及翰林学士的尊崇,但亦表现出北宋时期进士出身的士大夫对君主的感恩之心。
② 司马光:《涑水记闻》卷五,第95、98页。司马光记为"嘉祐元年正月",实则改元是在九月,故本书仍沿用至和三年纪年。
③ 刘敞:《彭城集》卷三五,"故朝散大夫给事中集贤院学士权判南京留司御史台刘公行状",齐鲁书社2018年版,第923页。
④ 刘敞:《公是集》卷三四,"扬州谢上表"。
⑤ 刘敞:《彭城集》卷三五,"故朝散大夫给事中集贤院学士权判南京留司御史台刘公行状",第923页。

第三章　宋仁宗时期弹劾的良性运行:权力监督

之;主意所欲,因而誉之。好兴事,舞文法,内怀诈以御主心,外挟贼吏以为威重。公列九卿,不早言之,公与之俱受其僇矣。"①提醒李息及时向君主进言,防范张汤,其忠君之心有目共睹。刘敞对狄青的弹劾,离京前后的种种行为,以及自诩为汲黯的言论,均表现出其非常急迫的心理,即武将狄青任枢密使非国家之幸,必须将其罢黜,且使其离京外任。

同一年,时任翰林学士欧阳修上疏宋仁宗,乞求罢免狄青枢密使之职。欧阳修的奏疏非常具有代表性,基本上能够反映当时士大夫对待有功之武将的态度和做法。

欧阳修在奏疏中首先指出,狄青在军事上"已著名声",又以武臣身份"掌机密而得军情,不惟于国家不便,亦于其身未必不为害"。② 狄青以军功得以擢升,军事才能较为突出,对敌作战有胆识,有谋略,宋人评价其"善用兵,多智数,为一时所伏"③。如狄青率军出征广南时,侬智高驻守昆仑关,其军队势头正猛,又是在其经营多年的地方防守,表现出较强的优势和战斗力,狄青没有采取直接强攻的策略,而是趁着上元节的节庆娱乐活动迷惑对方,使对方放松警惕,"令大张灯烛,首夜燕将佐,次夜燕从军官,三夜飨军校。首夜乐饮彻晓,次夜二鼓时,青忽称疾,暂起如内,久之,使人谕孙元规,令暂主席行酒,少服药乃出。数使人勤劳座客,至晓,各未敢退。忽有驰报者云,是夜三鼓,青已夺昆仑矣"④。夺取昆仑关一战,充分体现了狄青的军事才能,他能够最大限度地利用有利条件,把握决胜的机会,运筹帷幄,不慌不忙,出其不意,以最小的代价取得战役的胜利,也以此赢得了将士们的认可和尊敬。

欧阳修所言"得军情",指狄青非常了解军队,善于治军,军纪严明。狄青被朝廷派遣至广南平叛,未到之时,"诸道兵皆会,诸将闻宣抚使将至,争先立功",广南西路钤辖陈曙与侬智高战于金城驿,失败逃跑,"死者二千余人,弃捐器械辎重甚众"。狄青到广南后,开始整顿军队,当地"诸将视其帅如寮寀,无所严

---

① 司马迁:《史记》卷一二〇,《汲黯传》,第3106—3107、3110页。
② 欧阳修撰,李之亮笺注:《欧阳修集编年笺注》卷一一〇,《论狄青札子》,第6册,第347、348页。
③ 王铚:《默记》卷上,中华书局1981年版,第10页。
④ 沈括:《梦溪笔谈》卷一三,《权智》,第104页。

惮,每议事,各执所见,喧争不用其命",如此军纪涣散的队伍,如何能够平定叛军,于是,狄青"悉集将佐于幕府,立陈曙于庭下,数其败军之罪,并军校数十人皆斩之。诸将股栗,莫敢仰视"。① 对于一支即将投入战斗的军队而言,要取得胜利,将士必须严格遵守纪律,主帅必须有绝对的权威,指挥军队能够令行禁止,只有这样,才能形成强大的凝聚力和战斗力。狄青到广南之初的一系列举措,确实起到了树立统帅权威、整肃军队纪律的作用,由此亦鼓舞了宋军的士气,为平定侬智高之乱奠定了坚实的军事基础。正是因为狄青"得军情","加又青之事艺实过于人,比其辈流,又粗有见识,是以军士心共服其材能",② 有军事之才而又得军心,这就令欧阳修等士大夫内心不安了。时任宰相文彦博的话语更加直接、准确地道出了士大夫阶层的想法,他曾向宋仁宗建议罢免狄青枢密使之职,"以两镇节度使出之",即给予狄青以较高的荣誉虚衔,仁宗很不以为然,并言"狄青忠臣",此时文彦博答曰:"太祖岂非周世宗忠臣,但得军情,所以有陈桥之变。"可谓一语中的,宋仁宗无言以对。狄青不明白文彦博为什么奏劾自己,问于文彦博,彦博直接说:"无他。朝廷疑尔。"③ 藐视、鄙夷、猜忌、防范之情溢于言表,使狄青感到了彻骨寒意,以及来自士大夫阶层根深蒂固的敌意。

其次,欧阳修的上疏中还言及,"近日以来,讹言益甚",故欧阳修认为狄青"为军士所喜",但却于国不便。④ 讹言即谣言、谣谚,宋代不少史籍均记有流行于京师及其附近的与狄青密切相关的谣谚,如《续资治通鉴长编》载:"青在西府四年,京城小民闻青骤贵,相与推说,诵咏其材武。青每出入,辄聚观之,至壅路

---

① 司马光:《涑水记闻》卷一三,第260—261页。王铚《默记》对此亦有类似记载:"狄青宣抚广南,平侬智高。未出师,先大陈军仪,数诸将不俟大军之到,先出师不利。就坐擒陈崇仪等三十余人,拽出斩之。"(王铚:《默记》卷上,第13页)
② 欧阳修撰,李之亮笺注:《欧阳修集编年笺注》卷一一〇,《论狄青札子》,第6册,第347—348页。
③ 王楙:《野客丛书》附录《野老记闻》,中华书局1987年版,第356页。文彦博与狄青同为汾州人,本来是维护狄青的,但是殿中侍御史吕景初的话使其态度发生很大转变。吕景初曾数次请求罢免狄青,而"文彦博以青忠谨有素,外言皆小人为之,不足置意"。景初即刻回应:"青虽忠,如众心何,盖为小人无识,则或以致变。大臣宜为朝廷虑,毋牵闾里恩也。"(脱脱等:《宋史》卷三〇二,《吕景初传》,第10021页。)文彦博为了避嫌,亦同意罢免狄青。而且,正是因为同乡的关系,狄青才有可能直接向文彦博发牢骚,只是令狄青没有想到的是,随着自身政治地位的提高,他俨然已成为当时整个士大夫阶层共同的政敌。
④ 欧阳修撰,李之亮笺注:《欧阳修集编年笺注》卷一一〇,《论狄青札子》,第6册,第348页。

不得行。上自正月不豫,青益为都人所指目。又,青家犬生角,数有光怪……及京师大水,青避水,徙家于相国寺,行坐殿上,都下喧然。"[1]再如江少虞摘录范镇《东斋记事》的条目中,亦有与狄青有关的谣谚:"汉似胡儿胡似汉,改头换面总一般,只在汾河川子畔。"狄青是汾州西河人,起自普通兵士,面有刺字,"又姓狄,为汉人,此歌为是人作也,为不疑矣"。[2] 言下之意,朝廷以一类似胡人身份的人出任最高军事长官,非国家之幸事。既是谣谚,则虚假、谣传的成分多,本可不予理会,但谣谚传播的速度极快,可以蛊惑人心,威胁社会秩序的安定,尤其这些谣谚还与一位军功卓著、有威望的武将联系在一起,这位武将又位居最高军事长官之职,诸种因素汇聚在一起,不能不引起士大夫阶层普遍的怀疑和担忧。

欧阳修所言狄青"为军士所喜",不是夸大其词,而是有着相关事例为依据的。北宋实行募兵制,按照军士的等级、类别,给予一定的军俸,但普通士卒军俸的数额不多,且由于朝廷财政困窘,常常还不能足额发放。作为军事统帅,狄青尽管经常遭到士大夫的弹劾,但弹劾的事由从来没有贪财好贿、渎职失职之类的名目,他非常关心士卒疾苦,战争中缴获的财物,一般皆分给属下的将士,以此激励将士奋勇杀敌。如狄青率军至广南平叛,攻入侬智高据守的邕州城后,"获金贝之物以巨万,畜数千,悉分其麾下。招复老壮七千二百零尝为贼所胁者,皆慰遣之以归"[3],这样的统帅自然能够得到各级军校及士卒的拥护。《孙子兵法》有言,在战争中如果具备以下五个方面的优势,则可大大增加战胜对方的概率,"知可以战与不可以战者胜,识众寡之用者胜,上下同欲者胜,以虞待不虞者胜,将能而君不御者胜"[4],其中的"上下同欲",即指统帅与士卒同心协力。要做到这一点,统帅就必须体恤将士,与将士们同甘共苦,狄青即是如此。他率军出征时,"先正部伍,明赏罚,与士同饥寒劳苦,虽敌猝犯之,无一士敢后先者,故其出常有功"[5],这应该是其属下愿意跟随他冲锋陷阵的原因之一。此外,狄青虽然

---

[1] 李焘:《续资治通鉴长编》卷一八三,嘉祐元年八月癸亥,第4435页。
[2] 江少虞:《宋朝事实类苑》卷五五,《将帅才略·狄武襄(二)》,上海古籍出版社1981年版,第727—728页。
[3] 王珪:《华阳集》卷四七,《狄武襄公神道碑铭》,景印文渊阁四库全书本,上海古籍出版社1987年影印本。
[4] 陈曦译注:《孙子兵法·谋攻篇》,中华书局2011年版,第52页。
[5] 李焘:《续资治通鉴长编》卷一八五,嘉祐二年三月,第4474页。

战功卓著,战场经验丰富,但他谨慎谦虚,不居功自夸,"尤喜推功与将佐",懂得辞让之道,在平定侬智高之乱时,孙沔、余靖亦在广南协助狄青,狄青"与孙沔破贼,谋一出青,贼既平,经制余事,悉以诿沔,退若不用意者。沔始叹其勇,继而服其为人,自以为不如也",①孙沔为进士出身的士大夫,因缘际会与狄青有一段时间的密切接触,狄青的才勇及德行使其发自内心地予以赞叹。狄青虽为一武将,但其确实有情有义,以自己的德行获得了同僚和下属的交口称赞。尹洙对狄青有知遇之恩,他在任经略判官时,狄青"以指使见,洙与谈兵,善之,荐于经略使韩琦、范仲淹",后尹洙被贬官,病逝,狄青"悉力周其家事",②如此仁义实际上非常符合北宋士大夫阶层推崇的伦理道德,只是因为狄青武将的身份,才不为士大夫所容。可见,在士大夫看来,武将"为军士所喜"是一个危险的信号,有可能造成拥兵自重的严重后果,所以才于国不便。

再次,欧阳修在上疏中还以唐朝朱泚为例,说明武将"本非反者,仓卒之际,为军士所迫尔"③,即危急时刻,在军士的拥戴下,武将有大概率会为患朝廷。朱泚本为幽州卢龙节度使,后入京师长安觐见皇帝,受到唐代宗、唐德宗的信任,留在京城,给予更高的官职和更尊崇的荣誉。建中元年(780),泾州将领刘文喜领兵为乱,唐德宗以朱泚为四镇北庭行军、泾原节度使,带兵讨伐,平叛后,"加泚中书令,还镇凤翔",第二年,又进封朱泚为太尉,实则剥夺了朱泚的实权。建中四年(783)发生泾原兵变,叛军攻陷京城长安,唐德宗匆忙逃至奉天,叛军迎朱泚为主帅,后朱泚称帝,国号大秦,并出兵攻打奉天,若非李怀光救援奉天,后果不堪设想。兴元元年(784),唐朝军队终于平定叛乱,朱泚亦兵败而死。④ 此事发生于唐朝后期,距离北宋不远,朱泚又是以武将身份获得高位,以至于为叛军所拥戴,如此深刻的教训不能不引起北宋士大夫的警觉,所以欧阳修才会发出感叹:"大抵小人不能成事而能为患者多矣……夫小人陷于大恶,未必皆其本心所为,直由渐积,以至蹉跌,而时君不能制患于未萌尔。"⑤欧阳修以朱泚之事影射

---

① 脱脱等:《宋史》卷二九〇,《狄青传》,第9721页。
② 脱脱等:《宋史》卷二九〇,《狄青传》,第9718、9721页。
③ 欧阳修撰,李之亮笺注:《欧阳修集编年笺注》卷一一〇,《论狄青札子》,第6册,第348页。
④ 刘昫等:《旧唐书》卷二〇〇下,《朱泚传》,第5386—5390页。
⑤ 欧阳修撰,李之亮笺注:《欧阳修集编年笺注》卷一一〇,《论狄青札子》,第6册,第348页。

狄青,可谓振聋发聩,虽然宋仁宗没有立刻罢免狄青,但内心深处应该有很大触动。

至和三年(1056)五月,"京师大雨不止。逾月,水冒安上门,门关折,坏官私庐舍数万区,城中系筏渡人"①,强降雨造成水灾,严重影响京城百姓的生活。于是欧阳修上《论水灾疏》,依据五行灾异理论,认为"未有不召而自至之灾,亦未有已出而无应之变",然后提及两件事,即立储和罢免狄青枢密使,言狄青"出自行伍,遂掌枢密,始初议者,已为不可。今三四年间,外虽未见过失,而不幸有得军情之名。且武臣掌国机密而得军情,岂是国家之利?……虽其心不为恶,不幸为军士所喜,深恐因此陷青以祸,而为国家生事"。② 所论狄青事项与前揭奏劾几乎相同,以重复的话语一再说明狄青得军情、为军士所喜等行为对朝廷的危害。

朝堂上不少士大夫皆持有与欧阳修同样的看法,认为狄青"得士卒心,议者忧其为变",如殿中侍御史吕景初弹劾曰:"天象谪见,妖人讹言,权臣有虚声,为兵众所附,中外为之汹汹。"且数次请求罢免狄青。③ 御史中丞张昪等人在兵部尚书、平章事刘沆为狄青辩护时,"益论辨不已,凡上十七章"④。如此大的弹劾力度,且被劾者狄青又并无具体的违法行为,充分显现了北宋抑制、打压武将的政治倾向,这时的弹劾已经成为监督武将权力的重要手段之一了。

可见,围绕狄青除枢密使前后,参与奏劾的士大夫不仅有台谏官,还有宰相、知制诰、翰林学士等其他重要的中央官员,他们的观点基本一致,皆认为以狄青众望所归的武将身份任枢密使,是对朝廷最大的威胁,甚至狄青得军情、为军士所喜、不贪功、不贪财、尽职尽责、谨慎小心等为人所推崇的行为和道德,亦成为必欲去之以无后顾之忧的"罪状"。终于,嘉祐元年(1056)八月,即欧阳修上疏的同一年,宋仁宗接受了士大夫的弹劾,罢狄青枢密使之职,加同平章事,出判陈州。⑤

---

① 徐松辑:《宋会要辑稿》瑞异三之二,第 2650 页。
② 欧阳修撰,李之亮笺注:《欧阳修集编年笺注》卷一一一,《论水灾疏》,第 6 册,第 355—356 页。
③ 脱脱等:《宋史》卷三〇二,《吕景初传》,第 10021 页。
④ 李焘:《续资治通鉴长编》卷一八四,嘉祐元年十二月,第 4460 页。
⑤ 李焘:《续资治通鉴长编》卷一八三,嘉祐元年八月癸亥,第 4435 页。

王德用和狄青的被劾遭遇，实际上是北宋全体武将地位的缩影。尽管北宋始终面临着北方少数民族政权的威胁，边境时常出现的紧张局势需要武将具备善于用兵、胆识过人、有勇有谋等将领的基本素质，但从士大夫阶层对武将的弹劾看，不需要任何具体的职务犯罪，也不需要违背礼制和道德的行为，仅武将的身份即足以使他们成为被劾的对象，甚至优秀的军事素养反而使武将更容易成为士大夫奏劾的对象。在北宋时期，王德用和狄青被劾并非个别案例，而是经常发生的事件，士大夫以此监督、阻抑武将，保证政权的稳定。以仁厚著称的宋仁宗，本来奉行的是制衡各方力量、强化皇权的策略，但却在监督、抑制武将方面与士大夫阶层基本保持一致，即使对于军功突出而无过错的狄青，最终也听从了士大夫的弹劾建议，将其外放地方，避免出现君臣担心的内忧现象。北宋武将在皇帝和士大夫阶层的多方阻抑下，大多缺乏骁勇善战、沉着冷静、足智多谋等军事素养，也基本没有政治话语权，逐渐成为边患频繁的北宋历史中被边缘化的群体。

## 第二节 权力的有效监督：对士大夫的弹劾

宋仁宗朝是北宋弹劾制度运行相对良好的时期，士大夫弹劾的对象非常广泛，几乎包括当时政治环境中的所有人，其中即有同属士大夫阶层的朝廷官员。由于不同的政治见解和利益诉求，士大夫阶层内部又分为若干不同的政治集团，不同集团之间往往会发生纷争。宋仁宗朝的清明政风使得大多数士大夫在为官时一般皆能秉承公正无私、清廉勤勉等原则，只是具体到朝廷某项事务的处理，不同士大夫集团以及士大夫个人的做法会不一样，由此产生矛盾，士大夫解决矛盾的方式之一即弹劾，在宋仁宗朝的大多数情况下，弹劾还是起到了纠举官邪、整饬政风等积极作用，对权力形成有效的监督。但良性环境中也有消极因素的滋生，在实际的弹劾行为中，有的士大夫借机打击政敌，排斥不同政见者，这就使得弹劾不仅有可能激化士大夫阶层的内部矛盾，而且还会对政治生态产生不良影响。

# 第三章 宋仁宗时期弹劾的良性运行:权力监督

## 一、以道德缺失为核心的弹劾

从宋仁宗朝对士大夫的弹劾看,弹劾者、被劾者的范围非常广泛,既包括欧阳修、张方平、吕夷简、范仲淹、包拯、文彦博等耳熟能详的重要政治人物,亦有一些不太引人注目的中下层官员,如各级地方官。就弹劾者而言,台谏官仍然是弹劾的主体,其使用最多的文体就是弹文,这是一种非常具有代表性的、实用性的公牍文字,弹劾者出于为天下计的责任感,撰写的弹文往往论理清晰,言辞或沉稳或激烈,语气或平和或咄咄逼人,彰显出当时台谏官以国事为重、代行天下公议的凛凛正气。还有其他一些官员也拥有弹劾权,如门下给事中、中书舍人、尚书省官员等,甚至宋仁宗时还出现了中外臣僚多上章弹劾的现象。对于这一现象,部分大臣是持批评态度的,如殿中侍御史吕诲就曾上书言:"故事,台谏官许风闻言事者,盖欲广其采纳,以辅朝廷之阙失。比来中外臣僚多上章告讦人罪,既非职分,实亦侵官。甚者诋斥平素之缺,暴扬暧昧之事,刻薄之态,浸以成风。"于是宋仁宗下诏"戒上封告讦人罪或言赦前事,及言事官弹劾小过或不关政体者"。① 可见在他们看来,只有台谏官的弹劾行为属名正言顺之举,当然其弹劾产生的影响也最大。

从弹劾对象看,以中央官员为主,如宰相、参知政事、枢密院官员、侍讲侍读、六部官员、三司使等,几乎涵盖了中央所有部门的官员。庆历三年(1043)七月,谏官欧阳修、余靖、蔡襄弹劾参知政事王举正"懦默不任职",导致王举正罢参知政事,外放许州。② 皇祐三年(1051)二月到三月,台谏官包拯等接连不断地弹劾工部尚书、平章事宋庠"自再秉衡轴,首尾七年,殊无建明,略效补报,而但阴拱持禄,窃位素餐,安处洋洋,以为得策"③,认为执政大臣"无建明"就是不称职,应该罢免。被弹劾的地方官,主要涉及与中央高级官员有千丝万缕联系者,或者任职京师附近州县的地方官,或者北部、西北部靠近辽和西夏边境地区的地方官等,体现出朝廷和士大夫对这些官员及地区的重视。天圣八年(1030)正月,殿中侍御史张存劾比部员外郎、知开封县刘汀,知祥符县李宗简"各缘门地,遂厕

---

① 李焘:《续资治通鉴长编》卷一九一,嘉祐五年六月乙丑,第4627页。
② 李焘:《续资治通鉴长编》卷一四二,庆历三年七月丙子,第3398—3399页。
③ 包拯撰,杨国宜校注:《包拯集校注》卷三,《弹宋庠》,第180页。

郎曹,曾乏誉于中才,猥庇身于大邑"①。庆历元年(1041),谏官张方平弹奏管勾泾原路部署司事兼知渭州王沿曰:"泾原比四路最当贼冲,王沿虽莅官临事,粗著风绩,然未更重任,恐不易当此剧贼。又骤蒙奖擢,即与三路宣力旧人同列,必皆愤然于心。岂且于三路择取一人,使代沿处,庶允协人望。"②

弹劾事由是弹文的重要内容,包括弹劾的具体事项、原因、影响等。就现有史料看,弹劾事由大体可分为两个方面,即道德和吏能,而且即使是吏能,弹劾者在论证过程中也往往与道德联系在一起,质言之,道德始终是中国古代王朝衡量官员是否称职的重要标准。

对为政者的道德要求是中国传统儒学的主要内容,正所谓"为政在人,取人以身,修身以道,修道以仁"③,经过儒学对政治的渗透,历代统治者都希望朝廷各级官员均能具有高尚的德行,北宋特殊的历史条件使得朝廷更加重视以道德为中心的为官原则。北宋脱胎于道德沦丧、军阀割据、社会混乱的五代时期,统治者深刻认识到社会的道德失序是影响政权稳定、威胁中央王朝统治的重要原因,因此他们急需规范社会秩序的伦理道德,伦理道德恰是中国传统儒学的精神内核。面对唐代以来佛教、道教的强力冲击,儒学如果想要保持自身的独尊地位,就必须将其精神内核与朝廷政治上的诉求紧密结合,借助朝廷的力量实现传统儒学的转型,使其适应北宋变化的社会现实。北宋初期儒学的发展正是走的这样一条路径,即以突出伦理道德的方式实现与朝廷政治的结合。

另外,对官员德行的严格要求亦应考虑到科举考试制度的变化。科举制度是赵宋王朝选拔官员的主要方式,其发展趋势是越来越严格和规范,锁院、弥封、誊录等程序上的规定使得科举考试更加公平,这本来是考试制度的优点,但是,优点并不一定都能带来好的结果。以考卷成绩作为录取官员的唯一标准,势必带来另一个弊端,即注重德行的诉求无法在考试层面得以体现,这自然不符合朝廷的选官宗旨,于是只能把这种要求放到士人任官后,其中通过弹劾促进官场尚德风气的形成,即是提高官员道德水平的方式之一。

---

① 李焘:《续资治通鉴长编》卷一〇九,天圣八年正月,第2536页。
② 李焘:《续资治通鉴长编》卷一三四,庆历元年十月,第3191页。
③ 郑玄注,孔颖达正义:《礼记正义》卷六〇,《中庸第三十一》,第2012页。

上述种种原因使得北宋士大夫十分关注道德问题,如司马光在《资治通鉴》中分析春秋末期晋国智伯灭亡原因时,直指其是无德而亡,并认为:"才德全尽谓之'圣人',才德兼亡谓之'愚人';德胜才谓之'君子',才胜德谓之'小人'。凡取人之术,苟不得圣人、君子而与之,与其得小人,不若得愚人。……自古昔以来,国之乱臣,家之败子,才有余而德不足,以至于颠覆者多矣,岂特智伯哉!故为国为家者苟能审于才德之分而知所先后,又何失人之足患哉!"①司马光的这些话,尤其是后面的感叹,代表了北宋大多数士大夫的选官思想,他们满怀着治国的理想,力图实践孔子"仁政"的理念,总是希望朝廷任用的官员为德才兼备之人,如果不能两者兼具,也应该是德胜于才者。可见,为官者的道德是中国古代统治者选拔官员的重要标准之一,有德者可成为官员,无德者则失去资格。

宋仁宗时期,由于儒学的复兴和士大夫忧心天下意识的觉醒,社会和朝廷对士大夫的道德要求显得尤其突出,这些要求包括个人私德、为官公德两个层面,具体内容比较丰富,其中,为官公德是士大夫的立身之本,其核心即清正廉洁。吕本中所著《官箴》中,开篇即言:"当官之法,惟有三事:曰清,曰慎,曰勤。"②将官员的清廉置于首位。吕本中虽为南宋人,但他的《官箴》是对前代,包括北宋为官之道的经验总结。就弹文所论弹劾事由看,属于违犯私德的条目有嗜酒误事、奸邪阴险、刚愎自用、不孝寡廉、性格懦弱、联姻非类、通奸等,与为官公德不符的情况包括阿谀奉承、苛政暴敛、言行失大臣体、恃权骄纵恣横、贿赂贪污乱法、阴附宗室宦官等。在具体进行弹劾时,有的是分别批评官员私德或者为官公德,有的则是将个人私德与为官公德杂糅在一起,一并予以谴责。至和元年(1054),殿中侍御史马遵等劾礼部侍郎、平章事梁适"奸邪贪黩,任情徇私,且弗戢子弟,不宜久居重位",御史中丞孙抃亦言梁适身为宰相,"上不能持平权衡,下不能训督子弟","梁适内恃私邪,外恃势力,重轻高下,皆在其手,嗟怨之声,腾沸中外"。③弹劾梁适的理由既有个人道德方面的问题,也有为官之德的缺失。

---

① 司马光:《资治通鉴》卷一,《周纪一》,中华书局1956年版,第14—15页。
② 李元弼等:《宋代官箴书五种·官箴(吕本中)》,中华书局2019年版,第75页。
③ 李焘:《续资治通鉴长编》卷一七六,至和元年七月戊辰,第4264—4265页;李焘:《续资治通鉴长编》卷一七六,至和元年七月,第4266页。

对于主政一方的地方官来说,道德问题显得更加重要,因为高尚的道德可以引领地方社会风尚,促成尚德风气的形成,实现规范百姓、稳定社会的目的,即使是身处边地、面对强敌的地方官也不例外。庆历三年(1043),宋仁宗欲擢夏竦为枢密使,引发士大夫的交相奏劾,言"竦挟诈任数,奸邪倾险……方陛下孜孜政事,首用怀诈不尽忠之臣,何以求治",指责其德行卑劣,虽然也有关于夏竦吏能缺失的评价,如"竦在陕西,畏懦苟且,不肯尽力,每论边事,但列众人之言……",①但士大夫议论的重点仍然是夏竦的德行不足以当重任。就史料记载看,夏竦实际上很有治郡之才,在知襄州时,属地内发生大饥荒,竦打开粮仓放粮,解决饥民的就食问题,"又劝率州大姓,使出粟,得二万斛,用全活者四十余万人"。② 元昊反后,夏竦任职西北边地,曾就边事提出教习强弩、募土人为兵等十条建议,他不同意出师征讨西夏,并非胆怯怕战,而是由于元昊粮足、兵多,又占据地利之便,"若分兵深入,粮粮不支,师行贼境,利于速战。倘进则贼避其锋,退则敌蹑其后,老师费粮,深可虞也",并认为"不较主客之利,不计攻守之便,而议追讨者,非良策也"。③ 从当时宋夏的情况对比看,夏竦的分析是比较准确的。即便如此,士大夫对夏竦的弹劾仍然较多,究其原因就是夏竦道德有亏,致使士大夫不认可其正确的建议和做法。庆历五年(1045),夏竦又因杖杀侵盗其财物的仆人一事,遭侍御史吴鼎臣弹劾,言其"贪暴不法如此,愿下有司正其罪"④。可见,在北宋士大夫的心目中,道德是比吏能更为重要的为官要素。

在士大夫对地方官的弹劾中,还特别关注到了地方官的为官之德。庆历三年,监察御史梁坚劾知渭州张亢"出库银给牙吏往成都市易,以利自入",加之时任陕西四路都总管郑戬与张亢不和,告发张亢过用公使钱,竟至张亢被降职。⑤ 后张亢又因同样的事由两次遭台谏弹劾,如嘉祐五年(1060),御史中丞韩绛劾张亢"前守怀、卫二州,贪横不法,今不可复用"⑥,韩绛所言"贪横不法"即指张亢出库银市易及过用公使钱,这两件事皆属为官之德的范畴。台谏官反复

---

① 李焘:《续资治通鉴长编》卷一四〇,庆历三年四月,第3364—3365页。
② 脱脱等:《宋史》卷二八三,《夏竦传》,第9571页。
③ 脱脱等:《宋史》卷二八三,《夏竦传》,第9573页。
④ 李焘:《续资治通鉴长编》卷一五七,庆历五年十月甲寅,第3802页。
⑤ 李焘:《续资治通鉴长编》卷一四二,庆历三年七月甲戌,第3398页。
⑥ 李焘:《续资治通鉴长编》卷一九一,嘉祐五年三月丙申,第4615页。

第三章　宋仁宗时期弹劾的良性运行:权力监督

以贪腐的理由弹劾张尧佐,必欲尽快罢免张尧佐,虽有其他原因,但为官之德的缺失却是打击对方最有力的武器。

同时,赵宋王朝建立以后,由于中央收归任官权、重视文治和士人等各种原因,从中央到地方均急需政务实践经验丰富的官员任职,因此在科举制度选拔读书人为官的基础上,还制定了一系列措施保障吏能突出的士大夫能够有机会得到升迁,也即是说,为官者的吏能是北宋君主及士大夫比较重视的拔擢官员的原则。但是,在具体的弹劾行为中,我们却看到不一样的现象。若台谏官仅以吏能作为弹劾的理由,往往不能得到士大夫阶层的广泛认可,所以他们常常将吏能缺失与道德有亏结合在一起,或者说将吏能缺失最终皆归结到道德方面,才能使自己的弹劾行为具有强大的威慑力,以致引起朝中大臣及皇帝的重视,最终达到弹劾的目的。庆历三年(1043)宰相吕夷简致仕,知谏院欧阳修劾其任相期间极不称职,"致四夷外侵,百姓内困,贤愚失序,纪纲大隳,二十四年间坏了天下",未能辅佐皇帝治理好天下,且指责吕夷简"罪恶满盈,事迹彰著……专夺国权,胁制中外",①认为吕夷简为奸邪之人,将其为相少有建树与"奸邪"这样的道德评判联系在一起②。这是宋仁宗时以台谏官为主的士大夫进行弹劾时常用的策略,即使有具体的弹劾事由,也尽量与道德问题联系在一起,以增加弹劾的分量。更重要的是,虽然道德的评定难以做到客观、公正,但在宋仁宗朝士大夫"以天下为己任"士风的影响下,台谏官弹劾士大夫道德有亏,基本还是从被劾者的政治行为及日常生活中找寻真实的事例,且往往将德、才两个方面糅合在一起进行弹劾。如庆历四年(1044)知谏院蔡襄劾奏宰相晏殊,首先说明为相者应具备"经纶之才、廉正之德",才能胜任宰相之职,然后再列举晏殊德、才缺失的具体事例,"自登枢府,及为宰相,首尾数年,不闻奇谋异略以了国事,唯务私家营置资产。见于蔡河岸上,托借名目,射占官地,盖屋僦赁。以宣借兵匠外,多占外州

---

① 欧阳修撰,李之亮笺注:《欧阳修集编年笺注》卷一〇一,《论吕夷简札子》,第6册第156—157页。
② 欧阳修对吕夷简的弹劾应该与西汉以来形成的传统有关,即要求宰相从各方面辅佐皇帝,达到天下大治的目的。西汉陈平对此有较为准确的表述,其言:"宰相者,上佐天子理阴阳,顺四时,下育万物之宜,外镇抚四夷诸侯,内亲附百姓,使卿大夫各得任其职焉。"(司马迁:《史记》卷五六,《陈丞相世家》,第2061—2062页。)只是这样的要求并无统一的、可操作的标准,或者说仅以此弹劾宰相,缺乏说服力,但如果将其与道德缺失联系在一起,则结果就会大不一样了。

军人,日夕苦役,怨讟之言,闻于道路",认为晏殊在朝廷内忧外患的形势下,居然"恬然自安,窥图小利","不恤物议,务营私产,与细民争利",故乞求皇帝罢免晏殊。① 从蔡襄的弹劾文本看,虽然对晏殊的这些事例可以有不同的解释,但每一事例均有确凿的证据,不是捕风捉影,在此基础上,才得出晏殊德才有亏、不可付权柄的结论。

## 二、以弹劾形成"尚德"的官场舆论

舆论,史籍一般多记为"公议"。官场舆论可以理解为中国古代官僚阶层集体公认的一种意识或价值观,它常常通过某些官员之口表达出来,其方式一般是奏议、政论文章等公开性的文本。就宋仁宗时期而言,由于弹劾的特殊作用,士大夫的弹劾行为成为官场舆论形成的重要催化剂,欧阳修有言:"诚以谏官者,天下之得失、一时之公议系焉。"②且宋仁宗在位时期相对正常的政治生态也有利于准确分析弹劾的作用及其对官场舆论的影响,使我们能够了解以弹劾形成官场舆论的大致情况。

一般而言,对士大夫的弹劾是宋仁宗时保障朝政秩序正常运行的事后监督方式,弹劾的事由虽然多种多样,但大多数可以归结到士大夫道德层面的问题,之所以如此,与中国古代对士大夫的道德要求有关,而更重要的是北宋士大夫希望借此形成"尚德"的官场舆论,并以此制约士大夫的言行。

舆论的产生与社会历史环境密切相关,也即是说,舆论是历史环境的产物。宋仁宗即位时,北部边疆在宋辽澶渊之盟签订后基本趋于安宁,但小规模冲突仍时有发生,西北党项族也是时叛时服,致使赵宋外患不断,始终处于强大的少数民族政权的威胁之下。思想文化方面,自唐中期开始的儒释道融合,到宋仁宗时已接近尾声,儒学的转折成为当时士大夫面临的一个重要问题,尽管他们对于儒学经典的理解有分歧,但儒学所提倡的伦理道德观却是他们共同推崇的修身原则。如此的社会背景,使得赵宋统治者急需社会舆论的支持,作为文化精英和政治精英的北宋士大夫阶层,很自然就成为社会舆论的引导者和推动者,而社会舆

---

① 蔡襄:《蔡襄集》卷一八,《乞罢晏殊宰相》,第 326—327 页。
② 欧阳修撰,李之亮笺注:《欧阳修集编年笺注》卷六六,《上范司谏书》,第 4 册,第 240 页。

论又受到官场舆论的强烈影响,官场舆论的形成则与台谏官直接相关。宋仁宗时由于皇帝对台谏的重视以及一系列保护士大夫言论权措施的实行,使得台谏官弹劾成为常规化的、稳定的舆论力量的来源。

为了研究的方便,我们将台谏官弹劾形成官场舆论的过程分为两个阶段。第一阶段是发现问题,提出弹劾。北宋时期官僚制度已较为完备,中央、地方官员人数众多,公事繁杂,在大多数情况下,处理公事往往需要随机应变,灵活处置,这就易于导致官员的各种违规行为。什么样的违规行为有可能进入台谏官的视野,乃至成为他们弹劾的事由? 从前揭分析看,士大夫违反道德的行为更易于为台谏官所弹劾。之所以如此,是因为士大夫阶层需要伦理道德作为他们以天下为己任、与皇帝共治天下的合理性基础。

赵宋建立以后,随着社会秩序的逐渐安定,经济获得长足发展,但社会伦理道德的建设相对滞后,唐中期到五代时期社会混乱导致的道德失范已不能适应大一统政权的需要,整个社会,尤其是士大夫阶层必须重新树立和维护共同的政治理想和道德责任,以利于社会的正常发展。就中国传统社会的具体情况看,士大夫的政治理想和道德责任往往源自于儒学,他们少时即熟读经书,修养德行,一旦有相应的社会条件,就会以道德作为参与政治事务的基础。早在宋太宗、宋真宗时期,就有不少士大夫身体力行地践行着廉洁自律、淳厚坦诚、谦逊恭谨的道德准则。宋太宗时枢密副使钱若水"有器识,能断大事,事继母以孝闻。雅善谈论,尤轻财好施"[①]。宋真宗时宰相李沆的居室极为简陋、狭窄,"厅事前仅容旋马",即使居第出现"垣颓壁损"的现象,他也不在意,"家人劝治居第,未尝答",且认为"身食厚禄,时有横赐,计囊装亦可以治第,但念内典以此世界为缺陷,安得圆满如意,自求称足? 今市新宅,须一年缮完,人生朝暮不可保,又岂能久居? 巢林一枝,聊自足耳,安事丰屋哉?"[②]不愿意花费钱财修缮房屋,表现出崇尚节俭、廉洁自律的精神。

同时,也有士大夫通过著文、给友人的书简、上呈皇帝的札子等方式赞扬有德之士大夫,阐述士大夫德行的重要。宋初名臣田锡在给友人的书信中写道:

---

① 脱脱等:《宋史》卷二六六,《钱若水传》,第9170页。
② 脱脱等:《宋史》卷二八二,《李沆传》,第9541页。

"士大夫所贵者,树德而亲仁,博学以师古。师得古道以为己任,亲乎仁人以结至交。至交立则君子之道胜,胜则可以倡道和德。同心为谋,上翼圣君,下振逸民,使天下穆穆然复归于古道。"①将士大夫的"树德"置于上辅皇帝、下安百姓的重要地位。杨亿在给宋真宗的《奏举韩永锡状》中,赞誉韩永锡"检身奉上,挺夙夜匪懈之诚;守道安贫,励风雨弗渝之操。士流推慕,名迹蔼然"②,正因为韩永锡德行高尚,为士流所推崇,杨亿才会推荐其任官。但文章、书信的传布范围有限,往往只是至亲好友,呈文的传布范围稍广,也限于能看到呈文的少数官员。台谏官的弹文则不一样,因为其是对士大夫言行的批评,易于引起朝中官员之间的口耳相传,而且有时弹劾者就同一件事由、同一位士大夫一而再、再而三地进行弹奏,或者多位台谏官接连不断地弹劾同一位士大夫,被劾者很可能还会有所回应,这样连续的行为势必会掀起汹涌澎湃的舆论风暴,其引导作用和陡然提升的影响力,自是个别士大夫的书信、文章乃至呈文所不能比拟的。至和年间士大夫弹劾宰相陈执中的事件最能反映这一现象。

陈执中于皇祐五年(1053)闰七月第二次拜相③,仅一年后的至和元年(1054)十二月,因家中女奴被殴打致死,遭殿中侍御史赵抃的弹劾,言其"家不克正,而又伤害无辜……进无忠勤,退失家节",请求罢免陈执中宰相之职。④ 但宋仁宗并未听从,于是至和二年(1055)二月至五月,赵抃与御史中丞孙抃等台谏官连续不断地上疏弹劾陈执中,所论事由越来越多,既有道德之亏,也有处理政事之失,显现出明显的弹劾扩大化迹象。

二月庚子日,赵抃上长篇弹文,劾陈执中"不学无术,措置颠倒,引用邪佞,招延卜祝,私仇嫌隙,排斥良善,很愎任情,家声狼藉八事",一方面以条理明晰的语言,较为具体地列举了此八事的详细内容,一方面运用带有强烈主观色彩的语词,对陈执中的行为进行价值评判,如"不知典故,惟务阿谀,荧惑宸聪,败坏

---

① 田锡:《咸平集》卷四,《贻青城小著书》,景印文渊阁四库全书本,上海古籍出版社1987年影印本。
② 杨亿:《武夷新集》卷一五,《奏举韩永锡状》,景印文渊阁四库全书本,上海古籍出版社1987年影印本。
③ 徐自明撰,王瑞来校补:《宋宰辅编年录校补》卷五,《皇祐五年》,第299页。
④ 李焘:《续资治通鉴长编》卷一七七,至和元年十二月,第4296页。

第三章 宋仁宗时期弹劾的良性运行:权力监督

国体","树恩私党,不顾公议","不识廉耻",等等。① 御史中丞孙抃亦上弹章,内容虽不似赵抃的弹文那么详细,但话语同样犀利直接,有理有据,充满激愤之情,表明了弹劾者的政治立场。孙抃言朝廷应陈执中之请,派遣官员审查其家中女奴死亡事件,"前后差官四员充鞫使,狱体之重,未尝有如此者。而执中务徇私邪,曲为占庇,上昧圣德,下欺僚宷,凡所证逮,悉皆不遣,致使狱官,无由对定,罔然案牍,喑默而罢",正是由于陈执中不配合,才使得案件的审理非常不顺利,这样的欺罔行为,"如国体何,如朝法何,如公议何,如庙社何,如四方何!"②以五个格式统一的感叹句排比在一起,酣畅淋漓地表达出对陈执中行为的愤怒和不屑。面对这样的弹劾,宋仁宗的态度仍然不明朗,导致陈执中先待罪于家中,不久又入中书处理政事,使得台谏官的论列持续不断。四月,赵抃上弹章,乞求宋仁宗早做决断,"陛下若以臣言为是,而以执中为有罪,即乞陛下早正朝廷之法,而罢免相位,以从天下之公议。陛下若以臣言为非,而以执中为无罪,亦乞陛下正朝廷之法,而窜臣远方,宣布中外以诫后来"③。从字面上看,赵抃是"乞求"宋仁宗尽快决定,但逻辑上却包含着罢免陈执中是"从天下之公议"的意思,语气上更是带有一定的胁迫之意。五月,御史台官员以屡上弹章、入对等方式,多次弹奏陈执中,语言与之前的弹文大同小异,均是将陈执中的罪行与对他的道德评判杂糅在一起,进一步说明其不堪相位④。

一位接一位御史台官员的一次又一次弹劾,就像一波又一波的海浪,不断增加能量,似乎永不停歇,乃至朝中大臣、君主皆挟裹于其中。弹文所用语词关涉道德者较多,且一再声言物议腾涌、要从天下之公议、取中外之公议等,终于迫使宋仁宗在至和二年(1055)六月罢免了陈执中。御史台官员如此锲而不舍地弹劾位极人臣的宰相,最终导致弹劾对象被罢免,其影响不可谓不大,整个过程中

---

① 李焘:《续资治通鉴长编》卷一七八,至和二年二月庚子,第4308—4311页。
② 李焘:《续资治通鉴长编》卷一七八,至和二年二月,第4311—4312页。
③ 李焘:《续资治通鉴长编》卷一七九,至和二年四月丙辰,第4333—4334页。
④ 李焘:《续资治通鉴长编》卷一七九,至和二年五月,第4338—4342页。其中有御史中丞孙抃、殿中侍御史赵抃的弹章,另载有孙抃与侍御史知杂事郭申锡的入对,所用语言有"诬罔朝端,轻废诏狱,缘嬖昵之私爱,屈公平之大议,内则灭家法,外则隳国纲。又其作为,全是虚诡","处置大事,违越典故,先意希旨,动成乖谬……殊无廉耻,不恤人言",等等。

体现出的"尚德"倾向,尽管难免会有片面性和夸大渲染的地方,但其导向作用却是不可低估的。

第二个阶段是信息传播,意见互动,形成舆论。当台谏官的弹劾行为发生后,一旦成为朝中士大夫关注的议题,很快就会引起大范围的信息传播和互动,表现为台谏官以外的官员也上疏讨论相关问题,与台谏官的弹文形成一种互动关系。如上述劾陈执中之事,在台谏官不断奏劾的过程中,先后有翰林学士吕溱、欧阳修等士大夫上奏疏论列陈执中,吕溱上疏劾陈执中"外虽强项,内实奸邪,朝廷故事多不谙练,除改官序,常至差错,平居不接士人,惟阴阳卜祝之流,延入卧内,干预政事。又历数其过恶十余事"①;欧阳修奏陈执中任宰相以来,"不叶人望,累有过恶,招致人言……执中为相,使天下水旱流亡,公私困竭,而又不学无识,憎爱挟情,除改差缪,取笑中外,家私秽恶,流闻道路,阿意顺旨,专事逢君。此乃谄上傲下憸戾之臣也"②。他们议论陈执中之事基本皆是道德、吏能并举,但从奏疏文本看,"奸邪""不学无识""憎爱差谬"等充满感情色彩的语词,更容易让人产生对被劾者品行的价值判断,也更加突出被劾者的道德缺失。这些奏疏与台谏官的议论掺和在一起,看似众声喧哗,实则有一个比较明确的中心点,即陈执中道德低下,无以为相。

朝堂之上的议论也包括持不同观点的士大夫之间的争论,不过这种争论是建立在共同利益基础上的意见求同过程,它会吸引更多的士大夫参与其中,并认同抛弃差异性之后的共同观点。如陈执中事件中,当御史台官员奏劾陈执中时,谏官范镇曾有不同意见,他多次上疏宋仁宗,认为陈执中"变祖宗大乐,黩朝廷典故,缘葬事除宰相,除翰林学士,除观察使,其余僭赏,不可悉纪",再加"今天下民困,正为兵多,而益兵不已,执中身为首相,义当论执,而因循苟简,曾不建言",与御史台官员一样,不认同陈执中入相后的所作所为,只是他反对御史台官员以陈执中私事治罪的做法,"御史又专治其私,舍大责细",建议仁宗将自己的奏疏宣示于陈执中和御史,"然后降付学士草诏,使天下之人,知陛下退大臣,

---

① 李焘:《续资治通鉴长编》卷一七八,至和二年二月,第4317—4318页。
② 欧阳修撰,李之亮笺注:《欧阳修集编年笺注》卷一〇九,《论台谏官言事未蒙听允书》,第6册,第319—320页。

不以其家事,而以其职事"。① 显然,范镇更趋向于以公事弹劾陈执中,由此导致御史台官员与谏官之间的差异,这就更加引起朝堂之上的议论纷纷,最后的结果是宋仁宗倾向御史台官员的看法。舆论的形成过程实则也是妥协的过程,求同存异就是一种妥协,"为官以德"这个最根本的原则问题不能退让,但一些细节和局部问题可以适度调整。

更重要的是,士大夫往往在弹文中指出任用道德缺失的官员会导致严重的后果,以此引起皇帝的重视,如前揭对陈执中的奏劾,御史中丞孙抃就言,若继续以陈执中为相,"臣恐天下闻之,有轻朝廷心,蛮夷闻之,有轻中国心"②,明白指出如果宰相德行严重受损,则会影响统治基础。台谏官所言虽有夸大其词之嫌,但也正是通过这种无限放大其危害性的方式,才能获得皇帝的支持,而皇帝的支持对于形成以"尚德"为中心的官场舆论意义重大。

可见,士大夫的意见在互动之中不断交锋、整合,求大同存小异,变得越来越趋向于统一,同时也使认同"为官以德"理念的人越来越多,其中也包括皇帝的认同,最终形成相对稳定的、有序的官场舆论。可以这样说,正是由于弹劾是士大夫过失出现后的纠偏行为,犹如消极的防御,因此努力建立官场舆论,促使士大夫增强自律性,则是一种从根本上防止官员犯错误的有效措施。从宋仁宗朝士大夫的弹劾看,不管是有意还是无意,他们均致力于建立以"为官以德"为核心的官场舆论,且成效十分显著,以至于是否有德成为此后北宋士大夫弹劾官员的主要标准。但是德行很难进行客观评定,只能通过言行加以考察,而一个人的言行,不同的人,可以有不同的甚至是相反的看法,所以在政治昏暗的时期,此一标准常常会成为士大夫操纵舆论的工具,阿附我者则为德行高尚之人,不同政见者则德行有亏,以此党同伐异,打击异己。

从舆论的角度而言,弹劾是一种舆论活动方式,有助于官场舆论的形成和传布。宋仁宗朝由台谏官主导的弹劾,在批评被劾士大夫道德缺失的过程中,制造官场舆论热点,引导官场舆论走向,控制官场舆论动态,从而以舆论的力量制约

---

① 李焘:《续资治通鉴长编》卷一七八,至和二年二月,第4312—4313页。据文献记载,其后范镇又数次奏劾陈执中,其所阐述的道理基本不变(李焘:《续资治通鉴长编》卷一七八,至和二年二月,第4313—4316页;李焘:《续资治通鉴长编》卷一七九,至和二年三月,第4325—4326页)。
② 李焘:《续资治通鉴长编》卷一七八,至和二年二月,第4312页。

和监督官员,不仅对被劾官员个人带来直接影响,而且对整个士大夫群体乃至社会均产生深远影响。

台谏官的弹劾首先会影响到被劾者个人,使他们遭遇降职或改官的责罚,如庆历四年(1044),监察御史包拯劾司勋郎中张可久任淮南转运使时贩私盐万余斤,张可久被责授为保信节度副使①,因为张可久官德有亏,在"尚德"的官场舆论下形象不佳,所以其官品从从五品下降至从八品。对于某些被劾的士大夫来说,弹劾舆论的影响甚至及于其整个仕宦生涯。据文献记载,王逵在宋仁宗时期曾有多次被劾经历,其中三次影响较大:第一次是在庆历元年(1041),因"在湖南率民输钱免役,得缗钱三十万,进为羡余",被知谏院张方平劾奏为"肆情害物",由知虔州徙知池州。② 第二次是庆历五年(1045)冬或庆历六年(1046)夏,时任监察御史包拯连上数篇弹章,奏劾王逵,其中一篇弹文用带有主观性和感情色彩的语词对王逵的道德进行评价,"行事任性,不顾条制,苛政暴敛,殊无畏惮",再加上具体事例,"王逵先任荆湖南路转运使日,非理配率人户钱物上供,以图进用。山下居民苦于诛求,逃入蛮洞,结集凶党,致此大患,于今未息",请求将王逵降职。③ 其他弹章的内容基本一致,皆认为王逵任职地方时盘剥小民,为害甚大,导致王逵被贬职。第三次是皇祐二年(1050),朝廷复用王逵,欲差其充淮南转运使,知谏院包拯又多次上疏反对,理由仍然与庆历五年所言一样,用语亦相同,认为王逵"惟务掊尅生灵,凌辱官吏,任性率易,不顾条制"等,并称其为"酷吏"。④ 王逵屡次被劾,缘由实则皆源于一事,即允许百姓输钱免役,当时士大夫对这一做法本来就有争议,当弹劾者将其上升到"苛政暴敛"的道德高度时,就很容易形成舆论风暴,使当事官员的仕途受到影响。即使由于皇帝的恩宠或位高权重者的支持,王逵暂时未受到责罚,但也影响到了他在官场中的声誉,所以直到嘉祐四年(1059),王逵仍因此事被知门下封驳事何郯指斥为"贪酷虐民",封还起用王逵为知州的制书,使其仅仅提举兖州仙源县景灵宫、太极观的

---

① 李焘:《续资治通鉴长编》卷一五一,庆历四年八月,第 3687 页。
② 李焘:《续资治通鉴长编》卷一三三,庆历元年八月壬午,第 3160—3161 页。
③ 包拯撰,杨国宜校注:《包拯集校注》卷一,《弹王逵一》,第 59 页。
④ 包拯撰,杨国宜校注:《包拯集校注》卷一,《弹王逵六》,第 65 页。

虚职。① 可见,"尚德"的官场舆论已经成为宋仁宗朝士大夫阶层认可的一种集体意识,它能够对士大夫个体产生心理上的压力,使他们意识到,若顺应舆论而动,即可获得群体的认同,有利于个人仕途上的升迁;若逆舆论而行,则有可能陷入孤立的境地,甚至遭致贬官、罢职的惩罚。因而,官场舆论表现出较为强烈的规范士大夫个人行为乃至官场秩序的作用。

弹劾所形成的官场舆论也影响到了当时的士大夫阶层。从制度层面而言,台谏官是官场舆论的中心,他们通过弹劾将偏离社会规范和道德的行为公之于众,唤起士大夫阶层的普遍谴责,将违反道德者置于强大的社会压力下,从而起到舆论整合的作用,有利于形成保持士大夫阶层崇高地位的、以"尚德"为中心的主导性舆论。更重要的是,这一正向舆论一旦形成,便具有较大的权威性,对整个士大夫阶层产生导向、约束、警诫等心理作用。在这样的官场舆论影响下,士大夫个体往往会自觉或不自觉地以有德作为自身行为的标准,以期获得士大夫阶层的认可和接受。如保存至今的宋仁宗时期士大夫的神道碑、墓志铭、行状或列传等,撰写者绝大多数皆为士大夫,每篇中一般均有关于传主道德方面的评价,其中有赞颂传主德行高尚、声誉隆盛的言辞,如欧阳修为范仲淹所写神道碑铭中,言范仲淹"为人外和内刚,乐善泛爱"②;苏轼为范镇撰墓志铭,称誉"其道德风流,足以师表当世。其议论可否,足以荣辱天下","清明坦夷,表里洞达,遇人以诚,恭俭慎默,口不言人过"。③ 同时,也有贬斥无德之人的评价,如曾巩言丁谓"机敏有智谋,憸巧险诐"④。尽管撰写碑传均为士大夫的个人行为,但这些与道德有关的评价却反映了"尚德"的舆论导向对士大夫阶层的影响。

不仅如此,"尚德"的官场舆论还通过士大夫影响到了社会风气。北宋时期,科举录取人数大量增加,导致从中央到地方的各级官员基本皆由科举出身者担任,这些士大夫自小所读的儒学经典有利于培养他们廉、正、俭、谦的官场道

---

① 李焘:《续资治通鉴长编》卷一九〇,嘉祐四年十二月丁亥,第4603页。
② 欧阳修撰,李之亮笺注:《欧阳修集编年笺注》卷二〇,《资政殿学士户部侍郎文正范公神道碑铭》,第2册,第181页。
③ 苏轼:《苏轼文集》卷一四,《范景仁墓志铭》,第435、441页。
④ 杜大珪编、顾宏义、苏贤校证:《名臣碑传琬琰集校证》(下)卷三,《丁晋公谓(曾巩)》,上海古籍出版社2021年版,第1778页。

德,加之北宋台谏官地位逐渐上升,各级士大夫在为官实践中常常能亲身感受到台谏官弹劾德行缺失之人所引起的官场震荡。因此,"尚德"的官场舆论必然会影响到大多数士大夫的为官行为,当他们担任地方官时,很自然地将崇尚道德的理念贯彻于为官实践中,对于形成当地尚德的社会风气起到引导作用。如蔡襄进士及第后任西京留守推官,目睹范仲淹、余靖、尹洙、欧阳修四人被贬事件,深感台谏官的重要性,作《四贤一不肖诗》;后蔡襄又任职中央多年,对宋仁宗朝台谏官弹劾促成的"尚德"的官场舆论多有体认,于是在知福州任上,特别注重推行尚德的理念,"郡士周希孟、陈烈、陈襄、郑穆以行义著,襄备礼招延,诲诸生以经学"①,通过褒奖的方式教化地方百姓,希望能养成重义的民风。同时,他还撰写《谕乡老诸生文》,认为地方官应该"察禁邪猾,扶善沮恶,使强弱各安其分",引导百姓向善之心,并恳请乡间诸老与他一起,促成"孝慈友弟、敦厚信让之风",以达到"兴礼让而止狱讼"的目的。② 当时有不少地方官与蔡襄一样,皆将以德教化百姓看作治理基层社会的重要方式,并在他们的为官实践中身体力行予以实施。

不过,我们也应该注意到,由于"尚德"的官场舆论与中国传统儒学的人才观非常吻合,因此进一步强化了宋仁宗时期士大夫阶层重道德、轻吏能的政治理念,这自然不利于吏能突出者在仕途上的升迁。更严重的是,官场舆论的"尚德"趋向还会直接导致士大夫阶层整体的行政实践能力难以提高,以致极有可能无法有效地处理纷繁复杂的行政事务,朝廷的良法善政,亦可能因为地方官的执行能力欠缺而不能得到充分贯彻,甚至成为扰民之法。

## 三、弹劾个案分析——滕宗谅

滕宗谅于大中祥符八年(1015)进士及第,与范仲淹为同年,其见识宏远,敢于担当,有能力,有才干,如刘太后临朝听政时,最不喜臣僚言还政宋仁宗之事,而滕宗谅则借一次宫禁失火的事故,认为"国家以火德王,天下火失其性由政失其本",于是请求太后还政。③ 再如庆历年间,元昊侵犯赵宋边境,葛怀敏率军抵

---

① 脱脱等:《宋史》卷三二〇,《蔡襄传》,第 10397、10400 页。
② 蔡襄:《蔡襄集》卷三四,《谕乡老诸生文》,第 619 页。
③ 脱脱等:《宋史》卷三〇三,《滕宗谅传》,第 10037 页。

御,却在定川一战被西夏军打败,引起边地各州的恐慌,滕宗谅时任泾州知州,"顾城中兵少,乃集农民数千戎服乘城,又募勇敢,谍知寇远近及其形势,檄报旁郡使为备"①,集结当地百姓,联合周边城堡,共同对抗西夏的入侵。更重要的是,滕宗谅的德行得到了大多数士大夫的认可,否则,以范仲淹的高尚道德和士林威望,是不可能举荐其任官的②。按理说,这样一位德才兼备且出身进士的官员应该可以在仕宦生涯中大展宏图,但事实并非如此,滕宗谅受到台谏官的强力弹劾,以至于最后郁郁而终。

  滕宗谅为官过于耿直,为皇帝所不喜。景祐初年,宋仁宗因"内宠颇盛",导致身体多疾,滕宗谅时任左司谏,上疏劝谏仁宗言:"陛下日居深宫,留连荒宴,临朝则多羸形倦色,决事如不挂圣怀。"用词太过于直白,被指"言宫禁事不实",贬出京城,知信州,③景祐二年(1035),受范讽牵连,又被黜监饶州税④,这一事件表现出士大夫阶层内部固有的党争特征。当时李迪、吕夷简同时在朝中为相,但两人的处事风格和政治理念皆不同,李迪有廊庙之器,论事"诚心为质,引义慷慨,不崇空语,故人主察其忠实,虚怀嘉纳,启心造膝,云补宏矣",时人评价其"孝于亲,友于昆季,笃于朋友。不迁怒,不逆诈,计数回巧,不接心术。不苟进,不洁退,功美不居,患难不悔。誉善不为谄,嫉恶不为忌",⑤得到皇帝的信任和士大夫阶层的认可。吕夷简也是智识出众,能力突出,但论事与李迪的质实、慷慨不同,夷简"婉而正,辩而裁,通而易从,不崇空语,以干浮誉,故人主乐于听受",时人对其评价亦较高,"公性庄重,有仪矩,望之毅然而姿宇浑厚,即之温如而神采英发。才全道周,用无常器。践历台阁,绸缪廊庙,一话一言,莫不留为故事;有猷有为,莫不著为令典。不洁名,不矜劳,敢任天下之怨,不敢有天下之德"。⑥两人皆有才干,皆自任天下事,同时为相难免会有矛盾、抵牾之处,如身

---

① 脱脱等:《宋史》卷三〇三,《滕宗谅传》,第 10037—10038 页。
② 范仲淹认为滕宗谅"词才公器,周于致用",于是举荐滕宗谅"改除于繁重处任使",并申明"如无称效,及有所犯,臣甘当同罪"(范仲淹:《范仲淹全集·范文正公文集》卷一九,《举滕宗谅状》,第 435 页)。
③ 司马光:《涑水记闻》卷三,第 60 页;李焘:《续资治通鉴长编》卷一一五,景祐元年八月乙酉,第 2698 页。
④ 李焘:《续资治通鉴长编》卷一一六,景祐二年二月丁卯,第 2721 页。
⑤ 张方平:《乐全集》卷三六,《李公神道碑铭》。
⑥ 张方平:《乐全集》卷三六,《吕公神道碑铭》。

为宰相的李迪曾荐举张沔任侍御史、韩渎任殿中侍御史,而"言者谓台官必由中旨,乃祖宗法也",奏劾李迪荐举御史的行为,后吕夷简也在宋仁宗面前议及此事,仁宗言:"祖宗法不可坏也。宰相自用台官,则宰相过失无敢言者矣。"导致张沔、韩渎二人被贬官外放。① 李迪、吕夷简的不和,使得滕宗谅受到牵连。范讽在景祐元年(1034)曾为殿中侍御史庞籍所劾,"故驸马都尉吴元扆从子东头供奉官守则,近与尚继斌结婚,前权三司使范讽遗以银鞍勒。守则监左藏库,讽为矫奏羡余,改一官。请付台鞫其事",但因为宰相李迪与范讽关系友善,故李迪不仅不惩治范讽,反而左迁庞籍,引起庞籍"益追劾讽不置,且言讽放纵不拘礼法,苟释不治,则败乱风俗,将如西晋之季,不可不察"。② 宰相吕夷简对范讽则是另一种态度。本来范讽在吕夷简入相时对其颇有帮助,两人又在宋仁宗废郭皇后一事中有过合作,范讽于是希望吕夷简能够引荐自己入二府,然而吕夷简终究未能如范讽所愿,遭致范讽不满,于是范讽建议朝廷"当差择能臣,留以代大臣之不称职者",吕夷简以为范讽所言"不称职者"是指自己,从而产生忌恨的心理;范讽甚至还对宋仁宗言:"陛下朝无忠臣,一旦纪纲大坏,然后召臣,将何益!"吕夷简由此更加厌恶范讽。③ 因此,在范讽与庞籍的互相论列中,吕夷简"疾讽诡激多妄言,且欲因讽以倾迪,故特宽籍而重贬讽。凡与讽善者皆黜削"④,滕宗谅与范讽关系较好,因此不幸位列其中,受牵连而被黜。紧接着,李迪亦罢相,罢相制言其"乃姻联之内,险诈相朋,靡先事而上言,颇为臣而有隐。岂可更居衮职,以肃朝章"⑤,其中的"姻联"即指范讽,而"相朋"则最为宋仁宗所忌,应该说,吕夷简成功地利用君主忌讳朋党的心理,将其对手李迪及其相关人员贬出朝堂。宋仁宗时期士大夫主体意识的勃兴,以及仕宦生涯中的利益纠葛,使得朋党之争与士大夫政治相伴相随,君主重视台谏官的监察作用,实则也有借台谏官的弹劾制衡、监督士大夫之意,其目的是维护君主权威。但士大夫阶层却并非如此,其内部的不同政治集团有着不同的利益诉求,他们或公开或隐秘

---

① 李焘:《续资治通鉴长编》卷一一三,明道二年十二月丁未,第2647页。
② 李焘:《续资治通鉴长编》卷一一五,景祐元年八月,第2698页;李焘:《续资治通鉴长编》卷一一六,景祐二年二月,第2721页。
③ 李焘:《续资治通鉴长编》卷一一五,景祐元年七月,第2689页。
④ 李焘:《续资治通鉴长编》卷一一六,景祐二年二月,第2721页。
⑤ 佚名编:《宋大诏令集》卷六六,《李迪罢相进刑部尚书知亳州制》,第324页。

地进行着争斗,即使在监察制度作用发挥较好的宋仁宗时期,有些弹劾行为也并不只是单纯地纠劾官员的错误和违法行为,而是士大夫集团或者个人实现其政治目的的手段,这就影响到了弹劾积极作用的发挥。

滕宗谅在庆历三年(1043)的再度被劾,更是与朋党之争掺和在一起,表现出错综复杂的迹象。七月,陕西四路马步军都部署郑戬因与原知渭州张亢不和,"发亢在渭州过用公使钱,监察御史梁坚亦劾奏亢出库银给牙吏往成都市易,以利自入"①,同时,郑戬还奏劾知庆州滕宗谅"前在泾州枉费公用钱十六万缗",监察御史梁坚亦有弹劾,宋仁宗派遣太常博士燕度前去核查,但在未查清之前的庆历三年九月,仁宗即下诏徙滕宗谅为权知凤翔府②。

时任参知政事范仲淹对此颇有微词,对弹劾滕宗谅的行为亦很不以为然,于是上疏为滕宗谅辩护③。针对郑戬和梁坚的奏劾,范仲淹主要列出三方面的理由,一一予以辩驳。

第一,对于御史梁坚劾滕宗谅"于泾州贱买人户牛驴,犒设军士"之事,范仲淹承认属实,但同时认为滕宗谅这样做情有可原。面对西夏大军入侵、葛怀敏兵败、泾州又无兵可用的紧急情况,身为泾州军政长官的滕宗谅能够采取措施,"起遣人户强壮数千人入城防守",已实属不易;加之宋军"兵威已沮,又水冰寒苦约十日,军情愁惨",滕宗谅不得不出此下策,最后达到"酒食柴薪并足,众心大喜"的目的,大大鼓舞了士气,所以滕宗谅此举"纵有亏价,情亦可恕"。

第二,梁坚奏"滕宗谅在邠州声乐数日,乐人弟子得银楪子三二十片者",且因举行宴会而招致"士卒怨嗟"。对此,范仲淹辩称,自己和韩琦均参加了邠州的筵会④,这样的筵会属于宋代地方官迎来送往、聚餐张乐等日常公务活动的一

---

① 李焘:《续资治通鉴长编》卷一四二,庆历三年七月甲戌,第3398页。
② 李焘:《续资治通鉴长编》卷一四三,庆历三年九月丁亥,第3456页。
③ 范仲淹:《范仲淹全集·范文正公政府奏议》卷下,《奏雪滕宗谅张亢》,第626—629页。以下言及此奏内容凡未标注出处者,皆出于此。
④ 因宋夏战事起,范仲淹和韩琦在庆历初年时均在西北边地任职。范仲淹曾任邠州观察使,葛怀敏败于定川后,范仲淹曾"率众六千,由邠、泾援之"(脱脱等:《宋史》卷三一四,《范仲淹传》,第10271、10272页)。韩琦先后任秦凤经略安抚、招讨使,陕西四路经略安抚、招讨使,屯泾州,"琦与范仲淹在兵间久,名重一时,人心归之,朝廷倚以为重,故天下称为'韩范'"(脱脱等:《宋史》卷三一二,《韩琦传》,第10223页)。因此,范仲淹、韩琦两人与同在西北边地的滕宗谅多有交集。

部分,在边地亦较为常见。筵会往往会有一些娱乐项目①,如邠州筵会就有射箭比赛,当时在场的官员皆有参加,且"各将射中楪子散与过弓箭军人及妓乐,即非宗谅所散与人",将此归罪于滕宗谅是不合适的。边境地区的筵会一般均由士卒做服务工作,御史言士卒有"怨嗟"之声明显夸大其词,不符合实际情况。

第三,梁坚还弹劾滕宗谅在泾州"使钱十六万贯,其间有数万贯不明",范仲淹对此亦有合理的解释。他提及,朝廷已派遣中使查实,梁坚所言十六万贯钱中,只有三千贯属于"使过",即过度使用公使钱仅三千贯,"已有十五万贯是加诬",也即是说,梁坚所劾钱数严重不实。对于不太明确去处的公使钱,范仲淹以自己在庆州为官时的做法为例,"臣在庆州日,亦借随军库钱回易,得利息二万余贯,充随军公用支使外,却纳足官本",说明滕宗谅并未将公使钱归己,而是"借官本回易,所得将充公用"。以公使钱、随军钱回易,在当时边境地区的官员中较为常见,虽然北宋时期拨付边境州军的公使钱相对于内地而言较为充足,如宋真宗时期"河北用兵之际,优给公使钱犒设军校"②,但由于战争的影响,为了提升士气,犒设军校所费至多,中央拨付的公使钱是不够用的,往往需要地方官自筹一部分,以弥补不足,自筹的方式之一就是"回易",即以公使钱生息。如知渭州尹洙在为狄青辩护的上疏中,言及宋夏战争发生后,"所添兵数及主兵臣僚、指使、使臣等数倍于旧。又狄青多与众官躬亲提举,教阅军中,将校每有犒设,以此所费益多。若不别将钱物回易,即无由充用"③。因此,范仲淹才会辩称,滕宗谅以公使钱回易所得补贴公用,不能成为其一项罪状。

然后,范仲淹又从五个方面说明滕宗谅任职边境以来的成绩以及不可黜责宗谅的原因。一是滕宗谅管理的"环庆一路四州二十六寨,将佐数十人,兵马五万",秩序井然,边地军民安定,"处置蕃部军马公事,又无不了"。二是如果因此

---

① 筵会属于宋代地方官员的公务活动之一,其费用来自于公使钱,即"祖宗旧制,州郡公使库钱酒,专馈士大夫入京往来与之官、罢任旅费"(王栐:《燕翼诒谋录》卷三,第29页)。筵会常常有饮酒赋诗、官妓歌舞、射箭投壶等娱乐活动,如杜衍在长安任职期间,"筵会或至夜分。自索歌舞,或系红裹肚勒帛"(吴曾:《能改斋漫录》卷一二,《杜祁公通变》,上海古籍出版社1979年版,第359页)。宋仁宗时期边境地区的筵会亦是如此,除酒食外,还问有射箭活动、官妓歌舞等助兴之事。
② 徐松辑:《宋会要辑稿》食货三五之四六,第6783页。
③ 尹洙撰,时国强校注:《尹洙集编年校注》,《庆历三年·论雪部署狄青回易公使钱状》,中华书局2019年版,第268页。

事处罚滕宗谅,"人皆知其自不可保",则会削弱边境主帅的权威,亦直接影响军队抵御外侮的士气。三是作为主帅的滕宗谅"未有显过,而夺其事任",若适逢外敌入侵,何人可以替代？四是滕宗谅"旧日疏散,及好荣进",所以才易于为人"谤议",言下之意,滕宗谅现已有很大改进,但言者仍纠缠于旧事,形成不实之词。五是"台谏官风闻未实,朝廷即便施行",对于边将而言是不公平的,无论怎样,也应该"候见得实情,方可黜辱"。因为张亢被劾与滕宗谅情况类似,故范仲淹乞求宋仁宗委派官员一同予以重新调查,且自愿以自己的仕途前程为担保,"仍乞以臣此奏宣示台谏官,候勘得滕宗谅、张亢却有大段乖违过犯,及欺隐入己,仰台谏官便是弹劾,臣甘与二人同行贬黜"。

范仲淹的辩护奏疏内容翔实,有理有据,不仅记录了御史劾奏滕宗谅的事项,而且条分缕析地一一进行辩驳,态度极为诚恳,既有对涉及事项的如实描述,也有相关的解释和补充说明,期望皇帝能够了解事实,体谅边将的苦处,表现出范仲淹一心为朝廷考虑、以天下为己任的坦诚之心。但是,朝堂之上皆知范仲淹与滕宗谅关系友善,且七年前的景祐三年(1036),曾发生过贬黜范仲淹一事,当时范仲淹因忤逆宰相吕夷简而落职,有士大夫因为范仲淹辩护,被指为范仲淹同党而遭贬黜,其中包括集贤校理余靖、馆阁校勘尹洙和欧阳修等官员①。景祐四年(1037)吕夷简罢相后,有士大夫为范仲淹被黜辩护,朝堂之上围绕范仲淹又出现纷争,竟至"自仲淹贬,而朋党之论起,朝士牵连,出语及仲淹者,皆指为党人"②,这对于范仲淹而言是非常不利的,易于引起皇帝的猜忌。数年前发生的与朋党有关的事件,在朝中产生深远影响,以至于很少有士大夫甘愿冒被列为朋党的罪名而为滕宗谅辩护,甚至范仲淹的辩白也较为谨慎,以免引起

---

① 景祐三年,天章阁待制、权知开封府范仲淹因不满宰相吕夷简徇私情,提拔自己的亲信为官,上《百官图》,引起吕夷简的忌恨。后吕夷简言范仲淹"迂阔,务名无实",范仲淹针锋相对,上疏言:"汉成帝信张禹,不疑舅家,故终有王莽之乱。臣恐今日朝廷亦有张禹坏陛下家法,以大为小,以易为难,以未成为已成,以急务为闲务者,不可不早辨也。"指吕夷简类于张禹。吕夷简大怒,指斥范仲淹"越职言事,荐引朋党,离间君臣",两人交相论列,致使范仲淹落职,外知饶州(李焘:《续资治通鉴长编》卷一一八,景祐三年五月,第2783—2784页)。当时因避朋党之嫌,又惧怕宰相吕夷简,大多数士大夫不敢与范仲淹亲近,而集贤校理余靖、馆阁校勘尹洙和欧阳修、西京留守推官蔡襄等人为范仲淹辩白,尹洙更言:"仲淹既以朋党得罪,臣固当从坐。"(李焘:《续资治通鉴长编》卷一一八,景祐三年五月乙未,第2786页。)余靖、尹洙、欧阳修亦被贬出京城。

② 李焘:《续资治通鉴长编》卷一二〇,景祐四年十二月,第2844—2845页。

宋仁宗的误解和猜忌。尽管范仲淹在上疏中申明了非党庇滕宗谅，宋仁宗还是没有听从其建议，仍然维持原来对滕宗谅的处罚，且放任燕度到边境勘查此案。看来，宋仁宗最担心的还是朝中的朋党，他并不希望士大夫因为某些原因而聚集成团体，哪怕是出于心忧天下的考虑，亦不能使其放松对士大夫结党的警惕。作为有见识的皇帝，宋仁宗又深知得人心而得天下的重要，加之他又有着成就尧舜之治的理想，因此范仲淹的上疏虽有朋党之嫌，仁宗还是没有责怪范仲淹。

随后不到一个月，知谏院欧阳修又连上三道札子，对滕宗谅一案所引发的连锁反应进行分析，提出自己的看法。第一道奏札劾燕度勘鞠滕宗谅一事"张皇太过"，其言燕度到边地后，"枝蔓勾追，直得使尽邠州诸县枷扭，所行拷掠，皆是无罪之人，囚系满狱"，本来朝廷遣燕度去往边地只是核查滕宗谅过用公使钱一事，但燕度却勾连出众多边境军校，导致边将不安，"人人嗟怨"，"若不早止绝，则恐元昊因此边上动摇、将臣忧恐解体之际，突出兵马，谁肯为朝廷用死命向前？"欧阳修还特别提到权知庆州田况早有奏状，认为"滕宗谅别无大段罪过，并燕度生事张皇"，且田况同时还将相关情况告知朝中其他大臣，但"大臣各避嫌疑，必不敢进呈况书"，这里提到的"嫌疑"，即指宋仁宗最忌讳的结党之嫌。欧阳修担心"勘官希望朝廷意旨，过当张皇，摇动边鄙"，因此建议尽快结绝滕宗谅一案，并"乞特降诏旨，告谕边臣以不枝蔓勾追之意。兼令今后用钱，但不入己外，任从便宜，不须畏避。庶使安心放意，用命立功"。① 第二道奏疏为《再论燕度鞠狱枝蔓札子》，提及听闻燕度"劾问枢密副使韩琦议边事因依"，即燕度因滕宗谅事牵连到了枢密副使韩琦，认为燕度此举是无故侵欺辅弼之臣，属"轻慢朝廷，舞文弄法"，为险薄小人之行为，故"伏乞别选差官，取勘结绝。其燕度亦乞别付所司，勘罪行遣"。② 第三道奏疏是为狄青辩护之词，即燕度在勘查张亢过用公使钱一事时，牵连到狄青，欧阳修解释言，狄青"本武人，不知法律，纵有使过公用钱，必不似葛宗古故意偷谩，不过失于点检，致误侵使而已"，同样建议

---

① 欧阳修撰，李之亮笺注：《欧阳修集编年笺注》卷一○三，《论燕度勘滕宗谅事张皇太过札子》，第6册，第197—198页。
② 欧阳修撰，李之亮笺注：《欧阳修集编年笺注》卷一○三，《再论燕度鞠狱枝蔓札子》，第6册，第200—201页。

## 第三章 宋仁宗时期弹劾的良性运行:权力监督

"不得枝蔓勾追"。①

与范仲淹的上疏一样,欧阳修的三道札子均未获宋仁宗的回应。此时正值庆历新政开始之时,宋仁宗给予参与新政的范仲淹、富弼、欧阳修、余靖等士大夫以极大的信任,同时,新政始终受到章得象、王拱辰、贾昌朝等官员的反对,在这一微妙时刻发生滕宗谅一事,范仲淹、欧阳修等人虽上疏为滕宗谅等人辩护,但因避朋党之嫌,态度不敢太过执着和激烈。宋仁宗深谙帝王制衡之术,一方面采取措施限制士大夫之间的过度争斗对朝政的危害,一方面也要维持不同士大夫集团的势均力敌,因此,仁宗对范仲淹和欧阳修的上疏均不置可否。实际上,这也是宋仁宗释放的一个信号,即君主虽然信任范仲淹、欧阳修等士大夫,但不会赋予他们更多的特权,也不会对他们所说的话均深信不疑,由此使得士大夫对皇帝始终怀有敬畏、忌惮之心。反对新政的士大夫从中亦可读出皇帝的制衡之意,在适当的时候,他们会为了自身集团的利益,自愿成为皇帝制约范仲淹们的力量。

欧阳修与范仲淹可谓生息相通,虽然在一些具体政事的处理上有不同意见,但他们的为政理念基本相同,在修边备、辟人才、革弊政等方面有着基本一致的认识,两人的交往更多是出于共同的政治理想和互相认同,范仲淹于皇祐四年(1052)去世后,欧阳修作《祭资政范公文》和《范公神道碑铭》②,表达自己的仰慕和叹息之情。欧阳修在范仲淹上奏之后不到一个月,也就同一人物、同一事件上疏,且与范仲淹一样,倾向于公使钱只要不入己即可听从边将处置,因此,无论欧阳修是否有意,客观上看,欧阳修的行为都是对范仲淹议论的声援。但欧阳修在三道札子中未有一语与范仲淹有关,甚至与滕宗谅一案有关的话语都较有限,他的重点在于劾奏燕度勘察此案的"枝蔓张皇"问题,且除了就事论事外,对于有朋党嫌疑的田况的相关奏状及其行为,亦是以坦荡之心非常谨慎地予以陈述,唯恐触及宋仁宗最忌讳的士大夫结党议题。

从当事人燕度的角度看,他在勘察滕宗谅一案时之所以牵连过多的官员,一

---

① 欧阳修撰,李之亮笺注:《欧阳修集编年笺注》卷一〇三,《论乞不勘狄青侵公用钱札子》,第 6 册,第 201—202 页。
② 欧阳修撰,李之亮笺注:《欧阳修集编年笺注》卷五〇,《祭资政范公文》,第 3 册,第 320—321 页;欧阳修撰,李之亮笺注:《欧阳修集编年笺注》卷二〇,《资政殿学士户部侍郎文正范公神道碑铭》,第 2 册,第 167—182 页。

方面是因为宋仁宗对此案极为震怒,未及查实即先处理当事人,燕度为了迎合皇帝的旨意,先认定滕宗谅等人犯法,再有针对性地找寻证据,另一方面则说明边地官员过用公使钱现象较为普遍,不排除有官员以公使钱中饱私囊。

但是,燕度如此牵连甚众,毕竟严重影响边境将士的士气,对于边境安全不利,于是庆历四年(1044)正月,宋仁宗听从范仲淹的建议,滕宗谅一案就此结绝,滕宗谅落职祠部员外郎、知虢州,张亢为四方馆使、本路钤辖。① 当时范仲淹连上两道奏疏,第一道《再奏辩滕宗谅张亢》,指出"今燕度勘到滕宗谅庆州一界所用钱数分明,并无侵欺。其毁却泾州前任公用,磨勘到干连人,只称有送官员等钱物,亦不显入己",而"所有张亢借公用钱买物,事未发前已还纳讫",两人的其余罪状"多未撼实。其干连人党,盛寒之月,久在禁系,皆是非辜"。同时,范仲淹还特别提及自己之所以为滕宗谅、张亢辩白,是因为以儒臣经略边境军务是朝廷的重要举措,"若一旦以小过动摇,则诸军皆知帅臣非朝廷腹心之人,不足可畏,则是国家失此机事,自去爪牙之威矣"。在奏疏中,范仲淹还用这样一段话对宋仁宗表明心迹,"如在臣则已有不合保此二人罪状,乞圣慈先次贬黜,免令臣包羞于朝,受人指笑。倘圣慈念臣不避艰辛,尚留驱使,即于河东、河北、陕西乞补一郡,臣得经画边事,一一奏论;或补二辅近州,臣得为朝廷建置府兵,作诸郡之式,以辅安京师",为免皇帝猜忌,最后还要申明"臣之此请,出于至诚,愿陛下不夺不疑"。② 可见,经查证,滕宗谅、张亢的所谓"罪状"仅借用公使钱一项,且并未贪为己用,其余皆为无端指控,因此范仲淹建议从轻处罚。奏疏中的"包羞于朝,受人指笑"云云,实则是指有人劾奏范仲淹结党,以范仲淹敢于直言、忠亮磊落和心忧天下的气节,在论及滕宗谅、张亢事件时,仍然囿于朋党之嫌而如履薄冰,需要一再申明自身之忠诚,可以想见当时的官场舆论很可能对范仲淹极为不利。据史料记载,庆历二年(1042)闰九月,葛怀敏在定川大败,西夏军队"长驱直抵渭州。仲淹自将庆州兵来援,滕宗谅大设牛酒迎桥上"③,滕宗谅

---

① 李焘:《续资治通鉴长编》卷一四六,庆历四年正月辛未,第3527页。
② 范仲淹:《范仲淹全集·范文正公政府奏议》卷下,《再奏辩滕宗谅张亢》,第629—631页。
③ 吕中:《类编皇朝大事记讲义》卷一二,《仁宗皇帝·元昊》,第248页。此版本载:"仲淹自将庆州兵来援,滕宗谅大设牛酒迥桥上。"检文渊阁四库全书本《宋大事记讲义》记为:"仲淹自将庆州兵来援,滕宗谅大设牛酒迎桥上。"(吕中:《宋大事记讲义》卷一二,《仁宗皇帝·元昊》,景印文渊阁四库全书本,上海古籍出版社1987年影印本。)据文意,应为:"仲淹自将庆州兵来援,滕宗谅大设牛酒迎桥上。"

"大设牛酒"的资金很可能来自公使钱,即范仲淹与滕宗谅过用公使钱有一定关联,此事并非隐秘,而是大张旗鼓地举行,在燕度对边将的勘鞫下,朝廷不可能不知晓,这必然对范仲淹的心理造成极大压力。加之为了保证新政的顺利实施,范仲淹往往事必躬亲,包括与每位官员密切相关的官职任免,范仲淹亦多有插手,如庆历三年(1043)十月,范仲淹与富弼讨论地方监司的人选,范仲淹深知地方监司的重要性,于是"取班簿,视不才监司,每见一人姓名,一笔勾之",富弼于心不忍,言:"一笔勾之甚易,焉知一家哭矣!"范仲淹答曰:"一家哭,何如一路哭耶!"①范仲淹类似的行为,本是出于公心,但却易于授人以柄,被劾奏为结党、徇私、专权。因此,无论如何,范仲淹也要尽量避免被宋仁宗怀疑构结朋党,此一罪名是任何一位官员都无法承受的。后来的历史事实证明,范仲淹、富弼等一批士大夫确实因为朋党之嫌而被罢黜外放②,即使欧阳修写有著名的《朋党论》,用所谓"君子以同道为朋"对范仲淹们的行为予以诠释③,但终究无法消解宋仁宗对士大夫结党的不满和猜忌。

范仲淹的第二道奏疏《再奏雪张亢》,提及"自来边上有公使钱处,为有前项条贯,及有回易利息,但不入己,各是从便使用",而张亢以公使钱回易到的利息购买马和交钞,并未纳入个人所有,故按照"编敕指挥","更不坐罪",建议朝廷尽快结绝此案。④ 质言之,张亢与滕宗谅的情况一样,只是存在以公使钱回易的现象,未将钱物归己,属边境官员的惯常做法,应该从轻发落。

但是,御史并不认同范仲淹的说法。二月辛丑日,权御史中丞王拱辰劾奏,

---

① 陈均:《皇朝编年纲目备要》卷一二,仁宗皇帝庆历三年十月,第271页。
② 庆历新政"规摹阔大,论者以为难行。及按察使多所举劾,人心不自安;任子恩薄,磨勘法密,侥倖者不便;于是谤毁浸盛,而朋党之论,滋不可解",范仲淹不得不请出,故庆历四年六月,参知政事范仲淹受命为陕西、河东路宣抚使(李焘:《续资治通鉴长编》卷一五〇,庆历四年六月,第3636、3637页)。仅半年后,右正言钱明逸秉承宰相章得象之意,弹劾富弼"更张纲纪,纷扰国经,凡所推荐,多挟朋党,心所爱者尽意主张,不附己者力加排斥,倾朝共畏,与仲淹同",且认为"仲淹去年受命宣抚河东、陕西,闻有诏戒励朋党,心惧彰露,称疾乞医",于是宋仁宗下诏黜范仲淹为资政殿学士、知邠州兼陕西四路缘边安抚使,富弼为资政殿学士、京东西路安抚使、知郓州(李焘:《续资治通鉴长编》卷一五四,庆历五年正月,第3740页)。不久,宰相杜衍亦被罢为尚书左丞、知兖州,原因如范仲淹、富弼一样,"颇彰朋比之风,难处咨谋之地"(李焘:《续资治通鉴长编》卷一五四,庆历五年正月丙戌,第3741页)。
③ 欧阳修撰、李之亮笺注:《欧阳修集编年笺注》卷一七,《朋党论》,第2册,第68—70页。
④ 范仲淹:《范仲淹全集·范文正公政府奏议》卷下,《再奏雪张亢》,第632—633页。

直接指斥滕宗谅是"盗用公使钱",如此大的罪行,"止削一官,皆以谓所坐太轻,未合至公",尤其指出滕宗谅焚毁公使钱收支文历之事,是"原心揣情,慢忽朝廷";监察御史里行李京亦劾滕宗谅言:"近闻兴元府西县又奏,宗谅差兵士百八十七人,以驴车四十两,载茶三百余笼出引,逐处不得收税",实属贪墨之人,建议予以严惩。① 此次弹劾除了对借用公使钱一事说法不同外,又言及滕宗谅的两项新罪行,一是将公使历悉数焚毁,影响对案件的核查,一是贩茶不缴税。公使历是公使钱的收支账本,而且很可能还详细记录了每一笔资金支出的用途、经办人身份、借支的官员姓名等信息,滕宗谅"恐连逮者众",索性将其焚毁。② 滕宗谅的这一行为,为其在官场中赢得了不少好感和同情,公使历涉及的官员,可能有他的下属,也可能有他的同僚好友,甚至上级,虽然在当时借用公使钱是官员通常的做法,但如果有言官弹劾,朝廷予以追究,毕竟还是属于职务犯罪行为,会受到贬官或者罚铜等惩处。滕宗谅的一把火,实际上是将所有的责任皆揽在自己身上,表现出仁义重情、勇于担当的气节,与此案相关的官员自然会产生愧疚、感激之心,他们有意无意间通过官场交集、与好友交游等方式,为滕宗谅树立了很好的口碑,而这种无形的影响力使滕宗谅获得士大夫阶层较好的评价,以至于他的同年范仲淹甘愿冒险为其辩白。贩茶之事后来未见提及,最大的可能就是此事系捕风捉影,或边臣司空见惯的做法,无法算作滕宗谅的罪行。

因为曾经奏劾滕宗谅的监察御史梁坚去世,王拱辰、李京等台官"执坚奏劾宗谅不已",态度非常坚决,宋仁宗亦忌其朋党之嫌,故滕宗谅再度被黜为知岳州。③ 不过滕宗谅的义气之举为其赢得了身后的好名声,在其去世后,仍有士大夫认为对滕宗谅的处罚不公,如宋英宗治平二年(1065),有官员劾知鄜州刘几过用公使钱事,御史中丞贾黯很不以为然,认为"国家任用将帅,当责以御边捍寇之效,细故小过,皆宜略之,则可以得其死力",且以庆历年间滕宗谅、张亢之事,说明"边臣用公使钱微有过,则为法吏绳以深文"的做法,不符合朝廷任用将帅之术,宋英宗亦认同贾黯的意见。④

---

① 李焘:《续资治通鉴长编》卷一四六,庆历四年二月辛丑,第3538页。
② 脱脱等:《宋史》卷三〇三,《滕宗谅传》,第10038页。
③ 李焘:《续资治通鉴长编》卷一四六,庆历四年二月,第3542页。
④ 李焘:《续资治通鉴长编》卷二〇五,治平二年五月辛未,第4965—4966页。

第三章　宋仁宗时期弹劾的良性运行:权力监督

从滕宗谅的遭遇看,对他的弹劾一次比一次牵涉的范围广,一次比一次影响大,特别是庆历三年(1043)的弹劾事件,因被认为与结党有一定关联,以至于除了滕宗谅的同年范仲淹为其辩护,欧阳修奏劾燕度枝蔓勾追外,其他士大夫为了避嫌,几乎均不敢为滕宗谅发声。可见,对于当时绝大多数士大夫而言,事情的真伪曲直不重要,重要的是皇帝的态度,因为宋仁宗忌讳士大夫结党,那么掺杂有朋党因素的任何事件皆成为不可言说的隐秘之事。滕宗谅被劾本来很平常,毕竟北宋台谏官的职责就是弹劾,很多士大夫都有被台谏官奏劾的经历,但是当有人将其与范仲淹结党联系在一起时,事情就变得复杂起来,就不是官员被劾这么简单的事了。范仲淹曾经在景祐三年(1036)被"朝堂榜示"其"自结朋党,妄有荐引"①,欧阳修、余靖等人亦被"目为朋党。浮薄肆肆攻讦"②,在士大夫阶层产生极大震动,宋仁宗对此亦有深刻印象,而滕宗谅就是因被看作与范仲淹有关联,才会被一再奏劾。所以,滕宗谅一案已经不是单纯的弹劾案件,对其的处理会牵涉到方方面面的利益,非常棘手,甚至支持庆历新政的士大夫中也有不同意见,以至于宰执大臣富弼亦无可奈何,当时杜衍认为应对滕宗谅处以重罚,范仲淹则"欲薄其罪",且均以去职为挟,富弼"欲抵宗谅重法,则恐违范公;欲薄其罪,则惧违杜公,患是不知所决"。③ 但是,范仲淹们没有意识到,这样的情况很容易为人所利用,正如欧阳修所言:"欲广陷良善,则不过指为朋党;欲动摇大臣,则必须诬以专权。其故何也? 夫去一善人而众善人尚在,则未为小人之利。欲尽去之,则善人少过,难为二一求瑕;惟有指以为朋,则可一时尽逐。"④这就严重影响了政风和士风,幸而宋仁宗时期还有一批以天下为己任的士大夫位列朝中,他们在关键时刻能够以自身的理性和智慧,阻止党争的蔓延。

滕宗谅被劾一案显现出弹劾消极的一面。在中国古代官僚制度下,弹劾从来就不是单纯纠劾官员错误和违法行为的一种方式,其背后隐藏着复杂的利益纠葛和人际关系,即使在政治清明、士风高尚的宋仁宗时期,其监督作用的发挥

---

① 尹洙撰,时国强校注:《尹洙集编年校注》,《景祐三年·乞坐范天章贬状》,第47页。
② 田况:《儒林公议》,《全宋笔记》第一编(五),大象出版社2003年版,第106页。
③ 吕祖谦编:《宋文鉴》卷一二六,《杂识二首(曾巩)》,中华书局2018年版,第1769页。
④ 欧阳修撰,李之亮笺注:《欧阳修集编年笺注》卷一〇八,《论杜衍范仲淹等罢政事状》,第6册,第297页。

也会受到影响。可以这样说,弹劾是中国古代官僚制度的产物,由于弹劾的标准更多受制于主观因素的影响,因此其实质即皇帝或者士大夫阶层达成其政治目的的工具。皇帝将台谏官看作自己的耳目之官,以台谏官为主的弹劾,主要目的就是秉承皇帝旨意,监督百官的行为,制衡士大夫阶层各个集团的力量,有效保持各部门之间权力的平衡,遏制任何威胁皇权势力的膨胀。就士大夫阶层而言,弹劾一方面是他们伸张正义、实践政治理想的方式之一,另一方面,士大夫阶层内部不同的利益集团亦可利用弹劾作为打击异己的工具,表现出弹劾消极的一面。宋仁宗时期,由于士风相对清明,弹劾的消极一面还不至于明显表露出来,其监督权力作用的发挥仍有一定的积极意义。

# 第四章 宋神宗、宋哲宗时期弹劾的异化

弹劾原本是中国古代官僚体制进行政治纠偏、内部制衡的一种重要方式,在官僚体制渐趋理性、监察机制渐趋完备的北宋时期,弹劾应该更能体现出这些特征,发挥出积极作用。但是,在古代专制制度限定的范围内,即使在被宋人誉为"远过汉、唐,几有三代之风"[①]的宋仁宗朝,弹劾用于纠劾百官、监督权力的作用亦受到一定限制,逮及宋神宗、宋哲宗时期[②],弹劾更是不可遏制地走向异化。这种异化在宋神宗朝发其端、宋哲宗朝持续发展,异化的关键点即王安石以宰相身份对弹劾的破坏,异化的逻辑理路即弹劾逐渐演变为士大夫阶层不同政治集团党同伐异的工具。由于宰相是辅佐皇帝、统领百官、总揽政务的最高行政长官,在中国古代官僚体制中具有举足轻重的作用,因此其与弹劾的关系最能体现这一时期弹劾异化的过程,以宰相为对象的弹劾行为,亦更能准确反映宋神宗、宋哲宗时期弹劾的异化情况及其对政治和官场生态的影响。

## 第一节 皇权的强化与士大夫阶层内部纷争的激烈:弹劾与宰相的罢免

由于宰相的特殊地位和杖节把钺的强大职权,皇帝对宰相的任免非常重视,北宋时期制定了一整套任免宰相的制度和程序,包括特旨亲擢、朝堂除拜、诏敕

---

[①] 赵汝愚编:《宋朝诸臣奏议》卷一七,《上徽宗论任贤去邪在于果断(陈师锡)》,第160页。
[②] 宋英宗在位时间不到四年,其间虽有士大夫弹劾行为的发生,且围绕濮议事件的弹劾还较为激烈,但从弹劾主体、弹劾对象、弹劾事由、弹劾用语等各方面情况看,宋英宗朝的弹劾与宋仁宗朝有颇多相似之处,故本书未将宋英宗朝弹劾单独列出予以讨论。

罢相等,其中宰相的罢免往往与台谏官的弹劾有关。只是不同时期,时代环境和政治理念不同,导致朝廷会对与弹劾相关的制度进行调整,这样的制度调整势必会影响到台谏官对宰相的弹劾。

## 一、与弹劾相关的制度变化

在唐代,弹劾主体主要是御史台官员,他们是皇帝的耳目之官,其职责即直接向皇帝奏劾百官的失职和犯罪行为。从原则上看,御史弹劾的对象是包括宰相在内的所有官员,实际上并非如此。唐代中晚期,御史的选任名义上是由皇帝"敕授",不由吏部[1],但随着宰相职权的明显加强,出现御史"进退从违,皆出宰相"[2]的现象,且此一做法逐渐制度化。此外,在弹劾程序中还增加了"进状"和"关白"的环节,"进状"指"御史弹劾之前将弹劾状呈送中书门下审批,听候进止","关白"即"在进状之前将弹劾的案件向御史台大夫、御史中丞报告",[3]由此使得宰相从制度上而言可以控制御史的弹劾,御史台长官亦可限制普通御史的弹劾行为。在这样的情况下,御史弹劾宰相的可能性和成功率大大降低,宰相所受监督和制约减少。降及北宋,皇帝不希望宰相拥有如此巨大的权力,于是御史台官员选任和弹劾方面的制度规定开始发生变化,以改变御史受制于宰相的现象[4]。

北宋前期,朝廷既要用兵于江南,实现天下一统,又要抵御北部契丹的侵扰,维护边境安定,还要消除唐末五代以来地方藩镇割据、武臣跋扈等方面的不良影响,以加强中央集权,可谓百废待兴。因此,为了实现政权的平稳过渡,某些制度多在依循前朝旧制的基础上稍作调整,以能适应新王朝的需要即可,但也有一些

---

[1] 王应麟:《玉海》卷一二一,《唐御史台》,广陵书社2003年版,第2240页。
[2] 洪迈:《容斋随笔·容斋四笔》卷一一,《唐御史迁转定限》,上海古籍出版社1996年版,第748页。
[3] 胡宝华:《唐代监察制度研究》,商务印书馆2005年版,第32页。此书第二章"唐代弹劾制度的演变"对唐代御史台弹劾的背景、程序等问题进行了探讨,相关研究还有胡沧泽:《唐代御史制度研究》,福建教育出版社2000年版;胡宝华:《唐代"进状"、"关白"考》,《中国史研究》2003年第1期;等等。
[4] 关于宋代御史的选任,贾玉英《宋代监察制度》、刁忠民《宋代台谏制度研究》、虞云国《宋代台谏制度研究》等著作均在相关章节中进行了论述。本书囿于主题限制,主要对影响弹劾宰相的相关制度进行简要论述。

制度,如监察制度中的台官选任及弹劾,由于关涉君主权威和中央集权问题,与唐代中后期的相关制度相比,开始发生变化。

首先是御史台官员的选任。就现有史料看,由宰相决定御史台官员进退的现象逐渐减少,如咸平四年(1001),宋真宗令"两省御史台官、尚书省六品以上、诸司四品以上,授讫,具表让一人自代,于閤门投下,方得入谢。在外者,授讫三日内,具表附驿以闻,仍报御史台,其表并付中书、门下籍名,每阙官即取举多者以名进拟"①。被授予御史台官员的人数,很可能多于御史台员额,即有员多阙少的现象,这时官员需将相关材料交付中书门下,待职位出现空缺时,由宰相进拟,最终由皇帝定夺,在这一过程中,宰相虽有进拟权,但其对御史台官员选任的影响力已大不如前了。也有个别宰相不顾官场清议,一意孤行地直接决定台官的人选,如寇准任相时,"喜用寒畯,每御史阙,辄取敢言之士",以至于引起同僚的忌恨和皇帝的猜忌,寇准被罢相后,宋真宗言:"寇准以国家爵赏过求虚誉,无大臣体。"②可见,赵宋建立后,在台官选任的制度构建中,是要努力将宰相的参预权排除在外的。当然,旧有制度的影响不可能立即消失,乃至到宋仁宗初期,还有宰相自主除授台官的现象,如明道二年(1033),宰相李迪曾以张洎为侍御史、韩渎为殿中侍御史,后"言者谓台官必由中旨,乃祖宗法也",加之同为宰相的吕夷简亦有议论,使得张洎、韩渎二人被罢职,宋仁宗曰:"祖宗法不可坏也。宰相自用台官,则宰相过失无敢言者矣。"③一语道出禁止宰相参预台官选任的重要原因。后来,还进一步规定:"自今除谏官,毋得用见任辅臣所荐之人。"④这就将不准参预台谏官选任的范围扩大到整个宰辅群体,即除了宰相以外,参知政事、枢密院长贰等官员皆不许荐举台谏官。因此,宋哲宗时人刘安世言:"臣闻御史之职,号为雄峻,上自宰相,下及百僚,苟有非违,皆得纠劾。是以祖宗之制,凡见任执政曾经荐举之人,皆不许用为台官,盖欲其弹击之际,无所顾避而得尽公议也。"⑤应该说,禁止宰相参预台官选任的制度到宋仁宗时期基本已成定制。

---

① 李焘:《续资治通鉴长编》卷四八,咸平四年二月,第1050页。
② 李焘:《续资治通鉴长编》卷六二,景德三年二月,第1389页。
③ 李焘:《续资治通鉴长编》卷一一三,明道二年十二月丁未,第2647页。
④ 徐松辑:《宋会要辑稿》职官三之五二,第3070页。
⑤ 刘安世:《尽言集》卷三,《论胡宗愈除右丞不当(第八)》,四部丛刊续编本,上海书店出版社1984年重印商务印书馆1934年版。

同时,由皇帝掌控御史台官员的除授逐渐成为制度。北宋初期,皇帝一方面对御史台官员的除授亲力亲为,一方面通过官员荐举、皇帝定夺的方式控制台官的选任。雍熙三年(986),因知制诰赵昌言的上疏符合宋太宗的心意,故"优诏褒之。寻召拜御史中丞"①,尽管此时的弹劾制度仍不健全,御史中丞主弹劾的职权还没有显示出其应有的作用,但已体现出皇帝重视言官的迹象。此后,皇帝亲擢台官的现象逐渐增加,如田锡深得宋真宗赏识,任职银台司时,"览天下奏章,有言民饥盗起及诏敕不便者,悉条奏其事",真宗非常认同田锡的行为和理念,称其"得争臣之体",于是在咸平五年(1002),命其以本官兼任侍御史知杂事,且为了表示对田锡的信任,还特意派遣宦官将己意传谕田锡,"卿每上章疏,所司不敢滞留,朕皆一一亲览。知杂之任,朝廷甚难其人,故以命卿"。② 宋真宗以皇帝之尊,向田锡解释任其为知杂的原因,更加体现了皇帝亲擢台官所包含的深刻蕴意。再如凌策知益州时,"勤吏职,处事精审",政绩突出,大中祥符九年(1016)回京后,宋真宗"颇有意擢用",命为知通进银台司兼门下封驳事,且对宰相王旦言:"策有才用,治蜀敏而有断。"王旦亦赞同真宗的看法,认为凌策"性淳质和,临事强济",同年宋真宗即授凌策为给事中、权御史中丞。③ 显然,在上述台官的任命中,皇帝毫无疑问处于主导地位,从而形成皇帝亲擢台官的制度,即"自今御史阙官,并依先朝旧制,具两省班簿来上,朕自点一名令充御史,免宪司朋党之欺"④。但皇帝的时间和精力有限,以一己之力不可能了解两省所掌握的所有官员的品行和能力,于是不得不对相关制度进行一定的调整,在台官有阙时,先由皇帝诏令他所信任的官员推荐人选,再由皇帝从中选择,进行钦点,这种方式可看作是皇帝亲擢台官之制的延伸。实际上早在景德四年(1007),宋真宗就已诏令:"令翰林侍读、侍讲、枢密真(应为"直")学士各举常参官一员充御史。"⑤翰林侍读和侍讲皆是为皇帝讲读经史和文学、备皇帝顾问之官,与皇帝讨论学问、解答经史学习中的疑问,枢密直学士亦有备皇帝顾问的职能,这些官职

---

① 李焘:《续资治通鉴长编》卷二七,雍熙三年六月乙巳,第619页。
② 脱脱等:《宋史》卷二九三,《田锡传》,第9792页;李焘:《续资治通鉴长编》卷五一,咸平五年四月癸西,第1124页。
③ 脱脱等:《宋史》卷三〇七,《凌策传》,第10129页。
④ 徐松辑:《宋会要辑稿》职官一七之六,第3451页。
⑤ 徐松辑:《宋会要辑稿》职官一七之五,第3450页。

第四章　宋神宗、宋哲宗时期弹劾的异化

的官品均不高,且不直接参与朝廷政事,由他们推荐台官,一般不会影响台官监督职能的发挥。此后,台官举主的范围有所扩大,如大中祥符二年(1009)七月,宋真宗"诏右仆射张齐贤、户部尚书温仲舒、右丞向敏中、御史中丞王嗣宗、知杂御史卢琰,各举材堪御史一人"①,宋真宗朝类似这样诏令中央官员举荐御史的事例频繁发生,举主有知制诰、谏议大夫、御史中丞等官员。御史举主范围扩大的目的之一,即限制宰相对御史的控制,这就保证了御史拥有弹劾宰相的权力,更重要的是,御史既然可以弹劾百官之长——宰相,那么其他任何官员皆可在御史的纠劾范围内,由此可见,保证御史弹劾宰相的权力,有利于其对各级官员的监督和制约,当然,其中所蕴含的伸张皇权的寓意也是较为明显的。

　　为了切实保障台官的弹劾权,北宋时期还形成了相关的回避制度,如天禧二年(1018),赵安仁被任命为御史中丞,原任侍御史知杂事的吕夷简因与赵安仁为近亲,故改为同勾当通进银台司兼门下封驳事,另以度支郎中杜梦证兼侍御史知杂事②,即御史中丞与其属官之间有回避的规定。庆历四年(1044),宋仁宗诏令:"自今除台谏官,毋得用见任辅臣所荐之人。"③正如后来章惇对太皇太后高氏所言:"台谏所以纠绳执政之不法,故事,执政初除,亲戚及所举之人见为台谏官,皆徙他官。"④质言之,台谏官的回避制度较为广泛,既有御史台长官与下属之间的回避,亦有台谏官与宰执之间的回避,回避的关系包括亲属、举主等,回避的目的就是保证台谏官的监察职能得到更充分、更完全的发挥,保证他们可以弹劾任何品级、任何职位的官员。同时,这样的回避制度也可以确保台谏官只需对皇帝一人负责,体现出宋代皇帝强化皇权的诉求。但是,我们也应看到,宋代社会人与人之间的关系具有多重性、复杂性的特征,既有根植于血缘关系的血亲、姻亲关系,也有立身于官场的同年、同僚、举主与被举者的关系,还有同乡、地域、感情、声气相通等因素构成的人际关系,甚至每种关系中还包括多个层次的内容,如血亲关系有直系、旁系之别,有近亲、同宗之分,近亲又有五服的不同等,由

---

①　徐松辑:《宋会要辑稿》职官一七之五,第3450页。
②　徐松辑:《宋会要辑稿》职官六三之一,第4755页。据文献载,吕夷简叔父为吕蒙正,赵安仁娶吕蒙正次女为妻(杜大珪编,顾宏义、苏贤校证:《名臣碑传琬琰集》(上)卷一五,《吕文穆公蒙正神道碑(富弼)》,第337页)。
③　李焘:《续资治通鉴长编》卷一五一,庆历四年八月戊午,第3691页。
④　李焘:《续资治通鉴长编》卷三六〇,元丰八年十月丁丑,第8607页。

此构成错综复杂的人际关系网络。要在如此繁复的情况下实行官员任用的回避制度,绝非易事,为此,朝廷也出台了一些相应的补充条款,如宋仁宗康定二年(1041)曾对回避制度有如下限制:"详定服纪亲疏、在官回避条制,请本族缌麻以上亲及有服外亲,并令回避,其余勿拘。"①台谏官的选任应该亦遵循此一规定,但此条仅涉及血亲、姻亲关系,显然不能穷尽士大夫的人际关系,故而其实际效果是大打折扣的。

其次,与唐代中后期相比,御史台官员弹劾的相关规定也开始发生变化。台官的监督职能主要是通过弹劾各级官员体现出来的,为了提高弹劾的有效性,使其尽量不受外界因素的干扰,最大限度地发挥监督作用,就必须取消对弹劾的诸多限制,只是由于宋初御史台在台人员较少,御史的弹劾还未常态化,因此与具体弹劾相关的制度迟至宋真宗即位后才开始发生改变。咸平二年(999),宋真宗接受御史中丞张咏的建议,规定"御史、京朝官使臣受诏推劾,不得求升殿取旨及诣中书咨禀"②,虽然所谓"推劾"更多是指审问案件,还不是纯粹的弹劾行为,但无论如何还是限制了宰相对御史事务的干涉,在一定程度上改变了从前御史纠劾须先向中书进状的做法。到咸平五年(1002),宋真宗进一步诏令:"御史台勘事不得奏取旨及于中书取意。"③即明确规定御史的审问、调查等工作不需要征求宰相的意见,当之后台官的弹劾越来越频繁时,也是与"勘事"一样,不需要到中书"取意",由此从制度上杜绝了宰相对台官具体弹劾程序的影响。另外,乾兴元年(1022)刘筠为御史中丞时,为了加强御史的弹劾权,在御史台三院官署门上榜贴布告,"令台属各举纠弹之职,毋白丞、知杂",从而改变了原来三院御史言事"皆先白中丞"的做法,④且逐渐形成制度,使得台官均可独立进行弹劾,不受御史台长贰的限制,这对于御史独立行使弹劾权起到了较大的促进作用。

此外,我们还要考虑到,随着时间的推移,社会环境和政治环境发生变化,或者政治理念出现改变,表现在制度的具体实施方面,也会出现变化,其中,有的制度变化是切实可行的,如前揭皇帝从两省班簿名册中直接钦点御史,调整为既有

---

① 徐松辑:《宋会要辑稿》职官六三之二,第4755页。
② 李焘:《续资治通鉴长编》卷四四,咸平二年四月辛酉,第940页。
③ 李焘:《续资治通鉴长编》卷五二,咸平五年六月,第1139页。
④ 李焘:《续资治通鉴长编》卷九九,乾兴元年十一月,第2300页。

直接钦点,亦有皇帝在官员推荐的名单中选任御史的方式。但有的变化可能就不符合实际政治的需要,如嘉祐三年(1058),包拯权御史中丞后,立即上疏宋仁宗,建议"条责诸路监司及御史府自举属官,谏官、御史不避二府荐举者,听两制得至执政私第",仁宗接受了包拯的建议,在第二年五月下诏:"君臣同德,以成天下之务,而过设禁防,疑以私愿,非朕意也。旧制,两制臣僚不许诣执政私第,执政尝所荐举,不得为御史,其悉除之。"①包拯的建议可以看作是对相关制度的局部调整,是宋仁宗时期士大夫阶层主体意识高涨的背景下,以天下为己任精神影响的结果,其本意是包含着理想色彩的,是出于君臣之间互相信任的善意,或者说是对士大夫高尚道德的自信,也是君臣之间、士大夫阶层不同集团之间博弈的产物。但包拯和宋仁宗的良苦用心不一定会带来好的效果,这一调整的前提是士大夫个人的道德自觉,不过道德自觉往往只是人们的美好愿望,现实政治和人物的纷繁复杂,以及士大夫对个人私利的追求,使得仅仅依赖道德自觉很难达成美好目标,只有辅以制度的约束,才有可能限制士大夫私利欲望的膨胀,达到政治清明的目的。

可见,北宋时期,与台谏官弹劾相关的制度较为复杂,且还需要因应时代、政治的变化不断进行调整,使之更为完善。在调整的过程中,由于各种因素的影响,可能会出现调整过度、破坏权力均衡的现象,以至于使得与弹劾相关的制度规定处于不稳定的状态,严重制约弹劾作用的发挥,这在宋神宗、宋哲宗时期表现得尤为明显,这时皇帝的政治理念变化很大,导致宋初以来形成的弹劾制度缺乏稳定性,在具体实施时变化的概率骤增,比如台谏官回避制度就是如此。熙宁三年(1070),王安石为参知政事,谢景温"雅善安石,又与安石弟安国通姻",按照宋代官员的回避政策,谢景温不能任职御史,但宋神宗还是任命其为侍御史知杂事。② 熙宁九年(1076),王安石第二次入相,当时的御史中丞为邓绾,邓绾初为王安石所荐,且在仕途上受到王安石的大力提携,两人的关系众所周知,则邓绾应在王安石拜相时被免除御史中丞之职,不过同样没有实行回避制度,王安石对此亦认可。王安石深知亲信任职御史台的重要性,他虽言邓绾"尝为臣子弟营官及荐臣子婿可用,又为臣求赐第宅。绾为国司直,职当纠察官邪,使知分守,

---

① 李焘:《续资治通鉴长编》卷一八七,嘉祐三年六月,第 4514 页;李焘:《续资治通鉴长编》卷一八九,嘉祐四年五月戊戌,第 4564—4565 页。
② 李焘:《续资治通鉴长编》卷二一〇,熙宁三年四月,第 5104 页。

不相干越,乃与宰臣乞恩,极为伤辱国体",但并未要求罢免邓绾。① 元祐二年(1087)八月,吕陶对于回避制度遭破坏的现象有这样的评价:"臣闻本朝故事,为御史者,有两府是举主,并须回避……近岁以来,此制寖紊,只避亲戚,不避举主。昨除杜纯为侍御史,明知是韩维亲家,略不回避,奋然用之,无复忌惮,中外传闻,莫不骇叹。"②实际上此一现象开其端者即王安石,既然举主不避,则亲戚亦可不避,以至于后来皇帝还诏令官员可以不遵循回避制度,如元祐四年(1089)六月,韩忠彦为尚书左丞,"右谏议大夫范祖禹之妻与忠彦之妻,从兄弟也,祖禹引嫌乞回避。右司谏吴安诗言忠彦之妹嫁其子,右正言刘安世言其子娶忠彦之女,皆乞回避",宋哲宗却下令可不回避,"仍不得为例。祖禹等力辞,讫不许"。③ 殿中侍御史孙升指出,七员谏官、御史中,"令谏官三人不避大臣之嫌,则是人主耳目已废其半矣",且认为"虽陛下待大臣以至公,责谏官以大义,然固有成法,既许规避,则人之常情,不无私意,既废国法,又抑人情,故公议有所未协",但宋哲宗并未听从。④ 元祐八年(1093),有臣僚提出:"近时朝廷侍从近臣职事,或有亲戚相妨,多用特旨,更不回避。今乃类使叔侄、兄弟更相临统,则是按察之法名存而实废矣。望应今后内外官职事有亲戚相妨,并令依法回避,更不降特不回避指挥。"宋哲宗予以认可,但同时保留"服纪远,职事疏,临时取旨"的权宜之计。⑤ 即使是这样毫无严密性可言的规定,也仅仅只是针对亲属关系的回避,相较宋仁宗时期的台官回避制度,范围缩小,调整幅度较大,已经超出了制度正常调整的范畴。

就制度本身而言,根据不同时代环境和政治理念而进行的调整,本是相关利益群体之间的博弈,其结果就是经过协调,达成各方权力的相互制衡。但从台官回避制度的调整来看,宋神宗、宋哲宗时期,皇帝与士大夫阶层之间、士大夫阶层内部不同集团之间的权力争斗非常激烈,皇帝为了维护权威,不得不与士大夫阶层中的某一集团结盟,导致此一集团的力量增强,这就使得原来借助制度调整而进行的博弈,变成一方力量独大,破坏了权力的制衡机制,体现出弹劾制度的先

---

① 李焘:《续资治通鉴长编》卷二七八,熙宁九年十月,第6797页。
② 李焘:《续资治通鉴长编》卷四〇四,元祐二年八月,第9846页。
③ 李焘:《续资治通鉴长编》卷四二九,元祐四年六月丙午,第10363—10364页。
④ 李焘:《续资治通鉴长编》卷四二九,元祐四年六月,第10364页。
⑤ 徐松辑:《宋会要辑稿》职官六三之六至六三之七,第4758页。

天不足和诸多弊端,这时,弹劾的负面作用愈益增大,以至于严重影响朝廷政治。

也有制度调整先是过度、后又重新回归正常的现象,如台谏官的选任即是如此。宋神宗熙宁年间少见皇帝下诏令官员举荐御史的现象,从侧面体现出御史的选任可能受到某一集团的控制,预示着皇帝或者以权臣为中心的士大夫集团对台谏的控制加强。元丰之后,举荐御史的诏令又开始增加,元丰六年(1083)六月,令"御史中丞、门下中书外省官各举人材堪充言事或治察御史五员"[1],宋哲宗元祐五年(1090),"诏给事中郑穆,中书舍人王岩叟,左、右谏议大夫刘安世、朱光庚(应为"庭")同举监察御史二员以闻"[2]。同时,士大夫中出现关于举主身份的争议,如中书舍人王岩叟就认为,"今四海之大,万里之远,民情之利害,不可以概言,风俗之美恶,不可以凡举,人才之贤不肖,不可以互知。窃以陛下所赖以察四方之事,达四方之情者,言路得人而已,而专用一方之人,非所以广聪明于天下也",因此建议皇帝在台谏官的任用上要"参用四方之士",为了达到这个目的,他提出应允许御史台长官以外的官员推荐台官。[3] 朝堂之上亦出现御史台属官应专由御史中丞、侍御史荐举的议论,这主要是由御史台长官提出的,元祐六年(1091),御史中丞郑雍言:"故事,御史有阙,诏本司荐属官,以正名举职。"但元丰改制后,御史由"御史中丞与两省合举",对此郑雍认为"今两省官属门下、中书,与闻政事,互举既非故事,省官体更有嫌",建议御史"止从本台奏举"。宋哲宗部分听从了郑雍的提议,"诏御史中丞举殿中侍御史二员,翰林学士、中书舍人同举监察御史二员,给事中举监察御史二员以闻",御史中丞拥有独立举荐台官的权力,中书省的中书舍人、门下省的给事中也可以推荐台官。数日之后,郑雍再次申明御史台乃"风宪之地,责任所专,倘使官属多由他司所荐,恐非朝廷责任之本意",且在不得不退而求其次的情况下,乞求允许御史台长官"专举一次",若御史缺额较多,则"用两番互举之法",于是皇帝诏令"御史中丞更举监察御史二员以闻"。[4] 在这一争议中,由于两省官和御史中丞双方的政治立场不同,对于同一问题的看法和解决方案亦不同,皇帝为了抑制御史中丞乃至

---

[1] 徐松辑:《宋会要辑稿》职官一七之二四,第3461页。
[2] 徐松辑:《宋会要辑稿》职官一七之三二,第3465页。
[3] 李焘:《续资治通鉴长编》卷四四一,元祐五年四月,第10619页。
[4] 徐松辑:《宋会要辑稿》职官一七之二五至一七之二六,第3462页。

御史台权力的膨胀，显然希望以两省官来进行制约，这也是导致相关制度出现调整的因素之一。此后，御史中丞独举及与两省官合举的现象同时存在，实际上就为宰相控制台谏，乃至把持弹劾留下了空间。

## 二、宋神宗时期弹劾与宰相的罢免

北宋时期，有的宰相受到皇帝特殊的信任，以至于最后卒于宰相之位，如宋太宗朝薛居正、宋真宗朝李沆、宋仁宗朝张知白、宋神宗朝王珪、宋哲宗朝司马光等[1]，更多的宰相却是因各种原因被罢免，如老病、自求罢，或者所行之事为皇帝不喜，或者被士大夫弹劾等，其中，被弹劾是罢相的主要原因。宋真宗天禧诏书之后，台谏官逐渐成为弹劾的主要力量，且被视为制约宰相权力的重要群体，故通过考察台谏官弹劾与宰相罢免的关系，可窥见台谏官集团在北宋官场中的重要地位，以及弹劾对北宋政治的影响。

北宋前期，由于台谏制度处于创建期，相关规定不够完善，因此台谏官对宰相的弹劾不普遍，仅有少量宰相因台谏官的奏劾而被罢免，如咸平三年（1000）十一月，群臣朝会，宰相张齐贤"被酒，冠弁欹侧，几颠仆殿上"，御史中丞奏劾张齐贤失仪，虽张齐贤极力辩解，仍被罢黜。[2]

到宋仁宗时期，台谏官弹劾宰相的行为开始变得较为普遍，且形成弹劾宰相的第一次高潮，就现存史料看，当时被罢免的宰相中，有60%是因台谏官的奏劾而被罢相[3]，显示出台谏在宋仁宗时期的强势力量。宋人亦言，仁宗时"所用宰

---

[1] 徐自明撰，王瑞来校补：《宋宰辅编年录校补》卷二，《太平兴国六年》，第28页；徐自明撰，王瑞来校补：《宋宰辅编年录校补》卷三，《景德元年》，第96页；徐自明撰，王瑞来校补：《宋宰辅编年录校补》卷四，《天圣六年》，第177页；徐自明撰，王瑞来校补：《宋宰辅编年录校补》卷九，《元丰八年》，第509页；徐自明撰，王瑞来校补：《宋宰辅编年录校补》卷九，《元祐元年》，第563页。其中王珪虽卒于宋哲宗即位两个月之后，但其在宋神宗朝为相九年，应属神宗朝的宰相。

[2] 李焘：《续资治通鉴长编》卷四七，咸平三年十一月辛卯，第1033页。

[3] 据《宋宰辅编年录校补》卷四、卷五载，宋仁宗朝除了王钦若、张知白卒于位，张士逊最后在宰相位致仕外，被罢免的宰相有丁谓、冯拯、张士逊（2次）、王曾（2次）、吕夷简（3次）、李迪、王随、陈尧佐、晏殊、杜衍、章得象、贾昌朝、陈执中（2次）、宋庠、文彦博（2次）、庞籍、梁适、刘沆、富弼等，凡25人次，其中15人次与台谏官的弹劾直接相关，占比60%。贾玉英《宋代监察制度》第四章第一节列有"宋仁宗朝宰相罢免原因考察表"，作者认为，当时的宰相中"有十三名因台谏弹奏而罢，占总人数的百分之五十六"（贾玉英《宋代监察制度》，第164—166页）。笔者的统计数据之所以与贾书稍有不同，是因为陈执中、文彦博皆曾2次被台谏官弹劾而罢相，故笔者将两人分别均计算为2人次。

相二三十人,其所进退,皆取天下公议,未尝辄出私意。公议所发,常自台谏,凡台谏所言,即时行下。其言是则黜宰相,其言妄则黜台谏……台谏不敢矫诬,而宰相不敢恣横"①,特别提及台谏能够主导官场公议。从历史上看,宋仁宗朝政治较为清明,士大夫砥砺风节,形成良好的士风和政风,台谏的弹劾职能运行较为正常,在一定程度上发挥了监督宰相、限制宰相权力的作用。

由于政治形势的风云变幻,台谏对宰相的弹劾在不同时期表现出不一样的特征。宋神宗即位后,励精图治,图谋以新变解决朝廷的经济、政治等问题,于是任用王安石实行变法。在皇帝的支持下,宰相的权力得到加强,导致台谏对于宰相的监督受到限制,甚至有时候台谏还为宰相所制,如此则损害了官僚体制的正常运转,使得弹劾出现异化,这在宰相的罢免上有明显体现。现依据相关史料,对宋神宗朝宰相罢免的情况列表如下:

表4-1 宋神宗朝宰相罢免情况简表

| 姓名 | 罢相时间 | 罢相事由 | 资料来源 |
| --- | --- | --- | --- |
| 韩琦 | 治平四年九月(神宗已即位,未改元) | 台谏官弹劾,请罢 | 《宋宰辅编年录校补》卷七 |
| 富弼 | 熙宁二年十月 | 自请罢 | 《宋宰辅编年录校补》卷七 |
| 曾公亮 | 熙宁三年九月 | 年老,自请致仕 | 《宋宰辅编年录校补》卷七 |
| 陈升之 | 熙宁三年十月(第一次) | 丁母忧而罢 | 《宋宰辅编年录校补》卷七 |
| 韩绛 | 熙宁四年三月(第一次) | 陕西战事失败,被罢 | 《宋宰辅编年录校补》卷七 |
| 王安石 | 熙宁七年四月(第一次) | 自请罢 | 《宋宰辅编年录校补》卷八 |
| 陈升之 | 熙宁八年闰四月(第二次) | 以疾自请罢 | 《宋宰辅编年录校补》卷八 |
| 韩绛 | 熙宁八年八月(第二次) | 以疾自请罢 | 《宋宰辅编年录校补》卷八 |
| 王安石 | 熙宁九年十二月(第二次) | 自请罢 | 《宋宰辅编年录校补》卷八 |
| 吴充 | 元丰三年三月 | 以疾自请罢 | 《宋宰辅编年录校补》卷八《宋史》卷三一二,《吴充传》 |
| 王珪 | 元丰八年五月 | 卒于位 | 《宋宰辅编年录校补》卷九 |

① 李焘:《续资治通鉴长编》卷三七二,元祐元年三月,第9014页。

由表 4-1 可知,宋神宗时期离任的宰相中,除王珪 1 人卒于位外,有 10 人次是被罢免的,其中仅有 1 人次与台谏官的弹劾直接相关,与宋仁宗朝相比,台谏官弹劾导致的罢相比例大大下降,这也预示着台谏对于宰相的制约力度大为降低。当然,这样的转变不是一蹴而就的,在宋神宗即位之初,台谏以弹劾约束宰相的方式仍然延续着,只是开始悄然出现变化,如韩琦的罢相即是如此。

王陶在宋神宗即位之初主掌御史台,他延续宋仁宗朝遗风,弹劾宰相韩琦,此时恰逢武将郭逵以签书枢密院事宣抚陕西四路还都,王陶劾奏言:"韩琦置逵二府,至用太祖故事,出师劫制人主,琦必有奸言惑乱圣德。愿罢逵为渭州。"以郭逵牵连到韩琦。宋神宗毕竟为识见高远之君,认为郭逵是先帝所用之人,且并无过错,若无端罢黜,"是章先帝用人之失也,不可",①使得王陶劾韩琦之举没有成功。王陶不罢休,再次劾韩琦"不肯赴文德殿立班",言"琦等久居重任,新辅嗣君,忽千官瞻视之庭,蔑如房闼。虽再拜表仪之礼,重若丘山。沮格台文,侮慢风宪。宜加明宪,用肃具僚",②指斥韩琦不押班是不臣、跋扈的行为,罪名不可谓不大。当时宋神宗曾就王陶的奏劾询于谏官滕元发,滕元发性格直率,对皇帝知无不言,他了解韩琦的忠心,知晓王陶的弹劾毫无根据,但又不欲神宗太丢颜面,毕竟王陶是宋神宗即位后任命的第一任御史中丞,于是滕元发对神宗曰:"宰相固有罪,然以为跋扈,则臣为欺天陷人矣。"③明白指出韩琦不押常朝班固然有罪,但王陶此举则属诬陷大臣了。同时,宋神宗遣近侍将王陶的弹文示于韩琦,韩琦辩解称:"臣非跋扈者,陛下遣一小黄门至则可缚臣以去矣。"④以韩琦的性格、德行及在士林中的名望,宋神宗显然不相信王陶劾韩琦跋扈,他之所以将王陶的奏劾示于韩琦,除了表现出对韩琦的信任外,更重要的是以此警示宰相。

依据北宋的相关制度,御史的主要职责就是纠劾百官,尤其此时距宋仁宗朝结束仅数年,台谏官依然遵循着以弹劾制约宰相的惯例,但是宋神宗的处理却显

---

① 脱脱等:《宋史》卷三二九,《王陶传》,第 10611 页。
② 徐自明撰,王瑞来校补:《宋宰辅编年录校补》卷七,《治平四年》,第 361、362 页。
③ 苏轼:《苏轼文集》卷一五,《故龙图阁学士滕公墓志铭》,第 461 页。
④ 邵伯温:《邵氏闻见录》卷三,第 24 页。

第四章 宋神宗、宋哲宗时期弹劾的异化

示出与宋仁宗不一样的地方,他快速免除了王陶御史中丞的职位,使其成为北宋历史上因弹劾宰相而遭罢黜且任职时间较短的御史台长官之一。王陶于治平四年(1067)三月权御史中丞,到四月被罢黜,在职时间不到两个月(此年有闰三月)①,其间他主要做的一件事即弹劾宰相韩琦,却未曾想到会由此而离职。因王陶曾任职东宫,宋神宗对王陶有一定的护佑之心,于是令其与司马光互易,即以王陶任翰林学士,以司马光任御史中丞。如若此事到此为止,似乎与之前的弹劾事件区别不大,但在王陶迁职过程中所发生的一系列事件,则显示出宋神宗有意或无意与士大夫阶层博弈的过程。宋神宗最初的做法未得到司马光的认可,司马光言:"宰相不押班,细故也,陶言之过。然爱礼存羊,则不可已。自顷宰相权重,今陶复以言宰相罢,则中丞不可复为,臣愿候宰相押班,然后就职。"②司马光认为,虽然王陶对宰相的奏劾属小题大做,但台谏官的弹劾行为却是限制宰相权力的重要方式,因此乞求待宰相遵守规章、行押班后,才就任御史中丞。司马光的言下之意,即因弹劾宰相而迁转王陶是不合适的。龙图阁直学士韩维的看法则更为复杂,可谓化简为繁,使得原来较为清楚的问题变得错综复杂,其言,王陶奏劾宰相韩琦已引发朝堂之上议论纷纷,"台谏官请对论事,相继不绝,中外汹汹,忧疑震骇",作为皇帝,宋神宗不可是非不分,"宰相者,天子所信任;御史中丞,天子所咨决。今御史中丞言宰相跋扈,即有是事,则是王法之所诛也。陛下若以御史中丞言为信,则宰相安得不罪!若其不然,则是御史中丞构造邪说,离间陛下君臣,其罪岂止罢去而已!"尽管王陶任翰林学士为右迁,但毕竟因纠劾宰相而罢言职,如此处理,"既不能明辨大臣,示信任不疑之意以尽其心;又使言者无名罢去,疑惑远方,谓陛下不能纳谏,频黜宪官"。质言之,臣僚皆不知皇帝究竟是否认可王陶之言,"若以为是,则陶乃称职,不可轻罢;若其非也,岂当更迁其官?"如此一来,无论对于宰相韩琦还是御史中丞王陶,皆是不公正的,"两朝顾命大臣,陛下不能主张辨明,使负恶名,有不自安之意,则其下者岂肯为陛下尽心。中丞在天子左右,言之是非,陛下不能裁察,则远者岂肯为陛下尽言",所以建议宋神宗"廷对群臣,面问宰相跋扈之状及御史中丞所言如何,使是

---

① 李焘:《续资治通鉴长编》卷二〇九,治平四年三月,第5078页;杨仲良:《皇宋通鉴长编纪事本末》卷五七,《神宗皇帝·宰相不押班》,黑龙江人民出版社2006年版,第1004页。
② 苏轼:《苏轼文集》卷一六,《司马温公行状》,第482页。

175

非一判,邪正两辨"。① 韩维的上疏指出迁转御史中丞王陶的做法有百害而无一利,一是因弹劾宰相而罢风宪之官,会对刚刚即位的宋神宗造成不良影响,也影响臣下的进言;二是任由御史中丞无端诬陷宰相而无惩处,亦不利于君臣之间构建互信关系。韩维绕开王陶劾韩琦不押班这一具体事实,特别抓住御史中丞言宰相"跋扈"这样的评判性话语进行论说,且提议就此进行廷对,显然是节外生枝了,因为这样的所谓"是非"是不可能辨清楚的,只会引发更大的争议。

宋神宗不得已,只能将王陶外放,以枢密直学士知陈州。王陶在赴任谢上表中,言辞激烈,继续劾奏韩琦"闻手诏一出,则迁怒以责人;议山陵一费,则怀忿而形色。以直道事君者为大恶,以专心附己者为至忠",又劾及其他宰辅官员,"元台高卧而有要,次辅效尤而愈悍"。② 王陶的言语更加引发宰执不满,欲请求再贬王陶,司马光极力劝解,认为:"陶诚可罪,然陛下欲广言路,屈己受陶,而宰相独不能容乎?"③在《乞更不责降王陶札子》中,司马光更是以理性态度阐述不可过度责罚王陶的原因,"自仁宗皇帝以来,委政宰辅,宰辅之权诚为太重,加以台谏官被贬者,多因指大臣之过失,少因犯人主之颜色,是威福之柄潜移于下"④,司马光的话对宋神宗的触动甚大。年轻的宋神宗即位后,很想使朝廷摆脱经济、政治、军事等方面的困境,成就"圣君"事业,但他也意识到,君臣之间、士大夫阶层不同集团之间,甚至士大夫个体之间,皆有着不同的利益诉求,由此引发的博弈往往只是实现了权力的互相制衡,却不可能加强皇帝权威,亦不可能达到富国强兵的目的,为此,就必须适时改变政策,不能再继续沿用宋仁宗以来的惯常做法。在此次弹劾事件中,宋神宗真切地感觉到,他的每一步对策均是被动地受制于士大夫,司马光的此番言论又进一步使他意识到,在围绕台谏官弹劾的各方博弈中,皇帝的权力反而被削弱了,遗憾的是,以他有限的为政实践,还未

---

① 韩维:《南阳集》卷二四,《论宰相与中丞得失状》,景印文渊阁四库全书本,上海古籍出版社1987年影印本。
② 徐自明撰,王瑞来校补:《宋宰辅编年录校补》卷七,《治平四年》,第362页。
③ 苏轼:《苏轼文集》卷一六,《司马温公行状》,第482页。
④ 司马光:《传家集》卷三八,《乞更不责降王陶札子》,景印文渊阁四库全书本,上海古籍出版社1987年影印本。

能找到适当的解决办法。

以王陶奏劾韩琦导致的一系列议论,终于迫使宋神宗同意了宰相韩琦的一再请罢。

王安石入朝是宋神宗政策转变的推动力量。熙宁二年(1069)二月,王安石拜参知政事①,主持变法图强,他以自身丰富的仕宦经历清楚意识到,作为宰执对立面的台谏官是实施变法的严重阻碍,他们的弹劾会制约宰执的权力,以至于影响新法的顺利实施,恰好宋神宗亦以为台谏官的纷纷议论削弱了皇权。于是,宋神宗与王安石结成同盟,先是打压台谏势力,接着拔擢部分支持变法的新人担任台谏官,使得台谏内部形成不同的利益集团,削弱了其制衡能力,台谏由此成为皇帝强化自身权力的工具。针对台谏的如此做法,于宋神宗而言,有利于加强皇权,于王安石而言,则可以尽力免除各方面因素对新法的干扰。但是,令宋神宗和王安石没有想到的是,他们为了各自利益而采取的非常之举,却开了破坏政治制度的先河,直接导致北宋弹劾的异化。

宋神宗和王安石对台谏的措施,导致台谏官的弹劾无法直接影响宰相的罢免,也即是说,此一时期台谏对宰相的监督力度大大削弱。从新法开始的熙宁二年直至宋神宗朝结束,尽管宰相与宰相之间、宰相与台谏官之间由于政治见解的不同而有诸多争议,但几乎没有宰相的罢免是直接由台谏官弹劾造成的。如富弼为相时,王安石为参知政事,富弼因不赞成王安石变更祖宗法度,故而两人时常发生争执,结果总是王安石占上风,富弼由此称疾请罢,即如司马光所言:"彼所以欲去者,盖以所言不用,与同列不合故也。"②曾公亮自宋仁宗嘉祐六年(1061)拜相,至熙宁三年(1070)时已为相十年,宋神宗初行新法,台谏官刘琦、钱𫖮奏劾曾公亮"位居丞弼,反有畏避安石之意,阴自结援,更相称誉,以固宠荣。致安石败坏中书故事,曾公亮之罪也。赵抃则括囊拱手,但务依违",结果是宋神宗罢黜御史刘琦、钱𫖮;知谏院范纯仁不认同王安石的变法措施,也奏劾"曾公亮年高不退,一切依随。赵抃心知其非,不能力救",宋神宗还是未予理会。③ 可见,台谏官的弹劾虽导致物议汹汹,却未能影响曾公亮的相位,其请致

---

① 脱脱等:《宋史》卷三二七,《王安石传》,第10544页。
② 徐自明撰,王瑞来校补:《宋宰辅编年录校补》卷七,《熙宁二年》,第403—404页。
③ 徐自明撰,王瑞来校补:《宋宰辅编年录校补》卷七,《熙宁三年》,第420页。

仕,实则是因为与参知政事王安石的矛盾。曾公亮向宋神宗推荐王安石堪当大任,及至与王安石同朝为官,"一切听之",苏轼曾责备曾公亮"不能救正朝廷",曾公亮答曰:"上与安石如一人,此乃天也。"但王安石还是认为曾公亮的政治主张"不尽同己,数加毁訾",后曾公亮下台阶时"足跌仆于地",以病乞致仕。①

宋神宗熙宁年间是北宋政治史上一个非常值得关注的时期,此时王安石在宋神宗的授意下主导朝政,推行新法,其至宋仁宗时曾发挥重要监察作用的台谏势力亦受到遏制,台谏对宰相的弹劾监督很多时候不能正常发挥作用。为了免除台谏官的议论扰乱人心,阻碍新法的实施,王安石试图打破常规,以宰相的身份主导台谏官的选拔。如李定"少受学于王安石",进士及第后为定远尉、秀州判官②,青苗法初行时,朝中对青苗法的得失争论不休,李定至京师,言南方百姓以青苗法"便之,无不善者",取得王安石的信任,王安石将李定"密荐于上",宋神宗"欲用定知谏院,曾公亮、陈升之以为前无此例,固争之",于是改任其为太子中允、权监察御史里行。③ 在李定的任命中,王安石起到了关键性的作用。王安石当时的官职是参知政事,依据朝廷制度,宰执不能推荐台谏官人选,因此才是"密荐",宋神宗支持青苗法,于是接受了王安石的"密荐"。再如邓绾是新法的积极支持者,以此得到王安石的欣赏,王安石将其荐于宋神宗,先后任侍御史知杂事、权御史中丞等职④。

当然,宋神宗肯定不会允许宰执完全控制台谏,种种迹象表明,虽然宋神宗接受了王安石的诸多变法主张,但对王安石始终有着戒备之心,故而神宗也会任用反对变法的官员担任台谏官,约束王安石的权力,防止台谏完全听命于某位宰执。如吕公著任御史中丞期间,曾两次上疏乞罢制置三司条例司,言条例司"本出权宜,名分不正,终不能厌塞舆论","上既不关政府,下又不委有司,是以从初置局,人心莫不疑眩。及见乎行事,物论日益腾沸",此外还有其他台谏官亦有相似的观点。⑤

---

① 李焘:《续资治通鉴长编》卷二一五,熙宁三年九月庚子,第5238—5239页。
② 脱脱等:《宋史》卷三二九,《李定传》,第10601页。
③ 李焘:《续资治通鉴长编》卷二一〇,熙宁三年四月,第5103页。
④ 脱脱等:《宋史》卷三二九,《邓绾传》,第10597—10598页。
⑤ 赵汝愚编:《宋朝诸臣奏议》卷一一〇,《上神宗乞罢制置三司条例司(吕公著)》(两篇),第1192—1193页。同卷有侍御史知杂事陈襄的上疏《上神宗乞罢制置三司条例司(陈襄)》,与吕公著的观点一样。

制置三司条例司是变法初期在宋神宗授意下设置的决策机构，由王安石主持，权在三司之上，吕公著等台谏官的论奏实则表明了他们对变法的怀疑乃至否定态度，吕公著甚至认为赵宋立国百年以来，确实"事或有弊"，但宋神宗"设施措置，未得其术，才及一二末事，颇已怫戾众心"。① 类似吕公著这样对变法持不认同态度或与王安石不协的台谏官并非个例，而是一个群体，有陈襄、吕诲、冯京、杨绘等等，他们的监督行为构成了对王安石变法集团的制约。

可见，真正主导台谏官任命的仍然是宋神宗，他通过控制台谏官任免的方式，利用弹劾，强力推行皇帝旨意，有时甚至不顾及士大夫阶层的意志，体现出神宗强化皇权的强烈愿望。王安石因受到宋神宗的支持，才拥有插手台谏的权力，围绕王安石及其变法集团发生的弹劾，实则是士大夫阶层内部不同集团利益冲突的表现，宋神宗对弹劾结果的强势影响，更是反映了其加强皇权的诉求，这时士大夫的反复弹劾一般已很难动摇神宗的意志，从某种程度上说，是王安石帮助宋神宗力图摆脱士大夫阶层对皇权的束缚。可见，中国古代的专制制度使得最高统治者——皇帝的作用意义重大，若是没有皇帝的肯定，任何一项制度皆不可能得以建立和实施，但皇帝一人毕竟孤掌难鸣，他往往借助士大夫阶层中某一集团的力量，抗衡其他士大夫集团，甚至如宋神宗一样，利用以王安石为核心的变法集团，对抗反对变法的士大夫集团。王安石及其变法集团也乐于获得皇帝的支持，这样他们就能在朝廷的政治纷争中占据优势，甚至可以违背既定制度的规定，采取非常规手段实现本集团的政治目的。只是王安石们没有想到，他们与皇权结合在一起，对抗的是士大夫与皇帝"共治天下"的权力以及士大夫传统的"帝师"身份。

### 三、宋哲宗时期弹劾与宰相的罢免

宋哲宗时期是北宋台谏官弹劾导致宰相被罢免的第二个高潮时期，现据史籍中的相关记载，将此一时期宰相的罢免情况列表如下：

---

① 赵汝愚编：《宋朝诸臣奏议》卷一一三，《上神宗论不宜轻失人心（吕公著）》，第1233页。

表 4-2　宋哲宗朝宰相罢免情况简表

| 姓名 | 罢相时间 | 罢相事由 | 资料来源 |
| --- | --- | --- | --- |
| 蔡确 | 元祐元年闰二月 | 台谏官弹劾,请罢 | 《宋宰辅编年录校补》卷九 |
| 韩缜 | 元祐元年四月 | 台谏官弹劾 | 《宋宰辅编年录校补》卷九 |
| 司马光 | 元祐元年九月 | 卒于位 | 《宋宰辅编年录校补》卷九 |
| 吕公著 | 元祐四年正月 | 卒于位 | 《宋宰辅编年录校补》卷九 |
| 范纯仁 | 元祐四年六月(第一次) | 台谏官弹劾 | 《宋宰辅编年录校补》卷九 |
| 文彦博 | 元祐五年二月 | 致仕 | 《宋宰辅编年录校补》卷一〇 |
| 刘挚 | 元祐六年十一月 | 台谏官弹劾 | 《宋宰辅编年录校补》卷一〇 |
| 苏颂 | 元祐八年三月 | 台谏官弹劾 | 《宋宰辅编年录校补》卷一〇 |
| 吕大防 | 绍圣元年三月 | 台谏官弹劾 | 《宋宰辅编年录校补》卷一〇 |
| 范纯仁 | 绍圣元年四月(第二次) | 自请罢 | 《宋宰辅编年录校补》卷一〇 |

表 4-2 中显示,宋哲宗朝除了 2 人次卒于位、1 人次致仕外,其他 7 人次宰相罢免中,仅范纯仁第二次罢相为自请,与台谏官的弹劾没有直接关联,其余 6 人次均与台谏官的奏劾直接相关,占比非常之高,我们可将其看作是北宋时期台谏官弹劾宰相的第二次高潮,表明台谏官的弹劾又重新对朝政产生了重要而直接的影响。如宋哲宗即位之初,因年幼,由太皇太后高氏垂帘听政,高氏反对新法,任用了一批与其政治见解相合的臣僚,其中就包括进用为台谏官的刘挚。当时的宰相蔡确为宋神宗时旧相,属于新法的支持者,刘挚甫一担任侍御史,即上疏弹劾兼任神宗山陵使的蔡确,言其"独不赴宿,慢废典礼,有不恭之心",然后又连上九道奏疏,弹劾蔡确"骄慢不恭,无大臣进退之节",并认为若罢免蔡确,则"上足以安朝廷,下足以安生民,而慰忠臣义士之望"。① 刘挚的奏劾引起了其他台谏官对蔡确的交相弹奏,计有监察御史王岩叟、右谏议大夫孙觉、右司谏苏辙、右正言朱光庭等人,如孙觉劾蔡确"非以德进者也",苏辙的上疏曰:"陛下即位以来,罢市易、堆垛及盐茶钱法,此蔡确之所赞成也……先帝之所是,确等亦是之。陛下之所否,确等亦否之。随时翻覆,略无愧耻,天下传笑,以为口实,而朝

---

① 刘挚:《忠肃集》卷七,《劾蔡确不入宿》,中华书局 2002 年版,第 142 页;刘挚:《忠肃集》附录一,《劾蔡确第二疏》至《劾蔡确第九疏》《劾蔡确第十疏》,第 576—595、598—600 页。

廷轻矣",①如此汹汹奏劾,迫使蔡确不得不上表乞罢。再如苏颂为相时,殿中侍御史来之邵、杨畏劾其"稽留贾易知苏州之命"②,尚书左丞梁焘为苏颂辩解,认为:"颂为宰相,理会差除,可谓称任矣。况论差除,执政皆得可否,为相复不得论本省事乎?"③但事涉宰相专权,还是导致苏颂被罢相。

不过,与宋仁宗时期台谏官弹劾宰相的第一次高潮相比,第二次高潮的实质已悄然发生变化。从弹劾文本看,弹劾事由虽包含具体的违法事例,但更多是对被劾者的道德评判,涉及事例往往不明确,带有明显的主观性,推测臆断的成分较多,最典型者如对蔡确的弹劾。时任侍御史刘挚于元祐元年(1086)正月写有《劾论蔡确十罪》,列举了蔡确的10项罪名,具体包括以下内容:

一是"不赴神宗发引内宿,为大不恭";

二是"山陵使回,明有历代及国朝故事,而略不引罢,废礼贪位";

三是哲宗之立,"乃天人之所助,而太皇太后之德也。确辄自称定策,贪天之功";

四是"在中书二年,不将差除与三省合奏,及身迁门下,阴使言者申请,招权营私";

五是蔡确弟犯法,塞周辅"承勘两次,皆灭裂平治其事",后周辅父子有罪,"言路累有弹奏,而确力主之,不罢其任。屈公法,报私恩";

六是无故进官,"妄引嘉祐、治平不可用之故事,欺谩圣听,不顾廉耻";

七是"与章惇死党相结……欲以销磨同列,牵制善政";

八是"天下大旱,民情惶惶,实由确奸邪所召";

九是"确在熙宁、元丰间,锻炼冤狱,排逐善良,引荐奸伪,变更祖宗政令,以诛求民财",且将熙丰时不便之事皆归于神宗,"是可谓大不忠矣";

十是奉使山陵回,"随行属官,故事自皆推恩",而蔡确又特别推荐数人,"乞从优恩","上欲以悦圣意,旁欲以饵同列",此事"尤喧物论,而罪尤大者"。④

分析这十宗罪的具体情况,其背后有着明显的政治见解不同和朋党之争等

---

① 徐自明撰,王瑞来校补:《宋宰辅编年录校补》卷九,《元祐元年》,第529—530页。
② 脱脱等:《宋史》卷三五五,《来之邵传》,第11182页。
③ 李焘:《续资治通鉴长编》卷四八二,元祐八年三月癸未,第11463页。
④ 刘挚:《忠肃集》卷七,《劾论蔡确十罪》,第143—145页。

因素,显示出此时的弹劾与宋仁宗朝相比,已经出现异化的现象。刘挚最早奏劾神宗皇帝灵驾进发前一日蔡确不入宿之事,是在元丰八年(1085)十月,其言:"伏见今月六日神宗皇帝灵驾进发,准敕,前一日五使、三省执政官宿于两省及幕次。窃闻宰相蔡确独不曾入宿,中外莫不疑骇……而确位冠百辟,身充山陵使,正当典领一行职务,而乃于是夜独不赴宿,慢废典礼,有不恭之心,谨具弹劾以闻。"后又补充言:"确如曾到禁门,遇已锁闭,亦合立具因依奏入,别禀处分,不当公然便以不宿为是。"①十二月,刘挚在弹章中又提及此事,"确至夜深方抵禁门,不肯依禀圣旨指挥,欲将带人从同入。及见本门臣僚执守诏旨,确遂恚怒而去,更不入宿,亦不闻奏禀,显是骄慢"②。从史料记载看,确实有蔡确在神宗皇帝灵驾进发前一日不入宿之事,据刘挚所言,原因是蔡确晚到,欲带侍从同入被拒,愤怒之下离去,且未奏禀皇帝。细究之,以蔡确的政治经验,在如此重要的时刻,不太可能故意晚到,极有可能是政事羁绊,耽误了时间,蔡确事后是否奏禀,刘挚后来在"十罪"中再未言及,至于臣僚拒蔡确带侍从同入,是否态度恶劣导致蔡确愤怒,则不得而知了。由"不入宿"推断蔡确"不恭",虽是建立在事实基础上的评判,但刘挚完全不考虑其他因素对蔡确行为的影响,还是有主观臆断之嫌。

山陵使回不引罢之事,实则蔡确曾经上书请罢,只是皇帝没有同意,对此刘挚言"蔡确辞位求退,其所上表,无引咎之意,有论功之言"③,遗憾的是没有搜寻到蔡确上书的原文,仅能看到刘挚弹文中的一面之词,鉴于他们截然不同的政治观点,刘挚弹文夸大其词,甚至歪曲事实、恶意诋毁也是极有可能的,其他一些旁证材料似可为佐证。依刘挚的弹文,故事,"首相之为山陵使者,事已求罢,例皆得请",不过亦有例外的情况,比如"仁宗山陵,韩琦以英宗服药未敢去,非无故也,非得已也,逮英宗山陵复土,琦即罢相。今先帝已安陵,祔庙礼成,不知确以何名而自留,何义而自居",韩琦曾在宋仁宗时为相五年,宋英宗在位期间因病服药,故而韩琦未去位。宋哲宗年幼即位,由祖母太皇太后高氏临朝,亦属特殊情况,蔡确继续为相也符合当时的政治形势,但刘挚却认为:"若谓陛下富于春

---

① 李焘:《续资治通鉴长编》卷三六〇,元丰八年十月,第8629页。
② 李焘:《续资治通鉴长编》卷三六二,元丰八年十二月,第8658页。
③ 刘挚:《忠肃集》卷七,《再劾蔡确》,第146页。

秋,藉大臣辅翼,则左右自有老成重德为天下信服之人辅翼者。如确辈无一正言,无一正行,天下之人指为奸邪,共所愤疾,而久留左右,适足玷累圣德,为国之蠹尔,何辅翼之可赖?"因此乞求"早罢确政柄,使天下知朝廷不抑忠言,不沮公议,不容奸臣败风俗、坏典章,而扶持天下之名节,以励事君"。① 也即是说,刘挚先是奏劾蔡确没有理由留任,后又认为宋哲宗此时也是特殊时期,非常需要辅翼之臣,而有资格辅翼者应为"老成重德为天下信服之人",蔡确不属此类大臣,然后刘挚用了一些极具主观性的话语,将蔡确评判为"奸邪""奸臣",为天下所共愤,有蠹国之害,表现出明显的伐异倾向。实际上,当时朝中对蔡确的留任是比较认同的,比如与刘挚政见相类的司马光,对蔡确的留任就无异议。宋神宗祔庙礼完成后,以嘉祐、治平故事,蔡确、韩缜、章惇、司马光、吕公著等宰执大臣皆进一官,司马光、吕公著竭力推辞,司马光言:"今陛下以神宗皇帝大渐之际,宰臣蔡确等启迪圣心,建立储贰,传授大宝,各特迁一官,固亦其宜。臣当是时方闲居西京,凭几末命,非所预闻,岂得与确等同受褒赏?"② 从司马光的话语看,他是认可蔡确继续留任的。由此而言,刘挚只是以所谓"故事"作为罢黜蔡确的借口而已。

刘挚的弹文提及蔡确为相时曾因"私恩"庇护犯罪的蹇周辅父子,使他们免受处罚。刘挚对蹇周辅父子的奏劾最早大概是在元丰八年(1085)十一月,其言蹇周辅、蹇序辰父子"以盐事奉使江西、湖南,而相继创增卖额,州县畏惧承望,皆出配抑,使人陷罪破产,数路愁怨",但蹇周辅却"无所忌惮,复自论列,以饰非文过,而父子方雍容侍从,出入朝省……众人莫不指议",故乞求罢蹇周辅父子"见任职事,各令补外,候察治到事状,别听朝旨"。③ 未及一个月,刘挚又劾曰,与蹇周辅父子所犯罪行类似的吴居厚、王子京等人,均在朝廷勘鞫时即"先罢见任",唯独蹇周辅父子未罢见任,此政令不一之举"最为国家之大患"。④ 刘挚又言,对于吴居厚、王子京等官员与蹇周辅父子的处理不同,导致"公论不安,皆有疑议,以谓周辅昨知开封府,根勘军器少监蔡硕借贷官钱公事,周辅以硕乃宰相

---

① 李焘:《续资治通鉴长编》卷三六二,元丰八年十二月,第8665—8666页。
② 李焘:《续资治通鉴长编》卷三六二,元丰八年十二月,第8663、8664页。
③ 李焘:《续资治通鉴长编》卷三六一,元丰八年十一月,第8647页。
④ 李焘:《续资治通鉴长编》卷三六二,元丰八年十二月癸亥,第8656—8657页。

确之弟也,故附合观望,灭裂不尽公理,反以重罪坐举发之人,实有恩于蔡氏。所以今日宰臣确力主周辅父子不令罢去,欺谩圣听,捐公法以报私恩"①,到这个时候,刘挚才在弹章中明确叙述蔡确与蹇周辅父子的所谓"私恩",与其弟蔡硕有关。蔡硕犯法之事查有实据,只是刘挚的弹文未及详述。元祐二年(1087)右谏议大夫梁焘、右司谏王觌的奏疏中有较为详细的记载,其言蔡硕为军器少监时,曾"奏以钱二十万缗计置军器物料,仍乞从本监举官分领其事,乃是硕之指意,本欲与其私党共为奸利。事下工部勘当,工部乞吏部选官"。因为蔡硕兄蔡确为宰相,故有人为了奉承蔡确,即依循蔡硕之意,"特依本监所请举官。硕乃得引用窦长裕、刘仲昕,付之官钱,同为侵盗,遂致赃污狼籍",导致其"盗用官钱,乞取货赂,计赃共及万缗"。② 蔡硕此事大概发生于元丰七年(1084)③,当时即有官员告发蔡硕贪赃之罪,由权知开封府蹇周辅审理,前已述及,审理的结果是处罚举报之人,蔡硕未受任何影响,继续担任军器少监。直到元祐元年(1086)十月,蔡确罢相数月后,大理寺奉旨"根究军器监先乞市军器物料度僧牒,为钱计一十三万缗,而所差变买奉议郎刘仲昕等贩易欺弊,事连前军器少监蔡硕,请摄仲昕、硕等参对"④。此时蔡确虽已罢相外放,但其在朝中经营多年,亲朋故旧不少,且还有一定的影响力,故蔡硕上奏:"臣僚论奏臣任军器少监任内公事付大理寺,缘少卿杜纯并纯弟右司郎中纮、左司郎中刘奉世、监察御史孙升皆有私仇,乞别推。"于是诏令由开封府根究。⑤ 右司谏王觌提出不同意见,其言蔡硕、窦长裕、刘仲昕等人的案件"先系工部根究,累月不决,遂送大理狱,亦复累月未见结绝。今窃闻因蔡硕陈诉,又移送开封府",开封府历来公事繁忙,"上件公事若送开封府,必更迟留,别致生弊。况窦长裕、刘仲昕主管官钱至多,未见归著者不少,若蔡硕委曾用过官钱,则刑名不轻,其于推鞫,理当审重",且又特别提及

---

① 李焘:《续资治通鉴长编》卷三六三,元丰八年十二月,第8682页。
② 李焘:《续资治通鉴长编》卷三九五,元祐二年二月戊戌,第9636页。
③ 据《续资治通鉴长编》记载,蔡硕任军器少监是在元丰六年十二月(李焘:《续资治通鉴长编》卷三四一,元丰六年十二月,第8208页),有人告发其盗用官钱,是由权知开封府蹇周辅负责审理,而周辅于元丰七年十一月离任,仅"治开封府数月"(李焘:《续资治通鉴长编》卷三五○,元丰七年十一月丁未,第8385页),因此推测蔡硕之事发生在元丰七年。
④ 李焘:《续资治通鉴长编》卷三九○,元祐元年十月,第9476页。
⑤ 李焘:《续资治通鉴长编》卷三九一,元祐元年十一月,第9510页。

蔡硕为前宰相蔡确弟,"夤缘请托,亦合关防。臣欲乞朝廷于臣僚中选择公正之人,置司推勘,庶几得其情实,庶免更致淹延",侍御史王岩叟亦持此一观点,故宋哲宗诏差监察御史韩川、刑部郎中祝庶负责此案。① 经过三个月的审理,至第二年二月,蔡硕与刘仲昕"并贷使官钱,论法抵死,并特贷命免真决,各追毁出身以来告敕文字,除名勒停,仲昕送昭州,硕韶州编管",蔡确亦因纵容其弟贪赃,由知陈州落职知亳州。②

刘挚奏劾蔡确奉使山陵回,特别荐举的高遵惠、张琬、韩宗文三人均有着深厚的政治背景,从而引发物议汹汹,"遵惠为太后从父;琬者,中书郎璪之弟",韩宗文则是时任宰相韩缜之侄。③

刘挚论奏蔡确十罪的其他条目,如"自称定策,贪天之功","招权营私",无故进官,"与章惇死党相结",天下旱情严重是蔡确奸邪所致,将熙丰时不便之事皆归于宋神宗,等等,有的是如上所述确有其事,有的则是因政治立场不同而由话语"阐释"出来的罪行,带有较大的主观性。即使是建立在事实基础上的弹劾,刘挚也汲汲于指责蔡确为不恭不忠的奸邪小人,明言其与章惇结为朋党,阻碍司马光主持的良政,建议皇帝"别选德望与光同心守正之人置之左右,以成就陛下善政,以绥安陛下疲民,使忠义之人旷然无惧,竭力以报陛下"④。可见,刘挚弹文中包含的政治意图十分清楚,即认为以蔡确为首的士大夫集团为小人党,他们营私贪婪,扰乱朝政,如果不行罢免,任由他们把持朝政,则会阻碍忠义之士的进用。如此种种,均说明刘挚标榜为忧国爱君的弹劾,从表面看充满正义,实则已表现出较为明显的伐异特征,对于政见不同的蔡确等人,一概简单地视为小人,放大他们政治行为中的瑕疵之处,将其描述为危害朝廷的失德行为,以符合他们小人的身份,同时借朋党之名予以痛斥,致使弹劾逐渐异化为士大夫集团朋党之争的工具,难以正常发挥其应有的监督宰相的功能。

值得关注的是,不仅刘挚如此,弹劾蔡确的台谏官基本皆是同样的话语系统。元祐二年(1087)闰二月蔡确罢相前,曾受到右司谏苏辙、左正言朱光庭等

---

① 李焘:《续资治通鉴长编》卷三九一,元祐元年十一月,第9511—9512页。
② 李焘:《续资治通鉴长编》卷三九五,元祐二年二月己亥,第9636—9637页。
③ 脱脱等:《宋史》卷三一五,《韩缜传》,第10311页。
④ 刘挚:《忠肃集》附录一,《劾蔡确第八疏》,第591页。

人的相继奏劾,查阅他们的弹章,可以看到很明显的带有个人感情色彩的话语。如苏辙弹劾蔡确和韩缜二人的弹文,加上"贴黄"的内容,凡1100余字,篇幅可谓长矣,通篇多见评判性的语言,如"才不足用及多过恶","臣谨案确、缜受恩最深,任事最久,据位最尊,获罪最重,而有觍面目,曾不知愧……夫为大臣,忘君徇己,不以身任罪戾,而归咎先帝,不忠不孝,宁有过此?""朝廷将取其德,则不闻其孝弟可称;将取其才,则不闻其功业可纪;将取其学,则不闻其经术可师。徒以悦媚上下,坚固宠禄",等等,直接论及二人具体不法事例的文字较少,如言蔡确、韩缜不肯诚心辞位,蔡确的求罢表"既不自引咎,又反以为功……则是确等所造之恶皆归先帝,而陛下所行之善皆归于确",但未言"恶""善"具体包括什么事例。① 通览全篇,与宋仁宗时期的弹劾有很大不同,苏辙的弹文中既无贪赃、渎职等职务犯罪的内容,亦无具体的私德缺失,仅有宽泛的道德批评,言蔡确、韩缜二人不合于相位,这种道德批评根植于当时占据主流地位的儒学思想,具有强大的舆论基础。同时,由于士大夫阶层内部不同集团的人员有着不同的政治立场和社会关系,他们对于现实政治中的事务有不同的解读,因而导致论争更为激烈。质言之,虽然不同集团的士大夫拥有相同的文化背景,但在现实政治中却有不同的利益诉求和政治观点,这就使得他们在论争中往往使用同样的话语系统批驳对方,导致论争越辩越激烈。

朱光庭的弹文亦是如此。朱光庭将蔡确与章惇、韩缜一起弹劾,言蔡确为"奸臣",言章惇为"奸臣""小人",言韩缜"素无行义,不自度德,因缘阀阅,遂至大用……只知爵禄之为荣,不知名教之为贵,可谓无耻之甚矣"。② 全篇少有言辞论及蔡确、章惇、韩缜的具体事例,多为主观性的评判话语。御史王岩叟入对时,亦言蔡确"阴邪巧佞,深阻难知,又擅自封殖,耽宠固权,未尝以国家为念",与苏辙、朱光庭不一样,王岩叟还提及与蔡确相关的两件事,一是荐举高遵惠、韩宗文、张琎事,一是其弟蔡硕贪赃事,③部分保留着原来弹劾的传统,即以具体事例奏劾官员。

从蔡确被劾可以看出,与北宋第一次弹劾宰相的高潮相比,此一时期的弹劾

---

① 苏辙:《栾城集》卷三六,《乞罢左右仆射蔡确韩缜状》,上海古籍出版社2009年版,第795—797页。
② 李焘:《续资治通鉴长编》卷三六八,元祐元年闰二月,第8851—8852页。
③ 李焘:《续资治通鉴长编》卷三六八,元祐元年闰二月,第8852—8853页。

已发生很大变化。从弹文看,蔡确被罢相的直接原因是其不恭不忠、轻视朝廷、朋邪立党、包藏贰心等罪行,其中既有具体的违法事例,也包括隐藏在其后的其他因素。弹劾者往往主观评判被劾者的道德问题,放大其政治行为的不当之处,体现出弹劾功能的泛化。同时,弹劾也包含着其他丰富内涵,如刘挚及其他台谏官对蔡确的弹劾,除了监督功能外,还承载着某些士大夫爱君忧国、崇尚道义的情怀,以及反变法集团的利益诉求,等等。显然,弹劾的异变已有明显表现,这时,原来重要的弹劾事由,如贪赃枉法、玩忽职守、请托等职务犯罪,以及违反伦理道德的行为等,已经变得不重要了,这些事由更多只是台谏官发挥议论的出发点,在多次奏劾后,具体事例甚至被忽视,不再提起。虽然由于蔡确等人的所作所为为己私利的成分多,为天下百姓和朝廷的成分少,他们最终悉数被罢黜,与刘挚等台谏官接连不断的弹劾密切相关,但这样的弹劾往往会引起激烈的论争,且双方又是使用同一话语系统进行争论,最后难免演变为意气之争、输赢之争,此时事实真相不重要了,重要的是运用看似充满正义的话语占据道德制高点,斥责对方为小人、奸臣。可见,由王安石发其端的弹劾异化,到宋哲宗时期已然成形,而且异化的弹劾严重影响到了朝廷的政治风气,一方面其监督和制约士大夫的职能仍然在一定程度上发挥着作用,另一方面,士大夫为了本集团的利益,有可能罔顾事实真相,奏劾与自己政见不同之人,由此导致激烈的论争,使得政治生态愈益脱离正常的轨道。

## 第二节 弹劾异化的形成:以王安石为中心的考察

王安石进士及第后,在地方为官多年,对朝廷弊政及其危害多有了解,正如其在著名的《上仁宗皇帝言事书》中所言:"天下之财力日以困穷,而风俗日以衰坏,四方有志之士,朂朂然常恐天下之久不安。"[①]因此,他特别希冀改变朝廷经济困窘和风俗败坏的现状,实现国富兵强。宋神宗即位后,亦有变革的强烈愿望,于是在熙宁二年(1069)拜王安石为参知政事,开始进行变法。只是随着变

---

① 王安石:《王安石全集·临川先生文集》卷三九,《上仁宗皇帝言事书》,复旦大学出版社2017年版,第6册第749—750页。

法的渐次展开,对王安石的弹劾也接踵而至,且由于各方面因素的影响,与宋仁宗朝相比,此时的弹劾逐渐出现异化的现象。

## 一、熙宁二年弹劾的良性运行

王安石任参知政事不久,就表现出不同于其他宰辅的处事风格。他往往打破常规,不遵循故事,也不一定遵守官场规则;他行事坦荡,直率认真,也易于武断专横,固执己见,甚至甫一入朝为执政,即给宋神宗及同列留下了意欲擅权、以朋党打压异己的话柄。王安石的意欲擅权表现在他的奏言中,熙宁二年(1069),王安石曾上奏宋神宗言:"中书处分事用札子,皆言奉圣旨,不中理者常十八九。不若令中书自出牒,不必称圣旨。"①中书札子是宰执处理政务所用的文书,宋太宗时就曾下诏:"自今中书所行札子并须具奏取旨,方可行下。"②即中书札子均要"奉圣旨",但王安石却提出"令中书自出牒",无怪乎宋神宗也要愕然了。同为参知政事的唐介对此反映强烈,直接指责王安石此举"则是政不自天子出,使辅臣皆忠贤,犹为擅命,苟非其人,岂不害国?"③实际上,王安石提出此一建议并不是要擅权,否则他也不可能在宋神宗面前直言了,王安石的目的是希望神宗赋予宰执更大的权力,以利于变法的顺利推进,只是他没有想到,他的这一举动却给神宗留下了擅权的阴影。

王安石以朋党打压异己表现在关于"谋杀人伤者"是否允许自首的争议中,此一问题主要是围绕着登州民妇阿云谋杀与其订立婚约之男子未遂一案而展开的。当时士大夫对此案的看法有很大分歧,司马光、文彦博、唐介等士大夫认为,阿云的行为应按照谋杀亲夫的法律条文予以惩处,不适用自首条款;王安石、曾公亮、吕公著、韩绛、陈升之、许遵等士大夫则反对此一处罚,他们从礼法权衡的角度出发,主张应以自首之例从宽减等处罚④。王安石与唐介数次在宋神宗面

---

① 杨仲良:《皇宋通鉴长编纪事本末》卷五九,《神宗皇帝·王安石事迹上》,第1046页。
② 徐松辑:《宋会要辑稿》职官一之七一,第2976页。
③ 脱脱等:《宋史》卷三一六,《唐介传》,第10330页。
④ 相关研究主要有郭成伟:《从阿云狱的审理看宋神宗年间的"敕律之争"》,《政法论坛》1985年第4期;郭东旭:《论阿云狱之争》,《河北学刊》1989年第6期;戴建国:《宋代刑法史研究》,上海人民出版社2008年版;陈林林:《古典法律解释的合理性取向——以宋"阿云之狱"为分析样本》,《中外法学》2009年第4期;陈立军:《论北宋阿云案的流变及其影响》,《历史教学》2017年第9期;刘猛:《宋代司法的运行及其法理:以阿云案为考察对象》,《史林》2019年第5期;等等。

第四章　宋神宗、宋哲宗时期弹劾的异化

前争论此事,王安石有言:"以为不可首者,皆朋党也。"①这样的评判简单化地对士大夫进行分类,更容易导致士大夫阶层的分歧和论争。

从王安石任参知政事、拜相之后的情况看,擅权、朋党等因素确实是伴随其始终的焦点问题,无论其他士大夫奏劾王安石,还是王安石压制其他士大夫,皆无法绕开这两个主题。不过,熙宁二年(1069)对王安石的弹劾毕竟处于宋神宗朝初期,此时士大夫仍然沿袭着宋仁宗朝的传统,在奏劾时注意以具体事例为依据,虽然不能排除评判性的言辞,但弹劾者还是保持着基本的底线和克制,由此使得弹劾还未逸出可控的范围。

对王安石的弹劾主要是由台谏官发起的。熙宁二年,郑獬知杭州,王拱辰判应天府,钱公辅知江宁府,还有一位官员韩赞亦是匆忙改官。按照北宋官制的相关规定,此四位官员的任免应由"宰相当笔",但时任宰相"富弼在告,曾公亮出使西京",于是"王安石遽自当笔",对此,朝堂之上议论纷纷,皆怀疑是王安石"行其私意"。②御史中丞吕诲于五月上弹章奏劾王安石,其言:

> 侍臣者盖近于尊,实陛廉隆峻之级也。进之以礼,退之以礼,乃君臣之分,邦国之礼也。宣徽使王拱辰,陛下即政之初,还其旧官,委寄北都,召入供职,不闻有过。迁谪在外,臣不知陛下用何人荐论而召？因何人訾毁而黜之？翰林学士郑獬在三班院,皆称公当,权府亦甚平允,不闻瘝旷,遽然补外,传闻见禁罪人喻兴与妻阿牛谋杀妇人阿李公事,獬不肯用新法理断,将欲论列,故有是逐。虽转官得郡,实夺其权也。知制诰钱公辅先因营救滕甫,遂罢谏院,今又被逐,盖甫与王安石素所不足,今无罪被黜,甚伤公议。龙图阁直学士韩赞代还未及两月,亟除知江宁,复又何名？臣不惜四人之去,所惜者朝廷之体无俾,权臣盗弄其柄。以臣言是,乞追还四敕;以臣言非,愿并臣屏逐。③

---

① 王称:《东都事略》卷七三,《唐介传》,景印文渊阁四库全书本,上海古籍出版社1987年影印本。
② 杨仲良:《皇宋通鉴长编纪事本末》卷五八,《神宗皇帝·吕诲劾王安石》,第1031页。
③ 杨仲良:《皇宋通鉴长编纪事本末》卷五八,《神宗皇帝·吕诲劾王安石》,第1031页。此校点本据黄以周《续资治通鉴长编拾补》卷四,将"宣徽使王拱辰"补为"宣徽使王拱辰言",即将"陛下即政之初"至"愿并臣屏逐"校点为王拱辰之言(黄以周等:《续资治通鉴长编拾补》卷四,熙宁二年五月癸未,中华书局2004年版,第177—178页)。根据上下文及《宋史·王拱辰传》记载,此处当为吕诲所上奏疏的内容。

吕诲弹章涉及具体的人事安排,即王拱辰、郑獬、钱公辅、韩贽四人的去职。宋神宗即位之初,王拱辰本应迁转仆射,因欧阳修之言受阻,只迁太子少保,王安石任参知政事后,"恶其异己,乘二相有故,出为应天府"①。郑獬不肯用以断案的"新法",是指熙宁元年(1068)以来针对阿云案所颁布的一系列有关自首的诏令,如熙宁元年宋神宗诏:"谋杀已伤,按问欲举,自首,从谋杀减二等论。"熙宁二年(1069)二月又诏:"自今谋杀人已死自首及按问欲举,并奏取敕裁。"②"新法"是王安石主持推进实施的,郑獬不用"新法"的行为"为王安石所恶,出为侍读学士、知杭州"③。钱公辅之外任,吕诲在弹章中明言,是因为钱公辅曾营救与王安石关系不善之滕甫的缘故。韩贽"知河南府,建永厚陵,费省而不扰,神宗称之。还知审刑院、纠察在京刑狱"④,未及两个月又出京外任。四名官员的新职位安排皆指向王安石,故吕诲才认为有权臣弄权之嫌。仔细考察弹章,虽然能够从文字中感觉到吕诲对王安石的极大不满,但用语仍然比较克制,没有过激的语词,此一方式与宋仁宗时期的弹劾一样,就事论事,一般不做太大的发挥。

同样是在熙宁二年五月,吕诲还有一篇弹章,其云:"近除陆诜知成都府,就移吴中复知成德军。数日之间,差除特异。况宰相不书敕,本朝故事,未之闻也。传云御批付出,臣窃疑焉。陛下进退近臣必有常理,不应有加膝坠渊之意。如从执政进拟,则是自外制中,尤非圣哲驭下之体也。"⑤吕诲的上奏涉及两个问题,一是"差除特异",一是"宰相不书敕",实际上均暗指王安石擅权。"差除特异"是指陆诜和吴中复。陆诜知延州时,大将种谔招纳西夏将领嵬名山及其军队,后宋神宗密旨种谔发兵取绥州城,陆诜不知有此密旨,"以无诏出师,召谔还",种谔未听从其指令,派出将士攻占了绥州城,于是陆诜劾种谔"擅兴,且不禀节制,欲捕治",宋神宗不满陆诜的行为,罢知晋州,朝中皆不知种谔是奉宋神宗密旨行动,台谏官交相弹劾种谔,神宗无法,只得将种谔贬职,陆诜亦由天章阁待制迁

---

① 脱脱等:《宋史》卷三一八,《王拱辰传》,第 10361 页。
② 马端临:《文献通考》卷一七〇,《刑考九·详谳》,第 5097、5099 页。
③ 脱脱等:《宋史》卷三二一,《郑獬传》,第 10419 页。
④ 脱脱等:《宋史》卷三三一,《韩贽传》,第 10667 页。
⑤ 杨仲良:《皇宋通鉴长编纪事本末》卷五八,《神宗皇帝·吕诲劾王安石》,第 1031—1032 页。

龙图阁学士、知成都。① 吕诲不知晓宋神宗下达给种谔的密旨,故言陆诜先被贬,短期内又升职,为"差除特异"。吴中复在知瀛州时,"坐擅易将官",改河东都转运使,又擢龙图阁直学士、知江宁府,"属郡邮兵苦巡辖之苛,共执缚鞭之,法不应死,中复戮其首,余党悉配之,奏著于令,移成德军",②吴中复也是旋降旋升,即所谓"差除特异"。吕诲所言"宰相未书敕",是指宰相不遵从皇帝的旨意,进而认为如若"从执政进拟",会损害皇帝权威。可见,与上一篇弹章一样,吕诲还是奏劾王安石擅权。

六月,吕诲又上疏两篇,直接弹劾王安石,即《上神宗论王安石奸诈十事》及其第二状,其中的第一篇,开篇即言:"臣切以大奸似忠,大诈似信,惟其用舍,系时之休否也。至如少正卯之才,言伪而辩,行伪而坚,顺非而泽,强记而博,非宣父圣明,孰能去之? 唐卢杞,天下谓之奸邪,惟德宗不知,终成大患。所以言知人之难,尧舜其犹病诸。陛下即位之初,起王安石,就除知江宁府,未几,召为学士。缙绅皆庆陛下之明,擢有文之人,得以适其用也。及进贰台席,佥论未允。衡石之下,果不能欺其轻重也。臣伏睹参知政事王安石,外示朴野,中藏巧诈,骄蹇慢上,阴贼害物,斯众所共知者。"之后即为十项"实迹"。③ 虽然上引文字仅占弹章全文的约六分之一,但因位于篇首,又是御史中丞所撰,从而在官场中造成较大的影响。通览开篇之语,基本皆围绕着"奸""诈"二字展开,这是目前所见较早在上疏中指斥王安石奸诈者。就语源而言,"奸"即奸恶、奸佞之意,《尚书》云:"克谐以孝,烝烝乂,不格奸。"孔安国注曰:"言能以至孝和谐顽嚚昏傲,使进进以善自治,不至于奸恶。"④《尚书》又云:"君子在野,小人在位。"孔安国以为这种情况实际上就是"废仁贤,任奸佞",将小人看作奸佞之人,若为君者任用这样的小人治理天下,则会"民弃不保,天降之咎"。⑤ "诈"有欺骗、假装之意,《左

---

① 脱脱等:《宋史》卷三三五,《种世衡传附种谔传》,第10745—10746页;脱脱等:《宋史》卷三三二,《陆诜传》,第10681页。
② 杜大珪编,顾宏义、苏贤校证:《名臣碑传琬琰集校证》(下)卷一五,《吴给事中复传(实录)》,第2061页。
③ 赵汝愚编:《宋朝诸臣奏议》卷一〇九,《上神宗论王安石奸诈十事(吕诲)》,第1180—1182页。
④ 孔安国注,孔颖达正义:《尚书正义》卷二,《尧典第一》,第58页。
⑤ 孔安国注,孔颖达正义:《尚书正义》卷四,《大禹谟第三》,第137页。

传》言鲁宣公十五年,宋与楚结盟,盟曰:"我无尔诈,尔无我虞。"①即宋楚双方均不互相欺骗。古代典籍对于奸、诈的解释深深影响了中国古代士大夫的思想,在复兴儒学的历史语境下,北宋士大夫阶层更是将其发扬光大,如上述吕诲弹劾王安石,在弹章的开篇即论述所谓奸、诈,并以少正卯、卢杞两个奸邪之人为例进行说明②,实则就是以儒学传统的价值观为标准来衡量王安石,认为王安石是大奸、大诈之人。

吕诲连续两上弹章,话语又是如此犀利,王安石大为震动,上疏宋神宗乞求罢参知政事③,但是踌躇满志的神宗不可能接受王安石的乞罢,此时变法刚刚开始,天下大治、成就圣君事业的理想还未实现,神宗非常需要王安石的辅佐,于是他对王安石言:"天下之事当变更者,非止二三,而事事如此,奚政之为也?卿其反思职分之当然,无恤非礼之横议,视事宜如故。"④语气不可谓不严厉,可以这样说,宋神宗朝的变法完全是在皇帝主导下推进的,而王安石的主张恰好契合宋神宗的要求,所以神宗才会在御史弹劾王安石时仍然给予其极大的信任。同时,宋神宗又再三抚慰王安石,"诲殊不晓事,诘问又都无可说","吕诲言卿每事好为异,多作横议,或要内批,以自质证,又诈妄希会朕意。此必是中书有人与如此说。朕与卿相知,如高宗、傅说,亦岂须他人为助?"并将吕诲贬出京城,以本官知邓州。⑤

---

① 杨伯峻编著:《春秋左传注·宣公十五年》,中华书局2009年版,第761页。
② 据《荀子》记载,孔子以所谓"五恶"诛杀少正卯,即"一曰心达而险,二曰行辟而坚,三曰言伪而辩,四曰记丑而博,五曰顺非而泽",少正卯集"五恶"于一身,"故居处足以聚徒成群,言谈足以饰邪营众,强足以反是独立,此小人之桀雄也,不可不诛也"(王先谦集解:《荀子集解》卷二〇,《宥坐篇第二十八》,中华书局2013年版,第615页)。卢杞是唐德宗时期的宰相,在任期间排挤、打击异己,如杨炎、严郢、崔宁等均被卢杞打压,导致奉天之难,唐德宗曾对李勉感叹:"众人论杞奸邪,朕何不知?"李勉回答:"卢杞奸邪,天下人皆知;唯陛下不知,此所以为奸邪也!"(刘昫等:《旧唐书》卷一三五,《卢杞传》,第3718页。)
③ 王安石《乞罢政事表》如下:"……臣闻任贤之方,要其有用;陈力之义,止于不能。苟弗集于事功,且重罹于狁疾。岂容叨据,以累明扬!伏念臣猥以孤生,亲逢盛世。昧于量己,志欲补于休明;失在信书,事浸成于迂阔。每烦众论,上恩圣聪。久知素愿之难谐,继以积疴而自困。辞而去位,庶逃窃食之诛;勉以就工,重荷包荒之德。虽贪顺命,终惧妨功……"(王安石:《王安石全集·临川先生文集》卷六〇,《乞罢政事表三道(二)》,第6册,第1114页。)
④ 杨仲良:《皇宋通鉴长编纪事本末》卷五八,《神宗皇帝·吕诲劾王安石》,第1033页。
⑤ 杨仲良:《皇宋通鉴长编纪事本末》卷五八,《神宗皇帝·吕诲劾王安石》,第1032页。

## 第四章 宋神宗、宋哲宗时期弹劾的异化

但是,对王安石的弹劾并未随着吕诲的被贬而停息,依照宋仁宗时期形成的台谏官监察官员之法,御史台官员开始联名上奏,纠劾王安石。同年八月,侍御史刘琦、御史知杂刘述、御史里行钱𫖮联署上长篇弹章,奏劾王安石专权谋利、均输法不便等,其中大多数文字皆是叙述与王安石相关的具体事例,少量评判性文字基本还是沿袭吕诲弹章的说法,一劾王安石专权,二劾其"奸诈"。如弹章言:"臣等切见陛下擢用王安石为参知政事,未逾半年,中外人情,嚣然不安。盖以其专肆胸臆,轻易宪度,而全无忌惮之心也。""其奸诈之迹,顾不明耶?奸诈专权之人,岂宜任在庙堂,以乱国纪?"尤其值得注意的是,弹章中认可王安石的贤能,"谨按安石自应举历官以来,凡著书立言,莫不知尊尚尧舜之道以倡率学者。故天下士人之心,无不归向,谓之为贤。以至陛下亦闻而爱之,遂致位公府。今遭时得君,如此之专,当以平时所学仁义之道启沃上心,以广圣德。"只是王安石任用的官员,如吕惠卿、王子韶、卢秉、薛向等皆为小人,"然使小人为之,假以货泉,任其变易,纵有所入,则不免于夺商贾之利"。① 此篇弹章基本还是就事论事,即使是对王安石的评判,亦未超出前揭吕诲弹章的范畴,特别难得的是仍将王安石看作有德有能之人。可见,台谏官的言行仍遵循"祖宗之法"的要求,希望以弹劾限制宰执的权力,实现监督百官、制衡权力的目的。但宋神宗为了维护王安石的地位,使变法能够顺利推行,黜刘琦监处州盐酒税,钱𫖮监衡州盐税②,给予台官较重的处罚。殿中侍御史孙昌龄本是迎合王安石的,也因为多次上疏论奏谋杀自首之新法不当,与王安石的主张不甚一致而被外放,通判蕲州③。

台官的接续被黜,导致朝臣的交相论列。翰林学士司马光认为,宋神宗黜降御史,"中外闻之,无不惊愕……今朝廷既违众议而行之,又罪守官之人,臣恐重失天下之心也……陛下践阼以来,待臣下以宽仁。至如皮公弼,陛下明知其贪;阎充国,陛下明知其猥也。二人皆以知县权发遣三司判官公事,及得罪而出,皆为知州。今钱𫖮所坐不过狂直,止以连犯大臣,遂降为监当。然则狂直之罪重于贪猥,得罪大臣甚于得罪陛下也。臣不胜拳拳,窃恐来者侧目箝口,以言为讳,威

---

① 赵汝愚编:《宋朝诸臣奏议》卷一〇九,《上神宗论王安石专权谋利及引薛向领均输非便(刘琦等)》,第1187—1189页。
② 杨仲良:《皇宋通鉴长编纪事本末》卷五八,《神宗皇帝·吕诲劾王安石》,第1033页。
③ 杨仲良:《皇宋通鉴长编纪事本末》卷七五,《神宗皇帝·试刑法》,第1337页。

福移于臣下,聪明有所壅蔽,非国家之福也"①。司马光的奏论重点,在于王安石作为宰执的擅权行为,提醒宋神宗不能使大臣之权凌驾于皇帝之上。

知谏院范纯仁连上两道奏章,以为责降刘琦等台官不当,其言:"盖人臣以率职为忠,人君以纳谏为美。率职之臣获罪,则忠勤不劝;纳谏之风或阙,则君德有亏。有以仁宗皇帝开广言路,优容诤臣,执政不敢任情,小人不能害政,以致太平日久,亿兆归心……陛下述事继明,思绍先烈,而因二三执政不能以道事君,教化或失其后先,刑赏或乖于轻重。中书藏其本末,但致外议喧腾。凡居言责之臣,敢不即时论奏?既许风闻言事,即是过失得原。"特别指出台官的职责就是奏劾百官,尤其是奏劾宰执,即使言语有不当之处,亦不可追责。同时,范纯仁弹劾王安石"专任己能,不晓时事,而又性颇率易,轻信难回,举意发言,自谓中理。近以陛下切于求治,安石不度己才,欲求近功,忘其旧学。舍尧舜知人安民之道,讲五霸富国强兵之术。尚法令则称商鞅,言财利则背孟轲。鄙老成为因循之人,弃公论为流俗之语;异己者指为不肖,合意者即谓贤能",②明显体现出与王安石治国理念的不同。范纯仁所言"尧舜知人安民之道",实则就是传统儒学提倡的达到天下大治的方式,即以儒学的伦理教化作为立国之本,使百姓生活安定、民风淳朴,他认为王安石的做法与此背道而驰,为了富国强兵,不惜采用类似商鞅的违背礼义、单纯崇尚法令和功利的措施。范纯仁在第二道奏章中,又进一步强调"所以人主虽当仰成执政,而督察之任委之台官,俟有过愆,则使弹击。下以使大臣知惧,上以全君臣之恩。此是从古以来驭臣之要道也"③。看来,范纯仁和前述御史台官员及司马光一样,关注的是官僚体制内部的权力制衡问题,即皇帝一定要杜绝任何集团的势力独大,而能够起到监督、制约作用的,就是台官。

但是,宋神宗任用王安石变法的决心非常大,对于司马光和范纯仁的奏章皆置之不理。作为君主,宋神宗并非不知司马光、范纯仁所言执政权重可能造成的对皇权的威胁,只是神宗有自己的驭臣之术。比如,尽管司马光和范纯仁的上疏言辞激烈,对于新法措施亦颇多责难,但宋神宗从来就没有认真惩治过他们,司

---

① 司马光:《传家集》卷四二,《论责降刘述等札子》。
② 赵汝愚编:《宋朝诸臣奏议》卷一〇九,《上神宗论刘琦等责降(范纯仁)》,第1189—1190页。
③ 赵汝愚编:《宋朝诸臣奏议》卷一〇九,《上神宗论刘琦等责降(第二状)(范纯仁)》,第1191页。

## 第四章 宋神宗、宋哲宗时期弹劾的异化

马光在谋杀伤人许自首、处理台官等方面均与王安石意见相左,宋神宗却一直信任司马光,使其在朝中担任翰林学士兼侍读学士等职,后在司马光的一再乞求下,才出知永兴军①。对于范纯仁亦是如此,范纯仁的奏章"神宗悉不付外,纯仁尽录申中书,安石大怒,乞加重贬",宋神宗却言:"彼无罪,姑与一善地。"②后来范纯仁多次乞求罢职,以至居家待罪,神宗不得已,只能同意。

至此,王安石继续担任参知政事,在宋神宗的支持下主持变法工作,御史台官员,如御史中丞、侍御史知杂事、殿中侍御史、侍御史、御史里行,以及谏官均已离京,有的被贬黜,有的被外放,对王安石的弹劾暂时低落。这一阶段的弹劾秉承宋仁宗朝的传统,基本还处在相对正常的状态。弹劾的主体是台谏官,当弹劾发生时,被劾者,即王安石居家待罪,上表乞求罢参政,台谏官的弹劾奏章一篇接一篇,似乎无有止歇;同时,其他官员亦参与其中,在官场形成弹劾的浪潮。从弹章内容看,台谏官自觉维护着监察的底线,以具体事例为弹劾的依据,尽管包含着诸如奸诈、专权等主观性较强的评判用语,但主要还是就事论事,处于可控的范围之内。就宋神宗而言,他赋予了王安石变法的权力和任事的信任,但并非如吕诲、范纯仁等人所言可以"专任己事",作为君主,即使臣子道德高尚、品行纯朴,宋神宗也不可能无条件地相信臣子的忠诚,范纯仁曾提醒神宗遵循自古以来的驭下之道,但他们却不知晓神宗有自己的"驭下之术"。从宋神宗的行为看,他一方面沿袭赵宋王朝异论相搅的"祖宗之法",任用王安石进行变法的同时,对于不认同新法措施而又德行纯良的官员,如司马光、范纯仁等人,同样给予任用和极大的尊敬,以此形成对王安石的牵制。另一方面,他也采用了一些非常规的手段,比如吕诲的弹章本是上奏给宋神宗的,按照常规,皇帝可以置之不理,亦可处理被劾者或者弹劾者,而神宗的做法却是将吕诲的弹章拿给王安石看,且言:"诲为人所使,殊不知卿用心。"③王安石看到吕诲的激烈言辞,内心肯定是愤怒的,神宗此举就是要使被劾者产生怨愤心理,为被劾者带来巨大压力,从而在激化双方矛盾的同时,导致双方更大的博弈,而皇帝则可既达成变法目标,又收到强化皇权的效果。

---

① 脱脱等:《宋史》卷三三六,《司马光传》,第 10766 页。
② 脱脱等:《宋史》卷三一四,《范纯仁传》,第 10284 页。
③ 杨仲良:《皇宋通鉴长编纪事本末》卷五八,《神宗皇帝·吕诲劾王安石》,第 1032 页。

## 二、熙宁三年弹劾异化的发轫

弹劾的异化是弹劾逐渐演变的结果,不是一蹴而就的突变,只是熙宁三年(1070)在弹劾异化的过程中较为重要。熙宁三年也是王安石变法的重要一年,此时,对于前一年颁布的均输法、青苗法等措施的优劣,士大夫的分歧很大,是否需要继续推行,争议非常激烈。同时王安石还要进一步推行新的举措,更加引起士大夫的交相论列,使得朝堂之上议论纷纷,甚至原来改革意志坚定的宋神宗亦产生疑惑。

熙宁三年二月,判大名府韩琦上疏乞罢青苗及诸路提举官,其言青苗法本"务在优民,不使兼并乘其急以邀倍息",但地方官执行时却弊端丛生,不仅强迫人户借支,且"每借一千,令纳一千三百,则是官放息钱,与初诏抑兼并、济困乏之意绝相违戾",加之需要借支的民户往往经济条件不好,以至"必难催纳,将来必有行刑督索,及勒干系书手、典押、耆户长同保人等均赔之患",于官府而言,也有"官无本钱接续支给,官本因而寝有失陷"的危害。① 宋神宗还是采取他的惯常做法,"亲袖出琦奏示执政",叹息着说:"琦真忠臣,在外不忘王室。朕初谓可利民,不意乃害民如此。"王安石看过韩琦的奏章后,勃然大怒,认为韩琦故意夸大青苗之害,辩解言:"陛下修常平法所以助民,至于收息,亦周公遗法也。"并认为如果有如韩琦所言强制抑配的现象,只须"严行黜责,则弊自绝"。② 上疏议论青苗不便者不止韩琦一人,还包括其他士大夫,如御史程颢言:"成都不可置常平,民多米少故也。"③ 如此之多的议论,使得宋神宗不免产生疑问,而王安石不认可他人议论新法的任何失误,甚至对神宗口出怪怨之语:"臣论此事已及十数万言,然陛下尚不能无疑,如此事尚为异论所惑,则天下何事可为?"坚持认为"常平新法,乃赈贫乏、抑兼并、广储蓄,以备百姓凶荒,不知于民有何所苦?民别而言之则愚,合而言之则圣,不至如此易动。大抵民害加其身自当知,且又无

---

① 赵汝愚编:《宋朝诸臣奏议》卷一一一,《上神宗乞罢青苗及诸路提举官(韩琦)》,第1208—1209页。
② 彭百川:《太平治迹统类》卷二二,《熙宁元祐议论青苗》,景印文渊阁四库全书本,上海古籍出版社1987年影印本。
③ 杨仲良:《皇宋通鉴长编纪事本末》卷六八,《神宗皇帝·青苗法上》,第1200页。

情,其言必应事实。惟士大夫或有情,则其言必不应事实也",并因此而称疾,居家不出。① 翰林学士司马光本来对王安石的新法措施皆不以为然,又见宋神宗心有疑惑,于是代为批答曰:"朕以卿材高古人,名重当世,召自岩穴,置诸庙堂,推忠委诚,言听既用,人莫能间,众所共知。今士大夫沸腾,黎民骚动,乃欲委还事任,退取便安。卿之私谋,固为无憾;朕之所望,将以委谁?"王安石看到后,大怒,"抗章自辨",宋神宗急忙抚慰王安石,甚至说出"朕失于详阅。今览之甚愧"之类的话语,②但王安石仍然多次乞罢。

从这次的事件看,反变法者与变法者对同一问题的看法完全不同。韩琦、程颢等人所言的青苗法弊端皆是事实,以他们匡世济民的社会责任感和忧患意识,从为天下百姓考虑的角度出发,自然会毫不隐瞒地将实情禀报皇帝。王安石是一位坚定的变法者,他不愿意承认新法的欠缺,也不允许其他人言新法之不便,对新法之扰民视而不见,或者认为是执行者的问题,只要严厉惩戒,即可消除弊端。在这样的情况下,很难找到双方均认可的调和主张,以至于他们之间的冲突愈演愈烈。宋神宗的观念也发生微妙的变化,由原来的无条件支持新法,开始变得犹疑起来,毕竟新法实施后产生的弊病是真实存在的,王安石可以置若罔闻,宋神宗却不能闭目塞听。不过他太想实现国富兵强的目标了,变法实施一年来又确实取得了改善朝廷财政状况的效果,于是宋神宗继续给予王安石权力和信任,希望新法在实施的过程中能够逐渐完善。当然,宋神宗还是保持着对王安石一派的高度警惕,对于反变法者的意见同样重视,此时的兼听则明实际上成为维护皇帝权威的重要手段了。

围绕是否继续实行变法,变法派和反变法派之间的冲突往往以台谏官的弹劾为起点。熙宁三年(1070)的台谏官有一个重要的特征,即大多数皆为王安石所举荐,与王安石有着较为密切的联系,如接替吕诲担任御史中丞的吕公著,是王安石推荐的,"欲其为助",吕公著与王安石"素相厚",他曾与王安石同为馆职,因学识渊博而得王安石敬重,王安石甚至有言:"晦叔作相,吾辈可以言仕矣。"③吕公著任御史中丞后,上疏乞罢制置三司条例司,后又乞罢提举官和青苗

---

① 杨仲良:《皇宋通鉴长编纪事本末》卷六八,《神宗皇帝·青苗法上》,第1200—1201页。
② 杨仲良:《皇宋通鉴长编纪事本末》卷六八,《神宗皇帝·青苗法上》,第1201页。
③ 邵伯温:《邵氏闻见录》卷一二,第125页。

法,言辞非常委婉,始终只言执行新法的官吏不得力,"其间取利之条日增,惠民之意渐失,所以人心摇动,日益不宁",建议朝廷"博采群言,事有未便者不惮改作",①未有一语言涉王安石,但王安石还是不能容忍,内心愤懑。后宋神宗欲以吕惠卿为御史,而吕惠卿当时正得王安石器重,吕公著言:"惠卿固有才,然奸邪不可用。"宋神宗将吕公著之言告诉王安石,"安石益怒,诬以恶语,出知颍州"。② 王安石之所以如此震怒,是因为他将吕公著的上疏视为对己的背叛行为。

　　熙宁三年(1070)四月,王安石又荐举韩维代吕公著为御史中丞,时韩维兄韩绛任枢密副使兼同制置三司条例司,王安石此举,是"欲其兄弟助己也"。但这样的任命不符合朝廷的任官回避之法,韩绛、韩维兄弟以为不可,韩维"又屡面对,引义坚切",于是与冯京换易,韩维知开封府,冯京权御史中丞。③ 此一事件进一步说明王安石对"祖宗之法"的轻视,即使如回避法这样行之有效的法规,亦可随意舍弃。冯京以进士科状元及第,因德行和能力突出而为宋仁宗、宋英宗、宋神宗所信任,冯京不认同王安石及其新法,王安石亦言冯京"烛理不明,若鼓以流俗,即不能自守",认为其做御史中丞是"充位耳,非能启迪陛下聪明",宋神宗在数月后,也说冯京"作中丞恐失职",于是同年七月,冯京由"翰林学士、端明殿学士、礼部郎中、权御史中丞为右谏议大夫、枢密副使"。④ 冯京职位的变动,看起来似乎是因其阻碍新法而造成的,宋神宗也确实事先征求了王安石的意见,但实际上这是神宗自己的决定,尤其还将冯京的官品予以拔擢,由从五品上的礼部郎中升为正四品下的右谏议大夫,宋神宗的行为更加耐人寻味了。他一方面罢免冯京的御史中丞之职,使王安石能够顺利推进变法措施,实现富国强兵的目标,一方面以冯京官品的擢升警醒王安石,使其时刻不忘是皇帝掌握着生杀予夺之权。宋神宗用人策略如此,不能不让人叹服,但神宗没有想到的是,他的这些举措对于弹劾的异化及其士大夫阶层内部朋党之争的激化,却起到了推波助澜的作用。

---

① 赵汝愚编:《宋朝诸臣奏议》卷一一一,《上神宗乞罢提举官吏及住散青苗钱(吕公著)》《上神宗乞罢提举官吏及住散青苗钱(第二状)(吕公著)》,第1210—1211页。
② 脱脱等:《宋史》卷三三六,《吕公著传》,第10773—10774页。
③ 李焘:《续资治通鉴长编》卷二一○,熙宁三年四月丁丑,第5100页。
④ 李焘:《续资治通鉴长编》卷二一三,熙宁三年七月,第5167页。

第四章 宋神宗、宋哲宗时期弹劾的异化

熙宁三年（1070）的其他台谏官中，也有与王安石关系友善者，但其中不少人皆与王安石渐行渐远。如程颢，王安石对其有举荐之功，"纯仁与颢皆与安石素厚，安石拔于庶僚之中，超处清要"①，后程颢又曾于熙宁二年（1069）担任制置三司条例司属官②，参与变法工作，原本并未反对新法。但程颢担任监察御史里行后，了解到新法的更多弊端，于是连续上疏言青苗法及提举官不便，用语较为犀利，其言："伏见制置条例司疏驳大臣之奏，举劾不奉行之官，徒使中外物情，愈致惊骇，是乃举一偏而尽沮公议，因小事而先失众心。"甚至认为"陛下固已烛见事体，究知是非，在圣心非吝改张，由柄臣尚持固必，是致舆情大郁，众论益欢，若欲遂行，必难终济"，③将责任归于王安石。在另一篇奏疏中，程颢又言："盖自古兴治，虽有专任独决，能就事功者，未闻辅弼大臣人各有心，睽戾不一致，国政异出，名分不正，中外人情交谓不可，而能有为者也。"④这就是程颢的书生气之所在了，他不懂赵宋"祖宗之法"的"异论相搅"策略，更不明白宋神宗的驭臣之术，只是一味追求尧舜之道，与神宗的心意不合，故于熙宁三年三月罢监察御史里行。

此外，还有与程颢同时任监察御史里行的王子韶，亦是由王安石推荐进入制置三司条例司，他非常感谢王安石的提携之恩；知谏院孙觉，"王安石早与觉善，骤引用之，将援以为助"；李常，"王安石与之善，以为三司条例检详官，改右正言、知谏院"；⑤等等。他们与程颢一样，皆是当时王安石信任之人，且在熙宁三年官居台谏，可以这样说，为了新法的顺利实施，王安石做了大量工作，甚至不惜违反赵宋的"祖宗之法"，以宰执身份干预台谏官的选任，希望将变法的阻力降至最小。不过，我们要特别注意一点，即台谏官的任用表面上看是王安石干预的结果，王安石从与其关系友善的官员中，选择有利于新法实施的人员担任台谏官，尤其是担任台官，但实际上却是宋神宗在控制着一切，无论是台谏官的任免，还是新法措施的推行，皆是在神宗认可后才得以贯彻执行。而且，为了防止王安

---

① 邵博：《邵氏闻见后录》卷二三，中华书局1983年版，第176页。
② 脱脱等：《宋史》卷一六一，《职官一·尚书省》，第3792页。
③ 程颢、程颐：《二程集·河南程氏文集》卷一，《谏新法疏》，第457页。
④ 程颢、程颐：《二程集·河南程氏文集》卷一，《再上疏》，第457页。
⑤ 脱脱等：《宋史》卷三二九，《王子韶传》，第10612页；脱脱等：《宋史》卷三四四，《孙觉传》，第10926页；脱脱等：《宋史》卷三四四，《李常传》，第10930页。

石擅权,宋神宗在给予其变法便宜权的同时,还采取了任用、拔擢反变法官员等应对方式,如前揭冯京的改官,以牵制王安石的权力。

由于熙宁三年(1070)的大多数台谏官原本与王安石关系较好,有的还曾是新法的支持者,当他们弹劾王安石、对新法提出异议时,就使得弹劾呈现出新的特征,开始逸出原来的轨道,变得更加复杂,对谏官李常议论青苗法的上疏进行"分析"一事,就是一个较为典型的例子。

熙宁二年(1069)十一月,右正言李常上疏宋神宗,言青苗之弊,其言:

> ……臣深察物情,博访民俗,皆谓虽一切取民之愿,尚不免误其易于得财,侈于妄费,不计后日输官之难,临时迫蹙。况今官吏务为功效,百端罔民。其尤甚者,使善良避请纳之费,虚认贯百,以输二分之息。臣考之三代,下至近古,未闻欲求平治辅养元元而为法如此之弊者。今百姓之室,空匮已甚,苛朘巧削,日入于困穷。困穷之至,为盗而已矣。陛下御天下之日未久,德泽之所以浸渍生民未深,而辅佐之臣作为此法,使毒流海内,小大惊扇,疾视其上。不早沮止,恐非社稷之福……①

十二月,李常再次上疏论青苗法之弊,紧接着又有多位士大夫皆言青苗不便,如李常与同为右正言的孙觉联名上疏,还有侍御史知杂事陈襄、判大名府韩琦、御史中丞吕公著(连上两状),等等②,议论此事者不仅有台谏官,还有其他官员,形成汹涌的官场公议现象。李常为王安石所引荐,两人关系较好,李常最早以右正言身份言青苗法不便时,王安石曾"遣所亲密谕意,常不为止"③,王安石将李常的行为看作是对自己的背叛,非常愤怒,于是在熙宁三年二月建

---

① 赵汝愚编:《宋朝诸臣奏议》卷一一〇,《上神宗论青苗(李常)》,第1202页。
② 赵汝愚编:《宋朝诸臣奏议》卷一一〇,《上神宗论青苗(第二状)(李常)》,第1203页;赵汝愚编:《宋朝诸臣奏议》卷一一一,《上神宗论王广廉青苗取息(李常等)》,第1205—1206页;赵汝愚编:《宋朝诸臣奏议》卷一一一,《上神宗论青苗(陈襄)》,第1206页;赵汝愚编:《宋朝诸臣奏议》卷一一一,《上神宗乞罢青苗及诸路提举官(韩琦)》,第1208—1209页;赵汝愚编:《宋朝诸臣奏议》卷一一一,《上神宗乞罢提举官吏及住散青苗钱(吕公著)》,第1210—1211页;赵汝愚编:《宋朝诸臣奏议》卷一一一,《上神宗乞罢提举官吏及住散青苗钱(第二状)(吕公著)》,第1211页。
③ 脱脱等:《宋史》卷三四四,《李常传》,第10930页。

议宋神宗对李常所言之事进行"分析"。宰相曾公亮和陈升之皆反对,认为:"谏官许风闻言事,岂可分析?"① 此后,针对青苗法弊端的奏疏仍源源不断,如李常于熙宁三年(1070)三月又上奏一长篇弹章,主要内容即斥责青苗是"假先王之遗迹,而志在聚敛"的恶法,会造成严重的后果,比如百姓负担本来就已沉重,再加上青苗,"至时不足,则卖其衣食之资,又不足则卖牛具,又不足则卖田畴,又不足则卖妻孥,或逃去乡井,或群起为盗贼矣",影响基层社会的稳定,附带还有对王安石、吕惠卿、王广渊等变法官员的弹劾。② 就青苗法上奏的士大夫,还有翰林学士范镇、判相州韩琦、右正言孙觉、监察御史里行张戬和程颢等③。从这些上疏看,士大夫保持着极大的克制,基本皆是论述青苗法的三大主要弊端,一是利息问题,官府是否应该得利,或者得利多少合适,二是是否应该在坊郭户中推行青苗法,三是地方官的强制抑配和虚名抑配问题。有的士大夫还对王安石及新法官员进行纠劾。从现存所有奏疏的言辞看,弹劾者多使用具体论事的话语,较少情绪化、主观臆断的评判,可以这样说,这些士大夫仍然遵循着宋仁宗朝以来的做法,对于朝廷出台的政策或者宰执的做法,如果认为不正确、不合适,则以上疏的方式提出自己的意见,不因宰执与己有恩或关系友善而不言。

对于青苗法的三大弊端,条例司就第一、第二个问题作出解释④,但是第三个问题,条例司无法回答,而士大夫又多次提及,于是宋神宗接受王安石的建议,在熙宁三年四月下诏,令李常"分析"。所谓"分析",正如神宗所言"令具州县吏姓名至五六"⑤,即具体说出违反朝廷新颁布法令、强制抑配的地方官姓名。在宋神宗看来,这是一件极简单的事情,但在有道德操守、遵守朝廷法规的士大夫看来,则是非常不堪的行为。就道德层面而言,这类似于"告讦",与中

---

① 杨仲良:《皇宋通鉴长编纪事本末》卷六八,《神宗皇帝·青苗法上》,第1204页。
② 赵汝愚编:《宋朝诸臣奏议》卷一一三,《上神宗论青苗(李常)》,第1227—1229页。
③ 赵汝愚编:《宋朝诸臣奏议》卷一一二,《上神宗论新法(范镇)》,第1218—1219页;赵汝愚编:《宋朝诸臣奏议》卷一一二,《上神宗论条例司画一申明青苗事(韩琦)》,第1219—1223页;赵汝愚编:《宋朝诸臣奏议》卷一一二,《上神宗论条例司画一申明青苗事(孙觉)》,第1224—1226页;赵汝愚编:《宋朝诸臣奏议》卷一一三,《上神宗论新法(张戬)》,第1230页;程颢、程颐:《二程集·河南程氏文集》卷一,《谏新法疏》,第456—457页。
④ 参见赵汝愚编:《宋朝诸臣奏议》卷一一二,《上神宗论条例司画一申明青苗事(韩琦)》,第1219—1220页。
⑤ 李焘:《续资治通鉴长编》卷二一〇,熙宁三年四月,第5106页。

国古代的儒学伦理观相违背，《论语·子路》所载"直躬证父"一事，非常清楚、明白地说明了"亲亲相隐"的原则：

> 叶公语孔子曰："吾党有直躬者，其父攘羊，而子证之。"
> 孔子曰："吾党之直者异于是：父为子隐，子为父隐。——直在其中矣。"①

在现实社会中，"亲亲相隐"扩展到人与人的关系中，即是以告讦为耻，这亦是传统儒学伦理的内容之一。在倡导儒学复兴、回向三代的北宋时期，作为道德标杆的士大夫阶层，当然更加不齿于"告讦"行为，因此，如果李常真如宋神宗所要求的那样，说出违反法规者的官员姓名，就是违背了儒学的伦理道德。

从制度层面看，前朝已然形成的言官风闻言事制度，本来就具有保护信息来源的功能，如果李常说出"虚认贯百"的地方官姓名，很容易就知晓提供相关信息的人员，这不仅有违言官的职业道德，毁坏台谏官的形象，亦有损于风闻言事制度本身。于是，李常坚决拒绝了宋神宗的"分析"要求，其言：

> 右臣伏以谏诤之官为朝廷耳目，事无小大，皆许风闻以言。陛下不以臣不才，使备位谏省。臣所论青苗钱事，盖为立法不良，为害甚大。不蒙省纳寝罢，乃令分析州县所在，是谓不正本而攻其末者。上失朝廷设官之意，下废愚臣职业之守。必以臣智识不明，言事无状，则重诛远屏，臣何敢辞！所有分析旨挥，不敢奉诏。②

但是，宋神宗此时急于推进新法的实施，未能听取朝中多数士大夫对于青苗法弊端的议论，使得此次"分析"事件最终以李常落职为太常博士、通判滑州而结束③。实际上，对于宋神宗和王安石而言，"分析"哪里的地方官"虚认贯百，以输二分之息"并不重要，重要的是"分析"这一行为本身，就已经包含着不信任

---

① 杨伯峻译注：《论语译注·子路篇第十三》，第137页。
② 赵汝愚编：《宋朝诸臣奏议》卷一一四，《上神宗乞不分析青苗虚认二分之息（李常）》，第1239页。
③ 李焘：《续资治通鉴长编》卷二一〇，熙宁三年四月，第5106页。

的因素，即凡是反对、质疑新法的人，均有诬陷之意。宋神宗及变法派官员认为，新法本身没有任何问题，如果出现如李常之类士大夫所言的弊端，皆是因为执行者未能认真履行职责，"自是州县官吏弛慢，因缘为奸，不可归咎于法。乞令逐路安抚、转运、提点刑狱、提举官觉察，依条施行。命官具案取旨，重行黜罚。安抚、转运、提刑、提举官失于觉察，致朝廷察访得实，亦当量罪，第行朝典"①。这样的基调，对于士大夫的影响很大，既然不能言说新法之弊，而新法的推行又实实在在地存在着不少负面影响，于是对新法不满的士大夫逐渐将矛头对准推行新法的人。质言之，变法初期对新法持不同意见者主要还是言新法本身的不足，甚至台谏官以外的官员还尽量避免对变法派的不当奏劾，以防止矛盾的激化，但在宋神宗和王安石的强硬态度下，一些不同意见者成为反变法派，双方的对立逐渐明显，出现越来越多的对个人的奏劾，从而导致弹劾的异化，这在对王安石的弹劾中体现得较为突出。

熙宁三年（1070）台谏官对王安石的奏劾，并未因多数台谏官与王安石友善而有所减少。三月，前揭右正言李常关于青苗法的上疏中，即有纠劾王安石的言辞，"王安石以文学名世，行义得君，乃不本仁以出号令，考义以理财赋，而佐陛下为此病民敛怨之术"，"不思《诗》人刺掊克所以敛怨，《易》象著益下所以民悦，与夫强恕改过，舍己从人之为君子之道，而日与其徒吕惠卿等阴筹窃计，欲文厥过，思以颊舌取胜公议，宁复以社稷安危为虑者！"②奏劾用语较为规范、标准，属于台谏官弹章的惯常话语。四月，李常又专门上弹章劾王安石，且篇幅很长，其言天下士大夫本来对王安石参预国政寄予厚望，以为可达至"三代之隆"，但"安石乃首建制置三司条例，天下之人始议其身任大政而专有司之事。然善士犹或恕之，谓其先公家之所不足，将佐陛下以仁义理财赋，节俭先天下，交物以道，奉养以礼，重损浮费，图实廪庾。凡教化之事，犹有待也。已而立均输之议，造青苗之法，天下之人，固已大骇"，臣僚们对此议论纷纷，皆言新法之不便，这与王安石实则是"义与利之为道异也"，但王安石仍然遵循逐利的原则，不愿改过，"不堪怨仇与士大夫之所讥议而不改，一也。狭中自信，悦谄谀，恶诚直，遂

---

① 杨仲良：《皇宋通鉴长编纪事本末》卷六八，《神宗皇帝·青苗法上》，第1206页。
② 赵汝愚编：《宋朝诸臣奏议》卷一一三，《上神宗论青苗（李常）》，第1227—1228页。

不以为非而不改,二也。凭依小人,日满其门,进退荣悴,系于事之兴废,竞为谄辞以悦之,忿言以怒之,使其持之益坚,期于必胜,不问义理之所在,因以不改,三也"。而且,王安石"凡异己者必致之罪而挤去之,同己者无问能否而进擢之",未将社稷安危置于重要的位置。① 考察李常弹章的语言,其针对性很强,基本皆是对王安石任参知政事后推行新法的一系列行为进行评判,不涉及其他,能够为人所信服,且表述准确,有理有据,在叙述相关事实的基础上阐明对王安石的奏劾,观点鲜明,虽然不能避免个人感情色彩的影响,但还是基本做到了晓之以理,用语尽量不受愤怒情绪的左右。

李常的弹文中提到士大夫与王安石有着义、利之道的区别,其他弹劾王安石的台谏官亦有类似的表述,如监察御史里行张戬言:"陛下何利之求?惟义而已。"②这就涉及当时士大夫阶层内部政治理念的差异,也是北宋时期义利对立、义利统一两种思想论争的表现。孔子言:"君子喻于义,小人喻于利。"③这代表着传统儒学对义利的看法,即将义、利二者对立起来,重义轻利是君子所追求的目标,小人则是重利轻义,为君子所不齿。降及北宋,有士大夫仍然秉承着传统儒学的义利观,如司马光、程颢、李常、张戬等,也有士大夫对传统义利观提出不同的看法,如李觏认为:"利可言乎?曰:人非利不生,曷为不可言?"对于朝廷而言,"利"即财用,"治国之实,必本于财用。盖城郭宫室,非财不完;羞服车马,非财不具;百官群吏,非财不养;军旅征戍,非财不给;郊社宗庙,非财不事;兄弟婚媾,非财不亲;诸侯四夷朝觐聘问,非财不接;矜寡孤独,凶荒札瘥,非财不恤。礼以是举,政以是成,爱以是立,威以是行。舍是而克为治者,未之有也",④主张治国之基础在于利,而义与利之间并非不可调和。王安石更是直接提出以义理财的观念,"盖聚天下之人,不可以无财;理天下之财,不可以无义。夫以义理天下之财,则转输之劳逸不可以不均,用度之多寡不可以不通,货贿之有无不可以不制,而轻重敛散之权不可以无术"⑤。因此,李常对王安石的弹劾,实则也是两种

---

① 赵汝愚编:《宋朝诸臣奏议》卷一一四,《上神宗论王安石(李常)》,第1244—1246页。
② 赵汝愚编:《宋朝诸臣奏议》卷一一三,《上神宗论新法(张戬)》,第1230页。
③ 杨伯峻译注:《论语译注·里仁篇第四》,第38页。
④ 李觏:《李觏集》卷二九,《原文》,卷一六,《富国策第一》,中华书局2011年版,第342、138页。
⑤ 王安石:《王安石全集·临川先生文集》卷七○,《乞制置三司条例》,第6册,第1261页。

## 第四章 宋神宗、宋哲宗时期弹劾的异化

不同政治理念的冲突。

其他台谏官及士大夫对王安石的弹劾,几乎均是在议论新法条目的奏疏中连带奏劾王安石,很少有专门弹劾王安石的弹章,现将熙宁三年(1070)的部分奏劾文字照录如下:

> 赵抃(时任参知政事):"王安石强辩自用,动辄忿争,以天下之公论为流俗之浮议,顺非文过,违众罔民。"①
>
> 张戬(时任监察御史里行):"王安石尤欲饰非,所持甚隘,信惑憸人,力排正论。""安石处事乖谬,专为聚敛,好胜遂非,佷愎日甚;吕惠卿险薄奸凶,尚留君侧;而曾公亮、陈升之、赵抃等,心知其非,依违不断,观望畏避,颠危莫扶,及识昧知几,言乖误主,均为有罪。"②
>
> 陈襄(时任侍御史知杂事):"自陛下临政以来,事无过举,唯用安石,然后有更改之暴,而致兴利之非。""天下之人皆知误陛下者王安石也,误安石者吕惠卿也。以陛下聪明,观天下之论议,其法利害固已灼然可知。奈何安石持强辩以荧惑于前,惠卿画诡谋以阴助于后。"③

从这些文字看,除了李常有专门奏劾王安石的弹章外,大多数士大夫很少专门针对王安石个人上弹章,一般皆在议论新法时言及王安石。奏劾语言与上述李常的语言风格类似,虽有对被劾者人品、德行等的评判,但语气大体平缓,少见激烈的对抗性言辞,有的用语还较为委婉,能够感觉到弹劾者的谨慎心理,不愿激化与王安石的矛盾。当然,弹劾者个人的喜恶感情也有流露,如"强辩自用""处事乖谬"等等,不过还是以说理为主,有的弹劾者甚至站在被劾者的角度,证明王安石亦是为人所累,如陈襄言"误安石者吕惠卿也"。可以看出,弹劾者毕竟多为北宋时期公认的道德高尚之士,他们对新法有不同意见,不认同王安石的

---

① 赵汝愚编:《宋朝诸臣奏议》卷一一三,《上神宗乞罢条例司及提举官(赵抃)》,第1234页。
② 赵汝愚编:《宋朝诸臣奏议》卷一一三,《上神宗论新法(张戬)》,第1230页;李焘:《续资治通鉴长编》卷二一〇,熙宁三年四月,第5107页。
③ 赵汝愚编:《宋朝诸臣奏议》卷一一四,《上神宗论青苗(陈襄)》,第1240页;赵汝愚编:《宋朝诸臣奏议》卷一一四,《上神宗论青苗(陈襄)》,第1247页。

部分言行,但还是能够从朝廷财政不足、军备疲弱的宏观形势出发考虑问题,因此这些士大夫理解王安石为朝廷理财的良苦用心,在议论新法时往往就事论事,提出改进意见,不纠缠于对王安石个人错误的批评。另外,还有两个方面也是我们应该关注的,一是熙宁三年(1070)的台谏官多与王安石关系友善,他们中有的是王安石推荐擢升的,有的早有相知之情;二是此时的王安石受到宋神宗的信任和赏识,尽管神宗也表现出对王安石权力的限制,但大多数情况下是强力支持王安石的。这两个因素使得台谏官弹劾王安石时有不少顾虑,在言辞方面注意不能过激。

王安石对于弹劾的回应,因史料有限,只能结合其在朝堂上的话语及相关的言论略作分析。王安石与司马光私人关系较好,"王荆公、司马温公、吕申公、黄门韩公维,仁宗朝同在从班,特相友善。暇日多会于僧坊,往往谈燕终日,他人罕得而预。时目为'嘉祐四友'"[①]。宋神宗欲重用司马光时,先问于王安石,王安石却认为司马光"外托劘上之名,内怀附下之实。所言者尽害政之事,所与者尽害政之人。彼得高位,则怀陛下眷遇,将革心易虑,助陛下所为乎?将因陛下权宠,构合交党,以济忿欲之私,而沮陛下所为乎?臣以既然之事观之,其沮陛下所为必矣",不过宋神宗还是于熙宁三年二月拜司马光为枢密副使。[②] 此时新法措施已部分颁布,司马光对新法持怀疑态度,曾数次与王安石争论,指出新法之弊,故王安石为了推行新法,不愿意司马光在朝中担任要职,以防其对变法不利。从王安石奏疏语言看,应该说他对于司马光这位朋友很不友好,尤其是"构合交党"一句,甚为严重,因为在中国古代专制王朝,皇帝最不放心的就是臣僚结党营私,威胁皇权,王安石却偏偏选择这一言辞评价司马光,不能不说他深知帝王心理。当然,宋神宗还是以其常用的驭下之术,不论王安石如何贬低司马光,仍然将司马光安排在一个较为重要的职位上。

在李常上疏言青苗不便时,王安石向神宗提议,使李常"分析"。李常为王安石所荐,入条例司任职,对于李常的言论,王安石非常不满,当面责备李常言:"君本出条例司,亦尝与青苗议,今反见攻,何以异于蒋之奇也!"[③]蒋之奇"为欧

---

[①] 徐度:《却扫编》卷中,《全宋笔记》第三编(十),大象出版社2008年版,第144页。
[②] 杨仲良:《皇宋通鉴长编纪事本末》卷六三,《神宗皇帝·王安石毁去正臣》,第1119页。
[③] 杨仲良:《皇宋通鉴长编纪事本末》卷六八,《神宗皇帝·青苗法上》,第1204页。

阳修所厚",因欧阳修推荐而得御史,但却参与诬陷、劾奏欧阳修与吴氏私通之事,"神宗批付中书,问状无实,贬监道州酒税,仍榜朝堂",由此使得朝中尽人皆知,蒋之奇亦"特以畔欧阳修之故,为清议所薄"。① 王安石以反问的方式,认为李常背叛自己的行为与蒋之奇背叛欧阳修一样,如此谴责之语,于士大夫而言是非常严厉了。

知谏院孙觉曾提醒宋神宗防备吕惠卿,"惠卿即辩而有才,过于人数等,特以为利之故,屈身于安石,安石不悟,臣窃以为忧",青苗法推行后,孙觉以为不便,其言:"今以农民乏绝,将补耕助敛,顾比末作而征之,可乎?国事取具,盖谓泉府所领,若市之不售,货之滞于民用,有买有予,并赊贷之法而举之。倘专取具于泉府,则冢宰九赋,将安用邪?圣世宜讲求先王之法,不当取疑文虚说以图治。今老臣疏外而不见听,辅臣迁延而不就职,门下执正而不行,谏官请罪而求去。臣诚恐奸邪之人,结党连伍,乘众情之汹汹,动摇朝廷,钓直干誉,非国家之福也。"②孙觉所说"奸邪之人,结党连伍",据其当时的语境和政治情况看,很可能是指吕惠卿,只是其对于青苗法的评论使得王安石非常不满,以至于王安石怒曰:"不意学士亦如此!"最终孙觉出知广德军。③

熙宁三年(1070)四月,王安石的一段言论很能说明他的态度,其言:

> 尧御众以宽,然流共工、放驩兜。驩兜止是阿党,共工止是"静言庸违,象共滔天"。如吕公著真所谓"静言庸违,象共滔天"。陛下察见其如此非一事,又非一日,然都无行遣,直待公著所为熟烂,自不肯安职,复除三学士,令在经筵,又不肯留,乃始除侍读、知颍州。诰词又初极称其材行,中乃用数字言其罪,后乃令带侍读学士。以此示天下,天下皆知朝廷无纲纪,小人何缘退听?陈襄、程颢专党吕公著,都无助陛下为治之实。今天下事不如理至多,人臣为奸罔至众,襄与颢曾有一言及之否?专助吕公著言常平法,此即是驩兜之徒。而陛下于邪说纷纷之时,张戬之徒皆未出,即奖用襄知制诰、颢提点刑狱,又称其平实。此辈小人若附吕公著,得行其志,则天下之利皆

---

① 脱脱等:《宋史》卷三四三,《蒋之奇传》,第 10915、10917 页。
② 脱脱等:《宋史》卷三四四,《孙觉传》,第 10926—10927 页。
③ 脱脱等:《宋史》卷三四四,《孙觉传》,第 10927 页。

归之;既不得志,又不失陛下奖用,何为肯退听而不为奸?臣愚窃恐陛下非不知陈襄辈情状,但患斥逐人多,故以言假借涵容,且使安职。此大不然,彼不谓陛下涵容,乃谓陛下尚可欺罔,故纷纷不止也。①

上述王安石的话语中,有两个方面值得关注:一是共工、驩兜的典故,据《尚书》记载,帝尧曾经求贤于臣下,驩兜推荐了共工,言"共工方鸠僝功",唐代孔颖达疏曰,驩兜认为共工"于所在之方,能立事业,聚见其功。言此人可用也",②帝尧却有不同的看法,他认为共工"静言庸违,象恭滔天",即"此人自作谋计之言,及起用行事,而背违之;貌象恭敬,而心傲很若漫天。言此人不可用也"③,如共工这样的人,反而更能迷惑众人。后来舜"流共工于幽洲,放驩兜于崇山",孔颖达解释为"共工象恭滔天,而驩兜荐之,是党于共工。罪恶同,故放之也"。④王安石以共工、驩兜的典故指称吕公著和陈襄、程颢,后二人皆由吕公著荐举为台官,王安石即认为他们有结党的嫌疑。有意思的是,反对王安石变法主张的士大夫同样也运用共工、驩兜的典故,如司马光专门有一篇政论文章《朋党论》,其言"夫朋党之患,不专在唐,自古有之。以尧之明,共工、驩兜相荐于朝。舜臣尧,既流共工,又放驩兜,除其邪党,然后四门穆穆,百工咸熙"⑤,同样将驩兜荐共工视为结党。文彦博亦言:"考于《虞书》,则舜之治也,流共工于幽州,以其心狠貌恭,足以惑世也;放驩兜于崇山,以其掩义隐贼,党于共工也。"⑥可见,王安石用以打击反变法者的理论,与反对他的士大夫所持的理论一样,均为儒学理论,他借以斥责对方结党的历史典故,亦是双方皆认可的典故,甚至看法也有相似甚至相同之处。这样的事例还有不少,如前揭吕诲在熙宁二年(1069)六月弹劾王安石的上疏中,以卢杞为例,提醒宋神宗警惕王安石之奸邪;苏辙在宋哲宗时的上疏中亦言:"唐德宗世宰相卢杞妒贤嫉能,戕害善类,力劝征伐,助成暴敛,使天

---

① 李焘:《续资治通鉴长编》卷二一〇,熙宁三年四月,第5111—5112页。
② 孔安国注,孔颖达正义:《尚书正义》卷二,《尧典第一》,第51、52页。
③ 孔安国注,孔颖达正义:《尚书正义》卷二,《尧典第一》,第51、52—53页。
④ 孔安国注,孔颖达正义:《尚书正义》卷三,《舜典第二》,第88、92页。
⑤ 司马光:《传家集》卷六四,《朋党论》。
⑥ 文彦博撰,申利校注:《文彦博集校注》卷九,《进无为而治论》,中华书局2016年版,第503页。

第四章　宋神宗、宋哲宗时期弹劾的异化

下相率叛上,至于流播。德宗觉悟,逐杞而后社稷复存。盖小人天赋倾邪,安于不义;性本阴贼,尤喜害人。"①将卢杞看作危害社稷的奸邪小人。而王安石也认为,建中年间的叛乱是由于"德宗用卢杞之徒而疏陆贽,其不亡者幸也"②。质言之,双方均认为唐德宗时期的宰相卢杞为奸邪之人。如此相同的理论基础和思维方式,使得王安石与他的反对者之间更多是政治理念的差异,他们均有辅佐皇帝兴治太平的主体精神,皆以为自己的政治主张才是实现理想社会的最好方式,由此出现激烈的争论。

二是王安石所使用的语言显得更具有情绪化的特征,表现出他对吕公著、陈襄、程颢等人的主观态度。如"专党""邪说""小人"等语词,偏重于对个人道德进行价值判断,判断的标准即是否能够辅佐皇帝实现天下大治。但这是一个相对的标准,甚至不需要建立在事实的基础上,王安石只是因为吕公著等人反对新法,就给予他们这样的评判,非常明白地表露出对他们的不满和厌恶。显然,这样的评判过于尖刻,往往逞一时口舌之快,既没有充分的依据,亦表明王安石缺乏容人的雅量,这应该是变法之所以受到大多数德行高尚士大夫反对的原因之一。尤其这些语词在士大夫阶层的话语体系中,从来就是与"奸臣"联系在一起的,王安石用这样的语词斥责吕公著等人,将他们推到变法的对立面,从而增加了变法的难度。

如此情绪化、主观性的用语,在王安石熙宁三年(1070)的政治行为中还有多次,如七月权御史中丞冯京改官枢密副使时,王安石言其"所恃以为心腹肾肠者,陈襄、刘攽而已,重为众奸所误,何为而不出于此?"。一再用"众奸"一词指称冯京及其友朋,甚至在独对时,对宋神宗言:"君子不肯与小人厮搅,所以与小人杂居者,特待人主觉悟有所判而已。若终令君子与小人厮搅,则君子但有卷怀而已。君子之仕,欲行其道,若以白首余年,只与小人厮搅,不知有何所望。"③直接用君子、小人对朝中官员进行区分,虽然没有明言自己为君子,但此类话语极易引起士大夫之间的争论,只是王安石没有想到,这样的主观评判会严重影响新法的推动。再如九月,王安石言"陈襄邪慝,附下罔上,阴合奸党,兴讹造讪以乱

---

① 苏辙:《栾城集》卷三八,《乞诛窜吕惠卿状》,第843—844页。
② 李焘:《续资治通鉴长编》卷二二一,熙宁四年三月甲午,第5375页。
③ 李焘:《续资治通鉴长编》卷二一三,熙宁三年七月,第5167、5169页。

时事",并以富弼、曾公亮为"奸人",①直接指斥反对新法之人为"奸党"。

值得关注的是,熙宁三年(1070)上疏言新法不便甚至弹劾王安石者,大多数如司马光、李常一样,或者曾与王安石友善,或者为王安石所荐而升职,王安石在实施新法之初,引荐这些士大夫,希望他们成为推行新法的助手。从士林公议看,这些士大夫大多有着较好的口碑,皆是符合传统儒学伦理道德和为官之德标准的士大夫,如司马光"孝友忠信,恭俭正直,居处有法,动作有礼"②,李常"方重自持",发运使杨佐推荐其改官,李常推让,并荐其友刘琦,为时论所赞誉,③程颢"教人自致知至于知止,诚意至于平天下,洒扫应对至于穷理尽性,循循有序","颢之死,士大夫识与不识,莫不哀伤焉"。④ 他们因为对新法措施看法不同而提出疑问或者提出反对意见,但固执、自负的王安石听不进任何不同见解,哪怕是对新法的改进建议,他也不能接受,加之他将这些士大夫的行为皆视为对自己的背叛,心中非常愤怒,以至于在争辩的过程中,始终保持着昂扬的斗志,甚至不惜使用"小人""奸党"之类的语词指斥这些士大夫。

可见,由于熙宁三年弹劾王安石的士大夫大多皆与其有着密切的联系,甚至曾经关系友善,又多为道德高尚之人,故奏劾的用语较为理性,一般是针对新法的弊端进行议论或提出建议,以就事论事为主,少见过激的言辞。与之不同的是,王安石的话语则较为犀利,出现了一些并非建立在事实基础上的价值评判,如"小人""专党""奸人"等,以至于将这些朝中的有德之士皆推到新法的对立面,开了意气之争的先河。当然,王安石与司马光、程颢等士大夫一样,皆具有"以天下为己任"的担当精神,竭尽全力辅佐宋神宗实现富国强兵的目的,只是他意气用事的性格,反而助长了不良士风的兴起,这显然不是他的本意,也是他没有想到的。

## 三、熙宁四年之后弹劾异化的逐步扩大

熙宁四年(1071)之后的台谏官与前期一样,有不少与王安石关系友善,或

---

① 李焘:《续资治通鉴长编》卷二一五,熙宁三年九月,第5234—5235页。
② 脱脱等:《宋史》卷三三六,《司马光传》,第10769页。
③ 王称:《东都事略》卷九二,《李常传》。
④ 脱脱等:《宋史》卷四二七,《道学一·程颢传》,第12717页。

第四章　宋神宗、宋哲宗时期弹劾的异化

者经由王安石推荐而升迁,如邓绾因支持新法而得王安石荐于宋神宗,后于熙宁四年(1071)为侍御史知杂事,第二年擢为御史中丞;蔡確因王安石举荐,徙官为三班主簿,又得邓绾推荐为监察御史里行;①等等。同时也有与王安石关系交恶的官员任台谏官,如杨绘在熙宁四年为御史中丞,他反对王安石实行免役法,亦不认可王安石黜责"老成之人"的用人政策②。宋神宗采取异论相搅的做法约束王安石的权力,而王安石在熙宁年间仍强力推行新法,故使得此一时期的弹劾继续发生着变化。

熙宁四年二月,司马光上疏奏劾王安石,其言:"今观安石引援亲党,盘据津要,摈排异己,占固权宠,常自以己意阴赞陛下内出手诏,以决外廷之事,使天下之威福在己,而谤议悉归于陛下。"③如此评判性的言辞表现出司马光对王安石的强烈不满,不仅针对王安石正在实施的新法和其他政治行为,而且还对其个人品行产生怀疑,不过司马光的用语并无尖刻之处。四月,权御史中丞杨绘亦有弹劾王安石的上疏,主要言及王安石用人之事,且多为客观陈述,基本无主观臆断的价值判断,其弹章曰:

> 臣切以知人之难,虽圣人不免有失……今居宰相之任者,独王安石。臣谓其人之文章,之德行,之政事,信为宰相。唯于知人之道,或恐不能无失焉。以臣之愚而观之,其失在于以一己之爱憎而定人之贤否而已……其始徇我,则爱之荐之以为贤;其终违我,则憎之排之以为不贤……人知徇之者得路,则刻薄者望风而进矣;人知违之者得怒,则阿谀者登门而附矣。以阿谀而被用者,唯富贵是图,必无正人之理;以刻薄而受知者,唯沽激是务,必无爱人之道……虽陛下保安石必不作过,若万一有擅权专恣之事,既附之者众而无敢违之者,则陛下何由而知乎……④

---

① 脱脱等:《宋史》卷三二九,《邓绾传》,第10597—10598页;脱脱等:《宋史》卷四七一,《奸臣一·蔡確传》,第13698页。
② 脱脱等:《宋史》卷三二二,《杨绘传》,第10449页。
③ 赵汝愚编:《宋朝诸臣奏议》卷一一五,《上神宗论王安石(司马光)》,第1255页。
④ 赵汝愚编:《宋朝诸臣奏议》卷一一五,《上神宗论王安石(杨绘)》,第1258—1259页。

杨绘的弹章是一篇标准的、理性的弹劾公文，通篇未有过激的言辞，语句从容大度，没有掺杂个人的喜恶情感，均是为社稷和皇帝着想，甚至还认可王安石在文章、德行、政事三方面的能力，非常客观和公正，体现出对王安石的爱护之意。

谏官孙洙不认可王安石"多逐谏官御史"的行为，但又胆怯不能言，故自请补外，出知海州①。杨绘唯恐王安石荐李定补阙任谏官，于六月上疏论谏官的选任，其言："盖天子既以事委宰相，则天下之人悉趋附而无敢陈其不逮，故置谏官以相维之。其如位宰相者，必不喜谏官之敢言，理固然也……为宰相者，则必自除附己者为之，乃不如不置也，徒自蔽于耳目而已……臣亦愿陛下据在朝之臣，择其老成谙练典故之士而置之谏列，以参听其议论，不无补于圣聪也，勿委宰相除之。若委而除之，则必取新进之士不敢异论者，不由检正并条例而升，则自编校与敕局而授矣。"②似有直指王安石之意，且语意直接，毫不避讳宰相不喜谏官的事实，态度坚决地建议宋神宗"勿委宰相"除谏官，不过杨绘奏章的用语仍然平和，实事求是地论述问题，无指责之语，更无汹汹之辞。但是，王安石仍然不能容忍杨绘，认为："臣事陛下即有罪，大臣、近臣理无肯蔽覆者，不必得一杨绘乃察臣所为。但如绘者使在言路，四方宣力奉法之臣，更疑畏沮坏，政令何由成？"③可以看出，王安石行事，不愿听到不同意见，哪怕是和缓平直或者委婉含蓄的善意表达，他也认为会干扰新法的实施，以至于拒不接受，这种刚愎自用的性格使得他自负顽固，心胸狭窄，确实如杨绘所言，最终只有阿谀奉承之人才会聚集在其左右。

同时，杨绘还有奏疏论及助役之法，言辞亦极为谨慎，开篇即言："助役之法，朝廷之意甚善，其法亦甚均，但亦有难行之说，臣愿献其否以成其可，去其害以成其利。"然后以实例说明助役法的弊端，乞求先解决出现的问题，再"著为定制"。④应该说，无论杨绘弹劾王安石，还是议论新法条目，皆较为客观、理性，依据事实进行论述，语言亦平缓、稳重，但王安石还是不能容忍，于是杨绘在七月被

---

① 脱脱等：《宋史》卷三二一，《孙洙传》，第10422页。
② 赵汝愚编：《宋朝诸臣奏议》卷五三，《上神宗论谏官当人主自择（杨绘）》，第583页。
③ 李焘：《续资治通鉴长编》卷二二四，熙宁四年六月，第5439页。
④ 李焘：《续资治通鉴长编》卷二二四，熙宁四年六月，第5444—5446页。

罢御史中丞之职。

监察御史里行刘挚同时也有多篇奏疏。六月，刘挚上疏言用人，直接指出君子、小人之别在于义、利，"盖善恶者，君子小人之分，其实义利而已。然君子为善，非有心于善，而唯义所在；小人为恶，颇能依真以售其伪，而欲与善者混淆。故善与恶虽为君子小人之辨，而常至于不明，世之人徒见其须臾，而不能覆其久也。故君子常难进，而小人常可以得志。"他认为变法的某些做法是"兴利于无可兴，革故于不可革，州县承望，奔命不暇，官不得守其职业，农不得安其田亩，以掊削民财为功，以兴起刑狱为才。陛下振乏均役之意，变而为聚敛之事；陛下兴农除害之法，变而为烦扰之令"。当然，刘挚并非完全反对变法，而是认识到了变法和守成各有利弊，故建议宋神宗不要任意打压某一方，只要慎选人才，"收合过与不及之俗，使会通于大中之道，然后风俗一，险阻平，民知所向，而忠义之士识上之所好恶无有偏陂，莫不奋迅而愿为之用，则施设变化，惟陛下号令之而已"。① 其后，刘挚又上疏论助役法的弊端，从十个方面阐述助役法对百姓的危害，乞求宋神宗慎重实施此法②。从这两篇奏疏看，刘挚的言论完全依据事例展开，言之有据，又谨慎有加，既有对宋神宗实行变法的肯定，亦有劝谏神宗不可操之过急、不可掊削民财的建议。刘挚的论述仍然秉承着宋仁宗朝士大夫们就事论事、不随意攻击异论者的传统，考虑问题还是较为客观的。

但是王安石的行为则表现出刻薄和自负的特征。六月，欧阳修致仕，王安石言其"附丽韩琦，以琦为社稷臣，尤恶纲纪立、风俗变"，且进一步认为："如此人，与一州则坏一州，留在朝廷则附流俗，坏朝廷，必令留之何所用？"在杨绘感叹旧臣告归者皆不老、甚可惜之后，王安石却说："然要须基能承础，础能承梁，梁能承栋，乃成室。以粪壤为基，烂石为础，朽木为柱与梁，则室坏矣！"③将吕诲、欧阳修、富弼、司马光、王陶等老臣比为粪壤，虽有玩笑的成分，但如此冷嘲热讽却有失尊重和厚道，这也符合王安石一贯的为人风格，严以待人，说话只图一时痛快，完全不考虑他人的感受，且特别具有攻击性，与北宋士大夫阶层的要求不相吻合。正是由于王安石一次次出口伤人，又无容人之量，故与宋神宗朝的绝大多

---

① 赵汝愚编：《宋朝诸臣奏议》卷一五，《上神宗乞谨好恶重任用（刘挚）》，第141—142页。
② 刘挚：《忠肃集》卷三，《论助役十害疏》，第51—54页。
③ 李焘：《续资治通鉴长编》卷二二四，熙宁四年六月，第5449—5450页。

数有德之士渐行渐远。

七月发生的围绕差役法的"分析"事件,使得变法派与反变法派的话语皆发生变化。台官杨绘、刘挚有奏疏言及助役之弊,检正中书五房公事、同判司农寺曾布则有不同意见,其上疏言:"臣伏见言事官屡以近日所议差役新法不便,论议纷纷,上烦圣听。臣承司农之乏,而又备官属于中书,凡御史之言,臣所预见,考其所陈,皆失利害之实,非今日所以更张之意。"之后用大量的篇幅阐述实施差役法的必要性及其对百姓的益处。① 曾布的上疏是对台官杨绘、刘挚言差役法弊端的回应和解释。宋神宗问王安石的意见,王安石建议将曾布所言交给杨绘、刘挚进行"分析",即要求两人对曾布的回应再作回应,冯京、王珪则以为如此反复回应不可,担心引起更激烈的争论,而王安石却认为辩论是有益的,"今天下所以未肯一心趋上所为者,以好恶是非不著于天下故也……今朝廷异论,类皆怀奸,其实岂止于杨、墨之道不息而已,以邪为正,以正为邪,其为名不正甚矣,则其患至于人无所措手足、人相食无足怪也"②,希望通过辩论为变法正名,以利于新法的贯彻实施。但事物是复杂的,同一措施在执行的过程中往往利弊共生,赞成者言其利而不言其弊,反对者言其弊而不言其利,其结果即双方均有理有据,无法说服对方,越辩论,分歧反而越大,言辞也越来越激烈,从而使得双方的矛盾更加尖锐。

杨绘和刘挚的"分析"奏疏均较长,一方面是对曾布回应的回应,涉及一些具体事例,一方面也是为自己辩解。现选取其中带有评判性的话语照录如下:

> 杨绘:今曾布乃以"邪诐向背"、"诞谩欺罔"、"不顾陛下之法与陛下之民"为言。臣内省一心事主,未尝有所向背,实非邪诐诞谩欺罔、不顾陛下之法与陛下之民者。伏乞详臣四奏,问曾布背谁?向谁?何事欺罔?又曾布每于臣札子中绝去前后文,只摘取一句以牵就其说,乃曾布挟与王安石是亲之势,公然不顾朝廷纲纪,欲障蔽陛下言路之意可见矣。
>
> 助役之法,国家方议立千万年永制,臣非以为无利也;臣既先陈其利矣,

---

① 李焘:《续资治通鉴长编》卷二二五,熙宁四年七月,第5469—5474页。
② 李焘:《续资治通鉴长编》卷二二五,熙宁四年七月,第5474—5475页。

次又陈难行五说,求去其害以成其利。然则臣陈之为难者,欲议其所以易之也;谓之为害者,欲议所以利之也。夫一人之智,不足以周天下之利害,必集众人之智,然后可以尽其利。今陛下专任王安石,安石专委曾布,布又刚愎如此,而欲建千万岁永制,其得尽乎?

夫正人既呼小人为邪,小人亦谓正人为邪,何以辨之?……故正人一心事君,无待于助;邪人必更为党,以相蔽欺。君人者,以是辨之,则无惑矣。臣既已被曾布指为邪诐欺罔诞谩向背矣。布既以邪诐指臣,则必以正直自处也;布既以有所向背指臣,则必以劲特自处也。凡邪正之不可以并立,如薰莸之不可同器也。①

刘挚:风宪之官,岂与有司较是非胜负?交口相直,如市人之交竞者,则无乃辱陛下耳目之任哉!……所谓中有向背,则臣所向者公,所背者私;所向者义,所背者利;所向者君父,所背者权臣。今方辩助法之利害,而无故立向背之论,以朋党之意教诱天下,此可骇也。②

刘挚:然至于臣等以职事为言,则使之分析者,中外皆知非陛下意,乃司农挟宠以护改作,大臣设法以蔽聪明尔……陛下即位以来,注意责成,倚以望太平而自以太平为己任,得君专政,安石是也……至于轻用名器,混淆贤否,忠厚老成者,摈之为无能;侠少儇辨者,取之为可用;守道忧国者,谓之流俗;败常凿民者,谓之通变;能附己者,不次而进之,曰:"君方擢才";不可招者,为名而斥之,曰:"吾方行法。"……去旧臣,则势位无有轧己者,而权可保也。去异己者,则凡要路,皆可以用门下之人也。去旧法,则曰今所以制驭天下者,是己之所为……臣愿陛下思祖宗基业之艰难,念天下生灵之危苦,少回几虑,收还威柄。深恐异时专权肆志,将有陛下所不能堪者,则必至于亏失君臣之恩,是今日养之,适所以害之也。③

杨绘、刘挚的上述"分析"奏疏,从语气看,有陈述,有感叹,更有疑问,且以感叹抒发强烈情感的诉求较为突出,疑问中反问的句式也显著增加,除以上列出

---

① 李焘:《续资治通鉴长编》卷二二五,熙宁四年七月,第5479—5481页。
② 刘挚:《忠肃集》卷三,《论助役法分析疏》,第55页。
③ 刘挚:《忠肃集》卷三,《分析第二疏》,第56—59页。

的反问句外,还有"岂可""岂有"等起首的多句反问,明显比两人之前言助役法的上疏更为激烈、强硬。特别值得一提的是反问句,从文学的角度而言,这种句式是通过疑问的方式表达确定的信息,只是比陈述句更为强劲有力,在强化不满情绪、提升语言气势等方面有重要作用,可使作者的政治主张和思想观念更为鲜明。从言辞看,语言本就兼具传递信息和感情、交流思想等作用,杨绘除表达感情外,重在传递信息、回应曾布的质疑,刘挚则重在表达激愤的情感,因此刘挚奏疏中的主观性语词更多、更丰富,甚至在叙述新法内容时,也采用主观色彩浓厚的话语,如论青苗法,言"天下始有聚敛之疑",述均输、边事、助役等等,则是"民劳而无功……费大而不效……诸路莫不强民以应令……大困财力",①可谓夹叙夹议,言辞激烈,冲击力更强。由于两人的奏疏态度明确,言辞激烈,使得语言承载的功能不可避免地偏向不良互动方面,很可能造成互相攻击、互相指责的后果,很难再进行有效的沟通。因此,从某种程度而言,杨绘、刘挚的"分析"奏疏是德行高尚、意欲保留传统士大夫优良士风的守成之士的反击,遗憾的是,他们采取的反击手段却是极尽言辞之凌厉、尖锐。王安石一方亦是同样做法,如王安石看了杨绘、刘挚的上疏后,言"挚妄作,愚而易见;绘狡诈难知……小人消长,非臣所敢知也"②,这就使双方的矛盾愈益激烈,逐渐失去调和的可能,杨绘、刘挚也因此而被黜责,外放任职。

杨绘、刘挚被罢后,台谏官基本皆为王安石荐举的新进之人,如邓绾、蔡確、唐坰等,他们属于王安石推荐的第二类士大夫。如前所述,王安石在建议宋神宗拔擢官员时,首先推荐的是口碑较好、道德高尚之人,如吕公著、程颢、李常等等,但是这些士大夫一般皆不太认可王安石的新法措施,有的提出改进建议,有的委婉否认变法的必要。王安石自负、固执,不愿意听到不同意见,致使这些有德之士最终皆被逐出朝堂,变法又必须继续推进,于是王安石退而求其次,只能选择新进之士,如曾布、吕惠卿、邓绾、蔡確等人。这些士大夫多为投机取巧之人,口碑不佳,对此王安石亦有清醒的认识。变法之初,他与司马光有一段对话,司马光曾问王安石:"介甫行新法,乃引用一副当小人,或在清要,或为监司,何也?"

---

① 刘挚:《忠肃集》卷三,《分析第二疏》,第56—57页。
② 李焘:《续资治通鉴长编》卷二二五,熙宁四年七月,第5487—5488页。

王安石答:"方法行之初,旧时人不肯向前,因用一切有才力者。候法行已成,即逐之,却用老成者守之。所谓智者行之,仁者守之。"但司马光并不这样认为,他说:"介甫误矣!君子难进易退,小人反是。若小人得路,岂可去也。若欲去,必成仇敌。他日将悔之。"① 因此,从本质上看,王安石与他任用的第二类士大夫并非同类人,王安石是为了国富兵强而实施变法,并非为自己谋私利,其出发点、最终目的皆符合传统儒学"达则兼济天下"的标准。他所引荐的吕惠卿、邓绾、曾布等人,有能力,有谋略,但却心术不正,往往因阿谀奉承而得擢升,与其说他们协助王安石实行新法,毋宁说是以推行新法之名提升自己的政治地位,甚至利用职权为己谋利,或者互相争权夺利。王安石与他们终究存在着思想观念、政治理念等方面的差异,只是由于变法的需要才走到一起。

杨绘、刘挚等士大夫被逐出京城后,唐坰、蔡确等人开始占据朝堂,这时发生的对王安石的奏劾基本均来自于这些投机的士大夫,属于变法派集团内部的争斗,弹劾的主题不是新法之当否,而是互相攻击了。如熙宁五年(1072),唐坰以为自己本该授知谏院,却以本官同知谏院,怀疑是王安石从中阻挠,加之"凡奏二十疏论时事,皆留中不出",更是以为王安石抑己,于是唐坰在百官起居日时请对。唐坰上殿后,展开奏疏,对王安石言:"王安石近御坐,听札子。"王安石稍有迟慢,唐坰即呵斥曰:"陛下前犹敢如此,在外可知!"然后大声宣读上疏,其言"凡六十条,大略以安石专作威福,曾布等表里擅权,天下但知惮安石威权,不复知有陛下。文彦博、冯京知而不敢言,王珪曲事安石,无异厮仆……元绛、薛向、陈绎,安石颐指气使,无异家奴;张琥、李定,为安石爪牙;台官张商英,乃安石鹰犬。逆意者,虽贤为不肖;附己者,虽不肖为贤。至诋为李林甫、卢杞"。② 此事在朝堂上引起极大震动,虽唐坰被责以严厉的处罚,但对王安石造成极为恶劣的影响。从唐坰所用语言看,先是言王安石擅权,挑拨王安石与宋神宗的关系,后又以"厮仆""家奴""爪牙""鹰犬"之类的语词进一步说明王安石在外的"威权",这样的写法已失去弹劾公文应有的批评、监督作用,变成谩骂和诋毁,这是与北宋士大夫阶层的传统不相容的。

---

① 马永卿:《元城先生语录》卷上,上海古籍出版社2022年版,第10—11页。
② 黄淮、杨士奇编:《历代名臣奏议》卷一七六,《去邪》,上海古籍出版社2012年版,第2310页。

唐坰为王安石所荐，又是支持新法的官员，其行为有伤政风，也令王安石心寒，王安石随即有退隐之意，当他意识到宋神宗对自己也不再如从前那样信任有加时，去意更加坚决。熙宁六年(1073)发生的一件事，使王安石感觉到了来自宋神宗的猜疑。据《续资治通鉴长编》[①]记载，正月上元节，王安石跟随宋神宗观灯，"乘马入宣德门，卫士呵止之，挝伤安石马"，王安石大怒，"请送卫士于开封府，又请罢勾当御药院内侍一人"，宋神宗皆答应。但蔡确却奏劾开封府官员阿谀宰相，曰："宿卫之士，拱卫人主而已，宰相下马非其处，卫士所应呵也。而开封府观望宰相，反用不应为之法，杖卫士者十人，自是以后，卫士孰敢守其职哉？"宋神宗随即下诏"开封府判官梁彦明、推官陈忱各罚铜十斤"。令人奇怪的是，宋神宗并未将造成此事的原因——宰相乘马入宣德门是否符合朝廷规制，重新予以说明，且卫士居然敢于"呵止"身为宰相的王安石，若无皇帝的默许或者指使，也是不太可能的，因此无论从哪一个角度而言，此事背后都有着宋神宗的影子。李焘在《长编》相关记载后有一段考证文字，载有王安石就宣德门下马处一事所上的三道札子，提及中书行首司言"自来从驾观灯，两府臣僚并于宣德门西偏门内下马"，皇城司则言"取到在内巡检指挥使毕潜等状称，自来每遇上元节，两府臣僚合于宣德门外下马"，王安石本人"自备位两府以来，上元节从驾，并于宣德门西偏门内下马，门卫未尝禁止，独本年闭拒不许入，而随以挝击"。可见，究竟在宣德门内还是宣德门外下马，本来就没有严格的制度规定，更何况王安石之前从来都是在宣德门内下马，唯独熙宁六年却出现如此大的风波，不能不令人怀疑其中的真正原因。王安石珍惜自身名声，他非常坦诚地对宋神宗说出自己的看法，认为亲从官敢于挝击执政的马和随从，"臣疑亲从官习见从来事体，于执政未必敢如此，今敢如此，当有阴使令之……恐奸人欲以此激怒臣，冀臣不胜忿，因中伤臣以为不逊……"宋神宗答曰："朕为亲王时，位在宰相下，亦于门内下马，不知何故乃如此。"虽然宋神宗答应勘会相关条制，但此事最终还是不了了之。王安石内心郁闷，他心里很清楚，若无人指使，卫士绝无胆量敢挝击他的马和随从。还有一件事，让王安石更是心生退意。同为宰辅的王珪

---

[①] 李焘：《续资治通鉴长编》卷二四二，熙宁六年二月，第5898—5901页。以下引文凡未标注出处者，皆出于此。

曾告知王安石，中书驱使官温齐古曾听堂吏议论挝击宰相马之事，其云："守门人自相与言，击宰相马，马惊致伤损，罪岂小？"有堂吏回答："我岂不解此，但上面逼得紧，将奈何！"王安石找到温齐古问及详细情况，温齐古不想多事，推脱说不记得是哪一位堂吏说的话了。这里透露出的信息与前揭卫士受人指使之猜测不谋而合，以王安石的政治智慧，他应该能够猜到其中的原委，尤其能够感觉到来自皇帝的猜忌，这给他带来了巨大的心理压力，加之蔡确在此事中居然弹劾开封府官员庇护王安石，更使王安石有一种岌岌可危之感。

就现有史料看，从杨绘、刘挚被罢台官后，弹劾王安石的人次明显下降，仅有的数次奏劾亦是发生于变法派内部，其中吕惠卿的奏劾较为典型。吕惠卿进士及第后，得王安石之助而擢升，王安石对其非常欣赏，言"惠卿之贤，岂特今人，虽前世儒者未易比也。学先王之道而能用者，独惠卿而已"。司马光对吕惠卿有不同的看法，他提醒王安石曰："谄谀之士，于公今日诚有顺适之快，一旦失势，将必卖公自售矣。"但王安石并不相信，仍然荐举吕惠卿。后王安石罢相，力荐吕惠卿拜参知政事，吕惠卿任参政后，担心王安石复位，影响自己的地位，于是极力排斥王安石，"至发其私书于上"，①且"因郑侠狱陷其弟安国，又起李士宁狱以倾安石"②，致使二人关系交恶。王安石第二次拜相后，吕惠卿心中不安，熙宁八年（1075），王安石子王雱授意御史中丞邓绾劾吕惠卿与秀州通判张若济交结，"若济先知华亭县，参知政事吕惠卿及其诸弟与之密熟，托若济使县吏王利用借富民朱庠等六家钱四千余缗，于部内置田，利用管勾催收租课等事"③。吕惠卿认为此为王安石所指使，于是奏劾王安石曾在王子京、王子韶兄弟一案中有不公平的处理，并言王安石"惟自复来议论不合，又多不直臣，不以告，恐涉朋党，故略陈其愚，可以知臣不敢苟于陛下之职事，而臣于其官盖有不得其守者也"④。遗憾的是，吕惠卿的相关奏劾全文已无存，无法了解吕惠卿劾王安石的言辞，不过从存留的只言片语中还是可以看到，"朋党"是吕惠卿指责王安石最核心的话语。这个时期的弹章文风及语言特征，可以从御史蔡承禧弹劾吕惠卿

---

① 脱脱等：《宋史》卷四七一，《奸臣一·吕惠卿传》，第13706、13709页。
② 脱脱等：《宋史》卷三二七，《王安石传》，第10548页。
③ 李焘：《续资治通鉴长编》卷二六八，熙宁八年九月辛巳，第6570—6571页。
④ 李焘：《续资治通鉴长编》卷二六八，熙宁八年九月，第6573—6574页。

的奏疏中了解一二。

蔡承禧进士及第后进入仕途,以正直、无私的德行入台为御史,宋神宗赞其"谠直",时人亦称蔡承禧"志在爱君拊民,一闻忠义之语,必力行而极言之,未尝顾以利害",①在士林中口碑极佳。他在熙宁八年(1075)十月奏劾吕惠卿,论及吕惠卿的"奸邪"事例,其中夹杂着大量的评判性语言。为了了解当时官场中的语言习惯,现将弹章中的评判性语言照录如下:

> 臣累言参知政事吕惠卿奸邪不法,威福赏刑,天下共愤……臣请陈惠卿奸状之尤著者:
> ……此惠卿之罔上,反复颠倒,任意自专也。
> ……此惠卿之弄权自恣也。
> ……此惠卿之朋比窃弄国赏也。
> ……此惠卿之朋比专权,坏失国家利源也。
> ……此惠卿侮文罔上,坏陛下宪法也。
> ……此惠卿之自专以崇亲党也。
> ……此惠卿之专己自用,不顾朝廷也。
> ……此惠卿之挟邪私亲也。
> ……此又惠卿之窃弄威权,出入刑名,以坏陛下之法也。
> ……此又见惠卿之怙强自恣,以私其亲也。
> ……此惠卿之贪以害法也。
> ……此惠卿之欺国家、私亲党也。
> ……此又惠卿之不顾义理,姑欲以陛下差遣立私恩,以快己一日之志也。
> ……此惠卿之欺陛下,而以爵禄私其弟也。
> ……此又惠卿兄弟不顾义理之至甚也。
> ……此又惠卿言动之间,必欺陛下也。

---

① 苏颂:《苏魏公文集》卷五六,《承议郎集贤校理蔡公墓志铭》,中华书局1988年版,第854、855页。

## 第四章 宋神宗、宋哲宗时期弹劾的异化

……此惠卿之恣纵凌忽同列也。

……此惠卿之奸邪欺蔽也。

……此惠卿之奸邪翻覆也。

惠卿之所为,有滔天之恶,而无抑畏之心,发口则欺君,执笔则玩法,秉心则立党结朋,移步则肆奸作伪。朝廷之善事,使其朋类扬以为己出;不善,则使其党与言为上意。如章惇、李定、徐禧之徒皆为朋党,曾旼、刘泾、叶唐懿、周常、徐伸之徒又为奔走。至有避权畏义之士,则指为庸为鄙;尽忠去邪之人,则以为害人害物。贪利希附之者,则为贤为善,更相推誉,彼可侍从,彼可监司。庸鄙便佞,系此以进。欲进之,则虚增其善;欲退之,则妄加其恶……恩命刑罚皆出人主,若夫左右之臣私以相贵,而归德于己,窃荣其亲,布列中外之党,此而可窃,其大无不可者矣。[①]

从蔡承禧的弹章看,其对吕惠卿的评价基本皆属于官德缺失的内容,大概包括五个方面,一是自恣专权,一是朋比结党,一是庇护亲党,一是贪浊害法,一是为文不顾义理。这些指控与宋仁宗朝官德方面的批评有较大区别。宋仁宗朝弹劾官员为官之德的问题,一般指的是贪污受贿、失职渎职、徇私舞弊等,亦即我们通常所认可的职务犯罪,而蔡承禧的弹章显示,这时弹劾的核心问题已不再是这些职务犯罪之事,而是擅权、朋党问题。这一方面是时代特征造成的,一方面亦与皇帝个人有着密切关联。宋仁宗时期虽有庆历新政引起的党争,但持续时间短,对政治的影响有限,整个社会处于相对平和、秩序安宁、变化缓慢的状态中。宋神宗朝则不同,熙丰变法时间长,几乎涵盖宋神宗统治的整个时期,牵涉面广,从财政领域开始,延伸到政治、军事、文化等各个方面,这是一个日新月异、政策多变、思想活跃的时期,原来的制度、规范受到挑战,新的政策虽然已经颁布,但由于官员未变,观念未变,难免有政治主张的分歧和争论,加之新法条款不成熟,实施过程中弊端丛生,导致士大夫议论汹汹。对于宋神宗而言,尽管变法引起的政治变化不能与改朝换代相比,不过作为皇帝,很自然地还是将稳定秩序、维护皇权放在最重要的位置,为了能够顺利推行变法措施,宋神宗赋予了王安石等变

---

[①] 李焘:《续资治通鉴长编》卷二六九,熙宁八年十月,第6584—6590页。

法派较多的特权,同时又采用异论相搅、褒奖反变法派等方式限制、防范变法派。皇帝的想法、做法对士大夫阶层有很大的影响,反映在弹劾文字中,即如蔡承禧劾吕惠卿一样,职务犯罪不再是衡量官员善恶的重要标准,是否有擅权、结党行为,是否危害到皇帝的权威,成为弹劾士大夫的重要内容。

从蔡承禧弹章的言辞看,虽然有北宋前期、宋仁宗时期奏劾曾经用过的"专恣""奸邪""徇私"等语词,但使用对象和内涵不同。之前言"专恣"多指外戚、武将,所谓"奸邪"则指以权谋私。蔡承禧的弹章不一样,他以"奸状"引领全文,然后每陈述吕惠卿某一事例,即以"此惠卿之……"之类的句式作为总结,凡19条,将吕惠卿的"奸邪"归纳出19个方面,核心就是擅权、结党。而且蔡承禧使用不同的语词,围绕着吕惠卿的擅权、结党反复述说,不可小看这样的重复,弹章就是通过一而再、再而三地重复,使阅弹章者(皇帝和士大夫)能够充分体会到被劾者的罪恶,突出被劾者的"奸状"。

以蔡承禧刚直、公正的品行,弹劾吕惠卿的话语特征和风格如此,反映出这样的用语很可能是当时的常态。不管士大夫有意还是无意,他们在进行奏劾时,已经习惯使用这些带有主观性和个人感情色彩的评判性语词,这样的弹章攻击力非常强,也更易于引起被劾者的反弹和愤恨,对于官场生态的消极影响不容小觑。我们还不能武断地认为这种风格的弹章败坏了政风和士风,但可以肯定的是,这些攻击性语词的频繁使用,对于北宋晚期激烈的朋党之争、纷繁复杂的政治局势起到了一定的推波助澜作用。

熙宁二年(1069)以来围绕王安石发生的一系列弹劾事件,体现出弹劾由相对正常到异化的转变。熙宁二年以台谏官为主对王安石的奏劾,尽管有主观评判的话语,但主要还是依据具体的事例进行弹劾,王安石也多次因被劾而居家待罪,宋神宗借弹劾制衡双方,扩张皇权,弹劾总体上还处于可控的范围之内。熙宁三年(1070)的弹劾中,李常、赵抃、陈襄等士大夫的奏疏,虽有针对王安石的言辞,但还是尽量保持克制,避免激化与王安石的矛盾,倒是王安石多用意气、犀利的言辞指斥反对变法的士大夫,竭力为自己、为变法辩护,导致弹劾开始出现异化的现象。熙宁四年(1071)之后,王安石荐举的蔡确、吕惠卿、唐坰等有投机心理的变法派官员进入权力中心,奏劾的话语更是变化显著,激烈、斥责的主观性评判话语增加,从而使得此一时期弹劾的异化逐渐明显。当然,弹劾由相对正常向异化的转变不是一蹴而就的,这是一个渐变的过程,只是在熙宁三年(1070)之后以王安石为核心的弹劾行为中表现得较为突出。

## 第三节　弹劾异化的发展:以宋哲宗亲政时期为中心的考察

宋哲宗即位时,因年幼,由太皇太后高氏垂帘听政。高氏对新法没有好感,听政之后,于元丰八年(1085)四月"诏罢免行钱并市易理财京东西保马等。又诏京西及泗州所置物货等场并罢。又诏放元丰六年以前夏秋税租市易钱等",同时宣谕三省曰:"先帝所立之法,民间不以为便,当徇至公,岂可不改!"① 任用司马光、吕公著、吕大防等反对新法的官员辅政,尽改宋神宗新法,且将蔡确、章惇等新法官员悉数贬职。元祐八年(1093)九月,高太后去世,宋哲宗亲政,由于内心充溢着高太后掌权时被轻视、被压制的愤懑,宋哲宗又尽改高太后时期的反变法主张,宣称要继承其父宋神宗的新法,从而导致朝廷的政治取向发生重大变化,由此影响到与政治密切相关的弹劾。

### 一、清算元祐臣僚对弹劾异化的推动

宋哲宗亲政后,辅佐高太后的士大夫担心宋哲宗不遵循太皇太后的遗诏,改变政治主张,但又唯恐宋哲宗怪罪,皆不敢言,在这样的情况下,翰林学士兼侍读范祖禹、翰林侍读学士苏轼连上两道札子,核心即"陛下如欲报太皇太后之德,莫若循其法度而谨守之"。围绕此核心主题,两道札子以较长的篇幅,主要论述了三个方面的内容。一是高太后听政有"至公无私之德","未尝有毫发假借族人。不唯族人而已,徐王、魏王,皆亲子也,以朝廷之故,疏远隔绝……进退群臣,必从天下人望,不以己意为喜怒赏罚",正是因为高太后"严正至静,不可干犯,故能外斥逐奸邪以清朝廷,内裁抑侥倖以肃宫禁",作为受太皇太后庇护的宋哲宗,更应该以依循元祐制度的孝行,报答太皇太后之德。二是提醒宋哲宗警惕小人轻改政事之言,太皇太后虽"德泽深厚,结于百姓,而小人怨者,亦不为少矣",

---

① 徐自明撰,王瑞来校补:《宋宰辅编年录校补》卷九,《元丰八年》,第520页。

因此必然有小人进言"太皇太后不当改先帝之政,逐先帝之臣"。范祖禹和苏轼认为,这些话语皆是"离间之言,陛下不可不察也",因为改变宋神宗政策中不便于百姓者,是太皇太后"与陛下同改之,非以己之私意而改也",即将宋哲宗与太皇太后的所有政策皆紧密联系在一起,若改变太皇太后的做法,则"于陛下孝道有亏,必大失天下人心"。而且,对于向宋哲宗进言改太皇太后之政的臣僚,札子中皆以"小人""佞人""奸言""奸邪"之类的贬义词予以蔑称,非常鲜明地表露了撰写者的政治立场。三是论说守祖宗旧政之利,"先太皇太后日夜苦心劳力,以为陛下立太平之基,九年之间,安静无事,已有成效,陛下但由此以持循之,则成康之隆不难致也"。① 紧接着,中书舍人吕陶亦有类似的奏疏,一方面称颂太皇太后的盛德,言其"屏黜凶邪,裁抑侥倖,横恩滥赏,一切革去",一方面规谏宋哲宗不可受小人奸邪不正之言的蛊惑,甚至还专门指出这些小人包括章惇、吕惠卿、蔡确、李定、张诚一、宋用臣、李宪、王中正等人,所用语词几乎与范祖禹、苏轼一样。② 质言之,当时士大夫已经预感到年轻的宋哲宗很可能会改变高太后的为政理念,重新恢复宋神宗新法,于是希冀通过上疏的方式劝谏哲宗,甚至不惜将遵守旧政与孝道联系在一起。然而,宋哲宗似乎不愿听从这些言论,现存史料未过多记载哲宗对范祖禹等人奏疏的反应,不过置之不理实际上就是一种态度了。

同时,御史台官员开始以弹劾的方式试探宋哲宗。监察御史来之邵奏劾著作佐郎张耒"性质狷薄,士望素轻,虽经权用,资格犹浅。平居惟以附离权贵、供撰书疏、以谋进取为事,故缙绅之论未尝少与其为人,而执事大臣独以为贤也",认为张耒不适合除起居舍人。侍御史杨畏亦劾张耒"虽粗工文辞,而素行轻傲,言扬历则资浅,论人才则望轻,止缘请谒宰臣执政之门,或造膝密交,或代为文字,故大臣力为引援,命以此官"。③ 张耒文才出众,苏轼赞赏"其文汪洋冲淡,有一倡三叹之声",又得范纯仁之荐入馆阁,④在来之邵、杨畏看来,张耒肯定是范

---

① 范祖禹:《范太史集》卷二五,《听政札子》《第二札子》,景印文渊阁四库全书本,上海古籍出版社1987年影印本。
② 吕陶:《净德集》卷五,《奏乞察小人邪妄之言状》,景印文渊阁四库全书本,上海古籍出版社1987年影印本。
③ 杨仲良:《皇宋通鉴长编纪事本末》卷一〇一,《哲宗皇帝·逐元祐党上》,第1737—1738页。
④ 脱脱等:《宋史》卷四四四,《文苑六·张耒传》,第13113页。

纯仁的支持者,即属于反对新法的士大夫集团。从御史的弹章看,没有过激的言辞,亦无具体的事例,似乎只是泛泛而论,但用语基本皆为无根据的主观臆断之词,更重要的是,其中包含着皇帝最为忌讳的结党问题。之前范纯仁曾有沮遏杨畏升迁的行为,且言杨畏"倾邪不可用"①,很可能杨畏已知晓范纯仁对自己的态度,因此杨畏与来之邵所谓"附依权贵""请谒宰臣"云云,就是指张耒与范纯仁的关系。

此后,杨畏又上疏宋哲宗言:"神宗皇帝更法立制,以垂万世,乞赐讲求,以成继述之道。"得到宋哲宗的称许。哲宗召见杨畏,询问先朝有哪些士大夫可以任用,杨畏秘密推荐章惇、安焘、吕惠卿、邓温伯、李清臣等新法官员,"且密奏书万言,具言神宗所以建立法度之意,乞召章惇为宰相"。② 杨畏的言行符合宋哲宗的心意,得到了哲宗的信任和认可,于是,元祐八年(1093)十二月,哲宗不顾士大夫的反对,诏令章惇、吕惠卿、王中正三人复官,"惇除资政殿学士,惠卿复中大夫,中正复遥郡团练使"③。重新起用章惇等三位新党官员是一个非常显著的信号,宋哲宗借此表明了其支持新法的政治态度。

绍圣元年(1094)二月,宋哲宗又用李清臣为中书侍郎,邓温伯为尚书左丞,且由李清臣"首倡绍述,温伯和之"④。"绍述"是宋哲宗后期的一面旗帜,主要内容就是继承宋神宗时期推行的新法。既然宋哲宗的政治理念已经明确,那么就需要任用支持新法的官员,同时罢免反对新法者,这时,台谏官的作用开始凸显,他们接二连三地弹劾元祐臣僚,为宋哲宗的"绍述"奠定基础。

从绍圣元年四月到七月,以台谏官为主展开的弹劾集中而猛烈,体现出此一时期弹劾异化的特征。首先,之前的弹劾,台谏官一般遵循如下程序:通过各种渠道得到某一官员的不法信息,然后提起弹劾,接着皇帝下令审查,此时有可

---

① 《太平治迹统类》载,吕大防欣赏侍御史杨畏的敢言,建议以其为谏议大夫,"要范纯仁同书名进拟",但范纯仁认为杨畏"倾邪不可用"。吕大防已事先秘密告知杨畏拔擢之事,见范纯仁不同意,居然曰:"岂以畏常言公邪?"即杨畏曾弹劾范纯仁,吕大防以为是范纯仁内心忌恨杨畏,实则范纯仁并不知杨畏曾奏劾自己。后吕大防超擢杨畏为礼部侍郎,范纯仁"恐伤大防,竟不复争"(彭百川:《太平治迹统类》卷二四,《元祐党事本末下》)。
② 彭百川:《太平治迹统类》卷二四,《元祐党事本末下》。
③ 陈均:《皇朝编年纲目备要》卷二三,元祐八年十二月,第579页。
④ 徐自明撰,王瑞来校补:《宋宰辅编年录校补》卷一〇,《绍圣元年》,第609、610页。

能引起朝堂之上士大夫的交相论列,最后依据皇帝旨意对被劾官员作出处理。绍圣元年(1094)的弹劾不一样,基本皆是台谏官迎合皇帝的旨意进行弹劾,即先确定是否反对宋哲宗的"绍述"政治,比如元祐臣僚是反对新法者,那么他们也是反对"绍述"政治者,确定了这一点后,再从他们的言行中找寻可以奏劾的事项。这些言行很可能不符合职务犯罪的标准,亦非道德有亏的表现,而弹劾者却对这些言行进行发挥性解读,弥漫着偏激、主观的情绪,有的甚至可能还无中生有,御史台官员对苏轼的奏劾就是一个较为典型的事例。

四月,侍御史虞策言:"吕惠卿等指陈苏轼所作诰词语涉讥讪,望劾实施行。"殿中侍御史来之邵亦奏劾苏轼:"轼在先朝,援古况今,多引衰世之事,以快忿怨之私。"且举出苏轼所撰吕惠卿、吕大防制词及司马光神道碑的部分话语为证。范纯仁为苏轼辩护,言语中透露出台官此次奏劾苏轼实则是迎合宋哲宗之举,"今来言者,多是垂帘时擢归言路之臣,当时畏避,不即纳忠;今日观望,始有弹奏",但苏轼还是落职左承议郎。①

与之形成鲜明对照者,是此前一年,即元祐八年(1093)五月台官对苏轼的奏劾,监察御史黄庆基因弹劾苏轼不当而被罢言职。黄庆基三次上奏章,弹劾苏轼,其中一篇弹章言苏轼"天资凶险,不顾义理,言伪而辨,行僻而坚,故名足以惑众,智足以饰非,所谓小人之雄而君子之贼者也";其后又言及苏轼在行事、荐人方面的不忠行为,认为苏轼在知颍州、知杭州时"不依条例""不遵法令"的一些事例,是"欲恣喜怒而出入人罪,原其不遵法令之意,盖有轻蔑朝廷之心,其不忠之罪大矣",苏轼荐举官员,也是"援引党与,分布权要,附丽者力与荐扬,违迕者公行排斥",导致"奔竞之士,趋走其门者如市,惟知有轼,而不知有朝廷也。为人臣而招权植党,至于如此,其患岂小哉?"最值得关注的是对苏轼文字的指控,"轼在先朝,恣为歌诗,谤讪朝政,有司推治,实迹具存",在元祐时又"因行制诰,公然指斥先帝时事,略无忌惮,传播四方,士大夫读之,有识者为之痛心,有志者为之扼腕。考轼之意,特欲剌讥先帝,以摅平昔之愤尔",然后举出实例,涉及苏轼任中书舍人时代王言所撰李之纯、苏颂、刘谊、唐义问、吕惠卿等士大夫的制诰,用语涉嫌"妄议先帝",最后黄庆基还论及苏轼"贪污、积恶",亦举出事例。

---

① 杨仲良:《皇宋通鉴长编纪事本末》卷一〇五,《哲宗皇帝·二苏贬逐》,第1840—1841页。

第四章 宋神宗、宋哲宗时期弹劾的异化

正因为苏轼"恣为喜怒,自擅威福,援引朋党,紊乱纪纲,公行制诰,指斥先朝。原其不敬宗庙之意,乃有轻视陛下之心",故奏劾其不忠之罪。在另一篇弹章中,黄庆基弹劾苏轼、苏辙兄弟,"窃见门下侍郎苏辙,怀邪徇私,援引党与,怙势曲法,务与其兄相为肘腋,以紊乱朝政。轼则外许人差遣而公荐之,辙则内为之应而引用之。附会者立与进用,违迕者公行排斥,上不畏国法,下不顾公义",其后也罗列多个实例,斥责苏轼、苏辙的擅威福之罪、肆欺罔之罪、挟私怨而忘公议之罪、徇私情而弃国法之罪,并言"士大夫不顾节义,而竞相结托,以希进身者,由大臣倡率之也。臣愚不知大臣之交结党与,其意何所为也。方今侍从之间为其党者,十有四五矣;省寺之间为其党者,十有六七矣;馆阁之间为其党者,十有八九矣。其余阴相附会者,不可一二言也",指出朝中结党现象普遍,而苏轼、苏辙更是突出,除了结党,"其最大而不可容者,乃忘先帝保全之恩,忽陛下擢用之意,因行制诰,公肆刺讥。以法论之,指斥乘舆,罪不在赦……可谓不仁不义者矣",甚至"自古奸臣,未见此比"。① 检视黄庆基弹章的言辞,可谓尖锐、凌厉,"小人""不忠""结党""谤讪""恣横""奸臣"等等带有贬抑性质的语词充斥其间,表现出御史弹劾的语气之重。

黄庆基的奏劾引起吕大防、苏辙等士大夫的辩护和交相议论,认为"言事官有所弹击,多以毁谤先帝为词,非唯中伤正人,兼欲摇动朝廷,意极不善。若不禁止,久远不便"②。苏轼亦有自辩札子,除了就黄庆基奏劾的具体事例进行解释外,特别提到制诰的文字问题,他认为这是黄庆基穿凿附会,"只如其间有'劳来安集'四字,便云是厉王之乱,若一一似此罗织人言,则天下之人,更不敢开口动笔矣。孔子作《孝经》,曰'如临深渊,如履薄冰',此幽王之诗也,不知孔子诽谤指斥何人乎?"③应该说,苏轼所言黄庆基对文字的牵强附会是准确的,黄庆基的行为很可能会扭曲古代以文才晋身的士大夫的思想,同时也伤害了士大夫倚以立身的古代文化。从监察的角度而言,御史黄庆基对苏轼的奏劾尽管有诬告的成分,但无论如何还是遵循了弹劾的基本程序,即在汇集各方面相关信息的基础上,对苏轼提起弹劾,由此在士大夫阶层引起较大反响,朝中官员议论纷纷,围绕

---

① 李焘:《续资治通鉴长编》卷四八四,元祐八年五月,第 11495—11503 页。
② 李焘:《续资治通鉴长编》卷四八四,元祐八年五月,第 11503 页。
③ 李焘:《续资治通鉴长编》卷四八四,元祐八年五月,第 11505—11507 页。

此事上疏争议,被劾官员亦可以自辩。

但是,绍圣元年(1094)台官对苏轼的弹劾与黄庆基的奏劾不一样,不是先获得苏轼"违法"的信息,再上奏弹章,而是台官在揣摩宋哲宗心意的基础上,从苏轼元祐年间代王言的文字及其他文字中,选择他们认为不符合"绍述"政治的言辞,以充满个人感情色彩的评判性语言进行劾奏。这样的劾奏,虽然看起来有评判标准,即是否符合"绍述"政治的需求,但却是没有明晰的客观指标的标准。由于弹劾者标举的旗帜是宋哲宗的政治主张,被劾者几乎无法辩白,朝中士大夫亦知御史是迎合宋哲宗的旨意,故一般不作进一步议论,不太可能形成围绕此一弹劾事件的官场舆论。质言之,绍圣元年的弹劾,是先有结论——违反"绍述"政治,再依据结论找寻证据,并非正常监察状态下的弹劾行为。这样的弹劾成为绍圣元年的常态,台谏官一般皆以"绍述"政治为标准,凡曾经反对新法者,皆有可能成为弹劾的对象,弹劾的方式简单化为从被劾者的言行中找寻各种迹象,借题发挥,论说所谓"奸邪"的行为和言论,不允许被劾者辩白,也不可能形成正常的官场舆论,且一旦被定义为反对新法,被劾者几乎毫无例外地会受到降职的处罚。

从弹劾反对新法者进一步延伸,凡与反新法者关系密切的官员,也成为被弹劾的对象。如绍圣元年闰四月,监察御史刘拯奏劾工部尚书李之纯"前为御史中丞,阿附苏轼,以为其用。御史中丞黄庆基言轼诬诋先帝;董敦逸言辙以国名器私与所厚。之纯遂以庆基等诬罔忠良,乞行窜逐,故庆基等再被降谪。之纯朋邪苟容,望赐黜责",于是李之纯降授宝文阁待制,差知单州。[①] 刘拯所谓"阿附"云云,实则并无真凭实据,仅因李之纯与苏轼的私人关系较好,即言二人结朋营私,且不需要进行核查,立即对李之纯作降职处理。在绍圣元年,台谏官以这样连坐的方式弹劾反新法者成为常态,他们不需要确凿的证据,也不需要遵循弹劾的程序,只需直接定罪,然后对被劾者予以黜责,外放地方。

其次,绍圣元年弹劾异化的特征还表现在语言方面,即弹章用语极尽狠毒之能事,最好能够将被劾者推到传统儒学所倡导的价值观的对立面,使他们在士大夫阶层无立锥之地。现依据史料,将闰四月至七月台谏官奏劾元祐臣僚的部分

---

[①] 杨仲良:《皇宋通鉴长编纪事本末》卷一〇一,《哲宗皇帝·逐元祐党上》,第 1740—1741 页。

## 第四章　宋神宗、宋哲宗时期弹劾的异化

话语列举如下:

上官均(闰四月):臣窃见前宰相吕大防天资强狠,怀邪迷国。尝与御史中丞苏辙阴相党附,同恶相济。伏愿陛下察究本末,出自睿断,特加施行,以明示朝廷好恶,判别忠邪,以正纲纪。

翟思(六月):近论元祐以来内外奸人附会大臣、诋先朝以希进擢。乞出章疏、条例是非,明谕中外,雪先朝之诬谤。又论吕大防等擅作威福,相与诎窜吕惠卿、蔡确,乞各正罪犯,未闻施行。

上官均(六月):吕大防、苏辙擅操国政,不畏公议,引用柔邪之臣,如李之纯,擢为御史中丞;杨畏、虞策、来之邵等,皆任为谏官、御史。是四人者,倾险柔邪,嗜利无耻。其所弹击者,皆受吕大防、苏辙密谕,或附会风旨,以济其欲。

张商英(六月):司马光、吕公著、吕大防、刘挚等援引朋党,肆行讥议……当垂帘之际,制内臣之得志者,翦除陛下羽翼于内;执政之用事者,击逐陛下股肱于外。天下之势,殆哉岌岌乎!

周秩(六月):(吕大防)恣为奸恶,与台谏官阴相党附。同列大臣一不合意,则风谕击逐,凶焰日炽,人莫敢当。于是专己自任,不循法守。大奸不法,人神共怒,天下不容。未正典刑,戾伤和气。①

纵观这些奏劾的言辞,其共同特点就是运用感情色彩浓郁的语词渲染被劾者的罪状,甚至不惜夸大其词,构成震撼之势,其中充斥着弹劾者的个人爱憎和主观臆断。弹劾者关注的是宋哲宗最关心的问题,即运用合法手段损害元祐臣僚的形象,而不是依据事实得出结论。

具体而言,这些言辞大概包括三个层面的意思。第一是指责被劾者为奸邪之人,此类语词有"奸人""大奸""柔邪""奸恶""奸诬""险邪"等。在中国古代专制体制的正常状态下,监察官进行弹劾时,常常先叙述被劾者的某些不法行

---

① 杨仲良:《皇宋通鉴长编纪事本末》卷一〇一,《哲宗皇帝·逐元祐党上》,第 1741、1742—1743 页。

为,然后再以"奸邪"之名予以评判,这是监察官惯用的强化弹劾的方式之一,其运用前提是确有能够清晰界定的不法行为,而且,弹劾者也是为了引起皇帝的特别关注,才使用"奸邪"之类的语词。如宋仁宗时期欧阳修劾吕夷简"奸邪",是因为吕夷简出于私心,支持仁宗废郭皇后,加之吕夷简心胸不够宽广,将反对他的御史中丞孔道辅、右司谏范仲淹等士大夫贬官外放①,而范仲淹在当时士大夫阶层又有着极高的威望,因此欧阳修以"奸邪"言吕夷简,希望引起宋仁宗的注意,提防吕夷简。绍圣元年(1094)台谏官奏劾中使用"奸邪"之类的语词不同,不仅很难看到具体的事例,且使用频繁,大多数被劾者皆被认为有"奸邪"之罪,其目的是丑化被劾者的形象,也即是说,此类语词并非建立在事实基础之上,而是成为台谏官迎合皇帝、排斥反对新法者的借口。

第二,台谏官奏劾吕大防等士大夫擅权,此类语词有"擅操国柄""擅权欺君""擅作威福""专己自任""僭窃之祸""用事"等。擅权是针对君主权力而言的,是君主专制之下臣僚的大忌,一般而言,这样的罪行往往与威胁皇权,甚至谋夺天下联系在一起,擅权造成的后果可能是擅权者的权力过大,超过其职掌所赋予的权力范畴,也可能是对皇帝权力的限制和侵夺。北宋士大夫深知此一罪名的严重性,故绍圣元年的台谏官以之作为攻击不同政见者的手段。实际上,这些弹劾者知晓被劾者不太可能威胁皇权,尤其是当时被指为"擅权"的元祐臣僚,还包括并非宰执的官员,如苏轼任中书舍人②,未入宰辅,他们与威胁皇权的罪行更是不可能有关联,但弹劾者还是执着地使用此一罪名。可以这样说,对于绍圣元年被劾为"擅权"的元祐臣僚来说,有没有擅权的行为不重要,重要的是此一罪名可以将他们置于传统儒学所崇尚的君臣伦理关系的敌对一方,从而便于支持"绍述"政治的士大夫快速替代元祐臣僚,成为朝中的掌权者,即台谏官为了达到他们的政治目的,滥用了"擅权"的罪名。

第三,台谏官认为这些元祐臣僚结党,所用类似语词有"阿附""党附""朋党""结成党与"等。在古代专制时期,无论哪一个王朝,任何皇帝都是不允许臣

---

① 欧阳修撰,李之亮笺注:《欧阳修集编年笺注》卷一〇一,《论吕夷简札子》,第6册,第157页;脱脱等:《宋史》卷三一一,《吕夷简传》,第10208—10209页。
② 脱脱等:《宋史》卷三三八,《苏轼传》,第10810页。

第四章　宋神宗、宋哲宗时期弹劾的异化

僚结党的,尽管宋初王禹偁、宋仁宗朝欧阳修和苏轼皆提出君子有党的观点①,建议"为人君者,但当退小人之伪朋,用君子之真朋"②,但赵宋君主不认同君子有党。在现实的政治环境中,因为君子坦荡承认自己是辅佐君主实现天下大治的君子党,反而易于被人构陷,遭遇贬谪的处罚,如宋仁宗朝范仲淹等士大夫即是如此。因此,士大夫还是遵循传统儒学"君子不党"的原则③,而结党就成为皇帝忌讳、士大夫避之唯恐不及的行为之一。绍圣元年(1094)台谏官弹劾元祐臣僚,将结党列为被劾者的一项罪状,尤其是元祐臣僚一般皆反对新法,政治主张上的一致性较为突出,加之在北宋士大夫的仕宦履历中,荐举又是仕途升迁的重要一环,身居高位的士大夫经常会推荐与自身性情相投、政治理念趋同的官员,这就为台谏官的弹劾提供了依据。

可见,尽管绍圣元年台谏官的弹劾缺乏具体事例的支持,但由于他们运用了奸邪、擅权、结党三个层面的语词,弹劾又是迎合宋哲宗的行为,故其杀伤力极大,被弹劾的绝大部分元祐臣僚,如苏轼、李之纯、秦观、吕大防、刘挚、苏辙、梁焘、司马光、吕公著等等,皆被快速处理,处罚结果主要有贬官外放④、追还

---

① 王禹偁《朋党论》(王禹偁:《小畜集》卷一五),欧阳修《朋党论》(欧阳修撰,李之亮笺注:《欧阳修集编年笺注》卷一七,第2册,第68—70页),苏轼《续欧阳子朋党论》(苏轼:《苏轼文集》卷四,第128—130页)。
② 欧阳修撰,李之亮笺注:《欧阳修集编年笺注》卷一七,《朋党论》,第2册,第69页。
③ 杨伯峻译注:《论语译注·述而篇第七》,第73页。
④ 苏轼落职左承议郎、知英州,后又责授宁远军节度副使,惠州安置(杨仲良:《皇宋通鉴长编纪事本末》卷一〇五,《哲宗皇帝·二苏贬逐》,第1841页;杨仲良:《皇宋通鉴长编纪事本末》卷一〇一,《哲宗皇帝·逐元祐党上》,第1744页)。李之纯降授宝文阁待制,差知单州(杨仲良:《皇宋通鉴长编纪事本末》卷一〇一,《哲宗皇帝·逐元祐党上》,第1740—1741页)。秦观落馆阁校勘、左宣德郎,监处州茶盐酒税,后又降授左宣义郎(杨仲良:《皇宋通鉴长编纪事本末》卷一〇一,《哲宗皇帝·逐元祐党上》,第1747—1748页)。吕大防降授右正议大夫,知随州,后又诏大防分司南京,郢州居住(杨仲良:《皇宋通鉴长编纪事本末》卷一〇一,《哲宗皇帝·逐元祐党上》,第1743、1747页)。刘挚降授左朝奉大夫,知黄州,后又诏分司南京,蕲州居住(杨仲良:《皇宋通鉴长编纪事本末》卷一〇一,《哲宗皇帝·逐元祐党上》,第1744、1747页)。苏辙降授左朝奉大夫,知袁州,后又诏分司南京,筠州居住(杨仲良:《皇宋通鉴长编纪事本末》卷一〇一,《哲宗皇帝·逐元祐党上》,第1744、1747页)。梁焘降授左中散大夫,知鄂州,刘安世降授左承议郎,知南安军,吴安诗降授朝请郎,监光州盐酒税,韩川贬为左朝请郎,知坊州,孙升责为左朝散郎,知房州(杨仲良:《皇宋通鉴长编纪事本末》卷一〇一,《哲宗皇帝·逐元祐党上》,第1744—1745页);梁焘又降提举灵仙观,鄂州居住,刘安世又降管勾玉隆观,南安军居住(杨仲良:《皇宋通鉴长编纪事本末》卷一〇一,《哲宗皇帝·逐元祐党上》,第1747页)。

赠官赠谥①等,且其中有的士大夫还被一贬再贬。

数月的集中清算,一方面将有可能反对"绍述"政治的士大夫几乎悉数贬出京城,使他们远离政治中心,导致元祐臣僚的势力大受打击,一方面以清晰、果断的方式表达了宋哲宗的政治主张。此后,在绍圣元年(1094)七月戊午日,宋哲宗颁布诫饬诏,为数月以来对元祐臣僚的连续处罚作一个总结,其言:

……朕继体之初,宣仁圣烈皇后以太母之尊,权同听览,仁心诚意……非独倚任耆艾,所冀恢昭圣功。司马光、吕公著忘累朝之大恩,怀平时之觖望;幸国家之变故,遂朋党之奸谋。引吕大防、刘挚等,或并立要途②,继司宰事;或迭居言路,浡掌训词;或封驳东台,或劝讲经幄。顾予左右前后,皆尔所亲,于时赏罚恩威,惟其所出。周旋欺蔽,表里符同。宗庙神灵,恣行讪谤。朝廷号令,辄肆纷更。首信偏辞,轻改役法。开诉理之局,使有罪者侥倖;下疾苦之诏,诱群小之谤言。诬横敛则滥蠲苟免之逋,诬厚藏则妄耗常平之积。崇声律而薄经术,任穿凿而紊官仪。弃境土则谬谓和戎,弛兵备则归过黩武。城隍保民而罢增浚,器械资用而辍缮修。凡属经纶,一皆废绌。人材淆混,莫辨于品流;党与纵横,迭分于胜负。务快乘时之愤,都忘托国之谋。方利亮阴之不言,殊匪慈闱之本意。十年同恶,四海吞声,敌计得行,边民受害……临朝弗治,视古有愧。况复疏远贱士,昧死而献言;忠义旧臣,交章而抗论。迹著明甚,法安可私……优礼近司,朕欲曲全于体貌;自奸明宪,尔今复逭于殊夷。至于射利之徒,协肩成市,盍从申儆,俾革回邪。推予不忍之仁,开尔自新之路。除已行遣责降人外,其余一切不问,议者亦勿复言。所有见行取会实录修撰官已下,及废弃渠阳寨人,自依别敕处分……③

---

① 据《皇宋通鉴长编纪事本末》载,"司马光、吕公著各追所赠官并谥告,及所赐神道碑额,仍下陕州、郑州,各差官计会,本县于逐官坟所拆去官修碑楼、磨毁奉敕所撰碑文讫"。又追夺王岩叟所赠官(杨仲良:《皇宋通鉴长编纪事本末》卷一○一,《哲宗皇帝·逐元祐党上》,第1747页)。
② 原作"□自要途",据《皇宋通鉴长编纪事本末》改(杨仲良:《皇宋通鉴长编纪事本末》卷一○一,《哲宗皇帝·逐元祐党上》,第1748页)。
③ 佚名编:《宋大诏令集》卷一九五,《敕榜朝堂诏》,第717页。

宋哲宗发布的此道诏令主要包括三方面内容:其一,高太后有仁厚之德,元祐年间的政治过失与高太后无关,皆司马光、吕公著等大臣的不当行为所致;其二,元祐臣僚有奸邪、擅权、结党等罪行,且轻改宋神宗新法,使得朝廷内外交困;其三,宋哲宗亲政后要改变这种状况,处罚危害朝廷者,不过哲宗仍以仁心对待元祐臣僚,除已责降人外,不再追究其他官员的责任。显然,宋哲宗的诏令具有一定的标志性作用。发布诏令之前,主要是以台谏官为主集中清算元祐臣僚,为宋哲宗亲政后政治取向的转变奠定人事基础,毕竟所有的事皆需要士大夫具体执行,只有认可"绍述"政治的士大夫,才能实现宋哲宗的政治理想。诏令的发布,实则是向天下昭告,不再根究元祐之事,朝廷的主要事务变为"绍述",即继续推行宋神宗时期的新法,由此使得宋哲宗朝的政治进入一个新的阶段。

## 二、以党争为核心的弹劾对弹劾功用的破坏

宋哲宗绍圣元年(1094)七月的诏令发布后,恢复宋神宗新法的"绍述"政治正式开始,朝廷此后的主要事务即重新设置机构,推行熙丰时期的变法条例,改变元祐时软弱的边疆政策,实现富国强兵的目的。遗憾的是,此时的朝堂已非宋仁宗时期的朝堂,士大夫也全无宋仁宗时期士大夫以天下为己任的主体意识和责任担当,曾经君臣共治天下、台谏制衡权力的政治景象,不复出现,宋哲宗后期更多是党同伐异,意气用事,异化的弹劾更是成为党争的工具,失去了制衡权力、监督官员的作用。同时,朝中的士大夫也并未真如宋哲宗的诏令所言,不再追究元祐臣僚,而是继续清理他们的"罪行",不断进行奏劾,以至于使元祐臣僚一再受到惩罚。

此一时期弹劾的主要作用是排斥异己,即以党争为核心进行弹劾,虽然有时士大夫的奏劾也包含有具体的事例,但这样的情况不多,或者说被劾者是否有具体的违法事例不重要,重要的是对方是否为同一政治集团的官员。绍圣四年(1097),著作佐郎、国史院编修官周种充崇政殿说书,殿中侍御史陈次升奏劾曰:"种贪污卑猥,迹状甚明,奸佞倾险,清议不与。自去年屡有进擢,不协公议,臣尝论奏,陛下付之有司考实,悉如臣言,特与放罪。"陈次升所奏周种贪污之事,是指其"擅用张绶供给等钱,计会弟秩出文帖,以寄还为名,支付梢工,却令手分收取文帖,三年并不报知,致绶论讼事发,方始寄回澧州",且认为周种的行

为"无异于盗",比之"受寄财物辄费用者"的罪行更为严重。① 据宋代的法律规定,"诸受寄财物而辄费用者,坐赃论减壹等"②,周种的行为更为恶劣,不仅私自占有别人的钱财,而且还以寄还为名,掩人耳目,直到三年后张绶上告此事,才将钱财寄回澧州,如果张绶不告,周种就永久占有这笔钱财了,因此陈次升将周种的行为视为"盗"。此事证据确凿,已由相关部门予以核实,且陈次升之前又有数次奏劾,但宋哲宗及宰执始终未予理会,直到这次任周种崇政殿说书,陈次升又屡次上奏,才罢免周种说书之职。之所以如此宽宥周种,就是因为周种属变法派官员。周种为王安石门人,与王安石关系密切,王安石退居金陵时,一日与周种等门人在山中慢慢前行,王安石忽然回顾周种曰:"司马十二,君子人也。"③后周种在元祐三年(1088)上书乞求"以故相王安石配享神宗皇帝庙廷",导致其遭受右正言刘安世、翰林学士苏轼等士大夫的奏劾,安世言其"以疏远微贱之臣,怀奸邪观望之志,陵蔑公议,妄论典礼",苏轼则认为周种"意欲以此尝试朝廷,渐进邪说,阴倡群小,此孔子所谓行险侥倖,居之不疑者也"。④ 但在宋哲宗"绍述"政治的背景下,周种属于宋哲宗的支持者,即使被劾之事查有实据,对他的处罚也一拖再拖,最后仅罢免新任的崇政殿说书一职。可见,弹劾能否有效,主要在于被劾者的政治主张是否符合皇帝的政治理念,与其是否真有违法行为关系不大,长此以往,这种政治上的站队逐渐取代了原来职务犯罪或者道德有亏的弹劾事项,成为弹劾的重要标准,从而使得弹劾完全失去了监督官员、制衡权力的作用。

从宋哲宗后期的实际情况看,弹劾确实已经演变为以党争为核心的政治行为,在士大夫的奏劾中,一旦论及被劾者与元祐政治或元祐臣僚有牵连,则易于引起宋哲宗的"共鸣",导致弹劾在最短时间内达到黜责被劾者的效果。绍圣三年(1096)九月,起居郎兼权给事中蹇序辰劾姚勔言:"勔素以无行取羞乡里,赌博私酒,尝亲为之。外虽宽夷,中实险贼。本缘身犯清议,势不可进。事已暴露,遂即弃官。"无论事实情况如何,蹇序辰对姚勔的德行评价较低,甚至认为姚勔

---

① 李焘:《续资治通鉴长编》卷四八九,绍圣四年七月戊辰,第11612页。
② 窦仪等详定,岳纯之校证:《宋刑统校证》卷二六,《杂律》,第349页。
③ 曾敏行:《独醒杂志》卷四,上海古籍出版社1986年版,第35页。
④ 李焘:《续资治通鉴长编》卷四一八,元祐三年十二月甲午,第10138—10139页。

最不可饶恕的罪行是元祐年间附会吕大防等人,"专以诋讪先帝政事、人物为功,至乃称引苏轼谤讪之语,执以为据。及陛下亲政,尚敢阴与其党合谋并力,表里相应,公肆指议,务欲遏绝绍述之意,以成其私。则勔之盗名欺世,怀诈迷国,其罪盖有不可胜责者",且以为姚勔没有与元祐臣僚同时被处罚,"物论不平,至今叹息",故乞求有司详定其罪,宋哲宗很快下诏,令"姚勔永不磨勘"。① 姚勔进士及第后进入仕途,在宋神宗时期因侍养年老的母亲而乞求致仕,后于元祐初起复为宗正寺丞②,很可能姚勔不赞成熙丰变法,故以致仕的方式远离政治。蹇序辰将其致仕解读为道德有亏,以此贬低姚勔,而宋哲宗给予姚勔"永不磨勘"的重罚,主要是因为其属于吕大防一派。将被劾者与元祐之政相关联,是当时进行弹劾的重要手段,宋哲宗对于元祐之政的不满,使得这样的弹劾可以不经审查,立即处理,其中所包含的政治理念之别,乃至党同伐异的因素是非常明显的。

同样的弹劾行为在宋哲宗亲政后一再出现。绍圣四年(1097)九月,权殿中侍御史蔡蹈劾朱彦博"天资倾邪,习尚狡诈,喜争好讼,中伤善良,莅官所至,遗害民吏",特别提及朱彦博在元丰年间庇护苏辙及苏辙报私恩助朱彦博等事,且指其"在官贪污,奸诈无耻,不可悉数",乞求朝廷不予朱彦博提点诸路坑冶铸钱事,故以朱彦博改知虢州。③ 苏辙是宋哲宗集中清算的元祐臣僚中的一员,朱彦博因与苏辙关系友善而被劾,遭到处罚。再如元符元年(1098)三月,朝廷欲除张舜民直龙图阁、权青州,御史中丞邢恕奏劾其"资望轻浅,未宜遽得青州。况舜民在元祐间踪迹驳杂,今不次擢用,实骇观听"。权殿中侍御史邓棐亦奏言:"张舜民顷在元祐,方大臣变乱成宪,而舜民历御史、宰属,但闻助奸,不见正议,

---

① 杨仲良:《皇宋通鉴长编纪事本末》卷一〇一,《哲宗皇帝·逐元祐党上》,第1756页。
② 李焘:《续资治通鉴长编》卷四〇三,元祐二年七月丁巳,第9804页。
③ 李焘:《续资治通鉴长编》卷四九一,绍圣四年九月,第11656页。其中记载朱彦博与苏辙之事如下:"(朱彦博)元丰年曾任江西监司,苏辙在其部内,辙尝以事被朝廷廉按,彦博力为掩护,竟以幸免。辙既得志,彦博倚以为助,故其知虔州日,欲以巧计中伤提刑李阅,因阅至虔州,彦博令属县差水手等牵挽其船,既而奏阅违法差水手,并令弓手勾集耆壮士兵等。及置狱推勘,众证其妄,三问不承,理当追摄,而彦博拒抗不赴,致干照人柱在刑禁,淹延半年。狱官具奏,而朝廷指挥亦止取干证人为定,便行断放,终不能屈致彦博。而提刑李阅乃按发之官,曾无片言未实,而一切罢任。若非彦博倚辙以为助,而辙务报私恩,则朝廷议法不公,未应如此其甚也,天下士大夫闻之,靡不扼腕。"

论今之法,亦合鼠投,不知何名更与进擢?"于是张舜民的任命不予施行。① 张舜民"才气秀异,刚直敢言",在宋神宗时反对新法,曾上疏认为新法"裕民所以穷民,强内所以弱内,辟国所以蹙国。以堂堂之天下,而与小民争利,可耻也",元祐中得司马光推荐为监察御史。② 由于政治主张不同,张舜民在宋哲宗绍圣、元符之时遭遇排挤,仕途一再受挫。

此一时期形成以党争为核心的弹劾,也有宋哲宗推波助澜的影响。绍圣元年(1094)七月宋哲宗发布"其余一切不问"的诏令后,并未真如诏令所言既往不咎,而是继续清算元祐臣僚,一方面凡奏劾与元祐之政有关联者皆被罢黜,一方面司马光、吕公著、吕大防、刘挚等著名元祐大臣一再被追贬。绍圣四年(1097)二月,章惇、蔡卞主导再重罚司马光、吕公著等人,曾布表示反对,认为"追夺恩泽,此例不可启。异时奸人施于仇怨,则吾人子孙皆为人所害",但章惇、蔡卞等士大夫态度强硬,导致司马光等人被追贬,"并追夺遗表致仕子孙亲属所得荫补陈乞恩例",③这样的追罚可谓严厉。吕公著、司马光的追贬制书更是用语激烈,凡是能够想到的评判大奸之臣的所有语词,悉数采用,完全不考虑是否属实,也没有具体的事例,只是以主观色彩浓郁的话语,极力渲染二人的所谓"罪行"。其言:

> 为臣不忠,罪不可赦,居下讪上,诛及其朋。矧惟凶慝之尤,当明身没之戒……资赋阴险,世济奸回,盗窃虚名,昧冒休宠。擢赞枢府,实自先朝,迨予纂承,躐持宰柄。而乃协济元恶,为之主谋。力引群邪,布列庶位,谤讟前烈,变乱旧章。厥罪贯盈,已死难置。宜从追贬,易以散官。虽窜殛不及其生,而惩创可垂于后……
>
> 不道之诛,莫先讪上,无君之恶,尤在擅朝。罚不及身,死有余责。宜加追贬,用示创惩……资诡激之行,以盗虚声;挟矫诬之言,以惑愚众。逮事昭考,既跻显途,尚何怨仇,乃积怨毒。粤朕初政,肆其宿奸,阴结中人,骤窃宰

---

① 李焘:《续资治通鉴长编》卷四九六,元符元年三月,第11795页。
② 脱脱等:《宋史》卷三四七,《张舜民传》,第11005页。
③ 杨仲良:《皇宋通鉴长编纪事本末》卷一〇二,《哲宗皇帝·逐元祐党下》,第1759页。

柄。倡率不逞,诋訾先朝,援引群凶,变更良法。潜怀睥睨之邪计,欲快倾摇之二心。长恶弗悛,余殃自及,而位存公相,泽被子孙。使其冒国家之缪恩,何以为臣子之大戒……①

虽然制书均由专门的词臣撰写,但若皇帝不认可,或者说不符合皇帝的旨意,制书不可能公开发布,因此可以将制书看作是表达了皇帝与宰执的共同想法。从上引两篇制书看,所用语词的恶毒程度堪称空前,几乎将传统儒学中描述奸臣、佞臣的所有贬义词皆罗列其中,使读者能够明显感觉到来自撰写者的深深恶意。吕公著、司马光二人不可能不犯错,但如制书中所言,他们是"不忠""凶慝""阴险""死有余责""援引群凶"等等,显然是不合适的。检视史籍,对吕公著、司马光的评价并非如制书中的语词那么不堪,即使固执、自负如王安石,对司马光亦是敬重有加,言其"君子人也"②,宋人亦谓"王安石、司马光皆天下之大贤,其优劣等差,自有公论,愿无作好恶,允执厥中,则是非自明矣"③。吕公著也是"识虑深敏,量闳而学粹,遇事善决,苟便于国,不以私利害动其心。与人交,出于至诚,好德乐善,见士大夫以人物为意者,必问其所知与其所闻,参互考实,以达于上。每议政事,博取众善以为善,至所当守,则毅然不回夺。神宗尝言其于人材不欺,如权衡之称物。尤能避远声迹,不以知人自处"④。显然,制词与二人在士大夫阶层中的声名是不相符的,究其原因,就在于他们的政治主张与宋哲宗的"绍述"之政不相符。质言之,宋哲宗及其追随者为了宣扬他们的政治理念,压制不同的政治见解,不惜以不实之词诋毁元祐臣僚,肃清异己,只是他们没有料到,得到皇帝认可的制词风格,对士风和政风产生了极为恶劣的影响,不仅使随意毁谤不同政见者的做法具有了合法的依据,而且更为加剧了党争的激烈程度,以至于皇帝及台谏官均卷入党争之中。

赵宋王朝本有"异论相搅"的"祖宗之法",即便在宋神宗实施新法的时期,依然以此作为牵制王安石的重要手段之一。宋哲宗亲政后,虽有士大夫的多次

---

① 佚名编:《宋大诏令集》卷二〇八,《吕公著追贬散官制》《司马光追贬散官制》,第782页。
② 曾敏行:《独醒杂志》卷四,第35页。
③ 洪迈:《容斋随笔·容斋续笔》卷二,《权若讷冯澥》,第229页。
④ 脱脱等:《宋史》卷三三六,《吕公著传》,第10777页。

提醒,但哲宗似乎对此并不在意。绍圣四年(1097),曾布多次提及这一"祖宗之法",当然他不能用"异论相搅"这样的语词,以防被人指为支持元祐之政。五月,曾布言于宋哲宗曰:"臣自初秉政,即尝奏陈,以谓先帝听用王安石,近世罕比,然当时大臣异论者不一,终不斥逐者,盖恐上下之人与安石为一,则人主于民事有所不得闻矣。此何可忽也?"然后再联系当时的具体情况,"今三省无一人敢与惇、卞异论者,许将辈见差除号令有不当,但郁悒而已。如序辰辈多端劫持惊恐在位之人,使不敢与三省违戾",建议宋哲宗"以先帝御安石之术为意"。①当然,不能排除曾布有攻击章惇和蔡卞、欲取而代之的意图,但其所言章惇、蔡卞以"元祐之人"为由排斥异己却是不争的事实,只是章、蔡二人摸透了宋哲宗的心理,所做之事又是完全依循哲宗的旨意,而曾布所说的异论者很可能与元祐之人有关,故宋哲宗并未听从曾布的建议。

六月,宋哲宗因日食而发布德音,以进贤退不肖为戒,曾布乘机再次对哲宗进言,"今邪慝之人,变乱是非,以邪为正,以直为曲,实中外之所不平。左右之臣,有正人端士,愿陛下更赐辨察。臣固常恐小人党与,相与为一,壅蔽聪明",论及小人结党之事,再次提醒宋哲宗,朝中不能"为一",然后以台官为例予以说明,"外议皆以为言事官议论,多与三省大臣不同,恐不得安职:或假以美名,徙之他官,或加以罪戾废黜",也就是说,凡与三省大臣异论的言事官皆被罢,导致"必尽引门下朋比谗慝之人,充塞要地,则差除有不公,号令有不当,陛下虽欲有所闻,不可得矣"。②曾布所言有一定道理,台官职掌的一个重要内容就是监督宰执,尤其要防范宰执的专权,若台官尽为宰执所制,其作用的发挥则大受制约。接受过严格教育的宋哲宗不可能不知晓这一点,但他最痛恨的还是元祐臣僚,宁愿将"祖宗之法"的部分条目束之高阁,也要一而再、再而三地打击元祐之人,章惇、蔡卞深知这一点,故能得到哲宗的信任。

十月,因蔡卞以曾布推荐之人为"异论者"而不用,曾布再次在面圣时言:"今陛下修复熙宁法度,窜斥元祐有罪之人,士大夫孰敢以为不可?但与章惇、蔡卞议论不同之人,便指为异论,尤为无谓。若使立朝者,人人不敢与惇、卞不

---

① 李焘:《续资治通鉴长编》卷四八八,绍圣四年五月,第11581—11582页。
② 李焘:《续资治通鉴长编》卷四八九,绍圣四年六月,第11599页。

同,此岂得稳便? 陛下欲闻外事,何可得邪?"①宋哲宗时的"异论者"更多是指赞成元祐之政的士大夫,曾布则直接指出章惇、蔡卞将与自己意见不同的士大夫皆视为"异论者",扩大了"异论者"的范围,以此打击异己之人。

尽管曾布屡次面对宋哲宗言及防范宰执专权之事,提醒哲宗应仿效宋神宗的南面之术,但哲宗出于对元祐臣僚的忌恨心理,还是极力支持打击元祐臣僚,从而使得异论相搅很难实施。皇帝失去居中制衡的作用,也就意味着宋哲宗本人有意无意地卷入到当时的党争中。《续资治通鉴长编》收录有宋哲宗与曾布的一段对话,很能说明问题。

> 曾布独奏事,因言:"闻林希近留身,以不为言者所悦,深不自安。"
> 上曰:"邢恕不相得,云元丰末因除起居舍人,遂相失。"
> 布曰:"然。臣当时见恕深毁希,臣与希虽亲戚,然当时与之迹不熟,希却不曾于臣前毁恕。"
> 上曰:"希亦毁恕,云恕曾有文字,云太母临政,天下晏然,如此是诋訾先朝明矣。"
> 布曰:"当时鲜有无此语者。"
> 上曰:"亦是罗织也。"
> 布曰:"近日程颐编管,恕以为谋出于希,盖谓恕本颐门人,冀其来救,因以倾之。"
> 上曰:"此是众论,非独出于希,然希亦曾云编管却不妨。"
> ……②

曾布时任知枢密院事,"枢密院故事,日得独对",曾布有更多的机会与皇帝单独交流,宰相章惇担心曾布说自己的坏话,即荐举亲信林希为同知枢密院事,便于探知曾布的言行,而林希却渐渐与曾布关系密切,"布与惇益不合,卒倾惇,

---

① 李焘:《续资治通鉴长编》卷四九二,绍圣四年十月甲午,第11686页。
② 李焘:《续资治通鉴长编》卷四九四,元符元年正月,第11734页。

夺其位"。① 邢恕为章惇所荐,任御史中丞,依照朝廷制度,御史有阙,应由御史中丞推荐备选人员,而"章惇乃令他官荐御史",邢恕对章惇侵夺自身权力的行为不满,于是劾奏章惇曰:"若论其资性,则所得者在于果敢,所失者在于专恣。其才可以济险,不可使之履平;可使自用,不可使之用众。""不可使用众者,宰相当用群才,惇不能收人之长而专己自任,惟欲人之附己,士之贤者,岂肯一意随人?"②言下之意,章惇不适合做宰相。林希与邢恕亦不和,如上述对话中所言。可以看到,士大夫之间的关系错综复杂,有始终依附者,有前依附、后对立者,亦有始终对抗者,等等,不管是什么样的关系变化,于己有利却是此时绝大多数士大夫所秉持的原则,他们已经失去了宋仁宗朝士大夫以天下为己任的气概和精神。

以上对话显示,邢恕曾多次奏劾林希,曾布为林希辩解,认为林希独不言邢恕之过,宋哲宗则不同意,以为邢恕、林希互有攻击,且邢恕、林希所言皆众人议论之事。这样的对话是宋哲宗与臣子交流的常态,哲宗惯于以此方式了解朝中士大夫的动向及士大夫之间的私人关系,这是沿袭了宋神宗驾驭臣僚的做法。但宋神宗与士大夫谈论朝中官员个人长短的目的,是有意识地通过透露某一士大夫说另一士大夫的坏话,挑起士大夫之间的矛盾,即皇帝始终居于上位,牢牢把控着朝中士大夫的互相争斗,党争的激烈与否,基本皆在宋神宗的掌控之中。宋哲宗则不一样,他需要以对话的方式传递自己对某一士大夫的好恶,其目的并不一定是要贬黜此人,而是向士大夫传达自己的政治倾向,使他们能够引以为戒。同时,宋哲宗与臣僚的对话,也是他探知官场是非和朝堂情况的方式之一,这是哲宗政治智慧欠缺而导致的非正常现象。宋哲宗亲政后,出于打击元祐臣僚的需要,不可避免地要利用士大夫达到自己的政治目的,这就等于皇帝自己将党争的因素带入到朝堂之中,附和皇帝的士大夫很自然地会在政治生活中掺杂党同伐异的观念,从而出现宰执与台谏联合甚至台谏听命于宰执的现象,或者如前述邢恕一样,由宰执推荐的台官,因为利益冲突的问题,反而与宰执产生矛盾。但本就因利益而结为一体的台谏与宰执,即使有隔阂,他们的出发点是一致的,

---

① 杨仲良:《皇宋通鉴长编纪事本末》卷一三〇,《徽宗皇帝·久任曾布》,第2194页。
② 李焘:《续资治通鉴长编》卷四九三,绍圣四年十一月,第11699页。

## 第四章 宋神宗、宋哲宗时期弹劾的异化

即为了一己之私利。如此情形,使得宋哲宗无法如宋仁宗、宋神宗那样,通过台谏了解中央和地方的各方面情况,台谏监督宰执的职能也无法正常发挥作用。质言之,宋哲宗了解下情的渠道,至少在台谏方面是不太通畅的,因此,为了弥补下情上达渠道的不足,宋哲宗只能采取对话的方式。遗憾的是,这样的君臣对话,反而使得官场口舌不断,各个士大夫集团之间的流言蜚语、拉帮结派更是盛行不衰,宋哲宗本人亦不可避免地卷入其中,君臣之间互相利用,互为党争的工具,更加促进了弹劾的异变。

台谏官往往也深度介入朝廷党争,影响了其监察作用的发挥,由他们所主导的弹劾表现出明显的以党争为核心的特质。元符元年(1098)三月到四月发生的一件事,很能说明问题。事件的起因是同知枢密院事林希通过面奏和上疏两种方式,言御史中丞邢恕曾经对国子监丞苏驹说过"欲令希过三省"之类的话,宋哲宗认为此言奇怪,于是召林希上殿询问,曾布亦在,林希曰:"臣不敢不以恕语闻者,恐人疑臣有欲三省之意。臣与恕本无他,只缘臣为中书舍人,曾撰吕公著贬词,深斥其恶。恕本公著门客,素出其门,希纯兄弟责望恕以报恩,恕无可为者,故自在言路,力欲攻臣,为吕氏报怨尔。"曾布则曰:"臣亦闻人言,恕云不击希,只令希自图去就。"然后乘机进言构陷章惇,言蔡京和章惇二人失和,是因为"京有兄弟并进之典,而惇昌言于人云:'自三代以来,无此故事。'故京深怨之"。宋哲宗听闻此言,果然很不高兴,认为:"朝廷欲用蔡京,则章惇亦管不得。进退执政,岂得由人!"曾布立即附和哲宗:"非独进退执政非大臣所可自任,至于侍从近臣,亦当自人主进退,岂大臣所得专! 若议论人物及论说事理,亦恐无不可。"接着又议论邢恕的为人,"外人但见恕与蔡京及蹇序辰辈甚密,故不能无疑。恕大抵多言多用数,人人欲得其欢心,凡聚会处,必人人挽之,与之附耳私语,然人亦罕以为信也"。宋哲宗也感叹,邢恕令人生厌,"每来此论事,重叠反复,未尝不移数刻,所言者只是居常所论。但每事须更从头说一遍,极可厌"。同时,章惇受诏询问苏驹,发现苏驹所言与林希不同,而苏驹第二天的奏状又与其自己前一日的口述不同,章惇将此一情况上告宋哲宗。为了弄清实情,宋哲宗差遣安惇与大理寺共同复核此事。[①] 这是事件的开端,从中可以看到,此事与士

---

① 李焘:《续资治通鉴长编》卷四九六,元符元年三月,第11802—11803页。

大夫的党争有着密切的关联。无论苏駉是否对林希转述过邢恕的话,或者有转述一事,只是与邢恕的原话有偏差,林希的目的都是为了对付邢恕,而并非如其所言是"恐人疑臣有欲三省之意",台官与宰执的矛盾是显而易见的。再看曾布的言论,不得不承认,曾布对宋哲宗心理的把握较为准确,他了解哲宗乐于听什么样的话,于是投其所好,将哲宗喜欢探听的大臣的言行,以不经意的方式透露出来,恰到好处地议论章惇欲擅自进退执政,又不会引起宋哲宗过度的关注而去查实。另外,曾布的本意是维护林希,不喜邢恕,但他并未直接表达此意,而是采取谈笑的方式言及邢恕"附耳私语"之类的鄙陋行为,引起宋哲宗的共鸣,强化了哲宗对邢恕的厌恶之情。

同一日,邢恕上章弹劾林希,其言:

> （林希）纤巧倾险,天下共知。顷事先帝,遣使高丽,临事辞难,尝坐谴责。其后止缘王珪主张,再历文馆。先帝前后累有德音,谓为奸邪,播在群听,在先朝止于礼部郎官而已。宣仁圣烈皇后垂帘,王珪既死,韩缜首在相位,希与弟旦遂附韩缜。擢希为左司郎中、起居舍人,旦为工部考功郎官。已而梁焘恣横,兄弟阴相附会,期年之间,焘凡再荐旦、希以自代,皆有显据可以考质。及至李清臣当国,初除宝文阁直学士、知成都府。章惇既至,未行,复留为中书舍人、翰林学士,坐阶柄任。考希本末,凡所党附皆阴邪之臣,其迹甚明,惟稍见抑于先帝之时与元祐二三年间,其余无所不利,则其纤巧可见。加之引用亲党,内外姻戚遍列朝路,鲜有遗者。其意乃欲遂擅朝廷以为私计,中外有识,无不知其为真小人。而善谀用事大臣,事之如奴,所欲靡不如意,其势炎炎,不可容长,臣恐终不利于国家。伏望圣慈出自独断,即赐黜罢。[①]

从弹章内容看,邢恕将林希评价为"真小人",其表现主要就是结党,无论谁任执政,林希均依附党与,先是宰相王珪,其后还有韩缜、梁焘等,现今又附会章惇,邢恕认为这些大臣皆为"阴邪之臣"。弹章的用语反映了当时弹劾的共同特

---

[①] 李焘:《续资治通鉴长编》卷四九六,元符元年三月,第11803—11804页。

征,即以充满主观性的语言极力贬抑被劾者的德行,描绘出被劾者的卑劣形象,将其视为违背传统儒学政治道德的反面典型。

邢恕之所以如此撰写弹章,是希望引起宋哲宗的关注,但事与愿违,也许因为哲宗亲政后看过的弹章基本都充斥着贬损的言辞,看多了,也就难以再有大的震动,加之林希言邢恕之事的影响,宋哲宗不相信邢恕的奏劾,对邢恕言:"得非以希奏卿与苏驹言,待教希过三省及蔡京为西枢等语乎?"邢恕回应不知此事。邢恕退朝后,又连上两篇奏疏,主要内容有三点,一是明白写出相关人员的朋党、亲缘关系,"林希乃宰相章惇所荐""希与苏驹系正亲家,驹之兄诒乃希之亲婿,驹又因希荐于章惇,用为国子监丞"。二是为自己辩解,言林希引苏驹之言,是苏驹平时与邢恕的对话,"旁无证佐,又无文字,照据口语,欲以诬臣有意移易大臣",且"缘臣欲击林希,非止今日,其所论希罪恶,并曾先事奏闻,非谓林希见诬,方行弹治"。三是指责林希的结党行为及其危害,"原希敢结亲党以无证缪悠之常谈,厚诬天子耳目之官,欲以塞臣之言,使不得发,此希之奸谋本情也",邢恕特别将林希与自己的矛盾转移到章惇与皇帝的权力博弈上,"章惇身为上相,与林希为党……今臣为陛下耳目,希为章惇腹心,天下无不知者。臣不为希所诬,臣留而希去,则权归人主;希能诬臣,希留而臣去,则权归宰相"。①

邢恕与林希的交恶始于何时已无从查考,不过两人的对立关系在朝中已为多数人所了解,宋哲宗亦不例外,前揭哲宗与曾布的对话中就有这一方面的内容,因此宋哲宗言邢恕是在知晓林希上奏苏驹之言后,才报复性地利用台官的职权奏劾林希,显然是不太准确的,所以邢恕才要努力撇清"报复"的嫌疑。邢恕认为林希与章惇结党,且将此与"权归人主""权归宰相"云云牵扯在一起,这是非常不明智的行为。邢恕对官场中人际关系的变化不够敏感,林希虽为章惇所荐而任职枢密院,但进入枢密院后,逐渐与枢密院长官曾布结为利益共同体②。曾布与章惇不和,绍圣元年(1094)章惇拜相后不久,曾布曾对宋哲宗言:"章惇秉政以来,所引皆阘茸小人,专恣弄权,日甚一日。陛下以天下公论召彭汝砺,而沮格不行;吕升卿于罪谪中致仕,而惇不禀旨,召令再任;王钦臣谢表语侵御史,

---

① 李焘:《续资治通鉴长编》卷四九六,元符元年三月,第11804—11805 页。
② 杨仲良:《皇宋通鉴长编纪事本末》卷一三〇,《徽宗皇帝·久任曾布》,第 2194 页。

而惇欲削职降官;周秩讥切朝廷,而惇欲多方曲庇其罪;陛下不欲与惠卿复职而终复,不欲除林希经筵而终除;以是上下畏之。"① 话语里所包含的不满、贬损之意十分明显,曾布还想方设法笼络士大夫为其所用,共同攻击章惇,林希是一个,还有监察御史常安民也是曾布欲拉拢的对象,因常安民数次奏劾章惇"颛国植党,乞收主柄而抑其权,反复曲折,言之不置",曾布以为常安民可成为自己倾覆章惇的帮手,"意其附己,屡称之于朝",只是后来发现常安民的弹奏也有涉及自身者,曾布才放弃笼络常安民,甚至还排挤常安民。② 质言之,常安民是一位忠直、有气节的士大夫,非曾布同类人,故两人不可能成为政治上的盟友。

可见,邢恕对朝中士大夫盘根错节的人际关系网络不太清楚,在这样的前提下弹劾林希,只能是无的放矢,甚至还会引火上身,将自身置于不利的境地。但邢恕并未意识到此一问题,仍然继续奏劾林希,同时为自己辩解,其言:

> ……而宰臣章惇阴主林希,助其声势。臣非有罪隔朝参之人,但以既蒙根治所牒讯,不可身为御史中丞,安坐台中,腼颜应答。恐亏国体,故权引疾居家。而希乃妄造事端之人,又已有台谏官章疏弹击,而外挟章惇等奥助,上欲欺罔圣明,下以镇压人情,公然造朝,殊无忌惮,朝列骇笑。而臣日因根治所牒讯,沮辱不少……兼臣职为御史中丞,又出于陛下之所亲擢,今为林希合宰相大臣为党共见挤陷,则惟特望圣慈主张而已……
>
> 贴黄:林希日日造朝,盖要与其朋党相见,合为奸谋,上惑圣听,下协人情。若更稽留,必有奇巧,非臣一身绵力所当……
>
> 又贴黄:臣今为御史中丞,欲为朝廷破私党,而宰相大臣合为私党,欲倾天子执法近臣,其事乃上系国家安危,非独臣之私计也。伏望圣慈详赐披览。③

从邢恕的弹章中,可以感觉到他急于为自己辩白、急于描绘林希结党形象的心理。按照宋代的制度规定,若宰执大臣被台谏官弹劾,则应暂时居家待罪,

---

① 毕沅:《续资治通鉴》卷八四,哲宗绍圣元年十月,中华书局1957年版,第2129页。
② 脱脱等:《宋史》卷三四六,《常安民传》,第10990、10991页。
③ 李焘:《续资治通鉴长编》卷四九七,元符元年四月,第11821—11822页。

"故事,执政被劾,例须居家待罪"①,原因就在于"台谏固未必皆贤,所言亦未必皆是,然须养其锐气而借之重权者"②。实际上此"故事"并未得到认真执行,哪怕在北宋政治生态最好的宋仁宗时期,是否遵守此制也取决于被劾宰执个人的德行,或者皇帝的态度,因此当邢恕以此弹劾林希照常上朝的行为时,并未引起宋哲宗的注意。弹章中还有林希引宰相章惇奥援的话语,实则是邢恕担心林希构陷自己,并非如其所言是"上系国家安危",即他还是惯于使用夸张的语言,将自己的私事与朝廷大政联系在一起。

邢恕就此事前前后后所上的类似弹章,就现存史籍所载,共有四篇③。在不到一个月的时间内,一位御史台长官为了洗刷自己,居然连上四章,其公权私用的迹象十分明显,易于导致皇帝的反感,在士大夫阶层中也很难获得舆论的支持。同时,在此期间还有御史蔡蹈对林希的弹劾奏疏凡四章,言林希"天资倾险,诡躁褊急,竞利争进,无大臣体",在其进入仕途后党附王珪、韩缜、梁焘等大臣,"背公营私,阴灭大义",尤其指出林希为元祐余党,"此天下士大夫议论所以喧腾而未息也"。④蔡蹈的奏劾与邢恕弹章的言辞有诸多相似之处,其又为邢恕的下属,不免使人怀疑蔡蹈是受邢恕的指使,这就更加破坏了邢恕的形象。

邢恕的一系列做法,犯了官场大忌。从现存史料看,基本可以确定邢恕虽与苏驹平日有相关的议论,但绝非林希上告宋哲宗的话语,即林希有诬告之嫌。邢

---

① 刘安世:《尽言集》卷三,《论胡宗愈除右丞不当(第六)》。
② 苏轼:《苏轼文集》卷二五,《上神宗皇帝书》,第740页。
③ 邢恕未知林希上告之事所上弹章,未计算在内。邢恕的四篇弹章,除文中所引外,《续资治通鉴长编》还载有邢恕的第四篇弹章:"原希妄造事端,本要先陷天子耳目近臣,虚妄既露,则必将归罪苏驹。如此即希谋效,臣受其祸;希谋不效,则苏驹当其罪。希果如此侮慢朝廷,即良由朋党众盛所致。臣闻苏驹初追赴都堂取状,当是之时,驹尚未知事因如何,别无向背。仍闻章惇尝厉声色,面谕以圣旨,则驹所供状安得不实?若驹后来到根治所供析前后不同,则罪乃在驹;即与都堂所供状无异,则希虚妄之罪,复何所逃?昨苏驹所供,若与希同,而臣却称驹诬臣,臣未必无理也。然不知用事大臣,肯听臣言罪驹否……"贴黄:"今若朝廷听希罪苏驹,则他日章惇、林希意欲陷害者,即便诬告,引一好进小人为证,符同则为福,不同则为祸,劫以利害,谁敢不从!如此,则但其所恶者,皆可逐去。臣恐惇威遂成,无所为而不可,固非圣朝之福,亦恐为惇之祸也……"又贴黄:"臣前已陈章惇方与圣主争权,希去则权归陛下,希留则权归宰相……"(李焘:《续资治通鉴长编》卷四九七,元符元年四月,第11825—11826页。)从弹章内容看,仍然是在贬斥林希,为自己辩解。
④ 李焘:《续资治通鉴长编》卷四九七,元符元年四月,第11828—11829页。

恕本人非常清楚这一点,在这样的情况下,为了避免皇帝和士大夫以为他利用职权报复林希,他本不应该奏劾林希,当然他也不会说林希的好话,此时邢恕最合适的做法就是保持沉默,以不变应万变。只是邢恕太焦躁了,举止太冲动了,在其他官员看来,他不仅自己接二连三地上疏弹劾林希,急于解脱自己,而且还唆使下属持续不断地奏劾林希。尽管台官言事乃其职责,但邢恕的一连串行为无论如何都有挟私报复的嫌疑,因此最后林希、邢恕均被贬官外放,制词言林希"私积怨愤,密较口语,回互轻重,志在中伤",言邢恕"阴怀怨憎,扬言排击,妄意进用,不计后先",①基本还是比较准确的。此一事件的最终得利者实则是宰相章惇,邢恕、林希虽然均为章惇所荐,但邢恕以为章惇侵夺自己作为御史中丞的权力,生发出对章惇的不满,以致多次上疏奏劾章惇,章惇对此颇为忌恨;林希入枢府后,叛章惇而与曾布结交,协助曾布倾覆章惇,"惇乃因苏驸事,并逐希、恕。布虽数为希解,然讫不免也"②。

在宋代的制度设计中,台谏官是皇帝的耳目之臣,其职责主要是利用各种信息渠道,了解朝廷内外的大小事务,尤其要掌握各级官员是否有犯罪行为的信息,上奏皇帝,起到监督百官、辅助皇帝制约宰执权力的作用,因此,台谏官直接对皇帝负责,避免参与士大夫之间的争斗。但是,邢恕和蔡蹈却以台官的身份,深陷于当时的朋党之争中,他们的弹劾行为背后,有着明显的党争的影子。邢恕奏劾林希,是因为与林希本来就有矛盾,甚至还含有倾陷宰相章惇之意,蔡蹈恰恰在其上级邢恕需要的时候弹劾林希,使人不得不怀疑他的动机,如此赤裸裸的以党争为核心的弹劾,居然并未引起当时士大夫的议论。由此可知,绍圣、元符时期的弹劾已逸出其应有的轨道,成为不同士大夫集团争权夺利、谋取私利的工具了。

以党争为核心的弹劾,或者台谏官以弹劾的方式参与党争,在宋哲宗绍圣、元符时期还有不少。如绍圣三年(1096)正月,左司谏张商英奏劾吏部侍郎杨畏:"反覆迹状,前后明白,不为公论所与,遑遑求为自安之计。凡立朝之士,稍与己情不通者,即指为刘挚党人,阴行离间,如彭汝砺、黄裳、叶涛之徒是也。议

---

① 李焘:《续资治通鉴长编》卷四九七,元符元年四月壬辰,第11820—11821页。
② 李焘:《续资治通鉴长编》卷四九七,元符元年四月,第11827页。

第四章　宋神宗、宋哲宗时期弹劾的异化

者言来之邵所入章疏稍成文理者,皆畏代为。方今补坏修废,肇开端绪,而畏不尽革,适足为害。"①右正言孙谔亦言杨畏"在元丰之间为御史,其议论趋向,皆与朝廷合。及元祐之末,大防、辙等用事,则尽变其趋向而从之。绍圣之初,陛下躬亲总揽,则又欲变其趋向,偷合苟容,交斗执政,倾乱朝廷,至今天下之人,谓之'三变'"②。杨畏在宋哲宗清算元祐大臣时出力颇多,以台谏官的身份奏劾、排挤不同政见者,此次台谏官弹劾杨畏,揭露其离间士大夫的不堪行为,实则是台谏官使用杨畏曾经用过的办法,以弹劾逐走杨畏。

再如邹浩是宋哲宗时期的一位忠正之臣,元符二年(1099),时任右正言的邹浩曾多次弹劾宰相章惇,其中一篇奏章言章惇"独相陛下今已六年,天下不闻其勋德可称,而惟见其罪不可掩",并列出章惇的五大罪状,一是"自独相以来,阴倾陛下威福,以快其爱憎之私,不知几日而几人矣",所谓"假人主之名器以济其私";二是"以鄙语侮骂摧毁"士大夫,无尊君之心;三是发生灾异之时,章惇未有"避位之请";四是"力引亲旧分布要路",贻误边境之事;五是结党营私,即"故人不问其忠邪,事不究其利害,但同列以为是者,惇必以为非,同列以为非者,惇必以为是。于其是非疑似之际,则有私意存于其间"。③邹浩对章惇的弹劾,无论哪一条罪状都与传统儒学的政治道德不相符合,他的上疏代表着当时有识之士的心声。只是由于宋哲宗清算元祐大臣及实施"绍述"政治皆是依靠章惇之力,章惇又网罗了一批官员为其所用,极力排斥异己,故尽管邹浩及其他士大夫对章惇屡有弹奏,宋哲宗还是选择信任章惇。

章惇对邹浩怀恨在心,寻找机会实施报复。九月,宋哲宗欲立贵妃刘氏为皇后,邹浩上疏以为不可,然后又当面劝谏哲宗:"绍圣初,宗室中有以妾为妻者,陛下疾之,以为败坏风教,不可赦,寻夺其官。而今日陛下乃亲为之,是必有误陛下者。"宋哲宗为自己的行为辩解,但终究无法说服邹浩。宋哲宗毕竟不是一位昏庸之君,他知晓邹浩的忠心,故"犹不怒,持其章踌躇四顾,凝然若有所思",而章惇却言邹浩"狂妄",说动哲宗重责邹浩,于是黜邹浩新州编管。御史中丞安惇党附章惇,追究此事,"凡与浩来往及书简赒遗者,若王回、傅楫、张庭坚二十

---

① 彭百川:《太平治迹统类》卷二四,《元祐党事本末下》。
② 杨仲良:《皇宋通鉴长编纪事本末》卷一〇一,《哲宗皇帝·逐元祐党上》,第1752页。
③ 李焘:《续资治通鉴长编》卷五一五,元符二年九月,第12255—12256页。

余人,下至太学生与夫僧道,无不罹罪"。① 尚书右丞黄履为邹浩辩护,言:"浩以陛下所自拔擢,平昔优奖之故,遂敢犯逆鳞,而陛下遽斥之死地,人臣孰敢为陛下论得失乎?"宋哲宗不满,将黄履贬官外放,知亳州。② 权知开封府吕嘉问尽管依附于章惇,但也因为荐举邹浩不当,"有误朝廷任使,可特降充宝文阁待制,更罚铜三十斤"③。可见,邹浩一案,虽与宋哲宗的"不悦"有关,但主要还是章惇出于打击异己的政治目的而酿成的贬谪案,且牵连人数众多,影响较大,说明在非正常政治环境下,台谏官的弹劾亦可成为士大夫不同集团争斗的借口,有时还可利用弹劾,弹击异己者,由此使得台谏官无可避免地介入到党争中,更加剧了党争。

宋哲宗亲政后,改变了太皇太后高氏听政时期的政治主张,实行"绍述"之政,利用弹劾清算元祐臣僚,为熙宁年间发端的弹劾的异化提供了扩展的空间。在宋哲宗的支持下,士大夫只要被指为与元祐臣僚有关,即会成为弹劾的对象,弹劾的主要原因一般包括奸邪、擅权、结党等因素。士大夫利用宋哲宗痛恨元祐臣僚的心理,将异己者奏劾为反对新法的小人,以此达到党同伐异、谋取私利的目的。在如此异化的弹劾中,无需具体的违法事例,也没有被劾之后交付御史台核查的环节,这与正常政治状态下的弹劾已有很大不同。同时,弹章的语言充满着弹劾者的个人爱憎和主观臆断,弹劾者往往惯于使用贬损的言辞,将被劾者描绘为违反儒学价值标准的小人,使得弹劾的异化特征更加凸显,从而深刻影响到了当时的政治生态。

---

① 李焘:《续资治通鉴长编》卷五一五,元符二年九月注文,第 12258—12259 页;脱脱等:《宋史》卷三四五,《邹浩传》,第 10957 页。
② 李焘:《续资治通鉴长编》卷五一六,元符二年闰九月辛巳,第 12275 页。
③ 李焘:《续资治通鉴长编》卷五一五,元符元年九月,第 12260 页。

# 第五章 宋徽宗、宋钦宗时期弹劾的深度异化

宋徽宗、宋钦宗两朝的时间共20余年,这是经济持续繁荣、政治弊端丛生的时期。宋徽宗在充满变数的情况下即位,为了稳固帝位,不能不首先依倚向太后的垂帘;向太后驾崩后,宋徽宗运用逐渐成熟的驭下之术,依赖蔡京等士大夫掌握了朝廷大权,继续推行宋神宗、宋哲宗以来的新法政治。为此,宋徽宗建立元祐党人碑,不仅愈益严重地贬黜元祐臣僚及其亲属,且扩大打击范围,连带苏轼、司马光等元祐党人的学术亦属于禁毁的对象。宋钦宗在危急时刻仓促即位,在位仅两年,又有太上皇宋徽宗的干预,不太可能有太大的作为。在这样的情况下,弹劾的异化深度发展,完全失去了监督百官、制衡权力的功能,俨然已成为士大夫阶层内部不同政治集团之间排斥异己的工具。与之相应,弹劾的原因很少有贪污受贿、玩忽职守、受托徇私等职务犯罪的因素,甚至道德方面的诉求也少见不孝不仁、违反礼制等通常的内容,这时的弹劾更加突出结党、专权、奸邪等指责,更像是为了打压对方而强加的理由。

## 第一节 弹劾深度异化的表现:以宰辅为中心的考察

宋徽宗、宋钦宗时期的政治形势复杂多变,不同士大夫集团之间的争斗亦异常激烈,而且他们往往利用弹劾达到贬抑对方以取而代之的政治目的,这就导致弹劾成为当时士大夫政治生活中举足轻重的政治行为。同时,政治本身的复杂性使得弹劾的寓意更加犬牙交错,扑朔迷离。因此,为了更清楚地认识宋徽宗、

钦宗时期的弹劾及其影响,本节以宰辅的罢免为中心,考察此一时期弹劾的具体情况。

## 一、宰辅的罢免凸显以弹劾排斥异己

据《宋宰辅编年录》及其他相关史籍的记载,宋徽宗、宋钦宗时期宰辅的罢免情况如表5-1所示:

表5-1 宋徽宗、宋钦宗时期宰辅罢免情况简表

| 姓名 | 罢免时间及官职 | 罢免事由 | 资料来源 |
| --- | --- | --- | --- |
| 蔡卞 | 元符三年五月罢尚书左丞(第一次) | 被弹劾 | 《宋宰辅编年录校补》卷一一 |
| 章惇 | 元符三年九月罢左仆射 | 被弹劾 | 《宋宰辅编年录校补》卷一一 |
| 黄履 | 元符三年十一月罢尚书右丞 | 自请罢 | 《宋宰辅编年录校补》卷一一《宋史》卷二一二 |
| 范纯礼 | 建中靖国元年六月罢尚书右丞 | 被弹劾 | 《宋宰辅编年录校补》卷一一 |
| 安焘 | 建中靖国元年七月罢知枢密院事 | 自请罢 | 《宋宰辅编年录校补》卷一一 |
| 李清臣 | 建中靖国元年十月罢门下侍郎 | 被弹劾 | 《宋宰辅编年录校补》卷一一《皇朝编年纲目备要》卷二六 |
| 韩忠彦 | 崇宁元年五月罢左仆射 | 被弹劾 | 《宋宰辅编年录校补》卷一一 |
| 陆佃 | 崇宁元年五月罢尚书左丞 | 被弹劾 | 《宋宰辅编年录校补》卷一一《宋史》卷三四三 |
| 曾布 | 崇宁元年闰六月罢右仆射 | 被弹劾 | 《宋宰辅编年录校补》卷一一 |
| 章楶 | 崇宁元年七月罢同知枢密院事 | 以疾请罢 | 《宋宰辅编年录校补》卷一一 |
| 蒋之奇 | 崇宁元年十月罢知枢密院事 | 以疾请罢 | 《宋宰辅编年录校补》卷一一 |
| 张商英 | 崇宁二年八月罢尚书左丞(第一次) | 被弹劾 | 《宋宰辅编年录校补》卷一一 |
| 许将 | 崇宁三年八月罢门下侍郎 | 被弹劾 | 《宋宰辅编年录校补》卷一一 |
| 蔡卞 | 崇宁四年正月罢知枢密院事(第二次) | 避兄蔡京嫌 | 《宋宰辅编年录校补》卷一一 |
| 赵挺之 | 崇宁四年六月罢右仆射(第一次) | 以疾请罢 | 《宋宰辅编年录校补》卷一一 |
| 蔡京 | 崇宁五年二月罢左仆射(第一次) | 被弹劾 | 《宋宰辅编年录校补》卷一一 |
| 刘逵 | 崇宁五年十二月罢中书侍郎 | 被弹劾 | 《宋宰辅编年录校补》卷一一 |

续表

| 姓名 | 罢免时间及官职 | 罢免事由 | 资料来源 |
| --- | --- | --- | --- |
| 吴居厚 | 大观元年正月罢门下侍郎（第一次） | 以老请罢 | 《宋宰辅编年录校补》卷一二 |
| 赵挺之 | 大观元年三月罢右仆射（第二次） | 以疾请罢 | 《宋宰辅编年录校补》卷一二 |
| 邓洵武 | 大观元年五月罢中书侍郎 | 坐张怀素案 | 《宋宰辅编年录校补》卷一二《宋史》卷三二九 |
| 朱谔 | 大观元年六月,尚书右丞 | 卒于位 | 《宋宰辅编年录校补》卷一二 |
| 徐处仁 | 大观元年十月罢尚书右丞（第一次） | 丁母忧 | 《宋宰辅编年录校补》卷一二 |
| 梁子美 | 大观二年八月罢中书侍郎 | 不详 | 《宋宰辅编年录校补》卷一二 |
| 张康国 | 大观三年三月,知枢密院事 | 卒于位 | 《宋史》卷二〇、卷三五一 |
| 林摅 | 大观三年四月罢中书侍郎 | 被弹劾 | 《宋宰辅编年录校补》卷一二 |
| 管师仁 | 大观三年六月罢同知枢密院事 | 以疾请罢 | 《宋宰辅编年录校补》卷一二 |
| 蔡京 | 大观三年六月罢左仆射（第二次） | 被弹劾 | 《宋宰辅编年录校补》卷一二 |
| 余深 | 大观四年五月罢门下侍郎（第一次） | 自请罢 | 《宋宰辅编年录校补》卷一二 |
| 薛昂 | 大观四年六月罢尚书左丞（第一次） | 自请罢 | 《宋宰辅编年录校补》卷一二 |
| 郑居中 | 大观四年十月罢知枢密院事（第一次） | 被弹劾 | 《宋宰辅编年录校补》卷一二 |
| 张商英 | 政和元年八月罢右仆射（第二次） | 被弹劾 | 《宋宰辅编年录校补》卷一二 |
| 王襄 | 政和元年九月罢同知枢密院事 | 坐荐引近侍 | 《宋宰辅编年录校补》卷一二 |
| 吴居厚 | 政和三年正月罢知枢密院事（第二次） | 以老请罢 | 《宋宰辅编年录校补》卷一二 |
| 邓洵仁 | 政和三年四月罢尚书右丞 | 被弹劾 | 《宋宰辅编年录校补》卷一二 |
| 何执中 | 政和六年四月,太傅 | 致仕 | 《宋宰辅编年录校补》卷一二 |
| 刘正夫 | 政和六年十二月,少宰 | 致仕 | 《宋宰辅编年录校补》卷一二 |
| 郑居中 | 政和七年八月罢太宰（第二次） | 丁母忧 | 《宋宰辅编年录校补》卷一二 |
| 侯蒙 | 政和七年十月罢中书侍郎 | 以疾请罢 | 《宋宰辅编年录校补》卷一二 |
| 薛昂 | 重和元年九月罢门下侍郎（第二次） | 自请罢 | 《宋宰辅编年录校补》卷一二 |
| 范致虚 | 宣和元年九月罢尚书左丞 | 丁母忧 | 《宋宰辅编年录校补》卷一二 |

续表

| 姓名 | 罢免时间及官职 | 罢免事由 | 资料来源 |
|---|---|---|---|
| 蔡京 | 宣和二年六月,太师(第三次) | 致仕 | 《宋宰辅编年录校补》卷一二 |
| 余深 | 宣和二年十一月罢太宰(第二次) | 自请罢 | 《宋宰辅编年录校补》卷一二 |
| 冯熙载 | 宣和三年十一月罢中书侍郎 | 被弹劾 | 《宋宰辅编年录校补》卷一二 |
| 王安中 | 宣和五年正月罢尚书左丞 | 自请罢 | 《宋宰辅编年录校补》卷一二 |
| 郑居中 | 宣和五年六月,太师(第三次) | 卒于位 | 《宋宰辅编年录校补》卷一二 |
| 童贯 | 宣和五年七月,领枢密院事 | 致仕 | 《宋宰辅编年录校补》卷一二 |
| 王黼 | 宣和六年十一月,太宰 | 致仕 | 《宋宰辅编年录校补》卷一二 |
| 蔡京 | 宣和七年四月,太师(第四次) | 复致仕 | 《宋宰辅编年录校补》卷一二 |
| 白时中 | 靖康元年正月罢太宰 | 自请罢 | 《宋宰辅编年录校补》卷一三 |
| 蔡懋 | 靖康元年二月罢尚书左丞 | 被弹劾 | 《宋宰辅编年录校补》卷一三 |
| 李邦彦 | 靖康元年二月罢太宰 | 被弹劾 | 《宋宰辅编年录校补》卷一三 |
| 宇文粹中 | 靖康元年二月罢尚书右丞 | 金兵退 | 《宋宰辅编年录校补》卷一三 |
| 种师道 | 靖康元年二月罢同知枢密院事 | 金兵退 | 《宋宰辅编年录校补》卷一三 |
| 蔡攸 | 靖康元年二月罢领枢密院事 | 被弹劾 | 《宋宰辅编年录校补》卷一三 |
| 王孝迪 | 靖康元年二月罢中书侍郎 | 被弹劾 | 《宋宰辅编年录校补》卷一三 |
| 李棁 | 靖康元年三月罢尚书左丞 | 奉使失辞 | 《宋宰辅编年录校补》卷一三 |
| 张邦昌 | 靖康元年三月罢太宰 | 出使金 | 《宋宰辅编年录校补》卷一三 |
| 宇文虚中 | 靖康元年三月罢签书枢密院事 | 被弹劾 | 《宋宰辅编年录校补》卷一三 |
| 赵野 | 靖康元年四月罢门下侍郎 | 被弹劾 | 《宋宰辅编年录校补》卷一三 |
| 路允迪 | 靖康元年六月罢签书枢密院事 | 与金议和 | 《宋宰辅编年录校补》卷一三 |
| 徐处仁 | 靖康元年八月罢太宰(第二次) | 被弹劾 | 《宋宰辅编年录校补》卷一三 |
| 吴敏 | 靖康元年八月罢少宰 | 被弹劾 | 《宋宰辅编年录校补》卷一三 |
| 许翰 | 靖康元年八月罢同知枢密院事 | 太原兵败 | 《宋宰辅编年录校补》卷一三 |
| 李纲 | 靖康元年九月罢知枢密院事 | 被弹劾 | 《宋宰辅编年录校补》卷一三 |
| 冯澥 | 靖康元年十一月罢知枢密院事 | 与金议和 | 《宋宰辅编年录校补》卷一三 |
| 何栗 | 靖康元年十一月罢中书侍郎 | 不赞成割地,自请罢 | 《宋宰辅编年录校补》卷一三 《皇朝编年纲目备要》卷三〇 |
| 李回 | 靖康元年十一月罢签书枢密院事 | 不能抗金 | 《宋宰辅编年录校补》卷一三 |
| 唐恪 | 靖康元年闰十一月罢少宰 | 以疾请罢 | 《宋宰辅编年录校补》卷一三 |

## 第五章 宋徽宗、宋钦宗时期弹劾的深度异化

由表5-1可知,宋徽宗、钦宗时期的宰辅除了3人次卒于位、6人次致仕外,被罢免者有59人次,其中26人次的罢免原因是被士大夫弹劾,占比约44%,其他则是因疾病、年老、避嫌、丁忧等各种缘故而被罢职,可见,弹劾是宰辅被罢的主要原因。其中,宰相因被劾而罢免的比例更高一些,在16人次宰相的罢免中,被劾罢相者为9人次,占比56%,虽然不能与弹劾鼎盛的宋仁宗朝、宋哲宗朝相比,但也算是一个小高峰了。只是,弹劾的功用已经发生很大变化,这时的弹劾绝大多数是士大夫排斥异己、打击对手的方式,不再是监察官员的手段了。

宋徽宗即位之初,向太后应徽宗的请求,"权同处分军国事",而且"凡绍圣、元符以还,惇所斥逐贤大夫士,稍稍收用之",①有意调和新旧两派、元祐与绍圣两派之间的矛盾。于是,在元符三年(1100),一方面任用、恢复一些元祐旧臣的职位,如以韩忠彦为门下侍郎,范纯仁、刘奉世、吕陶、苏轼等20余人,"悉牵复有差","刘挚、梁焘许归葬;挚、焘、王珪、吕大防、范祖禹、王岩叟、刘安世、朱光庭诸子并许叙复";②一方面任用龚夬为殿中侍御史,陈瓘、邹浩为左、右正言③,以弹劾的方式罢免了部分绍圣大臣。遗憾的是,台谏官的弹劾大多还是沿用绍圣大臣的做法,以主观性的评判代替具体论事,使得弹劾的异化更加扩展。

五月,尚书左丞蔡卞因台谏官龚夬、陈瓘的交相论列被罢,其中龚夬的弹章言:

> 伏见尚书左丞蔡卞操心深险,赋性奸邪,始自阿附权臣,致位二府,既而渐盗威福,中分国柄。囊怨宿仇,阴加报复,不附己者,弃斥无余。止缘为王安石之婿,妄谓尽传安石之学,以欺朝廷。于是一时嗜利之人禽然附之,以助成其说,使天下不睹是非之实久矣。恭惟先帝体貌大臣,极于恩礼,而卞之事君如此,可谓忠乎?既不忠于先帝,岂能忠于陛下?今乃参预机政,是以清议沸腾。伏望圣慈察其奸邪,断自宸衷,特行重黜,以慰天下之望,非独愚臣之私愿也。④

---

① 脱脱等:《宋史》卷二四三,《后妃下·神宗钦圣献肃向皇后》,第8630页。
② 陈均:《皇朝编年纲目备要》卷二五,元符三年二月,第621—622页。
③ 陈均:《皇朝编年纲目备要》卷二五,元符三年三月,第622页。
④ 杨仲良:《皇宋通鉴长编纪事本末》卷一二〇,《徽宗皇帝·逐惇卞党人》,第2009页。

此篇弹章较有代表性,反映了宋徽宗初期元祐臣僚或者倾向于元祐的士大夫对待绍圣大臣的态度。从内容看,此弹章不完整,未见涉及蔡卞职务犯罪、个人道德等方面的叙述,主要还是运用包含着情感因素的言辞,突出蔡卞的奸邪和排斥异己,且将其归纳为对皇帝的"不忠",不过,弹章的语气不似绍圣时期士大夫奏劾元祐臣僚的奏疏那么强硬、激烈。质言之,由于向太后意欲缓和不同政见者之间的矛盾,故此时的弹章虽然总体上没有改变宋哲宗朝以来的攻击性文风,但语气相对而言和缓一些,语词亦稍显谨慎。

同时,还出现了带有宋仁宗朝弹章风格的奏疏,我们可以将其看作是理性弹劾的回归,陈瓘奏劾章惇的弹章即属此类。史籍收录有陈瓘较为完整的弹章一篇,应该能够反映此类弹劾的情况。其言:

> 臣闻人臣之功罪,不论则不明;朝廷之威罚,不断则不行……臣伏见左仆射章惇,罪恶显著,久稽天讨。方哲宗大渐之时,太母定策之际,惇为宰相,首发异议,一语乖倒,寻合诛殛。陛下以天地之量,置其言于度外,勉加优礼,如待功臣,容德之大,古无有也。按惇独宰政柄,首尾七年,随其喜怒,恣作威福。助尊私史,则至于薄神考;矜伐己功,则至于累宣仁。乐于用兵,大开边隙。陕西之民愁矣,而进筑不已;内府之财竭矣,而辇运不休。忘祖宗积累之艰,轻朝廷根本之地。谓人之怨怒为当尔,谓天之谴戒为偶然。斥公论为流俗,以献忠为诽谤。杀张天悦之徒,以钳众口;广邹浩之狱,以绝言路。天下震骇,人多自危。赖宗庙之灵,不廷不虞之变,幸未发耳!哲宗一于委任,何负于惇,惇负哲宗,乃至于此。虽阴谋密计,发于蔡卞,而力行果断,惇实主之。用《春秋》诛意之法,则罪卞可也;任扶危持颠之责,则非惇而谁?然则卞为谋主,惇乃罪魁,奸厥渠魁,理不可赦。今惇仰恃容贷,谋脱身祸,自谓前日之事皆禀命于哲宗,职当奉行,非惇罪也。呜呼!罪不在惇,其在谁乎!忍为此言,重可伤叹。孔子曰:善则称君,过则称己,则民作忠。前日之事,献可替否,假有不售,忠臣之义,犹当归过于己。又况哲宗本意,不为已甚,故惇之所谋,多不见从。臣请以二事验之,可以考其余矣。乃者宣训之说,究治之事,喧播中外,上干宣仁,高氏一门,几不获免,主张保全,力沮其说者,以哲宗本意不为已甚故

254

第五章 宋徽宗、宋钦宗时期弹劾的深度异化

也。元祐大臣初议诛灭,及其流窜,尚欲剿除,然而臣下之意,竟不得行,梅岭以南,犹有全活而北归者,以哲宗本意不为已甚故也。今事出哲宗者,则托于密赞,而掠为己功;己之所行,则托于禀命,而归之先烈。所可痛心,孰大于是……今惇于往事,每有匡衡归过之心,而献言之人,未闻耿育深痛之议,其何以称陛下钦承继述之意乎?臣每因奏事,屡奉德音,陛下语及哲宗,则圣颜惨动,感戚之意,形于挽章。笃于天伦,实出圣性,厚天下之俗,正赖乎此。然而惇犹充位,威断未行,故靡薄之风,尚未消沮,而仁厚之化,所以未孚于天下也。宗庙之轻重,主威之强弱,皆系陛下所以处惇者如何而已,安危之机,不可不虑。且陛下初去蔡卞,为其薄神考也;次责邢恕,为其累宣仁也。惇负哲宗,其恶尤大,今若正此之罪,则君道永正,母道永尊,而继述之义,永无怼矣。伏望陛下躬揽之初,先正惇罪,虽用祖宗之意不杀大臣,而流窜之刑亦有近例。惟速示威断,以协公议,天下幸甚。①

这是一篇内容完整、逻辑严密的弹章,既有开端的套语,也有典故的引用,从儒学理论、历史经验、政治实践等诸多方面论证了贬黜章惇的必要性。从内容看,述及与章惇有关的一些具体事例,例如用兵开边致耗竭朝廷财力②,张天悦因妄言被诛③,

---

① 黄淮、杨士奇编:《历代名臣奏议》卷一八一,《去邪》,第 2379—2380 页;徐自明撰,王瑞来校补:《宋宰辅编年录校补》卷一一,《元符三年》,第 668—669 页。《历代名臣奏议》将其列为任伯雨的上疏,据《宋宰辅编年录校补》《皇宋通鉴长编纪事本末》,此章应为陈瓘的奏疏。
② 据史籍记载,章惇为相之时,不认可元祐"怀柔外国"的策略,"遂用浅攻挠耕之说,肆开边隙,绝夏人岁赐,进筑汝遮等城,陕西诸道兴役五十余所,败军覆将,复弃青唐,死伤不可计"(脱脱等:《宋史》卷四七一,《奸臣一·章惇传》,第 13712 页)。对于章惇的外交政策,可以有诸多不同的评价,不过从以陈瓘为代表的士大夫角度而言,如此做法使得朝廷用兵过繁,边境不宁,耗费财力,且不利于天下的安定。
③ 张天悦(亦有记为"张天说"者,应为同一人)妄言一案见《皇朝编年纲目备要》《皇宋通鉴长编纪事本末》等史籍。史载宋哲宗在关于张天说案件的报告上批言:"天说所进书,观其立意狂妄,诋讪之言,上及先帝,下及朝廷。可送开封府取勘。"后开封府受诏审理,认为"天说私有景祐《福应太一集要》,及上书诋讪先朝,情不可恕,特处死",于是诛张天说,"自是妄言者莫不诛死"(陈均:《皇朝编年纲目备要》卷二四,绍圣四年闰二月,第 599—600 页)。由于史料阙载,张天说上书的具体内容已不得而知。此事发生于章惇任相之时,虽然没有直接证据说明诛杀张天说为章惇所为,但以其宰相的身份及其擅权的状况,显然不可能置身事外。

255

邹浩之狱株连甚广①,议追废宣仁高太后②,过度贬窜元祐大臣③,等等。这些事件皆发生于章惇任宰相之时,大多数与章惇有着直接的关联,如开边、邹浩之狱、追废高太后、追贬元祐大臣等,张天悦被诛一事虽无证据说明与章惇直接相关,但以其为相时擅权用事的情况看,应该也得到章惇认可,甚至很可能还是其促成的。弹章述及的这些事例不属于贪污受贿之类的职务犯罪,而是擅权用事,排斥异己,违反了儒学所倡导的忠于皇帝的政治伦理,故陈瓘言章惇"其恶尤大"。从弹章的言辞看,绍圣、元符时期动辄使用的"奸邪""党与"等充满贬义的语词不见了,取而代之的是既带有感情色彩,又相对客观的评判性话语,如"恣作威福""惇负哲宗""罪魁"等等。因此,陈瓘的弹章可谓论事兼论人,在具体事例的基础上论述章惇的罪行,有理有据,较有说服力,同时亦不会引起官场的不良弹劾之风。可见,向太后的"调和"之政,对于朝廷政风影响较大。

就表5-1所反映的情况看,有一些宰辅经历了两次以上的罢免,如蔡京自崇宁元年(1102)拜相,崇宁五年(1106)罢,大观元年(1107)再度拜相,大观三年(1109)第二次罢相,政和二年(1112)再入中书,宣和二年(1120)致仕,宣和六年

---

① 邹浩之狱,前已述及。元符二年,邹浩为右正言,屡次奏劾章惇,章惇内心非常忌恨。后邹浩劝谏宋哲宗不可立贵妃刘氏为皇后,使得哲宗极为尴尬,章惇说服宋哲宗,重黜邹浩新州编管,且"凡与浩来往及书简赆遗者,若王回、傅楫、张庭坚二十余人,下至太学生与夫僧道,无不罹罪"(李焘:《续资治通鉴长编》卷五一五,元符二年九月注文,第12258—12259页)。

② 章惇、蔡卞追贬元祐大臣时,罗织言论,构陷臣僚,致使其中某些事件牵涉到宣仁高太后,且"内结宦者郝随为助,专媒孽垂帘时事,建言欲追废宣仁圣烈皇后",甚至自拟诏书,"请上诣灵殿宣读施行"。后在皇太后、皇太妃等人的劝谏下,宋哲宗醒悟,"取惇、卞奏就烛焚之"。第二天章惇、蔡卞仍然请求继续施行,宋哲宗发怒,言:"卿等不欲朕入英宗庙乎!"此事才作罢(李焘:《续资治通鉴长编》卷四九五,元符元年三月,第11774—11775页)。

③ 章惇唯恐元祐旧臣复起,威胁自己的地位,于是在绍圣、元符年间一再提议贬黜、流放元祐大臣,甚至与蔡卞一同建议,对司马光和吕公著"皆当发冢斫棺",宋哲宗不许,只令"拆去官修碑楼、磨毁奉敕所撰碑文"(杨仲良:《皇宋通鉴长编纪事本末》卷一〇一,《哲宗皇帝·逐元祐党上》,第1747页)。绍圣四年,章惇又"议遣吕升卿、董必察访岭南,将尽杀流人",宋哲宗还是不同意,其言:"朕遵祖宗遗制,未尝杀戮大臣,其释勿治。"(脱脱等:《宋史》卷四七一,《奸臣一·章惇传》,第13711—13712页。)可见,宋哲宗虽然对元祐大臣极为不满,但还不至于对他们斩尽杀绝。

第五章　宋徽宗、宋钦宗时期弹劾的深度异化

(1124)起复,宣和七年(1125)又致仕①,在相位凡15年,其影响几乎涵盖整个宋徽宗、宋钦宗时期,史臣评价其"天资凶谲,舞智御人,在人主前,颛狙伺为固位计,始终一说,谓当越拘挛之俗,竭四海九州之力以自奉"②。此外,还有郑居中两次罢相,第三次拜相后卒于相位,蔡卞、张商英、赵挺之、吴居厚、徐处仁、余深、薛昂等宰辅官员,皆是两次被罢免。这些宰辅均任职于宋徽宗崇宁之后,他们赞成徽宗继续其父宋哲宗的"绍述"政治,但互相之间在某些具体问题上的意见又并不完全一致,加之权力斗争的影响,使得他们的矛盾亦较多,尤其是张商英,由于与蔡京的矛盾非常尖锐,甚至被蔡京列入元祐党籍名册中③。

　　向太后驾崩后,宋徽宗仅仅维持了一年的调和之政,随即以改元"崇宁"的方式宣告结束,转而继续宋神宗的变法。政治理念的改变导致与政治密切相关的弹劾的变化,向太后时期重视具体事例的奏劾方式的回归,注定只是昙花一现,崇宁后的弹劾很快又恢复了绍圣、元符时期的风格,恶贬被劾者的弹章又占据绝大多数,即使提及具体事例,也是突出充满感情色彩的、斥责被劾者的主观态度。崇宁元年(1102)五月,左司谏吴材、右正言王能甫在右仆射曾布的指使下,奏劾宰相韩忠彦,致使韩忠彦罢相,弹章中有言:"哲宗践阼之初,退托不言,大臣因缘为奸,变神考之法度,逐神考之人才者,司马光、吕公著。陛下践阼之初,退托不言,大臣因缘为奸,变神考之法度,逐神考之人才者,韩忠彦、李清臣。此四人者,罪同恶均,难议差别。光与公著,尝被追贬,清臣已系殂亡,所有忠彦偃然据位,若令善去,何以为奸邪之警?"此外,吴材还另有奏劾,言"臣近三奏忠彦引用元祐奸党,尽变神考法度。赖陛下照见奸谋,力持绍述之议,而忠彦不知愧耻,终

---

① 徐自明撰,王瑞来校补:《宋宰辅编年录校补》卷一一,《崇宁元年》,第700页;徐自明撰,王瑞来校补:《宋宰辅编年录校补》卷一一,《崇宁五年》,第723页;徐自明撰,王瑞来校补:《宋宰辅编年录校补》卷一二,《大观元年》,第731页;徐自明撰,王瑞来校补:《宋宰辅编年录校补》卷一二,《大观三年》,第747页;徐自明撰,王瑞来校补:《宋宰辅编年录校补》卷一二,《政和二年》,第764页;徐自明撰,王瑞来校补:《宋宰辅编年录校补》卷一二,《宣和二年》,第791页;徐自明撰,王瑞来校补:《宋宰辅编年录校补》卷一二,《宣和六年》,第807页;徐自明撰,王瑞来校补:《宋宰辅编年录校补》卷一二,《宣和七年》,第808页。
② 脱脱等:《宋史》卷四七二,《奸臣二·蔡京》,第13727页。
③ 崇宁三年六月,在蔡京的主导下,朝廷重新确立元祐党籍,张商英位列其中,"通三百九人,刻石朝堂"(杨仲良:《皇宋通鉴长编纪事本末》卷一二二,《徽宗皇帝·禁元祐党人下》,第2053—2057页)。

无引去之意"。① 虽然未见弹章全文,但现存文字中的鞭挞之意已非常清楚,围绕一个"奸"字,将被劾者刻画为破坏新法的罪人。

实际上,韩忠彦在士林中有着较好的口碑,他是著名宰相韩琦之子,宋哲宗亲政后,臣僚多争言高太后垂帘不当之事,韩忠彦劝谏哲宗效法宋仁宗,下诏诫饬这种讥斥垂帘、"持情近薄"的行为②。宋徽宗即位后,与向太后共同执掌政权,元符三年(1100)二月,以韩忠彦为门下侍郎,忠彦提出四项建议:一为广仁恩,"本朝自祖宗以仁德固结人心,四方如泰山之安。近年,执政骛于功利,以苛察相高,政太急,刑太峻,岂社稷之福哉! 愿陛下以仁安天下之心";二为开言路,"谏官御史,人主之耳目,愿陛下来忠直厚重之士,亲加识擢。若敢言有补,则行其言,用其人";三是去疑似,"法无旧新,便民则为利;人无彼此,当材则可用。自绍圣以来,凡曰元祐之人,大则投窜,小则退斥。愿陛下惟是之从,惟材之用";四是重用兵,"先帝于陕西、河东,进筑城寨数十,得地虽广,而不可耕,皆永兴等路饷之,虚内实外,民力大困。愿陛下考用兵以来,费几千万? 而所建之地收以为用者,其数几何? 而边民父子肝脑涂地,与官军物故者,其数又几何? 则进筑利害,皎然见矣。谓宜亟罢以惠边民"。③ 韩忠彦的建言非常明显地体现了向太后的调和之意,也符合当时的实际情况,故深得信任,很快又拜为左仆射。此时,与其同在相位者为曾布,两人的性格、政治主张皆不同,韩忠彦柔懦,曾布刚强;韩忠彦"以元祐、绍圣均为有失,欲以大公至正消释朋党",为此不得不"邪正杂用",④曾布不一样,他的"调和"只是其谋取相位的借口,他在绍圣、元符时知枢密院事,经常利用与宋哲宗独对的机会进言绍述,后向太后专意调和,曾布又迎合向太后而有所收敛。正是因为两人有如此大的差异,曾布才会唆使台谏官奏劾韩忠彦。

韩忠彦罢相不到1个月,曾布亦为台谏官所弹劾。殿中侍御史钱遹奏劾曾布"伏见尚书右仆射曾布,力援元祐之奸党,分别要途;阴挤绍圣之忠贤,远投散地。挈提姻娅,骤致美官,汲引儇浮,盗窃名器。爱婿交通乎近习,诸子邀结乎缙

---

① 陈均:《皇朝编年纲目备要》卷二六,崇宁元年五月,第659—660页。
② 脱脱等:《宋史》卷三一二,《韩琦传附韩忠彦传》,第10231页。
③ 陈均:《皇朝编年纲目备要》卷二五,元符三年二月,第621页。
④ 徐自明撰,王瑞来校补:《宋宰辅编年录校补》卷一一,《元符三年》,第679页。

绅。造请辐凑其门,苞苴日盈私室。呼吸立成祸福,喜怒遽变炎凉。钩致齐人之嵚言,欲破绍圣之信史。曲徇法家之谬说,轻改垂世之典型。为臣不忠,莫大于此! 兼布初以韩忠彦为心膂,李清臣为爪牙,协济奸谋,共伸私忿。其趣虽异,厥罪惟均……况日食地震、星变旱灾,岂盛时常度之或愆? 乃柄臣不公之所召。人神共怒,天地不容。欲乞早正典刑,慰中外之望"①。钱遹的弹章,言辞犀利,语气汹汹,甚至以灾异现象的频繁发生突出曾布之恶,更加显示出宋哲宗时期已然形成的攻击性弹章风格未变。以台谏官为主的弹劾行为,主要还是以大量充满感情色彩的主观性语词大力贬斥被劾者,将其评判为违反儒学政治伦理的"奸臣",以此达到毁坏被劾者形象的目的。质言之,向太后去世后,宋徽宗锐意恢复宋神宗新法,改变了向太后意欲缓和不同政见者矛盾的主张,导致士大夫阶层已经形成的互相攻击、互相排斥的政风继续蔓延,任何一方,一旦有机会弹劾另一方,均不可避免地使用尖锐严厉、充满憎恶的语词斥责不同政见者,唯恐话语不够铿锵有力,语气不够咄咄逼人。

这样一种文风的形成,与皇帝的纵容有着密切的关联。宋徽宗改元"崇宁"后,曾布利用台谏官邹余、郭熙等人,提议对已故元祐大臣吕大防、范纯仁、刘挚、王岩叟、司马光、苏轼等再行责降,制词由曾布草定、宋徽宗认可,一经发布,对于政风即具有较强的引导作用。现以责授刘挚、王岩叟、司马光等人的制词为例,看看宋徽宗崇宁元年(1102)的贬毁风气,如何在语词中予以表现。制词全文如下:

> 尊主庇民,人臣之职。其事上则不敬,其谋国则不忠,犯义干刑,孰大于此。尔等遭时艰疚,身处庙堂。垂帘则惟奉渊嘿,退朝则妄议宗庙。纷乱纲纪,废毁典章。凡以行之法度,靡不变更;所进之人材,靡不斥逐。以道听途说,施之政事,而不恤于民情;以朋比诡诶,自谓谅直,而囷稽于士论。盖内怀怨望好胜,遂外而忘君臣之义。推原罪愿,其可胜诛。绍圣躬揽万机,首加窜逐。朕入缵大服,与物更新,朋邪之人,适复在位。甄叙眷恤,靡不过

---

① 杨仲良:《皇宋通鉴长编纪事本末》卷一三○,《徽宗皇帝·久任曾布》,第 2205—2206 页。

优,言路交章,谓宜追改。稍从裁削,姑示至公,尚其有知,膺此明命。①

制词开端即明白指出,人臣应以尊主、庇民为本职,而梁焘、刘挚等被责官员却完全不尽职,是为不敬、不忠,然后说明不敬、不忠的各种表现,如妄议宗庙、纷乱纲纪、朋比诐谀等,最后以"其可胜诛"点出被责官员的罪行之大。整篇制词虽然不似台谏官的弹章那样直接使用奸邪、党附等较为激烈的指责性语词,但其所包含的价值判断十分清晰,即这些元祐大臣的行为不符合儒学的伦理道德。北宋士大夫继承了唐朝后期以韩愈、柳宗元为代表的古文运动的传统,进一步倡导"文以载道",追求文章的伦理道德功能,如欧阳修主张,君子为文必包含道之意,"君子之于学也务为道,为道必求知古,知古明道,而后履之以身,施之于事,而又见于文章而发之,以信后世"②,只有载道的文章才能流传千古。对于士人片面追求文辞的华美以至于有损弘扬"道"的行为,程颐认为:"凡为文,不专意则不工,若专意则志局于此,又安能与天地同其大也……古之学者,惟务养情性,其他则不学。今为文者,专务章句,悦人耳目。既务悦人,非俳优而何?"③这些士大夫的思想对于北宋文章的风格有着很大的影响,士人撰文的重点不再是辞章的华丽、用字的旖旎,而是弘扬儒学之道。皇帝发布的诏令是政治性很强的文体,更要突出朝廷所提倡的价值观,因此,与前朝相比,其写法亦相应发生变化,如上述制词,没有华美的辞藻和繁复的典故,而是为文简洁,用词平实,表达明确,与北宋兴起的古文风格较为吻合。同时,按照欧阳修的说法,北宋文章所载之"道",主要指"周公、孔子、孟轲之徒常履而行之者是也"④,我们可以将其理解为中国古代儒学所倡导的伦理道德,这是关于人与人之间关系的规定,内容丰富而具体,包括孝、悌、敬、忠、仁、义、礼、智、信等诸多条目。经过北宋初期到中期的发展,宋代儒学更加强调忠和孝,使得忠、孝成为衡量士大夫道德高低的重

---

① 佚名编:《宋大诏令集》卷二一〇,《故责授梁焘、刘挚、王岩叟、司马光、文彦博制》,第796页。
② 欧阳修撰,李之亮笺注:《欧阳修集编年笺注》卷六六,《与张秀才第二书》,第4册,第248页。
③ 程颢、程颐:《二程集·河南程氏遗书》卷一八,《刘元承手编》,第239页。
④ 欧阳修撰,李之亮笺注:《欧阳修集编年笺注》卷六六,《与张秀才第二书》,第4册,第248页。

要标准,而移孝为忠又是宋代士大夫竭力提倡的价值观,《孝经》有言:"君子之事亲孝,故忠可移于君。"北宋邢昺解释为"君子之事亲能孝者,故资孝为忠,可移孝行以事君也"。① 由此,徽宗在制词中斥责梁焘、刘挚等士大夫不忠君,放在北宋的政治文化背景之下,自然是其罪可诛了。

皇帝发布的制书是朝廷政治导向的重要风向标,在其影响下,以台谏官为主的士大夫对于不赞同新法的朝廷官员进行了猛烈的弹劾,且沿袭了宋哲宗绍述政治的风格,特别突显被劾官员的"奸邪",将其看作是对皇帝不忠的重要表现。如崇宁五年(1106)蔡京罢相后,中书侍郎刘逵秉政,处事专恣,御史余深、石公弼等奏劾刘逵"怀奸徇私,愚视一相,乘间抵巇,取崇宁以来良法美意而尽废之。陛下息邪说以正人心,而逵取为元祐学术者;陛下斥朋党以示好恶,而逵进用党人之子孙;陛下罪诬诋以尊宗庙,而逵擢上书邪等者;陛下勤继述以绍先烈,而逵用更改熙丰法令者。惟欲权出于己,引致朋邪,呼吸群小,如毛滂、翟汝文之徒,朝夕造请,岂容尚执政柄?",导致刘逵被罢职,出知亳州。② 余深等人的弹章虽然不完整,但其所蕴含的贬抑之意,通过存留于残章中的"怀奸徇私""朋邪""群小"等语词,还是充分表达了出来,这样的文风突显了弹劾异化的深度发展。类似的奏劾在宋徽宗、宋钦宗时期经常出现,对于士大夫阶层中的政见不同者,即通过弹劾的方式予以遏抑、打击。

北宋晚期的宰辅中,有一位人物很值得关注,即童贯。童贯是宦官,尽管整个北宋时期也曾出现过一些对政治有影响的宦官,如宋太宗朝的王继恩、宋仁宗朝的阎文应、宋神宗朝的宋用臣等等,但能够跻身宰辅者,仅童贯一人。宋徽宗即位之初,童贯曾奉旨到三吴地区寻访书画奇巧,蔡京此时恰因御史陈次升等人的弹劾而外居杭州,童贯"留杭累月,京与游,不舍昼夜。凡所画屏幛、扇带之属,贯日以达禁中,且附语言论奏至帝所,由是帝属意京"③,对于蔡京的起复起到了重要作用。后蔡京拜相,童贯亦因出众的军事才能而"积功累徙奉宁军节度使。贯恃功,稍自专军政,选置将吏官属,皆捷取中旨,不复关朝廷,寝忤京意",宋徽宗欲除童贯开府仪同三司,蔡京反对,认为:"贯以宦者建节钺过矣,使

---

① 李隆基注,邢昺疏:《孝经注疏》卷七,《广扬名章第十四》,第69页。
② 陈均:《皇朝编年纲目备要》卷二七,崇宁五年十二月,第691页。
③ 脱脱等:《宋史》卷四七二,《奸臣二·蔡京传》,第13722页。

相岂所当得邪?"①由此使得两人关系开始交恶。不过,由于宋徽宗对童贯的信任,政和六年(1116)十一月除童贯为签书枢密院事,政和七年(1117)三月改权领枢密院事,十二月领枢密院事②。在蔡京专恣擅权、党羽遍布朝堂的情况下,与之交恶的童贯居然还能够平步青云,原因之一就在于宋徽宗希冀借助童贯的力量牵制蔡京,以防蔡京越权太甚。在皇帝看来,宦官无强大的外朝支持,又侍奉于皇帝左右,易于亲近,是皇帝信赖的群体,面对擅作威福的宰相,皇帝很自然地想到以身边的人来予以约束。具体到宋徽宗而言,由于其与蔡京在艺术、文化、志趣等方面有较多的共同语言,所以尽管屡次罢免蔡京,宋徽宗还是离不开蔡京,而徽宗亦非十足庸君,他对于蔡京的奸邪、擅权又非常清楚,即宋徽宗离不开蔡京,又担心其专权。在如此矛盾的情况下,宋徽宗任用童贯以牵制蔡京,实则是其贯彻"异论相搅"的"祖宗之法"的一种表现,只是由于童贯的宦官身份及其谄谀、奸巧的处事方式,使得士大夫们对童贯没有好感,故而屡次对其进行弹劾。

政和八年(1118)五月,即童贯领枢密院事不到一年,因安惇遗泽而补官的安尧臣上疏,言"乞寝燕云兵事",而童贯力主收复燕云地区,故安尧臣的上疏中包括较多奏劾童贯的内容。现以此疏为例,看看当时士大夫对童贯的看法:

> ……比年以来,言事之臣朝奏夕贬,天下之人结舌杜口,以言为讳。乃者宦寺专命,交结权臣,共唱北伐之议,思所以蠹国而害民,上自宰执,下至台谏,曾无一人肯为陛下言者,咸以前车为戒,陛下复何赖焉? 臣愚以为燕云之役兴,则边隙遂开;宦寺之权重,则皇纲不振。此臣所以日夜寒心者也……臣观自古国家之败,未尝不由宦者专政……大抵此曹手执帝爵,口衔天宪,则臣下之死生祸福在焉。出入卧内,靡间朝夕,巧于将迎,则君心为之必移。况隆以高爵,分以厚禄,加之以信任,以资其威福之权哉……今乃不然,宦寺之数,不知其几,但见腰金拖紫,充满朝廷,处富贵之极,忘分守之

---

① 徐自明撰,王瑞来校补:《宋宰辅编年录校补》卷一二,《政和六年》,第773页。
② 脱脱等:《宋史》卷二一二,《宰辅三》,第5523—5524页。

严,专总威权,决议中禁。蔽九重之聪明,擅四海之生杀。怀谄谀之心巧媚曲求者,则举而登用,励匪躬之操直情忤意者,则旋见排斥。以致中外服从,上下屏气。府第罗列大都,亲族布满丹陛。南金和璧、冰绡雾縠之积,富侔天子;嫱媛侍儿、歌童舞女之玩,僭拟后宫。狗马饰雕文,土木被缇绣。更相援引,同恶相济,一日再赐,一月累封。爵禄极矣,田园广矣,金缯溢矣,奴婢官矣,缙绅士大夫尽出其门矣,非复向时掖廷永巷之职、闺阃房闼之任也,皇纲何由而振邪……请以误国之大者童贯而论之。臣谨按贯起自卑微,本无知谋,陛下付以兵柄,俾掌典机密。自出师陕右,已弥岁祀,专以欺君罔上为心,虚立城寨,妄奏边捷,以为己功。汲引群小,易置将吏,以植私党,交通馈遗,鬻卖官爵,超躐除授,紊乱典常。有自选调,不由荐举而改京秩者;有自行伍,不用资格而得防团者;有放逐田里,不应甄叙而擢登清禁者;有托儒为奸,懵不知书而任以兰省者。或陵德鲜礼,不通世务,徒以家累亿金,望尘下拜,公行贿赂而致身青云者,比比皆是;或养骄恃势,不知古今,徒以门高阀阅,摇尾乞怜,侥倖请托而立登要津者,纷纷接踵。一时鲜廉寡耻之人,争相慕悦,侵渔百姓,奉其所欲,惟恐居后……自法权归贯,纷更殆尽,战伤之卒秋毫无所得,死者又诬以逃亡之罪,赏罚不明,兵气委靡……山西劲卒,贯尽选为亲兵,实自卫也。方战伐之际,它兵躬行阵之劳;班师之后,亲兵冒无功之赏。意果安在?此天下所共憾,而陛下恬然不顾也。贯为将帅,每得内帑金帛以济军需,悉充私藏,乃立军期之法,取偿于州县。依势作威,倚法肆贪,暴征横敛,民不堪命,将士为之解体,贯方且意气洋洋,自为得计,凶焰勃然。台谏之臣,间有刚毅不回之士,爱君忧国,一言议及,则中以危法,遂使天下不敢言而敢怒,归怨陛下矣。今者中外之人,咸谓贯深结蔡京,同纳燕人李良嗣以为谋主,共唱北伐之议。经营之久,国既匮乏,乃更方田以增常税,均籴以充军储,茶盐之法,朝行暮改。民不奠居,加之以饥馑,迫之以重敛,其势必无以自全……①

安尧臣的奏疏中涉及宦官、童贯的内容较多,有赵宋立国以来宦官数量变化

---

① 徐梦莘:《三朝北盟会编》卷二,政和八年五月,上海古籍出版社2019年版,第9—13页。

的简单情况及北宋皇帝对宦官的限制,特别提到宋徽宗即位后对于宦官政策的改变,导致宦官数量的增加和权力的增强,以至于宦官居然影响到了朝廷政局。奏疏也着重论述了童贯的罪状,具体包括三个方面:一是轻授官爵,导致贿赂、请托盛行;二是自选亲兵,赏罚不明,严重影响军队士气;三是与朝臣蔡京结党,主张北伐谋取燕云地区。三条罪状中的任何一条,均足以破坏朝政,而童贯独领之,可见其不忠、不敬之状。严格看来,此篇奏疏的用语较为符合北宋仁宗时正常政治状态下的弹劾,也许由于士大夫在宦官面前所拥有的道德优势,使得他们不需要使用"奸臣""阴附"之类打击不同政见士大夫的激烈言辞,只需罗列宦官擅权、贪浊的罪状即可。遗憾的是,宋徽宗并不认可安尧臣的说法,他在生活和政治上信任童贯,且希冀以童贯牵制蔡京,防范蔡京专权,因此童贯得以任职枢府多年。

## 二、现任官的贬黜显现弹劾的滥用

宋徽宗、宋钦宗时期,虽然士大夫的弹劾行为仍然较为普遍,甚至表现为弹劾兴盛的情况,但实际上弹劾已遭到破坏,其在纠察官员、整饬纲纪、惩治腐败等方面的作用受到极大遏制,弹劾的负面作用,如打击异己、结党营私等等,反而凸显。吊诡的是,尽管如此,皇帝的权威并未受到影响,士大夫阶层内部的不同利益集团利用弹劾互相阻遏和争斗,致使弹劾被滥用,刺激了弹劾的频繁发生,而士大夫的博弈却有利于皇帝强化对各级官员的控制,其结果即是皇权的增强。可见,宋徽宗、钦宗时期的政治与弹劾有着密切的关联,此时弹劾异化的一个重要特征,就是滥用弹劾,导致现任官员被一贬再贬。

现任官员因被劾而一再遭贬的现象,在宋徽宗之前的北宋皇帝时期亦有出现。如吕惠卿曾在宋神宗熙宁八年(1075)十月,因御史中丞邓绾的弹劾而罢参知政事[①],到宋哲宗元祐元年(1086),又连续遭到台谏官苏辙、刘挚等人的奏劾,被贬为光禄卿,分司南京,数日后又有苏辙、王岩叟、王觌等台谏官的交相论列,吕惠卿再度被黜为建宁军节度副使,建州安置,这些台谏官的奏劾无一例外地皆

---

① 徐自明撰,王瑞来校补:《宋宰辅编年录校补》卷八,《熙宁八年》,第449—450页。

第五章　宋徽宗、宋钦宗时期弹劾的深度异化

突出吕惠卿的"奸邪""擅权"等罪行,即使弹章中包含具体的事例,也要用充满道德评判的言辞,损毁被劾者的形象。① 不过这样的情况毕竟不普遍,只是对个别的现任官员会采取屡次弹劾的方式,而宋徽宗时期,以台谏官为主的士大夫再三奏劾同一位现任官,致使其频频被黜,则成为常见的现象。

宋徽宗即位后,第一位因台谏官弹劾而罢免的宰辅蔡卞,即遭遇连续的贬黜,从而开了宋徽宗、宋钦宗时期弹劾深度异化的先河。元符三年(1100)五月,执政六年的蔡卞,因左正言陈瓘、殿中侍御史龚夬等台谏官的数十次奏劾,被罢免尚书左丞一职,此次弹劾得到了宋徽宗的默许,陈瓘欲劾蔡卞,事先对宋徽宗说:"臣欲击蔡卞,然未敢。"宋徽宗问原因,陈瓘言:"外议惧恐卞去则京进,以是未敢。然用京则不若存卞也。"徽宗否定了进用蔡京的说法,于是陈瓘才上疏弹劾蔡卞。② 君臣二人的对话反映出两个事实,一是蔡京、蔡卞兄弟同进宰辅的现象为人所诟病,说明即使到了宋徽宗时期,任官制度中的回避原则还是在一定程度上得到遵守;二是由于向太后的权同处分军国事,宋徽宗初期的政治形势对于变法派而言发生了重大变化,不再是其一派独大的情况,于是才有陈瓘与宋徽宗的对答。陈瓘奏劾蔡卞的弹章未能全部保留下来,仅余其中的部分内容,其言:

> 蔡卞痛斥流俗,力主国是,以不仕元祐为高节,以不习诗赋为贤士,自谓身之出处,可以追配安石。陛下建皇极之道,推旷荡之恩,好平恶偏,去彼取此,察流俗之可宥,知国是之当审,所以善述神考之政,而增光先帝之绪者。卞之所是,与此不合。道合则从,不合则去,此人臣之大节,而安石之所以为贤也。今卞持不合之意,处宜去之时,迟回顾位,复何所待? 安石进退,似不

---

① 脱脱等:《宋史》卷四七一,《奸臣一·吕惠卿传》,第13708页。苏辙的弹章载于《栾城集》卷三八、卷三九,刘挚的弹章载于《忠肃集·附录一》,王岩叟、王觌的弹章载于《续资治通鉴长编》卷三七九。现照录苏辙弹章的部分内容:"臣伏见前参知政事吕惠卿怀张汤之辩诈,兼卢杞之奸凶。诡变多端,敢行无度;见利忘义,黩货无厌……惠卿方为小官,自知失势,上章乞对,力进邪说,荧惑圣听,巧回天意。身为馆殿,摄行内侍之职,亲往传宣,以起安石……自是诤臣吞声,有识丧气,而天下靡然矣。至于排击忠良,引用邪党,惠卿之力十居八九……"(苏辙:《栾城集》卷三八,《乞诛窜吕惠卿状》,第843—847页)。从苏辙的弹章可以看到,宋哲宗朝台谏官在反复弹劾与他们政治主张不同的士大夫时,特别突出被劾者的"奸邪",以此说明其行为不符合儒学之道的要求。

② 徐自明撰,王瑞来校补:《宋宰辅编年录校补》卷一一,《徽宗元符三年》,第665—666页。

如此。愿以臣章示卞,自为去就。①

臣尝谓绍圣大臣负诬神考,轻欺先帝,皆托于继述之说。而倡此说者,尚书左丞蔡卞也。傅会经义,变乱名实。以继述神考为名,以纂述安石为主。宣仁圣烈皇后有大功德于天下,哲宗尝语近臣曰:"宣仁,妇人之尧舜也。"崇报之心,岂有极乎?然以失职之臣,不加将顺,凡元祐之所行,必扫荡而后已。则宣仁所厚如瑶华者,安得而不废乎?奉行其事,虽在惇等,寻考根源,则深嫉元祐,本出于卞。及其末流,势自如此。臣窃惟痛斥流俗而至于诛绝言路,深嫉元祐而至于雠毁宣仁。卞倡此说,立为国是。胁持上下,逆天违人。②

严格说来,上引陈瓘的第一篇奏疏并非规范的弹章,而是说明宋徽宗所举之"国是",即治理天下的政治主张已发生变化,蔡卞与其不相符合,所谓"卞持不合之意",故乞求徽宗许蔡卞罢职。当然,陈瓘也在弹章中指责蔡卞任人方面的问题,不过从用语看,没有过激的言辞,也没有攻击蔡卞为"奸臣",这样温和的弹章在北宋晚期还是不多见的。陈瓘的第二篇弹章,从语气、言辞等方面看,皆比第一篇严厉得多,不过还是以"国是"为中心展开论述,指出蔡卞改元祐之政、毁宣仁圣烈皇后的罪状。两篇弹章均准确无误地表明,政治主张不同是罢免宰辅的主要原因,此即宋徽宗、宋钦宗时期弹劾深度异化的表现之一,与发挥监督权力功能的常态化弹劾已完全不同。

五月,蔡卞被罢职为资政殿学士、出知江宁府,由中央的重要官职——宰辅,降为地方官;九月,因其兄蔡京之故,蔡卞又受到台谏官的弹劾,遭遇第二次贬黜。当时台谏官丰稷、陈师锡等人均有弹章奏劾蔡京,并牵连蔡卞亦被弹劾,其中陈师锡论及蔡卞的内容为:"资政殿学士、知江宁府蔡卞与京,兄弟同恶,迷国误朝,为害甚大。乞正典刑。"由此蔡卞又从主政一方的地方官被贬为太平州居住。③ "居住"类同于"安置",是宋代惩治被贬官员的方式之一,关于两者的区

---

① 杨仲良:《皇宋通鉴长编纪事本末》卷一二〇,《徽宗皇帝·逐惇卞党人》,第2009—2010页。
② 徐自明撰,王瑞来校补:《宋宰辅编年录校补》卷一一,《徽宗元符三年》,第666页。
③ 陈均:《皇朝编年纲目备要》卷二五,元符三年九月,第631页。

别,南宋人高斯得言:"散官则安置,追降官分司则居住,祖宗制也。"①显示"安置"和"居住"是不一样的处罚方式,而同为南宋人的张端义则言:"考之典故,安置待宰执、侍从,居住待庶官。"②即处罚一样,只是因受罚人的官职高低不同而有不同的说法。从北宋的实际情况看,并非只有庶官,即普通官员才使用"居住"的说法,位高权重的宰执人员被处以这一惩罚时,也有不少是言其被勒令在某地"居住"。如吕大防在宋哲宗元祐年间曾任尚书右丞,又晋为中书侍郎,拜尚书左仆射兼门下侍郎③,位极人臣,宋哲宗亲政后,元祐大臣多被贬职,外放地方,吕大防即于绍圣二年(1095)二月,"以监修史事贬秩,分司南京,安州居住"④。应该说,高斯得的说法较为准确一些,"居住"多是对追降官的处罚,而从处罚性质而言,则"居住"又类同"安置",即均不除名,不理事,有一定的人身自由和少量俸禄。也就是说,在不到半年的时间内,蔡卞即由尚书左丞降至太平州居住,太平州属江南东路,地点大致位于今安徽省当涂县附近,不算偏远。

十一月,又有侍御史陈次升对蔡京进行弹劾,使得蔡卞再次受到牵连,"降为太中大夫、守少府少监、分司南京,依旧太平州居住"⑤,太中大夫为从四品⑥,这是蔡卞遭受的第三次贬黜。这还不够,陈次升又奏劾蔡卞言:"蔡卞之与章惇俱盗权先朝,为天下害。卞以阴险谋之,惇以凶悍行之,二人同恶相济,罪当均一。臣谓惇之凶暴,其害物止于一时;卞则又败坏道术,使不得归正,疑乱风俗,使不得为善,其害又流于万世也。卞之为害,实不在惇下。惇既以散官安置潭州,而卞则止于近地分司,适遂所欲,何名为谪?人心未服,公议未厌。"于是又降蔡卞为中大夫,依前分司南京,移池州居住。⑦ 这是对蔡卞的第四次贬黜,中大夫比太中大夫又降一级,为正五品⑧,池州虽然与太平州一样同属江南东路,

---

① 脱脱等:《宋史》卷四〇九,《高斯得传》,第12327页。
② 张端义:《贵耳集》卷上,《全宋笔记》第六编(十),大象出版社2013年版,第306页。
③ 脱脱等:《宋史》卷三四〇,《吕大防传》,第10842页。
④ 脱脱等:《宋史》卷一八,《哲宗二》,第342页。
⑤ 杨仲良:《皇宋通鉴长编纪事本末》卷一二〇,《徽宗皇帝·逐惇卞党人》,第2015页。
⑥ 孙逢吉:《职官分纪》卷四八,《正议大夫通议大夫太中大夫中大夫中散大夫朝议大夫朝请大夫朝散大夫朝奉大夫》,第851页。
⑦ 杨仲良:《皇宋通鉴长编纪事本末》卷一二〇,《徽宗皇帝·逐惇卞党人》,第2015页。
⑧ 孙逢吉:《职官分纪》卷四八,《正议大夫通议大夫太中大夫中大夫中散大夫朝议大夫朝请大夫朝散大夫朝奉大夫》,第851页。

毕竟距离汴京又远一些,古代外放官员被贬地点距京城的远近,标志着对官员处罚的程度不同,距离京城越远,处罚也就越严重。

可见,蔡卞在不长的时间内,由正二品的尚书左丞①,降至正五品的中大夫,时间之短、降幅之大,均说明宋徽宗即位后,又一轮更为严重的、由于政治主张相异而导致的贬官开始了,而且这次的贬黜除了针对已故臣僚外,对于现任官的连续贬降变得比从前更加普遍,其中,以台谏官为主的弹劾行为,成为新一轮贬黜现任官的重要环节。也即是说,异化的弹劾使得宋徽宗朝的政治纷争愈益激烈,这时对士大夫的奏劾,完全不重视提供士大夫违法行为信息的渠道,亦不需要进行勘验、核实,只要知晓某位士大夫的政治主张与朝廷不同,即可进行奏劾。于宋徽宗而言,弹劾已经成为其控制朝臣的工具,台谏官有时甚至是在徽宗的授意下进行弹劾,表现出皇权的进一步强化,由此使得弹劾越发逸出正常的轨道。

曾布的贬黜轨迹,更是显示出宋徽宗的决定性作用。章惇罢相后,元符三年(1100)十月,曾布与韩忠彦几乎同时拜相②。值得关注的是,十一月,即有御史对曾布进行弹劾,当时侍御史陈次升奏劾言:

> 臣窃以正而不挠,乃可以任天下之重;公而不私,然后服天下之心。苟为反是,曷副具瞻?伏见右仆射曾布,性禀奸邪,心怀凶险。顷居枢府,阿顺宰臣,进用非人,大开边隙。费财用如粪壤,轻人命如草芥。今独归罪章惇,未知布之所职何事,玉毁椟中,则谁之过?陛下矜容曲贷,仍有进擢,荷天地不赀之恩,臣子之心,义当如何!而布不图补报,惟务徇私,自登宰席,独擅国权,轻视同僚,威福由己。进拔亲故,罗列京局以为耳目;任用门人,置之台谏以为心腹。不以人材为国用③,惟以爵赏为私恩。所亲者进,所疏者退。爱之者则留京师,恶之者则令补外。《书》疾比德,《诗》刺不平,其布之谓乎?布既以此自任,其子弟亦甚招权,交通宾客,其门如市。且附枝既大,必贼本心;私家既盛,必危公室。古人以为戒,陛下其可不念之。兼布在绍

---

① 孙逢吉:《职官分纪》卷八,《左右丞》,第 211 页。
② 徐自明撰,王瑞来校补:《宋宰辅编年录校补》卷一一,《徽宗元符三年》,第 677 页。
③ 原文缺"国",据《历代名臣奏议》补(黄淮、杨士奇编:《历代名臣奏议》卷一八〇,《去邪》,第 2368 页)。

## 第五章　宋徽宗、宋钦宗时期弹劾的深度异化

圣初,实与蔡卞交结,遂申请乞用王安石《日录》修神宗皇帝国史,致史官观望,变乱事实,多誉安石之善,掩蔽神考之美。近者谏官论列,陛下已令看详,径涉春冬,未见行遣。访闻布欲自掩其过,又欲为史官之地,恐甥婿叶涛例皆得罪,是以稽缓,未肯进呈。专擅如此,颇骇群听。况布之登用,方且弥月,凶威气焰,薰灸中外,若更迁延日久,盘根固基,必贻国患,其将奈何!《易》著履霜坚冰,《诗》戒桃虫维鸟。辨之于早,正在今日。伏望圣慈特正布之典刑,以谢天下,以为社稷无穷之计。①

陈次升的弹劾可谓内容丰富,使用了诸如"奸邪""阿顺""徇私""独擅国权"等感情色彩强烈的语词,指出曾布在禀性、用人、处事等方面的行为特征及其严重危害。这些擅权自恣、结党营私的行为,皆为皇帝所忌讳,只是由于自宋哲宗以来,对于士大夫的弹劾基本皆是同样的事由,故皇帝对此不甚上心,质言之,尽管台谏官的弹劾风起云涌,皇帝还是依照自身的政治需要进黜士大夫。

陈次升的弹劾对曾布基本没有影响,宋徽宗继续任用曾布为相。建中靖国元年(1101),又有右司谏陈祐多次奏劾曾布,其中一篇弹章言曾布"有当去者三:一、自山陵还;二、虞主不在腰舆,而行礼重于陷大升辇,其罪浮于章惇;三、不当先与□□属官推恩",宋徽宗还是不认可对曾布的弹劾,故将陈祐的奏疏留中不发,又于六月出陈祐通判滁州。② 显然,宋徽宗贬黜台谏官的行为,释放出的信号是十分明确的,即皇帝信任曾布,哪怕台谏官频繁论列,亦无济于事。

但是,宋徽宗的政治理念逐渐开始发生变化。向太后在世时,力戒宋徽宗过度任用绍圣臣僚,以防加剧政治纷争,彼时宋徽宗刚刚即位,一方面尊重向太后的地位和权威,另一方面也是地位未稳,没有机会表达自己的政治意愿,故基本遵循向太后较为温和的"调一"主张。向太后去世后,宋徽宗渐渐显现出不同于向太后的为政理念,"调一"之政仅维持一年,即以"崇宁"年号的使用标志着政治理念的变化,从调和新旧两党转向"崇尚熙宁",推行宋神宗的变法措施,由此使得朝廷用人政策也发生变化,倾向于任用赞成新法的士大夫。曾布没有意识

---

① 陈次升:《谠论集》卷三,《奏弹曾布》,景印文渊阁四库全书本,上海古籍出版社1987年影印本。
② 杨仲良:《皇宋通鉴长编纪事本末》卷一三〇,《徽宗皇帝·久任曾布》,第2196页。

到这一变化,或者说他为了夺得相位,先是迎合向太后调和新旧两派的主张,担任宰相后,又打击了一批绍圣大臣,招致他们的忌恨,这就迫使曾布不得不继续标举"调一"之策。建中靖国元年(1101)七月,宋徽宗言于曾布曰:"元祐中,诋毁先朝政事人多不详姓名,可悉录来。"实则已表露出对元祐臣僚的不满,但曾布劝谏徽宗言:"陛下欲持平用中,破党人之论,以调一天下,孰敢以为不然?而偏见异论之人各私其党,又有报复怨仇之意,纷纷不已,致圣意厌恶,此诚可罪。然元祐、绍圣两党皆不可偏用……愿陛下深思熟计,无使此两党得志,则和平安静,天下无事,陛下垂拱而治矣。"①君臣二人对于元祐、绍圣两党的看法出现分歧。宋徽宗力图恢复绍圣之政,与宋哲宗一样继续实施宋神宗新法,打击元祐臣僚,曾布则担心遭到绍圣大臣的报复,借口两党不可偏用,力图阻止徽宗任用绍圣大臣。宋徽宗此时已大权在握,不愿在执政理念上仍处于向太后的阴影之中,为此自然要用绍圣之人,曾布的"调一"主张显然与宋徽宗不符,于是在崇宁元年(1102)闰六月,即曾布担任宰相一年多后被罢黜②,罢相的直接原因是受到殿中侍御史钱遹的奏劾。钱遹在弹章中指斥曾布"力援元祐之奸党……阴挤绍圣之忠贤",擅权任亲,结党徇私,③且用语犀利,损毁曾布形象的意图非常明显。

七月,钱遹再次奏劾曾布,言其"与韩忠彦、李清臣交通为私,结为死党,使其子婿吴则礼、外甥高茂华往来计议,共成元祐之党。暨登相位,凶焰日滋,复与忠彦、清臣析交离党,日夜争胜,遂揽天下之权皆归于己,而怨望之心逞矣。故不及半月,首罢市易,中外之人,望风希旨,变法之论,相因而至。于是范纯粹乞差衙前,以害神考之免役;李夷行乞复诗赋,以害神考之经术。非此而已,又力引王古为户部尚书,以掌开阖敛散之权;力引王觌为御史中丞,以定是非可否之论。且二人者,元祐之党人也。然以元祐之党人,而掌开阖敛散之权,定是非可否之论。若此之类,岂非败坏神考之法度乎?"④弹章指斥曾布结党营私,擅权专

---

① 杨仲良:《皇宋通鉴长编纪事本末》卷一三〇,《徽宗皇帝·久任曾布》,第2197页。
② 徐自明撰,王瑞来校补:《宋宰辅编年录校补》卷一一,《崇宁元年》,第698页。
③ 杨仲良:《皇宋通鉴长编纪事本末》卷一三〇,《徽宗皇帝·久任曾布》,第2205—2206页。
④ 杨仲良:《皇宋通鉴长编纪事本末》卷一三〇,《徽宗皇帝·久任曾布》,第2206—2207页。原文未载为何人所言,据文意及《宋宰辅编年录校补》所载相关内容,应为钱遹所言(徐自明撰,王瑞来校补:《宋宰辅编年录校补》卷一一,《崇宁元年》,第699页)。

第五章　宋徽宗、宋钦宗时期弹劾的深度异化

任,引用元祐之人废坏宋神宗以来的新法政策,尤其涉及曾布与韩忠彦、李清臣先结党、后争斗的情况,显示出曾布的德行低下。钱遹罗列出的曾布的种种罪状,单从字面上看,显得非常严重,但如果皇帝赏识被劾者,这些罪状均可置之不理,反之,如若皇帝对被劾者表现出不信任,哪怕是一丝猜忌,这些罪行中的任何一项皆可作为贬黜的充分理由。就钱遹弹章的用语而言,贬斥的语词有"结为死党""权归于己"等,加之弹章尖锐、冷峻的语气和直截了当的态度,充分体现了钱遹迎合宋徽宗之意的企图。同时,钱遹还指出,"布与宦官阎守勤等相交结,使门人李士京通道言语,及讽金山寺献地以应谶记等事",与宦官交结,相信图谶,又是极为严重的罪行,故而使得曾布落观文殿大学士、提举亳州太清宫、太平州居住。① 与前述蔡卞的贬黜相比,在更短的时间内,位高权重的宰相就被贬为不理政事、指定居住的官员。

九月,已迁为御史中丞的钱遹继续奏劾曾布,指称其与"废元符皇后事"有关,致使曾布遭遇第三次被贬,"降授中大夫、司农卿、分司南京,依旧太平州居住"②。所谓"废元符皇后事",是指"元符末大臣尝乞复孟后而废刘后事"③。高太后为宋哲宗选立孟氏为皇后,但哲宗本人并不喜孟皇后,绍圣三年(1096),孟皇后因受与道士交结于禁中祷祠一事的牵连,被废居瑶华宫,实则此事是章惇"阴附刘贤妃,欲请建为后,遂与郝随构成是狱",与孟皇后无直接关联。④ 宋徽宗即位之初的元符三年(1100),向太后权同听政,"将复瑶华之位,会太学上舍生何大正上书言之",于是孟氏复位为元祐皇后,宋哲宗宠爱的刘皇后则称为元符皇后。⑤ 当时曾有士大夫议论,欲废元符刘皇后,曾布建言:"上则章先帝之

---

① 徐自明撰,王瑞来校补:《宋宰辅编年录校补》卷一一,《崇宁元年》,第699页。
② 杨仲良:《皇宋通鉴长编纪事本末》卷一三〇,《徽宗皇帝·久任曾布》,第2207页。
③ 脱脱等:《宋史》卷三五六,《钱遹传》,第11201页。
④ 《宋史·后妃传》载有此事,言孟皇后女有疾,吃了御医的药仍然没有效果,于是孟皇后姐"持道家治病符水入治",孟皇后知道此事不合宫禁规矩,制止其姐后,又将此事原原本本告知宋哲宗,哲宗不以为意。但"宫禁相传,厌魅之端作矣",其背后很可能有宋哲宗宠爱的刘婕妤的影子,因为刘婕妤仰仗皇帝之宠,对孟皇后极不尊重,心怀怨恨。后来孟皇后的养母又"听宣夫人燕氏、尼法端与供奉官王坚为后祷祠",引发宫禁大案,皇城司"捕逮宦者、宫妾几三十人,搒掠备至,肢体毁折,至有断舌者。狱成,命侍御史董敦逸覆录,罪人过庭下,气息仅属,无一人能出声者",受此案牵连,孟皇后被废,出居瑶华宫(脱脱等:《宋史》卷二四三,《后妃下·哲宗昭慈圣献孟皇后传》,第8633—8634页)。
⑤ 毕沅:《续资治通鉴》卷八六,哲宗元符三年五月,第2200页。

短,次则主上以叔废嫂,未顺臣等议,以两存为便。"①由此才使得朝堂之上不至于因孟氏之事造成较大的政治动荡。但是,到崇宁元年(1102)九月,宋徽宗希冀恢复绍圣之政,不喜高太后的政治主张,由此又牵涉到得高太后欢心的孟氏,"昌州判官冯澥上书言后不得复",当时的中央重要官员如蔡京、许将、温益、赵挺之、张商英等皆表示赞同,这时,复孟后之事即成为宋徽宗恢复绍圣之政的阻碍,于是徽宗又下诏废孟氏之位,孟氏再次被废,复居瑶华宫。② 台谏官钱遹、石豫、左肤等迎合宋徽宗旨意上奏疏,弹劾元符末年乞求复孟后之位的诸位士大夫,包括韩忠彦、曾布、李清臣、黄履等官员,弹章言:

> 元祐皇后得罪先朝,昭告宗庙,天下莫不知。哲宗上宾,太母听政。当国大臣尽欲变乱绍圣之事,以逞私欲,因一布衣何大正狂言,复还废后位号。当时物议固已汹汹,乃至疏逖小臣,诣阙上书,忠义激切,则天下公议从可知矣。今朝廷既已贬削忠彦等,及追褫大正误恩,则元祐皇后义非所安。孔子曰:"必也正名乎,名不正则言不顺。"夫在先朝则曰后,今日则谓之元祐皇后,于名为不正;先朝废而陛下复,于事为不顺。考之典礼,则古昔所无;稽之本朝,则故实未有;询之师言,则大以为不然。况既为先朝所废,则宗庙祭告,岁时荐飨,人事有嫌疑之迹,神灵萌厌斁之心,万世之后,配祔将安所施。宜早正厥事,断以大义,无牵于流俗非正之论,以累圣朝。③

上述弹章非常明白地指出,无论从传统礼仪的角度,还是现实政治的情况看,复孟后之位都是不适宜的,其罪当然不能归在向太后身上,而是罪在"当国大臣",即包括曾布在内的朝中宰执,于是才有曾布的第三次贬黜。

十一月,曾布又受其推荐的官员赵谂反叛朝廷之事的牵连,责授武泰军节度副使、衡州安置④。赵谂于宋哲宗绍圣年间进士及第,在成都为官,"因章惇逐元

---

① 《续资治通鉴长编拾补》卷一五引《宋编年通鉴》所言(黄以周等:《续资治通鉴长编拾补》卷一五,元符三年五月,第595页)。
② 脱脱等:《宋史》卷二四三,《后妃下·哲宗昭慈圣献孟皇后传》,第8634页。
③ 脱脱等:《宋史》卷三五六,《钱遹传》,第11201页。
④ 徐自明撰,王瑞来校补:《宋宰辅编年录校补》卷一一,《崇宁元年》,第700页。

第五章　宋徽宗、宋钦宗时期弹劾的深度异化

祐大臣不合人心,欲以此为名起兵据蜀",后宋徽宗即位,变绍圣之政,赵谂又停止谋反,且入京为太常博士,但其合谋者中有人告发此事,导致其被诛。① 谋反之罪在中国古代的任何时期均是最为严重的罪行,属十恶之首,曾布与此事的牵连使得其再次被贬,被指定居住的地点越来越偏远,也就意味着其与权力中心渐行渐远。

十二月,曾布第五次被贬,责授贺州别驾,依旧衡州安置,当时御史中丞钱遹弹劾曾布曰:"仰惟哲宗用王赡策取青唐、邈川,可谓不世出之略矣。前日权臣挟爱憎之私情,逞一偏之曲说,以欺朝廷,尽委而弃之,更以他罪,戮及赡身。骁俊勃敌之臣,闻之莫不丧胆。臣以为今日朝廷不追正当时主弃地权臣之罪而显黜之,则无以伸往者之冤,而激忠勇折冲之气。"②青唐即今青海西宁,邈川故址在今青海乐都附近。宋哲宗亲政后,在章惇的建议下,对外采取积极进攻的策略,就西部边疆而言,元符二年(1099)七月,赵宋大将王赡率军攻取邈川,九月,王赡军又至青唐,驻守青唐的吐蕃陇拶投降,北宋乃"以邈川为湟州,青唐为鄯州"③。湟州、鄯州处于少数民族腹地,当地民族并无归顺之心,故不久鄯州、湟州即为羌人所围,尤其是鄯州,即青唐之地,本就道路险阻,宋军在与羌人的拉锯争夺中,种朴等宋军将领战死,令宋哲宗极为惊骇,④朝廷此时已有弃青唐之动议,这与身为知枢密院事的曾布应该是密切相关的。曾布认为:"青唐国人不平瞎征父子篡弑,故欲逐之而立董毡之侄。我乃因其扰乱,遂欲夺之,于人情事理不顺,明白可知。况朝廷以四海之大,所不足者非地土,安用此荒远之地? 兼青唐管下部族有去青唐马行六十三日者,如何照管? 兼生羌荒忽,语言不通,未易结纳,安能常保其人人肯一心向汉?"⑤曾布多次言及朝廷据有鄯州、湟州之不利,故赵宋在元符三年(1100)四月诏令"王赡弃鄯州,引兵归湟州",第二年三月又弃湟州。⑥ 关于鄯州、湟州是否应该弃守的问题,从不同的角度可以有不同的

---

① 陈均:《皇朝编年纲目备要》卷二六,崇宁元年二月,第659页。
② 杨仲良:《皇宋通鉴长编纪事本末》卷一三〇,《徽宗皇帝·久任曾布》,第2207页。
③ 脱脱等:《宋史》卷四九二,《外国八·吐蕃·瞎征》,第14166页。
④ 李焘:《续资治通鉴长编》卷五一八,元符二年十一月,第12324页。
⑤ 李焘:《续资治通鉴长编》卷五一八,元符二年十一月,第12325页。
⑥ 陈均:《皇朝编年纲目备要》卷二五,元符三年四月,第624页;陈均:《皇朝编年纲目备要》卷二六,建中靖国元年三月,第649页。

273

回答,曾布等士大夫一方面认为夺鄯州、湟州为章惇所主导,既然朝廷罢黜章惇,则与其密切相关的事务也变为错误的事,做法也应该随之改变,以此才能彻底打压章惇,防范其重新掌权。另一方面,鄯州、湟州地处偏远,居民又是生活习俗、文化特征等各方面与中原地区完全不同、不一定愿意归化的羌人,因此曾布等人将据有鄯州、湟州看作是劳民伤财之事,无论在政治层面,还是在财经层面,皆于朝廷有害无利。同时,宋哲宗时期朝廷经营鄯州、湟州,实则也是延续宋神宗熙河开边战略的一种做法,希冀以开疆拓土的积极行为展示出与汉唐盛世一样的外交形象,这也是宋哲宗绍圣之政的重要组成部分。因此,一旦朝廷的政治取向发生变化,对弃守鄯州、湟州则会有不同的态度。宋徽宗即位之初,调和元祐、绍圣两派,导致章惇被黜,曾布执政,主张弃地的曾布等士大夫被认为是为朝廷利益着想,故才有弃地之举;向太后去世后,宋徽宗的执政理念发生变化,力图恢复神宗新法,于是任用绍圣之人,压制元祐党人,曾布等人的弃地主张因不符合宋徽宗的政治理念,以至于成为他们的罪状之一。由此,在钱遹的奏劾下,力主弃地的"权臣"又被贬官,除了曾布以外,还有韩忠彦、安焘、蒋之奇等九人①。

曾布的第六次贬黜是在崇宁二年(1103),责授廉州司户参军,依旧衡州安置,贬黜原因是其妻魏氏,子曾纡、曾缲等被讼交通谒求、收受贿赂等事。当时有臣僚奏劾:"窃见开封府根治曾纡等取受赂遗、干求差遗等公事,称曾纡计赃二千五十三贯,曾布并妻魏氏计一千九百三贯,曾缲计一百四十六贯,□硕计二十三贯,及各有银数。"②这是属于典型的职务犯罪行为,在弹劾正常发挥作用的宋仁宗时期,本是奏劾士大夫的主要事由,且从史籍记载看,仁宗朝的台谏官对士大夫的此类行为会一而再、再而三地进行弹劾。但从对曾布的弹劾看,姑且不论此事是否属实,单是事件本身,似乎并未引起台谏官更多的重视,作为士大夫不同利益集团争斗的工具,弹劾已经与集团利益紧密结合在一起,围绕党争而发生的弹劾,以什么事由发起弹劾并不重要。质言之,士大夫道德缺失、吏能低下不一定会受到奏劾,而政治见解不同、不属同一个政治集团才是弹劾的前提条件,在这一前提下,再找寻被劾者的所谓错误行为进行弹劾。更重要的是,从政治理

---

① 陈均:《皇朝编年纲目备要》卷二六,崇宁元年十二月,第667页。
② 杨仲良:《皇宋通鉴长编纪事本末》卷一三〇,《徽宗皇帝·久任曾布》,第2207页。

念的角度而言,此时蔡京迎合宋徽宗,力主恢复宋神宗新法,从而赢得了徽宗的信任,完全取代曾布,因此曾布几乎已经失去了复起的机会,朝中士大夫对此看得很清楚,于是曾布及其家人的所谓贪赃问题才能成为再一次奏劾曾布的事由。

经过连续六次贬黜,在短短一年时间内,曾布从宰相被贬至廉州司户参军。司户参军是责降官中最低的官职,据元祐之后的官制,"上州司户参军,从八品;中、下州,从九品"①,廉州隶属广南西路,为下州②,地理位置大概在今广西合浦附近,则曾布贬黜的最低官职为从九品的司户参军,安置地在衡州,距离京城2000里以外的偏远之地。比起之前蔡卞的连续黜责,无论是责降官职还是安置之地,皆要恶劣得多。从曾布被贬的情况看,宋徽宗的态度非常关键,历次降授,皆是徽宗默许的结果,或者说,是因为朝臣意识到宋徽宗对曾布的不信任,才有对曾布的一次又一次弹劾,他们将曾布曾经做过的事及与其有关的事进行审查,检取其中与宋徽宗政治理念相违背的事例进行奏劾,使其最终被贬至远恶之地。可见,如果没有皇帝的明确态度,贵为宰相的曾布是不可能遭遇如此重的处罚的。

在宋徽宗时期,类似蔡卞、曾布这样因被劾而一再被贬的情况还有不少。如崇宁二年(1103)八月,御史中丞石豫、殿中侍御史朱绂和余深奏劾张商英为河东守臣李昭叙所作《嘉禾篇》中有讥讽之言,"谓神宗既登遐,嗣皇帝幼冲,中外震惧,罔知社稷攸托。方是时,哲宗即位之后,尚曰'罔知攸托',可乎?"又言:"成王幼冲,周公居摄,诛伐谗慝,卒以天下听于周公。时则唐叔得嘉禾,推古验今,迹虽不同,理或胥近。方是时,文彦博、司马光等来自洛郊,方掌机务,比之周公,可乎?"石豫等人劾张商英将司马光、文彦博等反对新法的士大夫比作周公,又言及张商英赞赏狂悖不知君臣之义、已被贬黜的邹浩,于是宋徽宗下诏黜张商英出知亳州。③ 但是,有人认为张商英罪行大而贬黜太轻,不足以"绍述先猷之意,以惩为臣之怀贰者",故又改差知蕲州。④ 亳州属淮南东路,蕲州属淮南西

---

① 孙逢吉:《职官分纪》卷四一,《司户参军》,第780页。
② 脱脱等:《宋史》卷九〇,《地理六·广南西路》,第2245页。
③ 杨仲良:《皇宋通鉴长编纪事本末》卷一三一,《徽宗皇帝·张商英事迹》,第2211—2212页。
④ 杨仲良:《皇宋通鉴长编纪事本末》卷一三一,《徽宗皇帝·张商英事迹》,第2213页。

路,虽均为望州①,但距离京城的远近不同,亳州至汴京400余里,蕲州至汴京则有1000余里,此次改差显示出惩治的力度加大。九月,又有士大夫言朝廷推行新法,而张商英已入元祐党籍,其政治主张是反对新法的,不可能尽心尽力推行新法,故张商英第三次被贬黜,不再委以治理地方的事务,改提举灵仙观。② 之后数年,张商英的仕宦生涯仍处于起起落落之中,最重的处罚是大观二年(1108)二月,责授安化军节度副使、峡州居住③。据元祐官制,节度副使为从八品,而峡州属荆湖北路,中州④,虽然与蕲州一样,距离汴京亦是1000余里,但比蕲州更为荒僻,人口稀少,经济较为落后,即张商英被贬为从八品官,且限制居住。再如崇宁五年(1106)十二月,因士大夫弹劾刘逵"尽取陛下崇宁以来继述绍熙美意良法,不问大小轻重而尽废之",宋徽宗诏令罢其中书侍郎,出知亳州,后蔡京复相,再一次责降刘逵为镇江军节度使、安州居住,最后又除资政殿学士、醴泉观使,卒。⑤

宋徽宗朝弹劾的深度异化,使得对现任官员的连续贬黜成为一种常见现象,这对于官场的影响是巨大的,正所谓"逆我者亡",只是由于宋代对于文臣的政策较为宽松,宋徽宗不愿意破坏这样的"祖宗之法",因此政治理念不同的士大夫才不至于遭受极刑的惩处。但是,弹劾的滥用、一贬再贬的处罚,一方面通过贬毁士大夫形象的方式,在心理和精神上极大地打击了他们作为社会精英的尊严,一方面使他们远离政治中心——汴京,甚至失去了起复的机会,无法实现其最高的人生目标,即治国平天下,以至于士大夫赖以立身于世的基础亦被打破。因此,弹劾异化的进一步发展,严重影响了宋徽宗时期弹劾职能的发挥,不仅不能激浊扬清,整饬吏治,达到"纠察官邪,肃正纲纪"⑥的目的,反而败坏了政风和士风,导致朝廷行政机构的职能无法正常发挥作用。士大夫阶层内部的利益冲突亦是愈演愈烈,以至排斥异己、党同伐异的现象成为宋徽宗时期的政治常态,

---

① 脱脱等:《宋史》卷八八,《地理四·淮南东路》《地理四·淮南西路》,第2178、2183页。
② 杨仲良:《皇宋通鉴长编纪事本末》卷一三一,《徽宗皇帝·张商英事迹》,第2213页。
③ 杨仲良:《皇宋通鉴长编纪事本末》卷一三一,《徽宗皇帝·张商英事迹》,第2214页。
④ 孙逢吉:《职官分纪》卷三九,《节度防御团练副使》,第723页;脱脱等:《宋史》卷八八,《地理四·荆湖北路》,第2195页。
⑤ 徐自明撰,王瑞来校补:《宋宰辅编年录校补》卷一一,《崇宁五年》,第729页。
⑥ 脱脱等:《宋史》卷一六四,《职官四·御史台》,第3869页。

加剧了朝廷政治的混乱。就宋徽宗而言,则是利用深度异化的弹劾加强自身的权力。宋徽宗即位时的波澜使他内心深处总是有一种不安全感,他需要通过彰显其政治成就来证明自己为君的合法性,更希望以凡事皆由自己做主的方式凸显自身的价值。质言之,宋徽宗有意无意地表现出意欲掌控一切的愿望,弹劾恰是其可资利用的方式之一,再加上迎合徽宗的士大夫的推动,使得弹劾的异化进一步发展,乃至成为君主强化皇权的重要工具。

## 第二节 弹劾深度异化的新特征: 以太学生为中心的考察

宋徽宗、宋钦宗时期,经过崇宁兴学,官学教育得到较为迅速的发展,由此使得太学生的规模有很大扩展,加之三舍法部分取代科举考试,成为选拔优秀读书人进入官僚阶层的主要方式,又提高了太学生的政治地位。因此,当以台谏官为主的弹劾难以发挥正常监督作用时,出现了以太学生为代表、包括其他低级官员提起弹劾的现象。也就是说,太学生以官员后备人员的身份成为弹劾主体,以至于影响当时的朝廷政治,使得宋徽宗、宋钦宗时期弹劾的深度异化呈现出新的特征。

### 一、太学生群体的兴起与议政之风的形成

宋徽宗崇宁元年(1102),推行宋哲宗的"绍述"政治,实施新法,新法措施中包括熙宁时期的兴学及学校教育改革。八月,宰相蔡京上疏宋徽宗,认为"以学校为今日先务,乞天下并置学养士",为此提出13条建议,其中与本节所论相关者有四条,一是"乞天下并置学养士,郡小或举人少,则令三二州学者聚学于一州";二是"乞以三舍考选法遍行天下,听每三年贡入太学上舍试,仍别为号令为三等。若试中上等,补充太学上舍;试中中等,补充下等;试中下等者,补充内舍,余为外舍生";三是"乞诸县置学于本县,委令佐擘画地利,及不系省杂收钱内桩充费用";四是"乞学生自县学考选升州学"。[①] 此四条涉及加强官学建设、实施

---

① 杨仲良:《皇宋通鉴长编纪事本末》卷一二六,《徽宗皇帝·州县学》,第2118—2119页。

三舍法、提高官学生待遇三个方面,对于太学生群体的兴起及其议政风气的形成,有着重要的促进作用。

北宋官学的兴建主要经历了三个阶段。第一个阶段是宋仁宗朝庆历新政时期,欧阳修、宋祁等士大夫奉诏制定《详定贡举条状》,言"今教不本于学校,士不察于乡里,则不能核名实……臣等参考众说,择其便于今者,莫若使士皆土著而教之于学校,然后州县察其履行,则学者修饬矣"①,建议以学校养士,要求从中央到地方皆要建立官学。遗憾的是,新政最终归于失败,官学的兴办也因经费支出的浩大而陷于停滞,不过其兴办官学的思路和方式却为后来更大规模的教育改革奠定了基础。

第二个阶段是宋神宗时期王安石主持的熙宁兴学,在中央主要是增加太学生人数,扩大太学规模。如宋仁宗庆历年间规定,太学内舍生以200人为额,到宋神宗熙宁初年,则"又增置一百,寻诏以九百人为额",且"尽以锡庆院及朝集院西庑建讲书堂四,诸生斋舍、官掌事者直庐略具,而太学栋宇始仅足用",发展到元丰二年(1079),太学生员更是增加迅速,"太学置八十斋,斋容三十人。外舍生二千人,内舍生三百人,上舍生百人",②太学生员总计2400人。与庆历时的200人相比,经过30余年的发展,人数增加十倍以上。

地方官学亦有较大发展。北宋初期,由于朝廷面对的事务繁杂而艰巨,无暇顾及地方官学,宋仁宗即位后,"自明道、景祐间累诏州郡立学,赐田给书,学校相继而兴",庆历时,更是进一步诏令"诸路州府军监各令立学,学者二百人以上,许更置县学,于是州郡不置学者鲜矣",③要求凡是学生人数达到一定数量的州县均应设置官学。尽管实际情况可能与诏令不太符合,但地方官学还是不可遏制地发展起来。到宋神宗熙宁时,朝廷进一步要求地方官府给予本地官学一定的财政支持,"应朝廷选差学官,州军拨田十顷充学粮。元有田不及者益之,多者听如故。凡在学有职事,于学粮内优定请给"④,以保障官学的顺利运行。

---

① 欧阳修撰,李之亮笺注:《欧阳修集编年笺注》卷一〇五,《详定贡举条状》,第6册,第247页。
② 马端临:《文献通考》卷四二,《学校考三·太学》,第1223、1224页。
③ 徐松辑:《宋会要辑稿》崇儒二之三,第2763页。
④ 徐松辑:《宋会要辑稿》崇儒二之五,第2763—2764页。

## 第五章　宋徽宗、宋钦宗时期弹劾的深度异化

第三个阶段即宋徽宗崇宁时期。崇宁元年(1102),宋徽宗"命将作少监李诫,即城南门外相地营建外学,是为辟雍"①,进一步扩大了太学的规模。同时听从蔡京的建议,"增生徒共3800人。内上舍生二百人,内舍生六百人,教养于太学;外舍生三千人,教养于辟雍"②,太学生人数达到三千八百人。可见,由于朝廷的鼓励,在60年的时间里,太学生人数由最初的二百人扩充到3800人。就全国范围而言,各级官学人数更是超过20万人,宋徽宗在政和六年(1116)的一道诏令中言:"学校以善养天下,比来法行令具,士有所养,余二十万人,弦颂之声,无远弗届。"③

但是,官学学生人数的增加也会导致不少问题,尤其是太学生。一般说来,中国古代读书人的出路基本皆是入仕为官,如果不解决他们的出路问题,如此多的太学生聚集在京城,势必给朝廷带来巨大的政治压力。因此,赵宋王朝在兴学时,相应地也制定了官学的三舍升补、升贡制度,为官学生提供上升的途径,以此达到以教养促选拔、以选拔兴教养,乃至控制思想文化、稳定社会秩序的目的。

三舍升补、升贡的规定最早在宋神宗时期制定,实行于太学之中,是王安石将教养与选拔统于学校的一种尝试。熙宁年间,朝廷依照王安石的建议,将太学生员"鳌为三等:始入学为外舍,初不限员,后定额七百人;外舍升内舍,员二百;内舍升上舍,员百。各执一经,从所讲官受学,月考试其业,优等上之中书……学行卓异者,主判、直讲复荐之中书,奏除官"④。由于缺乏足够的史料,我们对熙宁时期升补、升贡的具体状况,已不得而知,不过从现存史料看,这一规定显得过于简略,不够完备。比如规定中有考试"优等""学行卓异者"的说法,但缺乏具体的操作标准,导致太学主判、直讲等官员依倚个人喜恶对太学生的学行进行主观判断,其中操作空间较大,不利于师生关系的正常发展,也不利于朝廷选拔人才。再如对于学行卓异者的"除官",未能作出明确的规定,随意性较大,阻碍了升补、升贡的具体实施。

宋神宗元丰二年(1079),为了完善三舍法,促进官学教育的进一步发展,朝

---

① 脱脱等:《宋史》卷一五七,《选举三·学校试》,第3663页。
② 王栐:《燕翼诒谋录》卷五,第51页。
③ 佚名编:《宋大诏令集》卷一五七,《学生怀挟代笔监司互察御笔手诏》,第593页。
④ 脱脱等:《宋史》卷一五七,《选举三·学校试》,第3660页。

廷颁布太学《学令》，其部分内容如下：

> （太学生）月一私试，岁一公试，补内舍生；间岁又一试，补上舍生，封弥、誊录如贡举法；而上舍则学官不与考校。诸斋月书学生行艺，以帅教不戾规矩为行，治经程文合格为艺……公试，外舍生入第一、第二等，参以所书行艺，预籍者升内舍。内舍生试入优、平二等，参以行艺升上舍。上舍分三等：俱优为上，一优一平为中，俱平若一优一不为下。上等命以官，中等免礼部试，下等免解。①

上引《学令》大概包括四个方面的内容。一是太学生的升补、升贡需要参加三场考试，即一个月一次的私试，每年一次的公试，两年一次的上舍试。私试由学官自行组织，考试内容为"孟月经义，仲月论，季月策"②，既有测试太学生是否熟练掌握儒学经典的经义试，也有检验其运用儒学理论和史学知识论政能力的论、策。公试即"每岁春二三月之交公试，两日三场，谓第二日论、策各一道，并差外官于贡院主文，以学官干预考校"③，第一场考试的内容为经义④，第二、第三场考论、策，与私试的内容几乎一样。从考试内容看，不包括文学类的诗赋，而以儒学经典、史学知识、政论知识为主，这是王安石改革科举考试的内容之一，即废罢诗赋、帖经、墨义⑤。元丰年间仍沿袭这一改革方向，并施行于太学考试中，

---

① 李焘：《续资治通鉴长编》卷三〇一，元丰二年十二月，第7328页。史载元丰二年同时颁布的还有《国子监敕式令》，与元丰学令一起凡143条，本节仅节选元丰学令中与本节所述有关的条目。
② 脱脱等：《宋史》卷一五七，《选举三·学校试》，第3657页。
③ 赵升：《朝野类要》卷二，《举业·公试》，中华书局2007年版，第53页。
④ 脱脱等：《宋史》卷一五七，《选举三·学校试》，第3657页。
⑤ 变法开始之后，王安石曾给宋神宗上疏，言及学校、考试之弊，"伏以古之取士，皆本于学校，故道德一于上，而习俗成于下，其人材皆足以有为于世。自先王之泽竭，教养之法无所本，士虽有美材而无学校师友以成就之，议者之所患也。今欲追复古制以革其弊，则患于无渐。宜先除去声病对偶之文，使学者得以专意经义，以俟朝廷兴建学校，然后讲求三代所以教育选举之法，施于天下，庶几可复古矣"（王安石：《王安石全集·临川先生文集》卷四二，《乞改科条制札子》，第6册，第808页）。于是，中书在熙宁四年制定《贡举新制》，"进士罢诗赋、帖经、墨义，各占治《诗》《书》《易》《周礼》《礼记》一经，兼以《论语》《孟子》。每试四场，初本经，次兼经大义十道，务通义理，不须尽用注疏。次论一首，次时务策三道，礼部五道……"（李焘：《续资治通鉴长编》卷二二〇，熙宁四年二月丁巳，第5334—5335页）。宋神宗予以认可，并在科举考试中正式实行。

显示出朝廷斥退浮华之士、拔擢儒学之才的教育思想和选官理念。上舍试即升贡考试,"两年一次试升上舍。凡九月内锁院三场,以优等、平等取人,其法严于省、解也"①,由朝廷派遣专门官员负责,太学学官不能干预,且考场制度甚为严密,有利于保障选拔到真正的人才,同时也体现了朝廷对太学生的重视。

元丰学令的第二项内容,即无论私试、公试,还是上舍试,均要遵守严格、规范的考试制度,采用如科举考试一样的封弥、誊录之制,以保证太学各类考试的公平、公正。对于朝廷而言,保障考试公平的任何举措皆不仅仅只是达到考试层面的公平,其背后还有着更重要的政治考量。按照北宋的制度,太学生基本皆是经过层层选拔的士人精英分子,他们为学的目的非常明确,即入仕为官,这一群体的命运如何,朝廷究竟如何从中选拔人才,为天下所有读书人所瞩目。因此,严格的考试制度实则也是安定人心的重要举措,朝廷借此可将重用儒学之才的理念宣示于天下。

第三项内容,太学生升补、升贡的标准除了考试成绩以外,还有平日的品行、学业表现,即所谓"行艺","以帅教不戾规矩为行,治经程文合格为艺",朝廷希望以此弥补科举考试"一切以程文为去留"②的弊端,全面考察学生的德、才两方面表现。对于科举考试只注重考试成绩、不能考察考生德行的批评,自唐代以来就不曾间断,如唐代宗时期,礼部侍郎杨绾曾上疏论及科举取士的弊端,其言:"国之选士,必藉贤良。盖取孝友纯备,言行敦实,居常育德,动不违仁。"进士科以文辞选人,使得士人"递相党与,用致虚声,'六经'则未尝开卷,'三史'则皆同挂壁……祖习既深,奔竞为务。矜能者曾无愧色,勇进者但欲凌人,以毁誉为常谈,以向背为己任。投刺干谒,驱驰于要津;露才扬己,喧腾于当代",因此,杨绾建议恢复以孝廉选士的古制,从而达到"居家者必修德业,从政者皆知廉耻,浮竞自止,敦庞自劝"的目的。③ 再如宋神宗熙宁二年(1069),王安石提出:"请兴建学校以复古,其明经、诸科欲行废罢,取元解明经人数增进士额。"宋神宗诏令群臣议论贡举之法,苏颂即认为"欲先士行而后文艺,去封弥、誊录之法",④将德

---

① 赵升:《朝野类要》卷二,《举业·上舍》,第54页。
② 陆游:《老学庵笔记》卷五,第69页。
③ 刘昫等:《旧唐书》卷一一九,《杨绾传》,第3430—3432页。
④ 马端临:《文献通考》卷三一,《选举考四·举士》,第906页。

行置于最重要的地位,苏颂的观点代表着一部分臣僚意欲复兴古代乡举里选之制的理念。实际上,科举制度发展到宋神宗时期,各项规定已较为完备,考场规则亦渐趋严密,且确实为朝廷选拔到了不少有用之才,如果如苏颂等人所言,全面改变既有做法,实行重乡举德行、轻文章之才的选官制度,显然是不符合社会现实的。于是,宋神宗诏令仅在太学教育和升补、升贡考试中体现重视德行的理念,以促进太学生德行、才能的提高,此即"行艺"标准实施的重要背景。可见,这是一种理想化的设想,既以严格的考试考查太学生的经义、论策,体现机会均等、公平公正的原则,又参以学生的德行和平日之所学,择优升补、升贡,希望以此选拔到德才兼备之士。

元丰学令还规定了升补、升贡的标准,即综合公试等级和行艺表现以确定是否可以升补。值得关注的是上舍生的升贡,上等直接释褐授官,中等免省试,可直接参加殿试,即使试为下等,亦可免解试。这是古代太学制度乃至教育制度的一大变化,一方面提高了太学的政治地位,使太学生拥有属于自身的入仕通道,如王安石所希望的那样,将养士与取士统一于官学,以利于朝廷宣扬主流的政治思想;另一方面也是对已施行400余年的科举制度的一种挑战,经考试进入仕途不再是科举选官的唯一途径,还有太学一途,充分体现了朝廷对官学的重视。

但是,科举制度的影响毕竟过于强大,其益处亦是有目共睹,加之元丰学令与王安石新法密切相关,往往随着新法的命运变化而沉浮,由此使得学令的具体实施状况不尽如人意,绝大多数士人还是愿意选择参加科举考试。宋哲宗元符二年(1099),朝廷又"初令诸州行三舍法,考选、升补,悉如太学"①,以规范地方官学三舍法的方式体现出朝廷重视三舍升贡的决心。宋徽宗即位后,继续此一变革取向,才有蔡京主持的兴学运动。崇宁三年(1104),宋徽宗接受蔡京的建议,诏令"天下取士,悉由学校升贡,其州郡发解及试礼部法并罢"②,即除了保留殿试以外,发解试、省试皆代之以三舍升贡。可见,崇宁兴学的重要内容之一就是完善三舍升补、升贡制度,且进一步将其推行于全国各地的官学中,唐代以来始终存在于士大夫中的科举存废之争,终于酿成徽宗此次部分罢废科举考试的

---

① 脱脱等:《宋史》卷一五七,《选举三·学校试》,第3662页。
② 脱脱等:《宋史》卷一五五,《选举一·科目上》,第3622页。

第五章　宋徽宗、宋钦宗时期弹劾的深度异化

举措,希望真正实现养士与选才统一的目的。只是现实的情况比起宋徽宗和蔡京所设想的要复杂得多,各地州县在元符二年(1099)普遍实行三舍法后,立即出现一些不利于取士的现象,如"当官者子弟得免试入学,而士之在学者积岁月累试乃得应格,其不能辍身试补者,仅可从狭额应科举,不得如在籍者三舍、解试兼与而两得,其贫且老者尤甚病之",当时有人认为朝廷的三舍升贡"利贵不利贱,利少不利老,利富不利贫",①可谓一语中的。三舍升贡制度是建立在传统官学基础上的选士制度,而官学往往有入学资格的限制,由此导致不利于普通家庭士人的结果。于是朝廷不得不改变原来部分废罢科举的设想,规定"将来大比,更参用科举取士一次,辟雍、太学其亟以此意谕达远士,使即闻之"②,质言之,废罢科举之举未及实施,朝廷又恢复了传统科举考试的方式,加上三舍升贡,共同成为选拔人才的途径,以保证选拔到社会各个阶层的优秀人才。从朝廷的取士情况亦可看到,宋徽宗崇宁三年(1104)到宣和三年(1121),几乎每年均有经三舍升贡途径及第的合格贡士,人数不多,最多者为60余人,少者仅十余人③,这对于提高太学和太学生的地位有着重要的意义;同时,进士科考试不变,仍然沿袭祖宗时期的做法,三年一次。故而此一时期既有和从前一样的进士科状元,也有经三舍升贡途径获得的第一名,即"上舍魁"④,与状元有着同等的政治地位和荣誉。为了进一步规范州县官学的管理,宋徽宗还于政和三年(1113)颁布《政和学规》,认为"学校养士,以待天下贤能,可以作人材,敦士行,兴教化。自县学升之州,自州升之辟雍,自辟雍升之太学,然后命官,则县学为升贡之本",且对州县学学生的行为、地方官的相关职责等进行了规定。⑤

任何一项新制度皆有一个逐渐成熟、规范的过程,三舍升贡也是如此。从宋神宗熙宁年间三舍升补、升贡的不完备,到元丰二年(1079)对太学三舍升补、升贡相关条目的具体规定,再到元符二年地方官学三舍升贡的建立,再到崇宁年间确定以三舍升贡和科举考试相参选士,提高太学生的地位,再到政和三年

---

① 马端临:《文献通考》卷三一,《选举考四·举士》,第916页。
② 马端临:《文献通考》卷三一,《选举考四·举士》,第916页。
③ 徐松辑:《宋会要辑稿》选举一之一三至一之一五,第5254—5255页。
④ 马端临:《文献通考》卷三二,《选举考五·举士》,第946页。
⑤ 徐松辑:《宋会要辑稿》崇儒二之二〇至二之二一,第2773页。

(1113)颁布学规,规范地方州县学的管理,三舍升贡制度经历了从不完备到完备、从中央太学推及地方官学的过程。但是,以官学推动养士与取士的合一,显然是赋予了学校超出其能力范围的过多功能,不仅不能达到选拔优秀人才的目的,反而还制约了学校培养人才功能的正常发挥,尤其是学校选士导致的人情请托、奔竞腐败等现象更是无法遏止,严重影响士风和政风。

早在宋哲宗元祐时期,御史中丞刘挚就曾有言:"夫职亲于诸生而习知其情伪者,宜莫如学官也。使其因人情利害而为之法者,亦莫如学官也。"①指出太学中的学官与太学生之间存在着人情利害关系,学生的平日德行和学业状况又缺乏可量化的客观标准,故学官很容易以己意评判学生,造成实际上的不公平,以至徇私、请托现象频发,败坏学校学风,不利于人才的培养。同时,三舍升贡亦易于引起学生群体中奔竞之风的盛行,正如王岩叟所言:"自三舍之法立,虽有高材异行,未见能取而得之,而奔竞之患起;奔竞之患起,而贿赂之私行;贿赂之私行,而狱讼之端作;狱讼之端作,而防猜之禁系。"如此状况也对学校养育人才的功能造成严重影响,"臣窃谓庠序者,所以萃群材而乐育之,以完其志业,养其名誉,优游舒徐,以待科举者也。不必科举之外,别开进取之多歧,以支离其心,而激其争端,使利害得失,日交战于胸中,损育德养道之淳意,非所以敦教化、成人材也"。② 王岩叟的意思非常明白,即学校养育之责与科举取士之责完全不同,若将两者混同于一,则不仅不能选拔到真正的人才,且败坏学校风气,损害士子德行,于朝廷、于士子自身皆无益处。

宣和三年(1121)二月,宋徽宗不得不诏令:"罢天下三舍。太学以三舍考选,开封府及诸路以科举取士,州县未行三舍以前应置学官及养士去处,并依元丰旧制。"③全面恢复科举旧制,太学公试类比于地方发解试,太学生通过公试后,与发解试合格者共同参加礼部组织的省试及之后的殿试。诏令的颁行说明三舍升贡制度的不合时宜。不过我们不能低估三舍升贡实施期间的影响,由于太学上舍生之行艺优异者可直接参加殿试,合格者即释褐授官,故太学生作为官员的后备人员,在宋徽宗时期获得了较高的政治地位,受到皇帝乃至士大夫阶层

---

① 李焘:《续资治通鉴长编》卷三九〇,元祐元年十月,第9494页。
② 吕祖谦编:《宋文鉴》卷六〇,《请罢三舍法(王岩叟)》,第898页。
③ 徐松辑:《宋会要辑稿》崇儒二之三一,第2779页。

的特别青睐,如此亦极大地激发了太学生的议政、参政热情,使得他们在朝廷政治中开始发挥一定的作用。

朝廷优待太学生和地方官学生的举措,更加促进了他们政治地位的提高。如崇宁三年(1104),曾有臣僚认为朝廷拨给太学生的钱物不足,"太学外舍生日破钱二十八文,内舍又加二文,米、面、蔬、肉、薪炭、料物之直尽在其中",建议再"添给太学上舍、内舍、外舍月给食钱,各添四百文",①即希冀朝廷能够满足太学生的所有日常开支,解决他们的温饱问题,以此鼓励太学生一心向学。同时,对于地方官学亦有多项提高待遇的措施,如崇宁三年规定,"诸路增养县学弟子员,大县五十人,中县四十人,小县三十人。凡州县学生曾经公、私试者复其身,内舍免户役,上舍仍免借借如官户法"②。再如大观四年(1110),宋徽宗又下诏:"贡士被贡日,许长吏集合州官燕犒,破赡学钱,乃无限定之数,往往广有支用,实于养士有妨。可令今后许于公使钱内量支。"③等等。这些规定,既涉及太学生和地方官学生经济待遇的改善,亦包含有荣誉方面的奖赏以及免役等相当于官户的政治待遇,由此使得他们获得了社会和政治层面的更多认可,满足了他们的精神需求,尤其是太学生,由于靠近政治中心的缘故,更易于激发起强烈的社会责任感和心忧天下的意识,从而出现太学生议政的高潮,这应该是宋徽宗和蔡京等人所没有想到的。

## 二、太学生对宰辅的弹劾与弹劾的深度异化

宋徽宗时期,太学规模的扩大,太学生人数的增加及其政治地位、社会地位的提高,使得他们的议政热情被大大激发起来,太学生中的部分人以范仲淹、欧阳修等士大夫的心忧天下、心系百姓为典范,力图重振士大夫精神。同时,朝政的腐败和边境局势的紧张,促使太学生主要以弹劾的方式,对朝廷的用人政策提出不同意见,希冀朝廷任用有德有才之人应对危机,挽救岌岌可危的赵宋政权。由于史料的限制以及太学生主要活动于中央官场,目前我们了解较多的还是太学生对宰辅人员的弹劾。

---

① 徐松辑:《宋会要辑稿》职官二八之一五,第3765页。
② 脱脱等:《宋史》卷一五七,《选举三·学校试》,第3663页。
③ 徐松辑:《宋会要辑稿》崇儒二之一五,第2770页。

大观三年(1109),蔡京已为相三年,宋徽宗对其专权时时有所警惕,不喜蔡京而为宋徽宗信任的道士郭天信,亦"每奏天文,必指陈以撼京。密白日中有黑子"①,引起徽宗对蔡京的猜忌,加之以御史为代表的臣僚对蔡京的不断奏劾,导致其第二次被罢相。此次弹劾一直持续到大观四年(1110),以至于由于官场舆论腾涌,迫使宋徽宗不得不又将蔡京由太师致仕降授为太子少保致仕②。当时参与弹劾的人员范围较广,既有御史台长官及其下属,亦有其他的朝廷官员,还包括太学生。

御史中丞石公弼曾数十次弹劾蔡京,其言:"自京任用,外则生事于四夷,内则殚竭于民力。托爵禄以广私恩,滥锡予以蠹经费。京处人臣富贵之极,尚怀不满,徼福不已。至于假利民以决兴化之谶水,托祝圣而饰临平之山势。""京误国蠹民,而盘据辇毂,无有去志,余威震于群臣,人情防于后患。"且斥责蔡京为"奸弊""邪党"。③石公弼对蔡京的奏劾基本还是延续宋哲宗时期御史奏劾大臣的路数,将奸邪、擅权、结党营私等条目作为弹劾的事由,至于附带提及的事项均不重要,只需对被劾者进行主观评判即可。其他御史台官员和臣僚的弹劾大体相同,如殿中侍御史毛注言蔡京"位极人臣,爵无可加,擅持威福,震动中外。四方多士,惟知奔趣宰相之门,而不知君父之尊。文昌旧省,一毁而尽,远伤元丰之伟迹,近累陛下之述事,谓忠于君可乎? 临平新塔,乃京私域之高原,土木百出,一境骚然。上假朝廷之威力,下便宰相之私计,谓忠于君可乎?"④御史张克公劾蔡京"权震海内,轻锡予以蠹国用,托爵禄以市私恩,役将作以葺居第,用漕船以运花石。名为祝圣而修塔,以壮临平之山;托言灌田而决水,以符'兴化'之谶。法名退送,门号朝京。方田扰安业之民,圜土聚徙郡之恶。不轨不忠,凡数十事"⑤;等等。这些弹劾除了一些情绪化的斥责之词外,凡论及具体事例,基本皆围绕蔡京的不轨不忠行为展开,而且不论实际情况如何,皆被认为是误国蠹民、以权谋私的无德之举。综观蔡京的所作所为,其中有些行为,如禁毁元祐学术、

---

① 陈均:《皇朝编年纲目备要》卷二七,大观三年六月,第697页。
② 徐自明撰,王瑞来校补:《宋宰辅编年录校补》卷一二,《大观三年》,第747、749页。
③ 徐自明撰,王瑞来校补:《宋宰辅编年录校补》卷一二,《大观三年》,第747—748页。
④ 徐自明撰,王瑞来校补:《宋宰辅编年录校补》卷一二,《大观三年》,第748页。
⑤ 脱脱等:《宋史》卷四七二,《奸臣二·蔡京传》,第13725页。

运输"花石纲"逢迎宋徽宗等,确实对朝廷政治、经济造成恶劣的影响,但也有某些事项并非如奏劾所言那么十恶不赦,如大兴土木修筑临平新塔①、因"兴化"之谶而倡导修陂灌田②等,而弹劾者却将之一概视为蔡京的罪状,予以痛斥,以突出蔡京的奸邪和不忠。

值得关注的是太学生陈朝老亦参与到对蔡京的弹劾中。宋徽宗时期提高了太学生的政治地位,使其成为朝廷官员的来源之一,因此,尽管太学生仍然是布衣之身,但他们的参政热情却十分高涨,陈朝老对蔡京的弹劾即是一个典型的实例。现将陈朝老的弹文照录如下:

> 臣窃观陛下即政之初,布告治朝,爰立台辅。当时群臣在列耸听,以为所用必奇才也。白麻既出,天下失望。夫蔡京奸雄悍戾,诡诈不情,徒以高才大器自处,务以镇压天下,以为自古人臣,惟一切因循苟简以为治,无敢横身为国建议立事者。于是出而锐然更张,谓天下后世,无以复加。陛下倾心俯纳,所用之人惟京为听,所行之事惟京为从,故蔡京得以恣其奸佞,玩弄无所畏忌,直欲败坏而后已。观其行法出令,徇名失实,无以异于儿曹稚子,终日嬉戏,以尘为饭,以木为戴,何与于饥饱哉!且儿曹之戏已,则弃之无有后

---

① 陆游《入蜀记》载:"宿临平。临平者,太师蔡京葬其父准于此。以钱塘江为水,会稽山为案,山形如骆驼,葬于驼之耳,而筑塔于驼之峰……然东坡先生乐府固已云:'谁似临平山上塔,亭亭,迎客西来送客行。'则临平有塔亦久矣。当是蔡氏葬后,增筑或迁之耳。京责太子少保制云'托祝圣而饰临平之山'是也。"(陆游:《入蜀记》卷一,《全宋笔记》第五编(八),大象出版社2012年版,第159—160页。)即所谓"临平新塔"并非为蔡京新筑,临平之塔古已有之,蔡京只是在原来的基础上重修而已。

② 士大夫弹劾蔡京的事例之一为"托言灌田而决水,以符'兴化'之谶",此指蔡京参与修建福建木兰陂一事。《锦绣万花谷》载,兴化有壶公山,谶语言:"壶公山若断,莆田朱紫半。水绕壶公山,此时方好看。"蔡京主导兴修木兰陂,被当时某些人视为是"引水绕壶公山,登第者在朝朱紫半矣"(佚名编:《锦绣万花谷》前集卷六,《兴化·壶公山》,北京图书馆古籍珍本丛刊,书目文献出版社1988年版,第73册,第107页),即蔡京是为了个人的私利而主张兴修木兰陂。实则古代士大夫均愿意为家乡做点善事,蔡京此举可视为其为家乡人谋福利的想法使然,弹劾蔡京者将其与谶语相联,难免有牵强附会之嫌。木兰陂是造福一方的水利工程,据郑樵《重修木兰陂记》载,之前曾有钱氏女、林姓乡人修木兰陂而皆未成,后由当地富户李宏出资修成木兰陂,"蓄洩凡溉田万顷,使邦无旱暵饥馑之虞,百年于兹"(郑樵:《郑樵文集·夹漈遗稿》卷二,《重修木兰陂记》,书目文献出版社1992年版,第20—21页),可见此一水利工程对于当地农业生产的重要作用。可惜郑樵的文字中未提及蔡京,很可能由于蔡京奸臣的形象,使得生活于南宋的郑樵对其无甚好感,以至于隐漏了蔡京在木兰陂修筑中的功绩。

灾，以蔡京之所为，求其所欲，其为害岂特一方与当年，盖将遍四方之广，覃万世之远而未艾也。厥今天下何如哉！官爵冗而非材杂进，财用竭而妄费无已，恩泽滥而佞幸成风，科配苛而农民重困。学校纷更而士失所业，谀佞成俗而上罔闻知，恩宠擅分而人多侮法，钱与物俱重而无术以平之。其他害国蠹民，误上罔君，未可以指数。推其弊之所生，良由陛下任非其人，所以致此。今缙绅士大夫，自一命以上皆出其门，人无所守，各怀私恩，而不知国家之公议，几成风俗。且爵禄名位，天下之公议，权臣盗之以植私党，最为有国有家者之大患。况蔡京尤深结陛下左右近习之人，故此曹为之隐蔽，是以公肆诞谩，无敢谁何，陛下渐成孤立，可为寒心。幸其解去机务，退处祠官，天下之人，鼓舞抃蹈，有若更生。今既已谢事，尚犹安处上都，门阑如市，交结内贵，其意犹欲觊他日之复用也。平时出入门下之小人，恐其去国，失所倚恃，旁为之助，陛下何不察欤。愿陛下奋乾刚之断，勿贰勿疑，置之远方，以御魑魅，庶以杜绝其望，方快舆议。臣尝观其所为之事，合天下之人，举以为非公论，未失劫于势利，导谀成俗，无一人敢为陛下言者，前者之伏蒲载豸，皆伏下风，各怀刍豆之爱，上下相蒙，未以为非。臣观考蔡京之所为，合而言之，则其事止于十有四，曰诬上帝，曰罔君父，曰结奥援，曰轻爵禄，曰广费用，曰变法度，曰妄制作，曰喜导谀，曰钳台谏，曰炽亲党，曰长奔竞，曰崇释老，曰穷土木，曰轻远略。散而言之，其事数十万言，岂毫楮所能载。臣久困羁旅，不能具纸墨，陛下不以臣不肖，愿诏有司给笔札，使臣得尽胸中之所言，写天下是非之实，以告陛下。臣死之日，犹生之年，草莱无知，辄议国家大事，罪合诛夷，干犯天威，臣无任瞻天仰圣，激切屏营之至。①

这是一篇表达诚挚的忧国之情的陈情书。陈朝老在文中虽然只是少量使用了当时官场中弹劾他人经常出现的主观性评价语词，如言蔡京"奸雄悍戾，诡诈不情"等，也未如其他士大夫一般罗列蔡京的具体事例，但通观全文，却处处能够感觉到陈朝老对蔡京的斥责和指摘。作者从朝臣企盼宋徽宗任用"奇才"起首，一方面说明蔡京的妄自"立事"及其危害，尤其指出此危害非一时一地，而是

---

① 徐梦莘：《三朝北盟会编》卷五〇，靖康元年七月，第376—377页。

绵延万世、遍及四方,感叹徽宗适时解除了蔡京的职务;另一方面则担心徽宗在左右之人的怂恿下复用蔡京,以致后患无穷。陈朝老还总结出蔡京的十四大罪状,以较为简略的言语,写出了当时士大夫对蔡京的大体看法。应该说,蔡京"奸邪"的形象已是士大夫的共识,太学生由于身处京城,往来又皆为朝廷大臣,他们有更多机会了解朝廷政事,加之徽宗时期对太学的重视和包容,为太学内部舆论空间的形成创造了条件。因此,心怀天下的太学生陈朝老,才会以"草莱无知"的身份,向徽宗呈上如此长篇的奏疏,强烈谴责蔡京的行为,劝谏徽宗不可复用蔡京。由于陈朝老的弹劾影响较大,蔡京对其怀恨在心,政和二年(1112)再度入相后,台谏官秉承蔡京之意,"劾朝老狂妄,编置道州"①。

宋徽宗时期,不仅太学生积极上书言事,直指蔡京之奸,而且在正常的政治状态下不太可能参与议政的低级别人员,也有奏劾蔡京的行为,如太庙斋郎方轸对蔡京的弹劾。北宋的太庙斋郎一职沿袭唐代旧制而有所损益,"唐有太庙、郊社之别。唐泊国家,其久次者。太庙又补室长,郊社即补掌坐、掌次,谓之黄衣选人。祖宗以来,又以为朝臣子弟起家之官"②,即太庙斋郎可作为北宋中高级官员荫补子弟之官。只是中高级官员子弟荫补太庙斋郎,还需要通过一定的考试程序,宋太祖时期规定,"尚书礼部所补太庙、郊社斋郎,自今每岁以十五人为额。其荫补人并须年貌合格,试念书精熟。如经复试引验,不合元敕,其本司官并当贬降"③,之后的北宋皇帝虽对此考试规定有部分变革,但基本原则未变。质言之,北宋时期的中高级官员子弟往往以太庙斋郎作为进入仕途的初始官。由于这些子弟的家庭在朝中往往有着错综复杂的人际网络,他们的父辈或者祖辈甚至还是朝廷重大政治事件的主导者或者参与者,所以出自如此家庭的太庙斋郎易于探知朝廷政事和政策走向。这样的政治背景是子弟出身的太庙斋郎们仕途升迁的有利因素,他们一般不太可能参与朝廷的政治斗争而自毁前途,而且制度规定也限制了低级官员的弹劾行为,因此他们很少有机会、有意愿参与到弹劾高级官员的行动中。但是,在宋徽宗朝弹劾过度扩张的前提下,出现了台谏官之外人人皆可弹劾的现象,而蔡京当政后的一系列举措,对朝廷和百姓的震动颇

---

① 陆心源:《宋史翼》卷八,《陈朝老传》,中华书局1991年版,第93页。
② 高承:《事物纪原》卷五,《九寺卿少部第二十四·斋郎》,中华书局1989年版,第259页。
③ 徐松辑:《宋会要辑稿》职官二二之一九,第3624页。

大,加上蔡京"奸邪"的形象,导致担任太庙斋郎的方轸,也如太学生一样,对蔡京进行奏劾。

方轸与蔡京同为福建兴化人,且其父方通与蔡京有"乡曲姻娅之旧",蔡京在担任高级官员后,念姻亲旧情,推荐方通"以登要路",①方轸则"以父任补太庙斋郎"②,得以与中高级官员子弟为伍,利于拓展自己的人脉关系,为之后的仕途升迁奠定基础。以与当朝宰相蔡京的亲密关系,方轸本可在仕途上大有作为,但方轸却选择了另外一条心忧天下的道路。崇宁五年(1106)正月,"彗出西方,其长竟天",不正常的星象迫使宋徽宗"以星变避殿损膳,诏求直言阙政",③以至于出现上直言者众的现象,据史料记载,当时有500余人上书言事④,导致时任宰相蔡京不得不因星变乞罢,这也表明500余人的上书中,肯定有弹劾宰相蔡京者,其中最具有代表性的就是方轸的"论列蔡京奏疏",王明清《挥麈录·后录》收录有方轸的奏疏,其言:

> (蔡京)睥睨社稷,内怀不道,效王莽自立为司空,效曹操自立为魏国公,视祖宗神灵为无物,玩陛下不啻若婴儿,专以绍述熙、丰之说,为自媒之计,上以不孝劫持人主,下以谤讪诋诬,恐赫天下。威震人主,祸移生灵,风声气焰,中外畏之。大臣保家族不敢议,小臣保守禄不敢言。颠倒纪纲,肆意妄作,自古为臣之奸,未有如京今日为甚。爰自崇宁已来,交通阉寺,通谒宫禁,蠹国用则若粪土,轻名器以市私恩。内自执政侍从,外至帅臣监司,无非京之亲戚门人。政事上不合于天心,下悉结于民怨。若设九鼎,铸大钱,置三卫,兴三舍,祭天地于西郊,如此之类,非独无益,又且无补,其意安在? 京凡妄作,必持说劫持上下曰"此先帝之法也""此三代之法也",或曰"熙、丰遗意,未及施行"。仰惟神考十九年间,典章文物粲然大备,岂蔡京不得驰骋于当年,必欲妄施于今日,以罔在天之神灵? 凡欲奏请,尽乞作御笔指

---

① 王明清:《挥麈录》后录卷三,上海书店出版社2001年版,第86页。
② 陆心源:《宋史翼》卷八,《方轸传》,第92页。
③ 脱脱等:《宋史》卷二〇,《徽宗二》,第375页。
④ 《皇朝编年纲目备要》载,大观元年蔡京复相后,乞求宋徽宗治罪于崇宁五年的上书者,"崇宁五年上书观望者,五百余人。禁中悉以焚毁,内二十人情重,今择其尤甚者李景直、曾緫、黄宰、方轸四人。"(陈均:《皇朝编年纲目备要》卷二七,大观元年七月,第692—693页。)

## 第五章 宋徽宗、宋钦宗时期弹劾的深度异化

挥行,出语士大夫曰:"此上意也。"明日,或降指挥更不施行,则又语人曰:"京实启之也。"善则称己,过则称君,必欲陛下敛天下怨而后已,是岂宗社之福乎? 天下之事无常是,亦无常非,可则因之,否则革之。惟其当之为贵,何必三代之为哉。李唐三百年间,所传者二十一君,所可称者太宗一人而已。当时如房、杜、王、魏,智虑才识必不在蔡京之下。窃观(贞)观间未尝一言以及三代。后世论太宗之治者,则曰除隋之乱,比迹汤、武;致治之美,庶几成、康。自古功德兼隆,由汉以来未之有也。京不学无术,妄以三代之说欺陛下,岂不为有识者之所笑也? 元丰三年,废殿前廊宇二千四百六十间,造尚书省,分六曹,设二十四司,以总天下机务。落成之日,车驾亲幸,命有司立法:诸门墙窗壁,辄增修改易者,徒贰年。京恶白虎地不利宰相,尽命毁坼,收置禁中,是欲利陛下乎? 是谓之绍述乎? 括地数千里,屯兵数十万,建置四辅郡,遣亲信门人为四辅州总管,又以宋乔年为京畿转运使。密讽兖州父老诣阙下,请车驾登封,意在为东京留守,是欲乘舆一动,投间窃发,呼吸群助。不知宗庙社稷何所依倚? 陛下将措圣躬于何地? 臣尝中夜思之,不觉涕泗横流也。臣闻京建议立方田法,欲扰安业百姓,借使行之,岂不召乱乎? 又况数年间行盐钞法,朝行夕改,昔是今非,以此脱赚客旅财物。道途行旅谓朝廷法令,信如寒暑,未行旬浃,又报盐法变矣。钞为故纸,为弃物,家财荡尽,赴水自缢,客死异乡,孤儿寡妇,号泣吁天者,不知其几千万人。闻者为之伤心,见者为之流涕。生灵怨叹,皆归咎于陛下。然京自谓暴虐无伤,奈皇天后土之有灵乎? 所幸者祖宗不驰一骑以得天下,仁厚之德,涵养生灵几二百年矣,四方之民不忍生事。万一有垄上之耕夫,等死之亭长,啸聚亡命于一方,天下响应,不约而从,陛下何以枝梧其祸乎? 内外臣僚皆京亲戚门人,将谁为陛下使乎? 京乘此时,谈笑可得陛下之天下也。元符末年,陛下嗣服之初,忠臣义士,明目张胆,思见太平,投匦以陈己见者,无日无之。京钳天下之口,欲塞陛下耳目,分为邪等,贼虐忠良。天下之士,皆以忠义为羞,方且全身远害之不暇,何暇救陛下之失乎? 奈何陛下以京为忠贯星日,以忠臣义士为谤讪诋诬,或流配远方,或除名编置,或不许齿仕籍。以言得罪者,无虑万人矣,谁肯为陛下言哉? 蔡攸者,垂髫一顽童耳,京遣攸日与陛下游从嬉戏,必无文、武、尧、舜之道启沃陛下,惟以花栽怪石、笼禽槛

兽,舟车相衔,不绝道路。今日所献者,则曰臣攸上进;明日所献者,则又曰臣攸上进,故欲愚陛下,使之不知天下治乱也。久虚谏院不差人,自除门人为御史。京有反状,陛下何从而知?臣是以知京必反也。臣与京皆壶山人也,案谶云:"水绕壶公山,此时方好看。"京讽部使者凿渠以绕山。日者星文谪见西方,日蚀正阳之月,天意所以启陛下聪明者,可谓极也。奈何陛下略不省悔,默悟帝意,止于肆恩赦,开寺观,避正殿,减常膳,举常仪,以答天戒而已。然国贼尚全首领,未闻枭首以谢天下百姓,此则神民共愤,祖宗含怒在天之日久矣。陛下勿谓雉鸣乎鼎,谷生于朝,不害高宗、太戊之德;九年之水,七年之旱,不害尧、汤之圣。古人之事,出于适然。今日之事,祸发不测,天象人情,危悚如是。伏惟陛下留神听览,念艺祖创业之难,思履霜坚冰之戒。今日冰已坚矣,非独履霜之渐,愿陛下早图之,后悔之何及!臣批肝为纸,沥血书辞,忘万死,叩天阍。区区为陛下力言者,非慕陛下爵禄而言也,所可重者祖宗之庙社,所可惜者天下之生灵,而自忘其言之迫切。陛下杀之可也,赦之可也,窜之可也,臣一死生不系于重轻。陛下上体天戒,下顾人言,安可爱一国贼而忘庙社生灵之重乎?冒渎天威,无任战慄之至。①

这是一篇典型的弹劾文,也是论述蔡京不法行为最为具体的一篇奏疏,其中少有如其他弹劾文那样的主观评判性语词,更多的是对蔡京不法事例的详细列举,以此具体说明蔡京罪行之严重、罢黜之应当。从方轸的奏劾内容看,主要论及蔡京的十余条罪状,包括任用亲戚门人以售私恩、妄作生事以使皇帝招天下人怨愤、蒙蔽皇帝以图谋不轨等等,大多数罪状与其他士大夫的弹劾相类,唯独将蔡京描述为一必反的"国贼",是方轸奏疏最为激烈的内容,这应该也是古代士大夫弹劾他人常用的方法,即不惜使用最犀利的言辞、最暴烈的语气,极具夸张性地描绘出被劾者的丑恶形象,使皇帝为之震动,从而达到罢黜被劾者的目的。只是方轸低估了宋徽宗对蔡京的信任之心和依赖之情。宋徽宗在天象异常、群臣激愤的情况下,暂时罢免了蔡京的宰相之职,一旦星象恢复正常,即刻在崇宁五年(1106)三月下诏:"昨以星变,许直言朝政阙失。今已消伏,可罢收接。"并

---

① 王明清:《挥麈录》后录卷三,第86—88页。

在第二年正月恢复蔡京的宰相之位。① 结合前揭 500 余人上书及方轸的奏疏看,这些奏劾蔡京的"直言",仍然不能动摇宋徽宗重新任用蔡京的决心。不仅如此,宋徽宗还将方轸的"论列蔡京奏疏"拿给蔡京本人阅览,使蔡京对方轸愤怒至极,将方轸处以重罚,以所谓"上书观望罪"编管岭南②。

可见,由于蔡京的所作所为引起了朝中部分士大夫的不满,一旦有蔡京被罢相的迹象,即导致官场舆论汹涌,出现士大夫弹劾蔡京的现象。在如此风云变幻、局势复杂的政治风潮中,一些太学生、低级官员亦参与到弹劾蔡京的行动中,对于蔡京的罢相起到了一定的推动作用,这也标志着太学生的政治力量开始崛起,且逐渐在朝堂之上造成较大影响,以至于形成宋徽宗、宋钦宗时期弹劾深度异化的新特征。

宋钦宗朝参与奏劾的太学生有陈东、雷观、沈长卿以及太学正吴若等,他们的弹劾行为皆发生于宋钦宗靖康元年(1126)正月至八月,在如此短的时间内密集发生太学生弹劾士大夫的事件,一方面与当时朝廷面临的严峻局势有关,另一方面也是政治地位日渐上升的太学生参政热情高涨的结果。

靖康元年正月,宋钦宗拜李邦彦、张邦昌为相③,此时金兵已进至汴京城下,以他们为代表的一批士大夫主张弃城而逃,"犹守避敌之议",后在李纲的力谏下,钦宗命李纲为亲征行营使,带兵守城,金兵攻城时,"纲身督战,募壮士缒城而下,斩酋长十余人,杀其众数千人。金人知有备,又闻上已内禅,乃退",得到财物补偿后,金兵北退,汴京之围暂时解除,朝中又是一派歌舞升平的景象,宋钦宗随即令李纲离京外任。④ 外患未除,钦宗却在宰相李邦彦、张邦昌等人的怂恿下,将主战派李纲逐出京城,外放地方,导致朝堂之上出现弹劾的高涨,士大夫围绕抵御外侮、宰相任免、李纲免职等事项,提起对宦官、宰相及误国士大夫的奏劾,太学生亦参与其中,其中较为有名者包括陈东、雷观、沈长卿、吴若等人。

从宣和七年(1125)十二月二十七日至靖康元年正月三十日,在短短一个月时间内,面对金兵的南下侵扰及汴京城的危险处境,太学生陈东三次上

---

① 陈均:《皇朝编年纲目备要》卷二七,崇宁五年三月、大观元年正月,第 689、691 页。
② 陈均:《皇朝编年纲目备要》卷二七,大观元年九月,第 692—693 页。
③ 徐自明撰,王瑞来校补:《宋宰辅编年录校补》卷一三,《靖康元年》,第 816 页。
④ 脱脱等:《宋史》卷三五八,《李纲传上》,第 11243、11248 页。

书,乞诛蔡京、王黼、童贯、梁师成、李彦、朱勔"六贼",当时蔡京、王黼已致仕①,童贯、梁师成、李彦均为宦官,与蔡京和王黼交结,祸乱朝廷②,朱勔依附蔡京,为宋徽宗搜求"花石纲",引得民怨沸腾,"靖康之难,欲为自全计,仓卒拥上皇南巡,且欲邀至其第"③。陈东的三篇上书,以较长的篇幅,论述蔡京等六人的结党营私、祸乱朝廷之罪,认为"此六贼者,前后相继,误我上皇,离我民心,天下困弊,盗贼滋起,兵革不休,遂至北敌交侵,危我社稷,太上哀痛,情实切至",尤其在金兵围城的危急时刻,六人"挟太上皇帝南去,恐迤逦渡江,假藉威势,遂生变乱","一旦南渡,即恐振臂乘势窃发,控持大江之险,奄有沃壤之饶,东南千百郡县必非朝廷有。是将倾陷陛下父子,使之离间,非特圣孝之养,阻奉晨昏,而其事必有至难言者",因此,陈东一再上书乞求诛杀"六贼"。④

时任宰相李邦彦、张邦昌皆属无能、懦弱之辈,不可能在危难之际扭转赵宋王朝的险恶局势,于是太学生雷观上书宋钦宗,既是劝谏,亦是弹劾李邦彦、张邦昌。雷观的上书首先指出由于权臣阻塞言路,恣意妄为,以至于"台谏官徒备员以进身,间或有言,非己所不利,则是必为人之鹰犬,不然,摘细故以塞责耳",然后说明古先哲王对言路的重视,以及保障言路畅通的制度规定。在此前提下,雷观赞颂宋钦宗即位后求直言的举措,同时也认为,面对朝廷的"夷狄盗贼之祸",士大夫的上言仅涉及琐碎之事,于事无补,原因即在于"或执事者沮遏不行,天下之人复钳口结舌如前日矣",因此,最关键的事务就是执事者宰相的任用问题。正因为崇宁以来,"相非其人,庶官以类而进。私昵者官之,恶德者爵之,贤能之士乃斥逐不用,惟用奸党",所以才导致"黯房几危社稷,而陛下受莫大之屈辱者"。随之奏劾李邦彦、张邦昌"虽未若前者数辈为大奸恶,察其操术,亦不过持两可以固位养恩而已。前日辅相之无状,姑置勿论,第自陛下即位以来一二大

---

① 徐自明撰,王瑞来校补:《宋宰辅编年录校补》卷一二,《宣和七年》,第808页;徐自明撰,王瑞来校补:《宋宰辅编年录校补》卷一二,《宣和六年》,第806页。
② 脱脱等:《宋史》卷四六八,《宦者三·童贯传》,第13658—13659页;脱脱等:《宋史》卷四六八,《宦者三·梁师成传》,第13662—13663页;脱脱等:《宋史》卷四六八,《宦者三·杨戬传附李彦传》,第13664—13665页。
③ 脱脱等:《宋史》卷四七〇,《佞幸·朱勔传》,第13684、13686页。
④ 陈东:《少阳集》卷一,《登闻检院上钦宗皇帝书》《登闻检院再上钦宗皇帝书》《登闻检院三上钦宗皇帝书》,景印文渊阁四库全书本,上海古籍出版社1987年影印本。

第五章 宋徽宗、宋钦宗时期弹劾的深度异化

事,邦彦、邦昌曾有慷慨一言乎?肯以身殉国自当一面乎?……邦彦、邦昌于无事之时,妄有除授,召收亲党以为强助;及多事之际,假使命散遣亲党以送妻孥,其何以率百官为国藩捍乎?闻播迁之说则乐从,画效死之计则退缩,其何以安百姓为国柱石乎?房所言者从之,房所欲者与之,不闻有忠义一言奋然以折敌人之心,其何以威抚四夷而使之畏服乎?蠹国害民,启戎招盗十数巨奸,天下之人思食其肉不厌,而邦彦、邦昌初不敢谁何,致因人言,稍稍罢黜,讵能不畏强御而退不肖乎?当此纷扰,其所进用尚皆亲党,抡选百官或不当职,能以公灭私进贤者乎?"作为宰相,必须在"总统百官""安堵百姓""威抚四夷""进贤退不肖"四个方面尽职尽责,但雷观认为李邦彦、张邦昌极不称职,且从这四个方面一一细数他们的不称职之处,最后得出结论,二人"既无智虑谋之于其微,必无计策御之于其后,逐之而专任贤者,可也"。①

雷观的上书与前揭陈朝老、方轸的上书一样,改变了宋神宗、宋哲宗时期弹劾多用尖锐、犀利的贬损之词的现象,只是少量使用斥责的语词,且激烈程度亦有所减弱。他们奏劾的重点主要在于揭示被劾者的不当行为,且这些行为不是贪污受贿、违反道德之类的职务犯罪,而是与朝廷政事密切相关的、涉及社稷存亡的重大事务,如雷观在上书中就论及李邦彦、张邦昌不能威抚四夷、不知任用贤人等罪行,通过这篇上书,雷观欲劝谏宋钦宗清楚认识李邦彦、张邦昌为相之失职,罢免二人,选拔贤能之士担任宰相。太学生参与的弹劾,重点发生如此转移,显然是因应北宋末期朝廷外患严重、危机丛生的政治局势的结果。自小所接受的儒学教育,使太学生们在危机时刻生发出慨然以天下为己任的传统责任感;太学生地位的提升,又极大地激发了他们的参政热情,而太学生的参与,使得弹劾呈现出与宋神宗、宋哲宗时期不同的特征。

由于宋军作战失利,朝中有士大夫将责任归于李纲,宋钦宗听信谗言,欲解除李纲的职务,于是陈东于二月五日伏阙上书,弹劾宰相李邦彦等人,劝谏宋钦宗不可罢免李纲。陈东在上书开篇即言"在廷之臣,奋勇不顾,以身任天下之重者,李纲是也,所谓社稷之臣也。其庸谬不才、忌嫉贤能、动为身谋、不恤国计者,

---

① 徐梦莘:《三朝北盟会编》卷三五,靖康元年二月,第260—265页。《宋朝诸臣奏议》亦载有奏疏的部分内容(赵汝愚编:《宋朝诸臣奏议》卷四八,《上钦宗乞择相(雷观)》,第522—523页)。

李邦彦、白时中、张邦昌、赵野、王孝迪、蔡懋、李棁之徒是也,所谓社稷之贼也",而且特别指出白时中、李邦彦在朝廷危难之际的不堪行为:"盖时中、邦彦等初见事有警急,欲自保全,各以差除亲党,旋领外任,遣家属随之远去。岂有身为大臣,不能以一家死社稷之难,其意止欲仓卒之际,各自逃遁,以保妻孥?"不仅如此,李邦彦又"首倡讲和之议,又许割地,挫辱国势",在上书的最后,陈东认为李邦彦等高级官员所犯的罪行足以危及社稷安危,自己身为"学校书生",应为朝廷、为天下苍生而鸣。① 陈东的上书行为引起太学生及汴京城中百姓的共鸣,"太学生具襕鞸会于宣德门下者数百人。同日,军民数万会于宣德门,同太学生伏阙,乞用李纲"②,直接导致李邦彦的罢相和李纲的复职。

在军民伏阙、乞求复用李纲的活动中,出现了一些过激的行为,"是夜,复聚众,杀内侍而毁其家者数十人",于是李棁、蔡懋言:"太学生率众伏阙,意在生变,不可不治。"太学生听闻朝廷欲治罪,议论纷纷,为稳定局面,宋钦宗以杨时"兼祭酒,召诸生慰劳之"。③

二月二十二日,太学生沈长卿上书,一方面为太学生伏阙上书的忠义行为辩护,一方面弹劾宰相吴敏、李邦彦等人。沈长卿言陈东率太学生伏阙上书为"忠义愤激"之举,"诇谀无知之人,阿附邦彦,自植朋党,不问士庶所以伏阙者何心,所言于天子者何事,中外愤骇,里巷萧然,黉舍一空。臣始闻之而惊,中闻之而疑,卒闻之而解。以为布衣书生以忠义被戮,得与龙逄、比干并名书史,乃万世之荣。然天子聪明仁圣,今日之事,当自有以辩之,必不惑于佞也"。其后,沈长卿又奏劾吴敏、李邦彦二人,"臣又观前日宰相吴敏有为李邦彦辩奸慝暴白功状,大书文榜,揭之通衢,行道之人莫不嗤笑。臣闻邦彦自布衣时不敦士检,放僻邪侈,无所不为。挟倡优于酒肆,逞颜色于庭闱,其淫言媟语往往流传人间,有不可闻者。其后一时遭遇,旋致显位,而阿谀顺旨,偷合苟容,坐视奸邪之臣开边致衅,曾无一言规救人主。此乃持禄养交、冒利忘耻之徒耳。而敏方且以功状揭之市朝,欺罔文法,愚弄天下,未有若此"。④ 综观沈长卿的上书,奏劾吴敏、李邦彦

---

① 陈东:《少阳集》卷二,《伏阙上钦宗皇帝书》。
② 徐梦莘:《三朝北盟会编》卷三四,靖康元年二月,第255页。
③ 汪藻:《靖康要录》卷二,景印文渊阁四库全书本,上海古籍出版社1987年影印本。
④ 徐梦莘:《三朝北盟会编》卷四一,靖康元年二月,第305—307页。

的事例,又与前揭雷观、陈东的上书不同,涉及被劾者的个人道德、失职渎职等罪行,所用语词也是"奸邪""结党"之类,可见宋神宗、宋哲宗时期的弹劾风气和用语对于后期士人的影响较大,一旦危及朝廷的外患暂时解除,即会以同样的方式弹劾士大夫,即使是未入仕途的太学生亦是如此。

太学官员也有上书弹劾者,如太学正吴若奏劾吴敏、李邦彦。吴若在上书中,列举了吴敏、李邦彦的一些具体事项,且言吴敏"方文饰奸言,庇邪党罪,以惑陛下",可谓党同伐异;言李邦彦在金兵围城时"不肯抚率京畿诸郡之民,譬晓祸福,身冒矢石,同致其死,以捍长河;乃包裹橐囊,津送妻子,诱陛下为避逃之计",可谓懦弱不忠。① 既有对被劾者德行的指斥,亦有此二人在危难时刻处事无能的披露,所用语词皆具有较为突出的时代特征,如"奸人卖国""畏避保身""不忠不智""卖国谋身""国贼"等等,体现出主战者在金人侵扰情况下对主和者的激愤之情。

宋徽宗、宋钦宗时期太学生参与的弹劾活动,弹劾的对象一般皆为政治地位较高的宰执大臣,这些官员能够对朝廷的内政外交政策产生重要影响,在赵宋王朝面临金兵南下侵扰时,他们的一举一动皆关系到朝廷的安危,因此心系天下的太学生才会奋起进行弹劾。因应当时的内外环境,太学生弹劾的事项以被劾者对金人的态度和做法为主,兼及对内的横征暴敛,斥责他们懦弱无能、结党营私的行为。由于太学生的论证较为具体,又是时人熟悉的事项,因此往往能够得到人们的认可,以至于引起京城军民的集聚响应,这是之前弹劾均未出现的新现象,即弹劾的扩大导致危害社会正常秩序的事件发生。质言之,太学生的弹劾虽然表现出了士人心忧天下的责任感和急切心情,表面上看起来也是监督宰执大臣的方式之一,但是这种监督却是以弹劾逸出正常轨道为代价的,很可能产生极大的负面影响。本来应该受到严格控制的弹劾行为,在非正常政治状态下呈现出的弹劾主体、弹劾事项等要素无限扩大的趋势,势必带来政治上的混乱,甚至有可能导致官僚机构的崩溃。

---

① 徐梦莘:《三朝北盟会编》卷四一,靖康元年二月,第308—312页。

# 结　　语

　　弹劾属于事后监督的监察方式,现代意义的弹劾,主要针对拥有较大权力、较高地位的官员,目的在于监督这些位高权重者,制衡他们的权力,由于弹劾所引起的政治动荡对政府官员的影响非常大,故一般说来政府对弹劾均持谨慎态度。中国古代的弹劾则与此不同。从北宋时期弹劾的实际情况看,弹劾对象是从中央到地方的所有官员,甚至包括宦官、外戚这样的特殊阶层人员,弹劾主体也往往突破了制度的规定,不仅仅只是局限于专职监察官,而是扩大到全体官员,由此使得北宋弹劾除了承担着监督官员、制衡权力的职能外,还成为不同政治力量进行博弈的工具。

　　北宋时期的弹劾,经历了由粗疏到规范、由规范到异化、由异化到深度异化的动态演变过程。赵宋王朝初建时,百废待兴,需要解决的问题、处理的事务繁杂而琐碎,就紧急程度而言,与弹劾有关的规定并不是最重要的,因此宋太祖、宋太宗时期的弹劾有因袭唐代旧制的做法,也有王朝创立伊始的随意为之。从弹劾主体、弹劾结果看,当时的士大夫阶层还没有力量与皇帝进行博弈,皇帝在弹劾中起着主导作用,甚至将弹劾看作是控制官僚集团、树立皇帝权威的手段之一。另一方面,在弹劾赵普、赵元僖等重要政治人物的行为中,个别士大夫的举动亦体现出士大夫主体意识崛起的迹象,显示了此一时期皇帝与士大夫之间互相试探、互相适应的关系。宋真宗时期,以天禧元年诏令的方式确立起与弹劾相关的制度规定,且在此诏令的形成过程中显现出士大夫的影响。他们在崇文的政治环境下,尝试发出自己的声音,以期实践传统儒学"兼济天下"的理想;同时,弹劾主体以专职监察官员为主,使得弹劾更加规范、专业,弹劾开始发挥监督百官、制衡权力的作用,逐渐呈现出较为正常的发展态势。但士大夫阶层的崛起

# 结　语

引起了宋真宗的不安,他在某些弹劾案中的深度介入,体现出与士大夫阶层博弈的性质,反映了真宗希冀维护皇权的努力。

宋仁宗时期,经济发达,文化繁荣,政治制度的建设亦渐趋完备,但由于弹劾牵涉面广,性质特殊,使得与弹劾相关的制度规定仍然呈现出模糊性特征。如弹劾主体虽以台谏官为主,但在实际的政治生活中,台谏官以外的官员也可提起弹劾;弹劾对象非常广泛,不仅包括宰辅之类的高级官员,甚至任何品级、任何身份的官员都有可能成为士大夫弹劾的对象,等等。这些模糊性规定看似是监察百官、澄清吏治的必要手段,实则却限制了弹劾积极作用的发挥,为后来弹劾的异化留下了隐患。弹劾之所以体现出这样的模糊性特征,是皇帝和士大夫阶层共同作用的结果。于皇帝而言,宋仁宗需要利用弹劾的模糊性实现对弹劾的控制,体现自己的权威,宣示其对百官的生杀予夺之权;于士大夫阶层而言,他们则希望以弹劾实现监察百官以外的更大的政治目标,如约束皇权、崇尚道德、践行礼义、教化天下等等。由于皇帝与士大夫阶层的政治诉求不同,双方的博弈在弹劾中有着较为明显的表现,无论是对宦官、外戚的弹劾,还是对武将及士大夫的弹劾,均有着宋仁宗伸张皇权、士大夫阶层彰显主体意识的张力作用。不过,宋仁宗朝台谏机构的逐渐完善,还是使得台谏官能够在比较正常的政治状态下行使弹劾权,他们的弹劾不仅仅只是简单的政治参与行为,而是形成舆论监督、引导士风和政风的重要方式。在台谏官一次又一次的弹劾过程中,各种意见经过讨论、对决、交流,最终形成士大夫共同认可的为官理念,并以此构成官场舆论的重要内容。当然,我们也要注意,在中国古代专制制度下,弹劾从来就不是单纯的纠劾官员违法行为、监督权力的手段,而是各方政治势力实现各自政治目的的手段,其背后隐藏着复杂的利益纠葛和人际关系。

宋神宗时期是北宋弹劾发生变化的重要转折期。宋神宗致力于以变法实现富国强兵的目的,为了保障变法措施的顺利实施,尽量杜绝来自各方的阻力,神宗及变法派士大夫集团对朝廷的某些制度进行了调整,其中就包括与弹劾相关的制度规定,由此使得此一时期弹劾监督职能的发挥大受影响,弹劾开始逐渐脱离正常的轨道,出现异化的现象。其中,以王安石为代表的变法派士大夫集团的推动作用较为突出,但更重要的还是宋神宗本人的强力干预。实际上,神宗利用士大夫阶层中的变法派集团,压制反对变法的士大夫集团,以期实现自己的政治理想,同时,又借助反变法派士大夫集团,限制变法派士大夫集团的权力膨胀,而压制和限制的主要方式之一就是弹劾。宋神宗的一系列做法,对于皇权的强化起到了重要作用,但却导致士大夫阶层内部的分化日益明显,不同士大夫集团利用弹劾互相纷争,遂使弹劾逐渐脱离正常的轨道,宋仁宗朝弹劾的隐患因素终于酿成弹劾的异化。宋哲宗亲政后,弹劾的异化更为明显。异化的特征,一方面表现为弹劾事由的改变,即由宋仁宗时期的职务犯罪、道德有亏等具体事例,异化为奸邪、擅权、结党等似是而非的原因;另一方面,弹劾奏疏的言辞充满着弹劾者的个人爱憎和主观臆断,他们常常使用贬损的语词斥责被劾者为"小人"。在弹劾异化的进程中,我们可以看到宋哲宗或隐或显的身影,甚至对某些重要臣僚的弹劾,还是在哲宗支持下进行的,显示出皇帝对朝廷具体行政事务的深度参与,士大夫阶层内部不同政治集团也利用异化的弹劾互相攻击,致使宋哲宗朝政治受到弹劾的深刻影响。

宋徽宗即位后,弹劾的异化进一步加深,此时的弹劾几乎已经失去了纠劾百官、监督权力的作用,沦为士大夫阶层不同利益集团党同伐异的工具。作为最高统治者,宋徽宗对弹劾的影响越来越明显,几乎所有能够有效果的弹劾,均是弹劾者秉承皇帝旨意的结果,宋仁宗时期士大夫阶层以弹劾形成汹涌的官场舆论以至于影响皇帝态度的现象,在宋徽宗朝已不可能出现,而徽宗亦充分利用异化的弹劾,彰显自己对朝廷事务及百官的控制,表现出强化皇权的强烈愿望。在宋徽宗后期和宋钦宗时期,弹劾的深度异化又呈现出新的特征,即太学生积极参与到弹劾活动中。由于官学教育的发展,到宋徽宗时期,太学生群体得以兴起,太学生规模的扩大和地位的提高,极大地激发了他们的议政热情,加之宋徽宗后期金兵南下导致朝廷局势紧张,更加促使太学生以弹劾的方式,对朝廷的用人政策提出建议。他们的弹劾上书与臣僚的奏疏相比,虽然同样充满着对被劾者的激愤之情,但多了与朝廷政事密切相关的、关涉社稷存亡的重大事例,少了尖锐、犀利的贬损语词,表现出士人心忧天下的主体精神。遗憾的是,太学生参与弹劾本身是不符合弹劾制度的规定的,暴露了北宋弹劾固有的缺陷,显示出弹劾异化的新特征。这时的弹劾即使起到了驱逐"卖国奸人"的作用,但却由此开启了扰乱政治秩序的模式,反而加速了统治的崩溃。

总之,弹劾是复杂的政治行为,其所关联的政治利益、人际关系极为丰富。

# 结　语

在中国古代政治的正常情况下,作为一种监察方式,弹劾有着积极的作用,不仅能够制衡权力,监督官员,促进官员养成清正廉洁的高尚道德,而且还对官场优良风气的形成起到了一定的引导作用。但是我们不宜高估弹劾的积极影响,从北宋时期弹劾异化的演变过程看,弹劾本身所固有的缺陷越来越突出,如弹劾从来都不仅仅只是奏劾官员的违法行为,而是牵涉到朝廷政治中的多方势力,其中有皇帝加强自身权力的诉求,有士大夫阶层主体意识高涨的表现,也有士大夫阶层内部不同政治集团的争斗。这些缺陷往往导致弹劾在实际的政治生活中弊端丛生,使得弹劾事件往往隐藏着复杂的利益关系和权力博弈,远非事件本身那么简单而直接,各方力量在弹劾事件中激烈角逐,对于朝廷政治秩序的稳定往往产生负面影响。

最后需要指出的是,北宋弹劾体现出了皇帝权力与士大夫阶层权力之间的张力。皇帝虽然任用士大夫处理朝廷的各项事务,但这并不等于对士大夫阶层的完全信任,皇帝内心深处的权力焦虑感,促使他们想方设法制约士大夫阶层势力的扩张,而弹劾恰是制约士大夫阶层的主要方式之一。对于北宋皇帝而言,弹劾首先是加强皇权、重新塑造政治秩序的工具,其次才是纠劾百官违法行为、监督权力的政治手段,这种偏离弹劾本意的政治目的,就为弹劾的异化埋下了隐患,从而导致弹劾难以真正发挥监督作用。

# 参考文献

## 一、古籍

1. 班固:《汉书》,中华书局1962年版。
2. 包拯撰,杨国宜校注:《包拯集校注》,黄山书社2014年版。
3. 毕沅:《续资治通鉴》,中华书局1957年版。
4. 蔡襄:《蔡襄集》,上海古籍出版社1996年版。
5. 曾巩撰,王瑞来校证:《隆平集校证》,中华书局2012年版。
6. 曾敏行:《独醒杂志》,上海古籍出版社1986年版。
7. 陈次升:《谠论集》,景印文渊阁四库全书本,上海古籍出版社1987年影印本。
8. 陈东:《少阳集》,景印文渊阁四库全书本,上海古籍出版社1987年影印本。
9. 陈均:《皇朝编年纲目备要》,中华书局2006年版。
10. 陈曦译注:《孙子兵法》,中华书局2011年版。
11. 程颢、程颐:《二程集》,中华书局2004年版。
12. 窦仪等详定,岳纯之校证:《宋刑统校证》,北京大学出版社2015年版。
13. 杜大珪编,顾宏义、苏贤校证:《名臣碑传琬琰集校证》,上海古籍出版社2021年版。
14. 杜甫:《杜甫全集》,上海古籍出版社1996年版。
15. 杜佑:《通典》,中华书局1988年版。
16. 范仲淹:《范仲淹全集》,四川大学出版社2002年版。
17. 范祖禹:《范太史集》,景印文渊阁四库全书本,上海古籍出版社1987年影印本。
18. 高承:《事物纪原》,中华书局1989年版。
19. 郭璞注,邢昺疏:《尔雅注疏》,上海古籍出版社2010年版。
20. 韩维:《南阳集》,景印文渊阁四库全书本,上海古籍出版社1987年影印本。
21. 洪迈:《容斋随笔》,上海古籍出版社1996年版。

22. 洪遵:《翰苑群书》,景印文渊阁四库全书本,上海古籍出版社1987年影印本。

23. 黄淮、杨士奇编:《历代名臣奏议》,上海古籍出版社2012年版。

24. 黄以周等:《续资治通鉴长编拾补》,中华书局2004年版。

25. 江少虞:《宋朝事实类苑》,上海古籍出版社1981年版。

26. 孔安国注,孔颖达正义:《尚书正义》,上海古籍出版社2007年版。

27. 黎靖德编:《朱子语类》,中华书局1986年版。

28. 李觏:《李觏集》,中华书局2011年版。

29. 李隆基注,邢昺疏:《孝经注疏》,上海古籍出版社2009年版。

30. 李焘:《续资治通鉴长编》,中华书局2004年版。

31. 刘安世:《尽言集》,四部丛刊续编本,上海书店出版社1984年重印商务印书馆1934年版。

32. 刘攽:《彭城集》,齐鲁书社2018年版。

33. 刘敞:《公是集》,景印文渊阁四库全书本,上海古籍出版社1987年影印本。

34. 刘昫等:《旧唐书》,中华书局1975年版。

35. 刘挚:《忠肃集》,中华书局2002年版。

36. 柳开:《柳开集》,中华书局2015年版。

37. 陆心源:《宋史翼》,中华书局1991年版。

38. 陆游:《陆游集》,中华书局1976年版。

39. 陆游:《老学庵笔记》,中华书局1979年版。

40. 陆游:《入蜀记》,《全宋笔记》第五编(八),大象出版社2012年版。

41. 李元弼等:《宋代官箴书五种》,中华书局2019年版。

42. 吕陶:《净德集》,景印文渊阁四库全书本,上海古籍出版社1987年影印本。

43. 吕中:《类编皇朝大事记讲义》,上海人民出版社2014年版。

44. 吕祖谦编:《宋文鉴》,中华书局2018年版。

45. 马端临:《文献通考》,中华书局2011年版。

46. 马永卿:《元城先生语录》,上海古籍出版社2022年版。

47. 欧阳修:《归田录》,中华书局1981年版。

48. 欧阳修撰,李之亮笺注:《欧阳修集编年笺注》,四川出版集团巴蜀书社2007年版。

49. 彭百川:《太平治迹统类》,景印文渊阁四库全书本,上海古籍出版社1987年影印本。

50. 邵伯温:《邵氏闻见录》,中华书局1983年版。

51. 邵博:《邵氏闻见后录》,中华书局1983年版。

52. 沈括:《梦溪笔谈》,《全宋笔记》第二编(三),大象出版社2006年版。

53. 沈约:《宋书》,中华书局1974年版。

54. 石介:《徂徕石先生文集》,中华书局1984年版。

55. 司马光:《资治通鉴》,中华书局1956年版。

56. 司马光:《传家集》,景印文渊阁四库全书本,上海古籍出版社1987年影印本。

57. 司马光:《涑水记闻》,中华书局1989年版。

58. 司马迁:《史记》,中华书局1982年版。

59. 宋敏求编:《唐大诏令集》,中华书局2008年版。

60. 宋祁:《景文集》,景印文渊阁四库全书本,上海古籍出版社1987年影印本。

61. 苏轼:《苏轼文集》,中华书局1986年版。

62. 苏颂:《苏魏公文集》,中华书局1988年版。

63. 苏辙:《栾城集》,上海古籍出版社2009年版。

64. 孙逢吉:《职官分纪》,中华书局1988年版。

65. 田况:《儒林公议》,《全宋笔记》第一编(五),大象出版社2003年版。

66. 田锡:《咸平集》,景印文渊阁四库全书本,上海古籍出版社1987年影印本。

67. 脱脱等:《辽史》,中华书局1974年版。

68. 脱脱等:《宋史》,中华书局1985年版。

69. 汪藻:《靖康要录》,景印文渊阁四库全书本,上海古籍出版社1987年影印本。

70. 王安石:《王安石全集》,复旦大学出版社2017年版。

71. 王称:《东都事略》,景印文渊阁四库全书本,上海古籍出版社1987年影印本。

72. 王珪:《华阳集》,景印文渊阁四库全书本,上海古籍出版社1987年影印本。

73. 王楙:《野客丛书》,中华书局1987年版。

74. 王明清:《挥麈录》,上海书店出版社2001年版。

75. 王先谦集解:《荀子集解》,中华书局2013年版。

76. 王应麟:《玉海》,广陵书社2003年版。

77. 王栐:《燕翼诒谋录》,中华书局1981年版。

78. 王禹偁:《小畜集》,景印文渊阁四库全书本,上海古籍出版社1987年影印本。

79. 王禹偁:《小畜外集》,四部丛刊初编本,上海书店出版社1989年重印商务印书馆1926年版。

80. 王铚:《默记》,中华书局1981年版。

81. 魏泰:《东轩笔录》,中华书局1983年版。

82. 文彦博撰,申利校注:《文彦博集校注》,中华书局 2016 年版。

83. 文莹:《湘山野录》,中华书局 1984 年版。

84. 吴曾:《能改斋漫录》,上海古籍出版社 1979 年版。

85. 吴兢:《贞观政要》,中华书局 2011 年版。

86. 萧嵩等:《大唐开元礼》,景印文渊阁四库全书本,上海古籍出版社 1987 年影印本。

87. 徐度:《却扫编》,《全宋笔记》第三编(十),大象出版社 2008 年版。

88. 徐梦莘:《三朝北盟会编》,上海古籍出版社 2019 年版。

89. 徐松辑:《宋会要辑稿》,上海古籍出版社 2014 年版。

90. 徐自明撰,王瑞来校补:《宋宰辅编年录校补》,中华书局 1986 年版。

91. 薛居正等:《旧五代史》,中华书局 1976 年版。

92. 杨伯峻译注:《孟子译注》,中华书局 2005 年版。

93. 杨伯峻编著:《春秋左传注》,中华书局 2009 年版。

94. 杨伯峻译注:《论语译注》,中华书局 2009 年版。

95. 杨亿:《武夷新集》,景印文渊阁四库全书本,上海古籍出版社 1987 年影印本。

96. 杨仲良:《皇宋通鉴长编纪事本末》,黑龙江人民出版社 2006 年版。

97. 叶梦得:《石林燕语》,中华书局 1984 年版。

98. 夷门君玉:《国老谈苑》,《全宋笔记》第二编(一),大象出版社 2006 年版。

99. 佚名编:《宋大诏令集》,中华书局 1962 年版。

100. 佚名撰:《锦绣万花谷》,北京图书馆古籍珍本丛刊,书目文献出版社 1988 年版。

101. 佚名撰,孔学辑校:《皇宋中兴两朝圣政辑校》,中华书局 2019 年版。

102. 尹洙撰,时国强校注:《尹洙集编年校注》,中华书局 2019 年版。

103. 袁褧:《枫窗小牍》,《全宋笔记》第四编(五),大象出版社 2008 年版。

104. 张端义:《贵耳集》,《全宋笔记》第六编(十),大象出版社 2013 年版。

105. 张方平:《乐全集》,景印文渊阁四库全书本,上海古籍出版社 1987 年影印本。

106. 赵汝愚编:《宋朝诸臣奏议》,上海古籍出版社 1999 年版。

107. 赵升:《朝野类要》,中华书局 2007 年版。

108. 郑樵:《郑樵文集》,书目文献出版社 1992 年版。

109. 郑玄注,孔颖达正义:《礼记正义》,上海古籍出版社 2008 年版。

110. 周敦颐:《周敦颐集》,中华书局 2009 年版。

111. 周煇:《清波别志》,《全宋笔记》第五编(九),大象出版社 2012 年版。

112. 朱彧:《萍洲可谈》,中华书局 2007 年版。

113.《唐律疏议》,上海古籍出版社 2013 年版。

## 二、今人著作

1. 白钢主编,朱瑞熙著:《中国政治制度通史》(第六卷·宋代),人民出版社 1996 年版。
2. 陈峰:《北宋武将群体与相关问题研究》,中华书局 2004 年版。
3. 陈世材:《两汉监察制度研究》,商务印书馆 1944 年版。
4. 戴扬本:《北宋转运使考述》,上海古籍出版社 2007 年版。
5. 邓小南:《祖宗之法:北宋前期政治述略》,生活·读书·新知三联书店 2006 年版。
6. 邓小南主编:《政绩考察与信息渠道:以宋代为重心》,北京大学出版社 2008 年版。
7. 刁忠民:《两宋御史中丞考》,巴蜀书社 1995 年版。
8. 刁忠民:《宋代台谏制度研究》,巴蜀书社 1999 年版。
9. 丁玉翠:《明代监察官职务犯罪研究——以〈明实录〉为基本史料的考察》,中国法制出版社 2007 年版。
10. 方诚峰:《北宋晚期的政治体制与政治文化》,北京大学出版社 2015 年版。
11. 龚延明编著:《宋代官制辞典(增补本)》,中华书局 2017 年版。
12. 胡宝华:《唐代监察制度研究》,商务印书馆 2005 年版。
13. 胡沧泽:《唐代御史制度研究》,福建教育出版社 2000 年版。
14. 贾玉英:《宋代监察制度》,河南大学出版社 1996 年版。
15. 贾玉英等:《中国古代监察制度发展史》,人民出版社 2004 年版。
16. 焦利:《清代监察法及其效能分析》,法律出版社 2018 年版。
17. 李华瑞:《宋夏关系史》,中国人民大学出版社 2010 年版。
18. 李小树:《秦汉魏晋南北朝监察史纲》,社会科学文献出版社 2000 年版。
19. 刘社建:《清代监察史》,格致出版社、上海人民出版社 2019 年版。
20. 刘双舟:《明代监察法制研究》,中国检察出版社 2004 年版。
21. 刘学斌:《北宋新旧党争与士人政治心态研究》,河北大学出版社 2009 年版。
22. 马空群:《秦汉监察制度》,台湾商务印书馆 1969 年版。
23. 苗书梅:《宋代官员选任和管理制度》,河南大学出版社 1996 年版。
24. 邱永明:《中国古代监察制度史》,上海人民出版社 2006 年版。
25. 邱永明:《中国监察制度史》,华东师范大学出版社 1992 年版。
26. 沈松勤:《北宋文人与党争》,人民出版社 1998 年版。
27. 孙伯南:《中国监察制度的研究》,台湾三民书局 1980 年版。

28. 陶晋生:《宋辽关系史研究》,中华书局 2008 年版。
29. 田志光:《北宋宰辅政务决策与运作研究》,人民出版社 2013 年版。
30. 王晓龙:《宋代提点刑狱司制度研究》,人民出版社 2008 年版。
31. 徐式圭:《中国监察史略》,中华书局 1937 年版。
32. 杨小敏:《蔡京、蔡卞与北宋晚期政局研究》,中国社会科学出版社 2012 年版。
33. 虞云国:《宋代台谏制度研究》,上海社会科学院出版社 2001 年版。
34. 曾纪蔚:《清代之监察制度论》,兴宁书店 1931 年版。
35. 张邦炜:《宋代皇亲与政治》,郑州大学出版社 2021 年版。
36. 张晋藩:《中国古代监察法制史》,江苏人民出版社 2017 年修订版。
37. 张晋藩主编:《中国古代监察制度史》,中国方正出版社 2019 年修订版。
38. 张治安:《明代监察制度研究》,台湾五南图书出版公司 2000 年版。
39. 赵贵龙:《中国历代监察制度》,法律出版社 2010 年版。
40. 周佳:《北宋中央日常政务运行研究》,中华书局 2015 年版。
41. 诸葛忆兵:《宋代宰辅制度研究》,北方文艺出版社 2019 年版。

## 三、今人论文

1. 曹家齐:《包拯嘉祐三年新任差遣释证——兼谈仁宗至神宗时期台谏职能之变化》,《文史》2016 年第 3 期。
2. 程光裕:《北宋台谏之争与濮议》,载《宋史研究集》(第二辑),台湾"国立编译馆"1964 年初版,1983 年再版。
3. 戴建国:《宋代的提点刑狱司》,《上海师范大学学报(哲学社会科学版)》1989 年第 2 期。
4. 刁忠民:《关于北宋前期谏官制度的几个问题》,《中国史研究》2000 年第 4 期。
5. 刁忠民:《试析熙丰之际御史台的畸形状态》,《历史研究》2000 年第 4 期。
6. 方宝璋:《略论宋代提点刑狱司的财经职能》,《中国经济史研究》2015 年第 5 期。
7. 冯锦:《北宋司法监察制度述论》,《湖北大学学报(哲学社会科学版)》2000 年第 4 期。
8. 龚延明、季盛清:《宋代御史台述略》,《文献》1990 年第 1 期。
9. 胡宝华:《唐代"进状"、"关白"考》,《中国史研究》2003 年第 1 期。
10. 胡沧泽:《唐代御史台对官吏的弹劾》,《福建学刊》1989 年第 3 期。
11. 霍志军:《唐代的"进状"、"关白"与唐代弹劾规范》,《天水师范学院学报》2013 年第 3 期。

12. 贾福海等:《我国历史上的弹劾制考略》,《学术月刊》1981年第8期。

13. 贾玉英:《台谏与宋代改革》,《中州学刊》1991年第3期。

14. 贾玉英:《宋代台谏合一之势探析》,《河北学刊》1991年第6期。

15. 贾玉英:《有关宋代御史台政制的几点辨析》,《河南大学学报(社会科学版)》1992年第1期。

16. 贾玉英:《宋代提举常平司制度初探》,《中国史研究》1997年第3期。

17. 金圆:《宋代监司监察地方官吏摭谈》,《上海师范大学学报(哲学社会科学版)》1982年第3期。

18. 李致忠:《唐仲友刻〈荀子〉遭劾真相》,《文献》2007年第3期。

19. 梁天锡:《北宋台谏制度之转变》,载《宋史研究辑》(第九辑),台湾"国立编译馆"1977年版。

20. 刘志坚:《"风闻弹劾"考》,《政治与法律》1986年第5期。

21. 龙大轩:《唐代的御史推弹制度》,《西南师范大学学报(哲学社会科学版)》1988年第5期。

22. 罗家祥:《试论北宋仁、英两朝的台谏》,《西南师范大学学报(人文社会科学版)》1989年第1期。

23. 苗书梅:《宋代通判及其主要职能》,《河北学刊》1990年第2期。

24. 邱永明、朱莲华:《中国古代弹劾制度探析》,《上海大学学报(社会科学版)》2001年第3期。

25. 沈松勤:《北宋台谏制度与党争》,《历史研究》1998年第4期。

26. 汪强:《中国古代弹劾制度建构的四个关键期》,《中国社会科学院研究生院学报》2016年第3期。

27. 汪圣铎:《宋代转运使补论》,《中国史研究》2004年第1期。

28. 王春江:《包拯弹劾国戚张尧佐》,《合肥教院学报》1999年第1期。

29. 王世农:《宋代通判论略》,《山东大学报(社会科学版)》1990年第3期。

30. 吴晓萍:《宋代御史推鞫制度述论》,《安徽师大学报(哲学社会科学版)》1991年第4期。

31. 肖虹:《宋代弹劾公文研究》,南京师范大学2011年硕士学位论文。

32. 肖建新:《论宋朝的弹劾制度》,《河北学刊》1996年第2期。

33. 许怀林:《北宋转运使制度略论》,载《宋史研究论文集》,河南人民出版社1984年版。

34. 殷啸虎:《北宋前期司法监督制度考察》,《中国史研究》1991年第2期。

35. 虞云国:《宋代台谏的职事回避》,《上海师范大学学报(哲学社会科学版)》1996年第1期。

36. 虞云国:《试论宋代对台谏系统的监控》,《史林》1997年第3期。

37. 袁刚:《漫谈封建时代监察御史的"风闻弹人"》,《法学杂志》1996年第5期。

38. 张序:《我国古代官员监察弹劾制度之演变》,《政治学研究》1987年第5期。

39. 郑世刚:《北宋的转运使》,载《宋史研究论文集》,河南人民出版社1984年版。

责任编辑:赵圣涛
封面设计:胡欣欣

**图书在版编目(CIP)数据**

弹劾与北宋政治研究/徐红 著. —北京:人民出版社,2023.11
ISBN 978 - 7 - 01 - 025844 - 7

Ⅰ.①弹… Ⅱ.①徐… Ⅲ.①政治制度史-中国-北京 Ⅳ.①D691.21

中国国家版本馆 CIP 数据核字(2023)第 141097 号

弹劾与北宋政治研究
TANHE YU BEISONG ZHENGZHI YANJIU

徐 红 著

人 民 出 版 社 出版发行
(100706 北京市东城区隆福寺街99号)

中煤(北京)印务有限公司印刷 新华书店经销
2023 年 11 月第 1 版 2023 年 11 月北京第 1 次印刷
开本:710 毫米×1000 毫米 1/16 印张:19.75
字数:300 千字
ISBN 978 - 7 - 01 - 025844 - 7 定价:89.00 元

邮购地址 100706 北京市东城区隆福寺街99号
人民东方图书销售中心 电话 (010)65250042 65289539

版权所有·侵权必究
凡购买本社图书,如有印制质量问题,我社负责调换。
服务电话:(010)65250042